엑셀
2021 활용

이 책의 구성

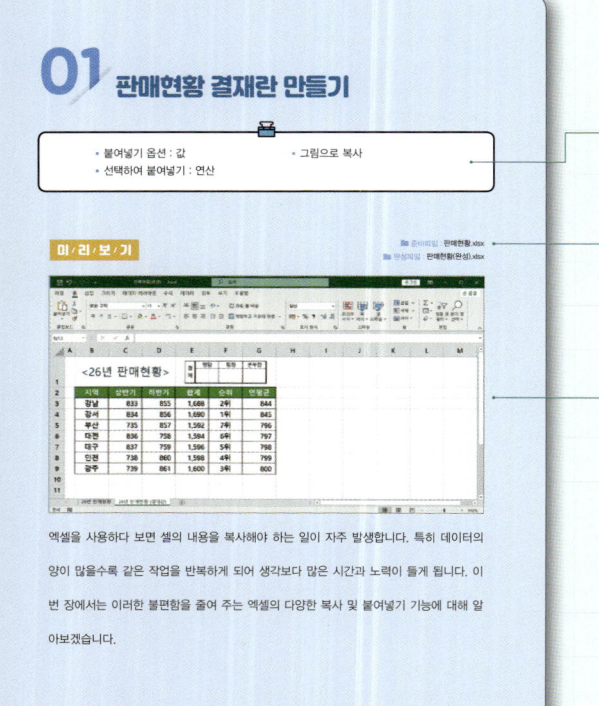

학습 포인트
이번 장에서 학습할 핵심 내용을 소개합니다.

준비파일 / 완성파일
본문에서 실습하는 파일명입니다.
시대인 게시판에서 다운로드한 후 사용하세요.

미리보기
학습 결과물을 미리 살펴봅니다.

예제 따라 하기
실생활에서 활용할 수 있는 예제를 순서대로 따라 할 수 있도록 구성하여 누구나 쉽게 이해하고 기능을 습득할 수 있습니다.

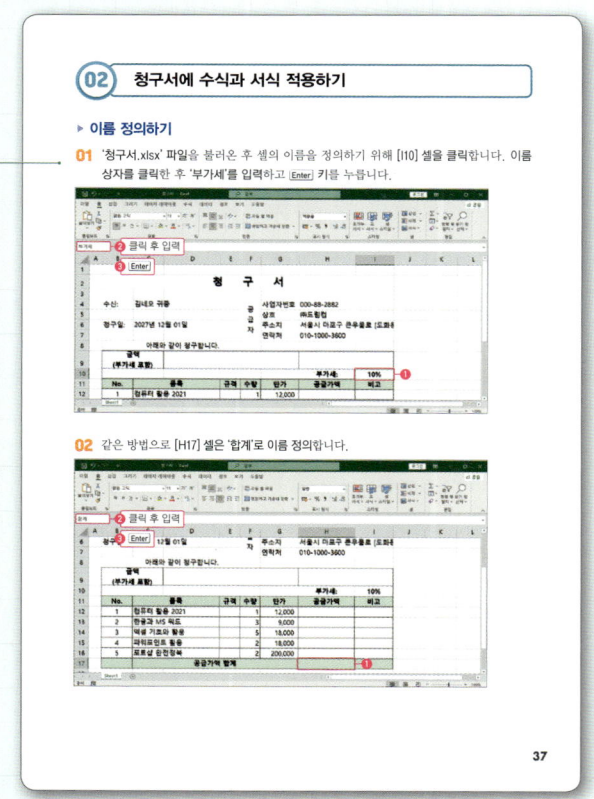

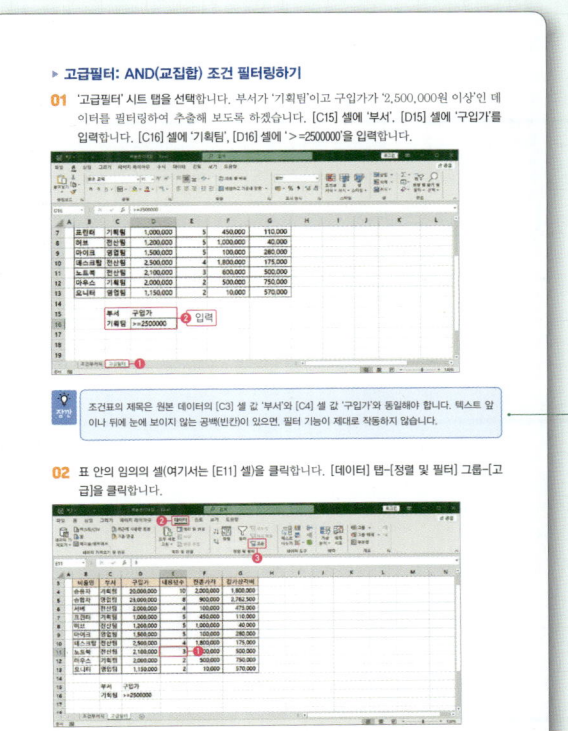

▶ **잠깐**
작업 과정의 설정 사항을
정확하고 빠르게 확인할 수 있습니다.

응용력 키우기
응용문제를 통해 본문에서
학습한 내용을 정리하고 복습합니다.

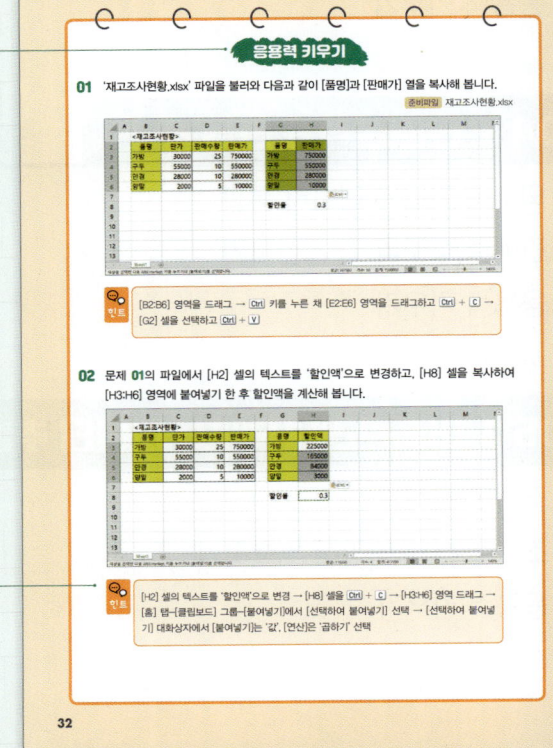

힌트
응용문제를 푸는데 필요한
정보 또는 방법을 안내합니다.

이 책의 목차

01 | 판매현황 결재란 만들기 — 9
1. 셀 복사하기와 붙여넣기 옵션 — 10
2. 엑셀 복사·붙여넣기 기능으로 결재란 완성하기 — 12
3. 응용력 키우기 — 32

02 | 청구서 만들기 — 34
1. 이름 정의 및 셀 서식 — 35
2. 청구서에 수식과 서식 적용하기 — 37
3. 응용력 키우기 — 53

03 | 거래내역서 만들기 — 55
1. 데이터 유효성 검사와 사용자 지정 — 56
2. 거래내역서 작성하기 — 60
3. 응용력 키우기 — 78

04 | 판매실적표 만들기 — 80
1. 외부 데이터와 데이터 통합 — 81
2. 판매실적 분리 및 계산하기 — 83
3. 응용력 키우기 — 101

05 | 비품관리대장에서 데이터 추출하기 — 103
1. 조건부 서식 — 104
2. 조건 기반의 데이터 추출하기 — 108
3. 응용력 키우기 — 118

06 | 승진 심사 성적 구하기   120
1. 다양한 IF 관련 함수   121
2. 함수를 활용해 성적 계산하기   124
3. 응용력 키우기   138

07 | 진료현황표와 거래내역서 만들기   140
1. 찾기/참조, 오류 처리, 날짜 함수   141
2. 진료현황표에서 데이터 값 찾기   143
3. 거래내역서 작성하기   153
4. 응용력 키우기   160

08 | 고객 사은품 보고서 만들기   162
1. 텍스트 함수   163
2. 고객 정보 가리기   164
3. 응용력 키우기   175

09 | 시나리오 관리자와 목표값 찾기   177
1. 데이터 분석 도구 이용하기   178
2. 수익현황을 활용한 데이터 분석하기   180
3. 응용력 키우기   193

10 | 차트 시각화하기   195
1. 차트 관련 기능 살펴보기   196
2. 차트 삽입 및 편집하기   198
3. 응용력 키우기   206

예제파일 다운로드

1 시대인 홈페이지(www.sdedu.co.kr/book)에 접속한 후 로그인합니다.
※ '시대' 회원이 아닌 경우 [회원가입]을 클릭해 가입한 후 로그인합니다.

2 홈페이지 상단의 메뉴에서 [프로그램]을 선택합니다.

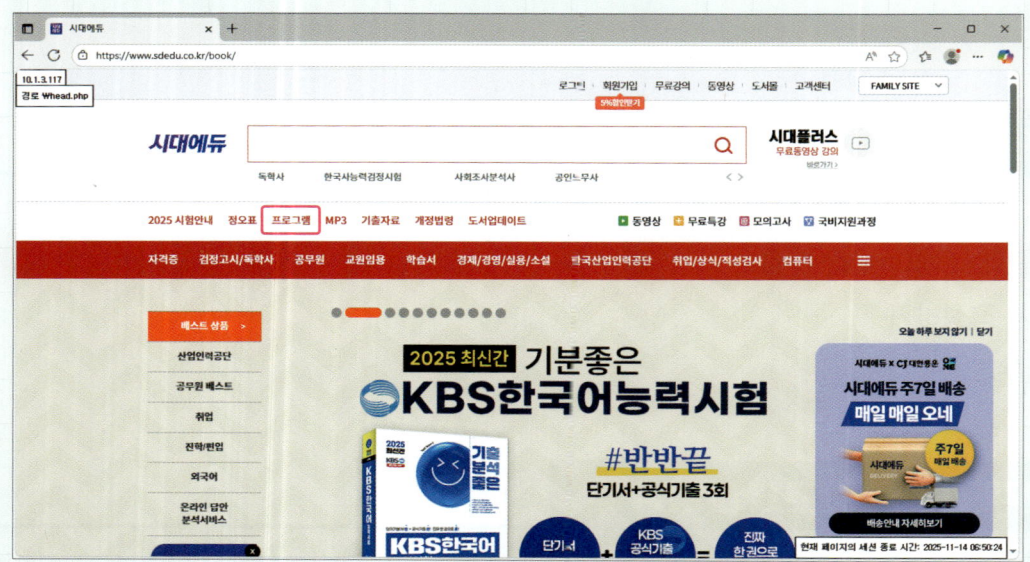

※ 홈페이지의 리뉴얼에 따라 메뉴의 위치나 텍스트 표현이 변경될 수 있습니다.

3 프로그램 자료실 화면이 나타나면 책 제목을 검색합니다. 검색된 결과 목록에서 해당 도서의 제목을 클릭합니다.

 해당 페이지가 열리면 [다운로드] 버튼을 클릭해 예제파일을 다운로드하고, 파일을 다운로드한 폴더로 이동합니다.

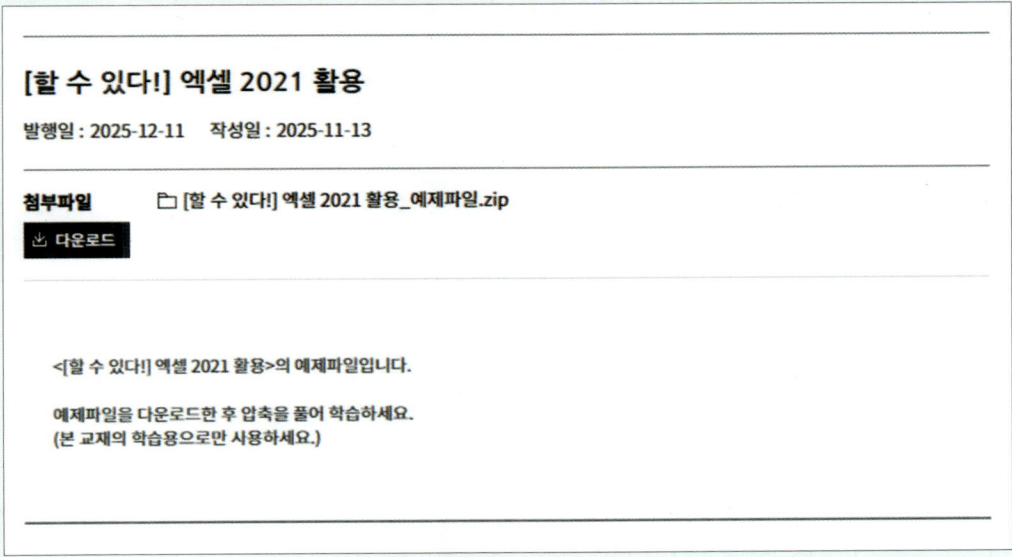

 압축 해제 프로그램으로 파일의 압축을 해제하면 교재의 준비파일과 완성파일이 폴더별로 제공됩니다.

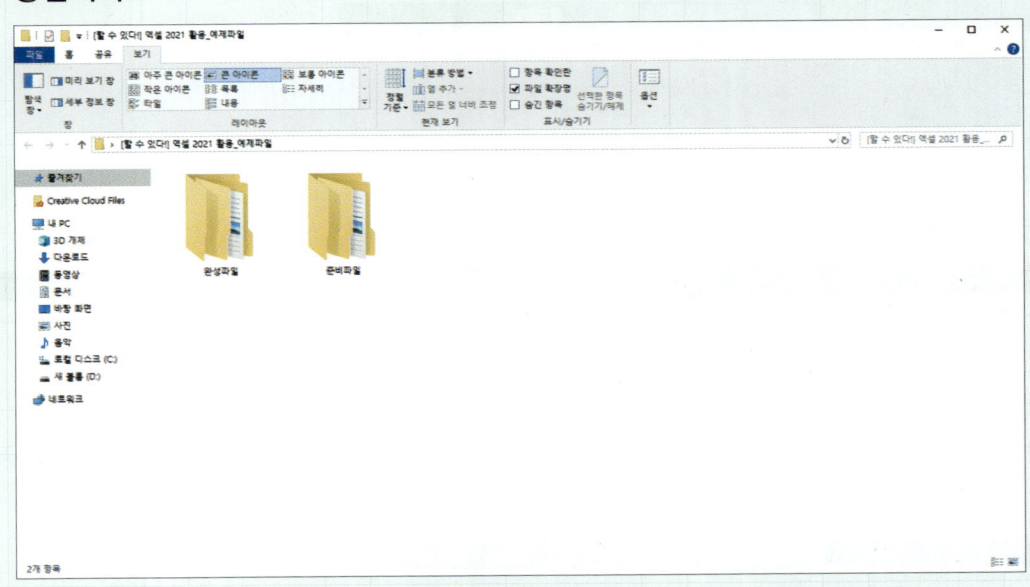

시작 전에 살펴보기

엑셀 2021의 화면 구성

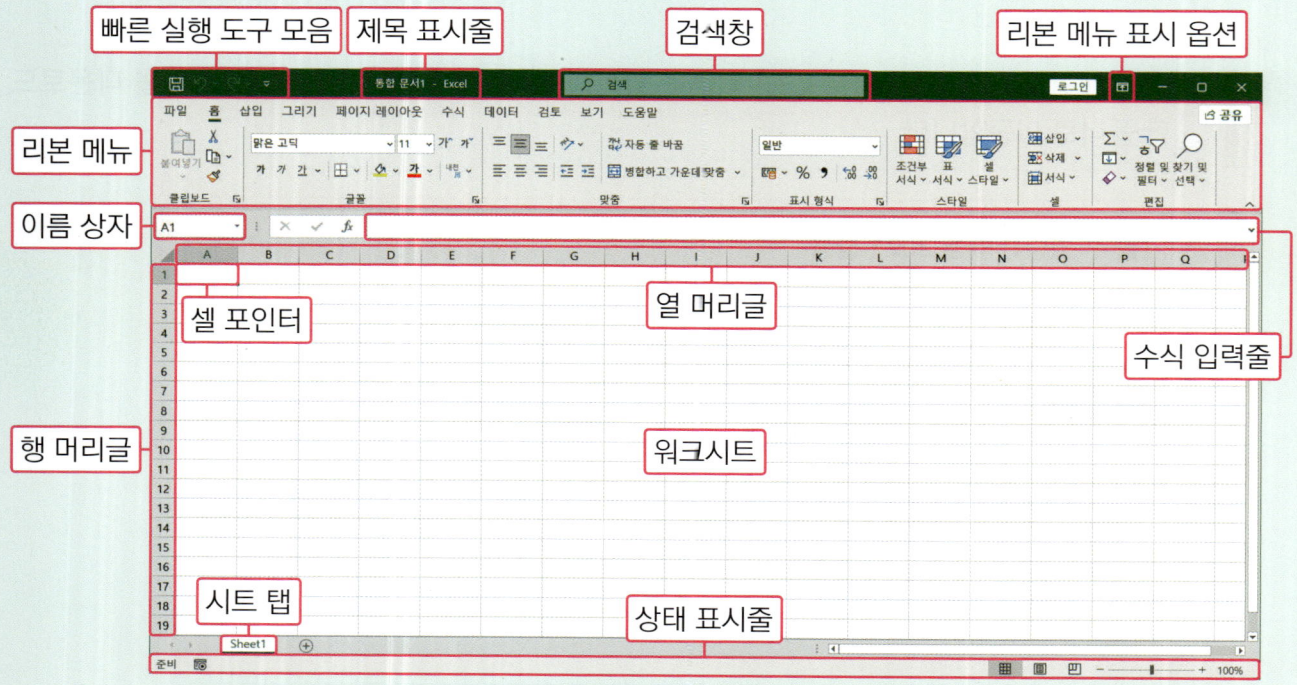

리본 메뉴의 구성

- 탭과 그룹, 명령(기능) 아이콘으로 구성됩니다.

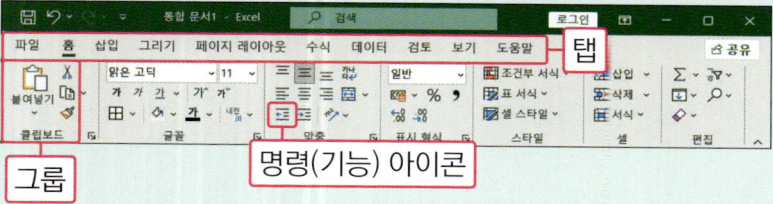

- 창의 크기에 따라 그룹을 구성하는 아이콘의 크기가 달라질 수 있습니다.

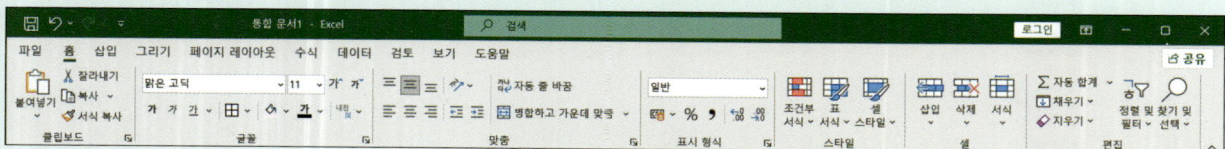

- 일반적으로는 표시되지 않지만, 차트·그림·도형·표 등을 삽입하면 상황에 따라 자동으로 나타나는 탭이 있습니다.

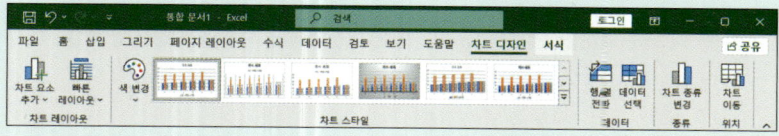

01 판매현황 결재란 만들기

- 붙여넣기 옵션 : 값
- 선택하여 붙여넣기 : 연산
- 그림으로 복사

미/리/보/기

📁 준비파일 : 판매현황.xlsx
📁 완성파일 : 판매현황(완성).xlsx

엑셀을 사용하다 보면 셀의 내용을 복사해야 하는 일이 자주 발생합니다. 특히 데이터의 양이 많을수록 같은 작업을 반복하게 되어 생각보다 많은 시간과 노력이 들게 됩니다. 이번 장에서는 이러한 불편함을 줄여 주는 엑셀의 다양한 복사 및 붙여넣기 기능에 대해 알아보겠습니다.

01 셀 복사하기와 붙여넣기 옵션

▶ 붙여넣기 옵션

엑셀에서 셀을 복사하면 값뿐만 아니라 서식, 수식, 함수, 표시 형식 등 셀에 포함된 모든 요소가 함께 복사됩니다. 복사한 내용을 붙여넣을 때는 [홈] 탭-[클립보드] 그룹-[붙여넣기] 메뉴에서 원하는 항목을 선택할 수 있습니다. 또는 셀을 붙여넣은 후, 오른쪽 하단에 나타나는 옵션 상자(📋(Ctrl)▼)에서 적용할 항목을 바로 선택할 수도 있습니다.

❶ 붙여넣기

- ⓐ 📋(붙여넣기) : 원본 그대로 붙여넣습니다(단, 테마 서식은 제외).
- ⓑ (수식) : 셀의 서식을 제외한 원본을 붙여넣습니다.
- ⓒ (수식 및 숫자 서식) : 수식과 함께 숫자의 표시 형식까지 붙여넣습니다.
- ⓓ (원본 서식 유지) : 원본의 테마 서식을 함께 붙여넣습니다.
- ⓔ (테두리 없음) : 원본의 테두리 모양을 붙여넣지 않습니다.
- ⓕ (원본 열 너비 유지) : 원본의 열 너비를 복사하여 유지합니다.
- ⓖ (행/열 바꿈) : 행과 열을 바꿔 붙여넣기 합니다.

❷ 값 붙여넣기

- ⓐ (값) : 수식이나 함수의 결괏값만 붙여넣기 합니다.
- ⓑ (값 및 숫자 서식) : 수식이나 함수의 결괏값과 함께 숫자의 표시 형식을 붙여넣습니다.
- ⓒ (값 및 원본 서식) : 수식이나 함수의 결괏값 및 모든 서식을 붙여넣습니다.

❸ 기타 붙여넣기 옵션

- ⓐ (서식) : 셀 안의 내용은 제외하고, 서식만 붙여넣습니다.
- ⓑ (연결하여 붙여넣기) : 원본의 값이 바뀌면 복사본의 값도 함께 바뀝니다.
- ⓒ (그림) : 원본이 그림 형태로 바뀌어 붙여넣기 됩니다.
- ⓓ (연결된 그림) : 원본의 값이 바뀌면 복사본 그림의 내용과 모양도 바뀝니다.

❹ 선택하여 붙여넣기

복사한 셀을 붙여넣기 전에 마우스 오른쪽 버튼을 클릭하면 [선택하여 붙여넣기]를 선택할 수 있습니다. 이 기능을 사용하면 단순히 값을 붙여넣을 뿐 아니라, 다양한 방법으로 데이터를 처리할 수 있습니다.

특히 '연산' 기능을 사용하면 숫자를 붙여넣을 때 대상 셀의 기존 값에 더하기·빼기·곱하기·나누기 등의 연산을 적용한 결과를 바로 입력할 수 있습니다.

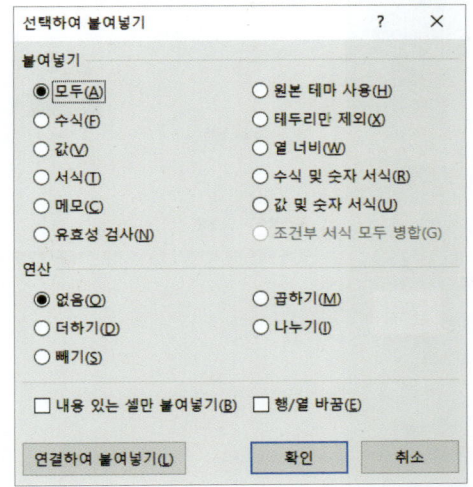

❺ [복사]–[그림으로 복사]

엑셀로 문서 작업을 하다 보면 셀 병합이나 크기 조정으로 인해 레이아웃이 틀어지는 경우가 있습니다. 특히 완성된 양식에 새로운 내용을 추가할 때는 기존 셀 구조를 수정하는 것이 번거롭고 비효율적일 수 있습니다. 이때 [홈] 탭–[클립보드] 그룹–[복사]–[그림으로 복사] 메뉴를 이용하면, 복잡한 셀 구조를 이미지 형태로 간편하게 붙여넣을 수 있어 편리합니다.

- ⓐ 화면에 보이는 대로 캡처하여 이미지를 생성합니다. [형식]의 항목이 활성화됩니다.
- ⓑ 인쇄 시에 보여지는 형태로 이미지를 생성합니다. [형식]의 항목이 비활성화됩니다.
- ⓒ 배경이 투명한 이미지를 생성합니다.
- ⓓ 배경 색상까지 캡처해 투명하지 않은 이미지를 생성합니다.

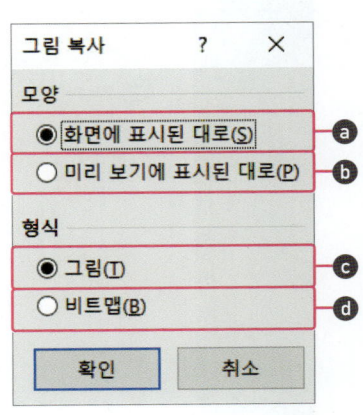

 **엑셀 복사 · 붙여넣기 기능으로 결재란 완성하기**

▶ **셀의 결괏값만 복사하기**

01 엑셀을 실행한 후 [열기]를 선택합니다.

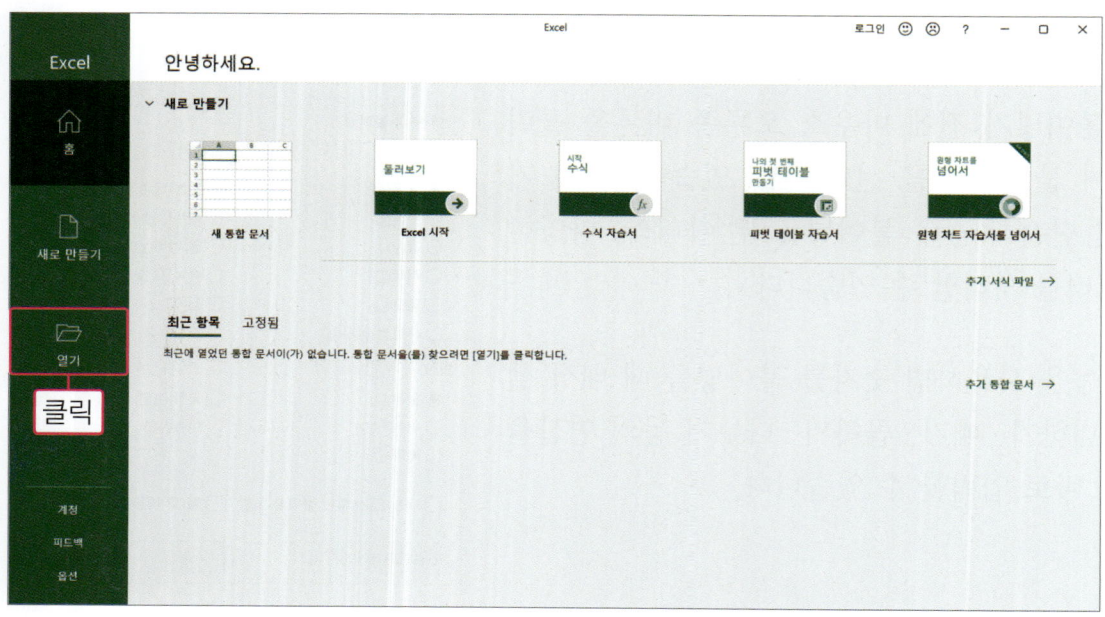

02 [찾아보기]를 클릭한 후 [열기] 대화상자에서 '판매현황.xlsx' 파일을 찾아 선택하고 [열기] 버튼을 클릭합니다.

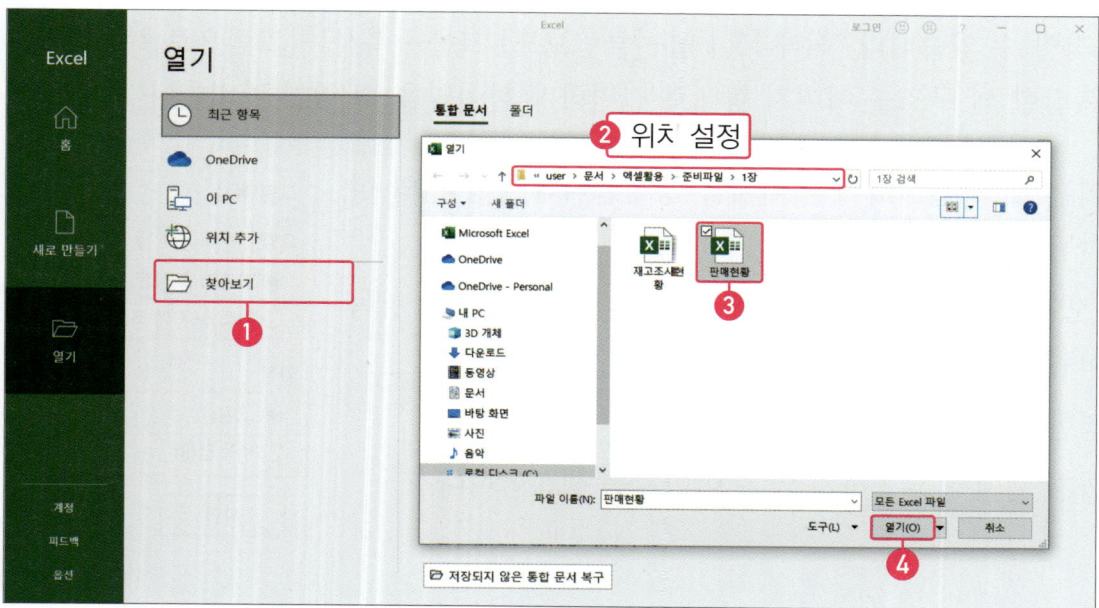

12

03 [E2] 셀부터 [E9] 셀까지 드래그한 후 Ctrl+C 키를 눌러 복사합니다. [I2] 셀을 클릭한 후 Ctrl+V 키를 눌러 붙여넣기 합니다.

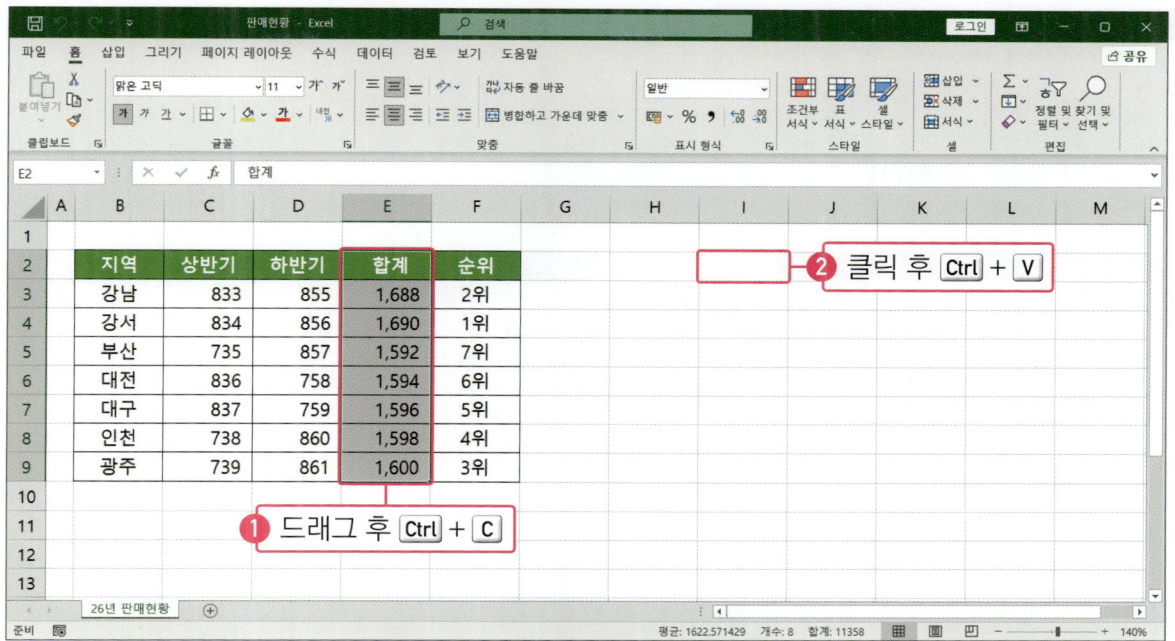

04 수식이 있는 셀은 일반적인 방법으로 복사·붙여넣기 하면 합계의 내용이 달라지는 것을 확인할 수 있습니다.

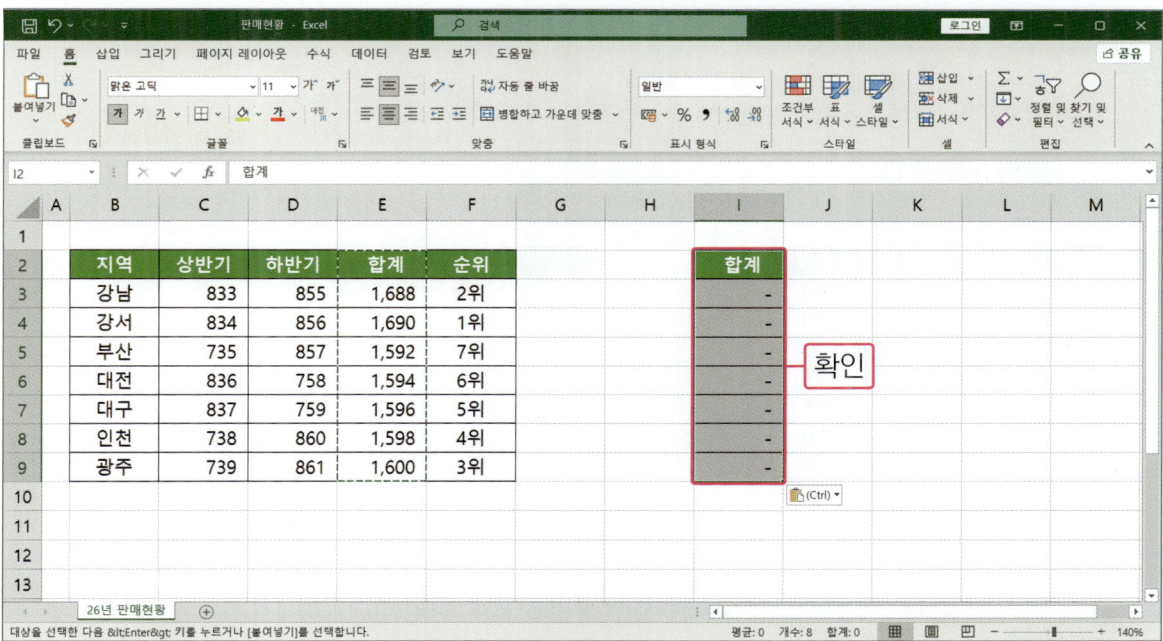

05 [E3] 셀을 클릭합니다. 수식 입력줄에 '=C3+D3'이라고 입력되어 있으며, 이를 통해 합계가 자동으로 계산되는 것을 확인할 수 있습니다.

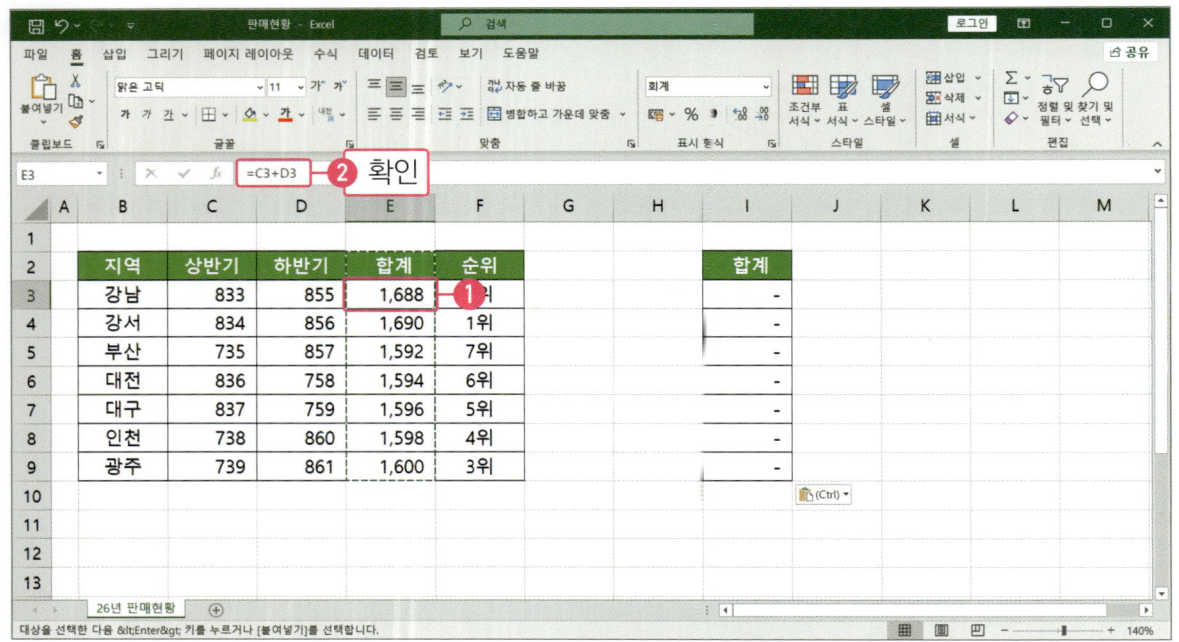

06 [I3] 셀을 클릭합니다. 수식 입력줄에 '=G3+H3'이라고 입력되어 있으며, 이동한 열만큼 합계가 계산되었기 때문에 결괏값이 달라진 것을 확인할 수 있습니다.

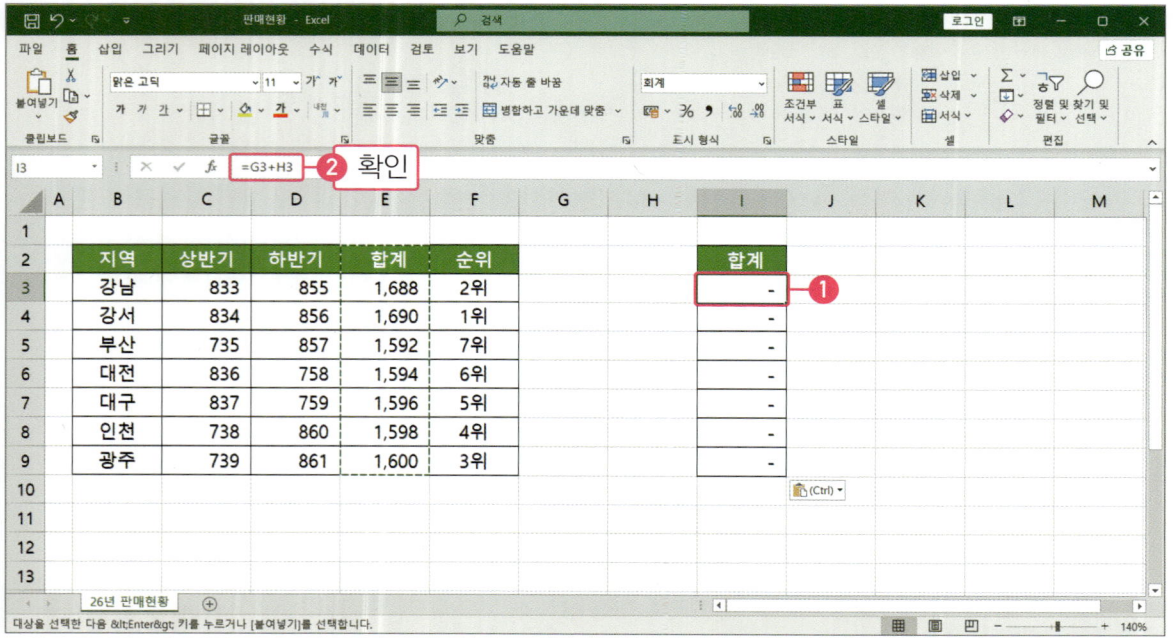

'합계'를 계산하는 수식에 참조되는 셀이 '상대 참조'로 되어 있어 발생하는 현상입니다. 셀을 이동하면 참조 위치도 함께 바뀌면서 예상과 다른 결과가 나타나게 됩니다. 이 경우 [수식] 탭-[수식 분석] 그룹-[참조되는 셀 추적]을 선택해 참조 셀을 확인한 후 [연결선 제거]를 클릭하면 문제를 해결할 수 있습니다.

07 [(Ctrl)▼](붙여넣기 옵션)을 클릭하여 메뉴를 확장한 후 [123](값)을 선택합니다.

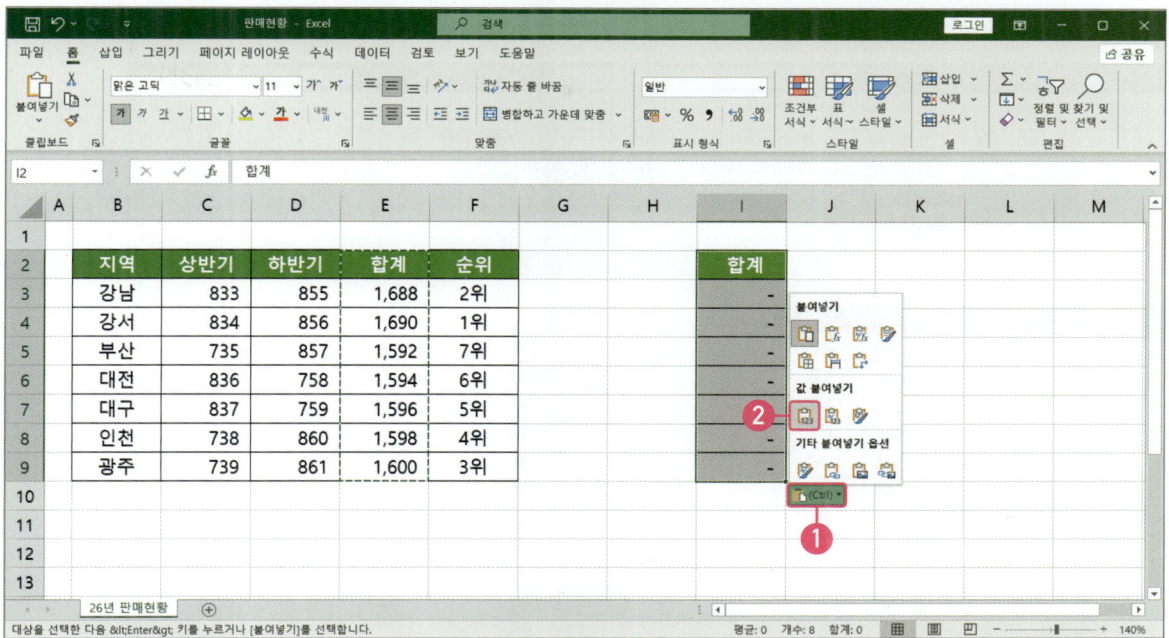

08 셀의 서식과 수식 내용은 모두 사라지고 결괏값만 붙여넣기 된 것을 확인할 수 있습니다.

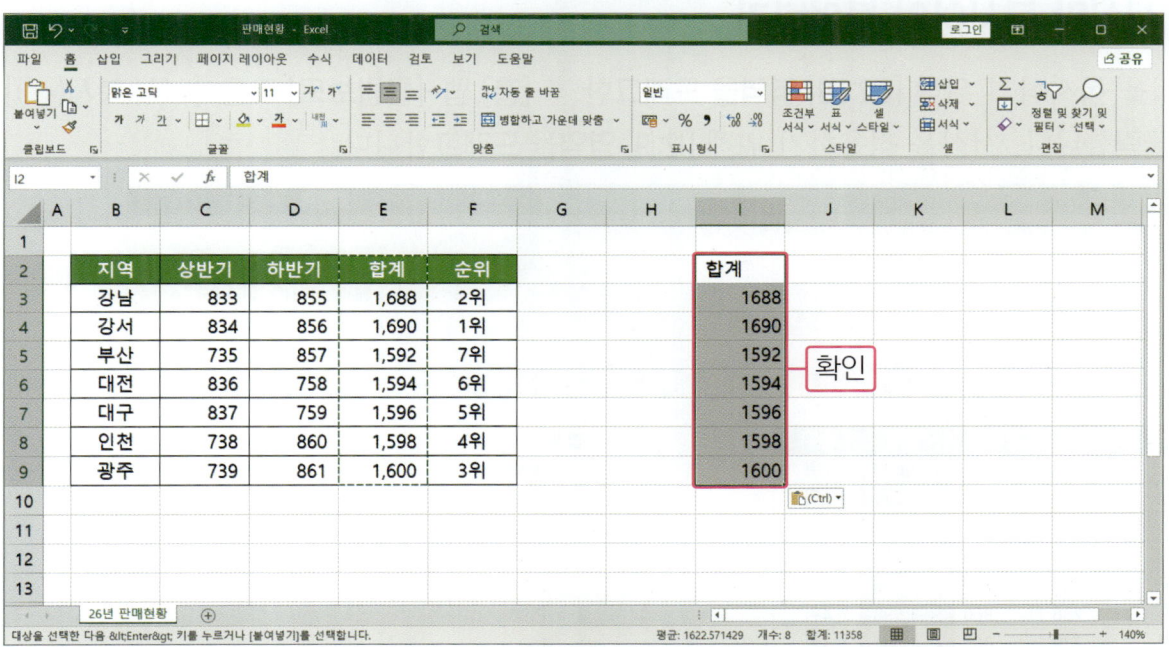

09 [I3] 셀을 클릭합니다. 수식 입력줄에 수식 없이 '1688'이라는 값만 나타나는 것을 확인할 수 있습니다.

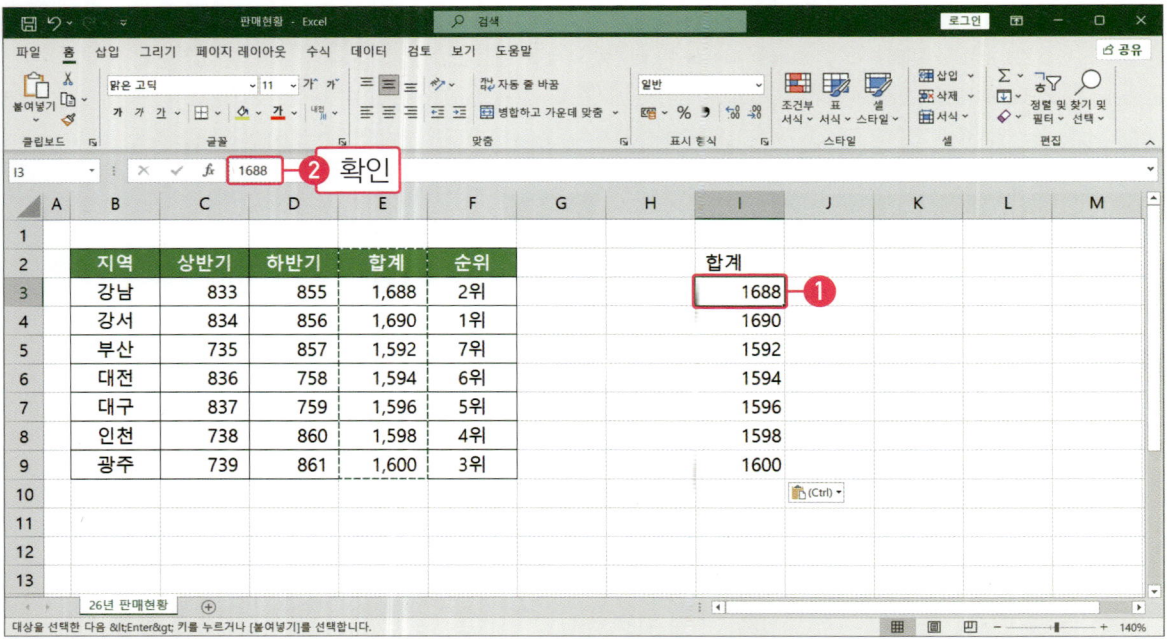

▶ 셀의 서식만 복사하여 붙여넣기

01 서식을 복사하기 위해 [E2:E9] 영역을 드래그한 후 [홈] 탭-[클립보드] 그룹-[서식 복사(🖌)]를 클릭합니다. 서식을 적용하기 위해 [I2:I9] 영역을 드래그합니다.

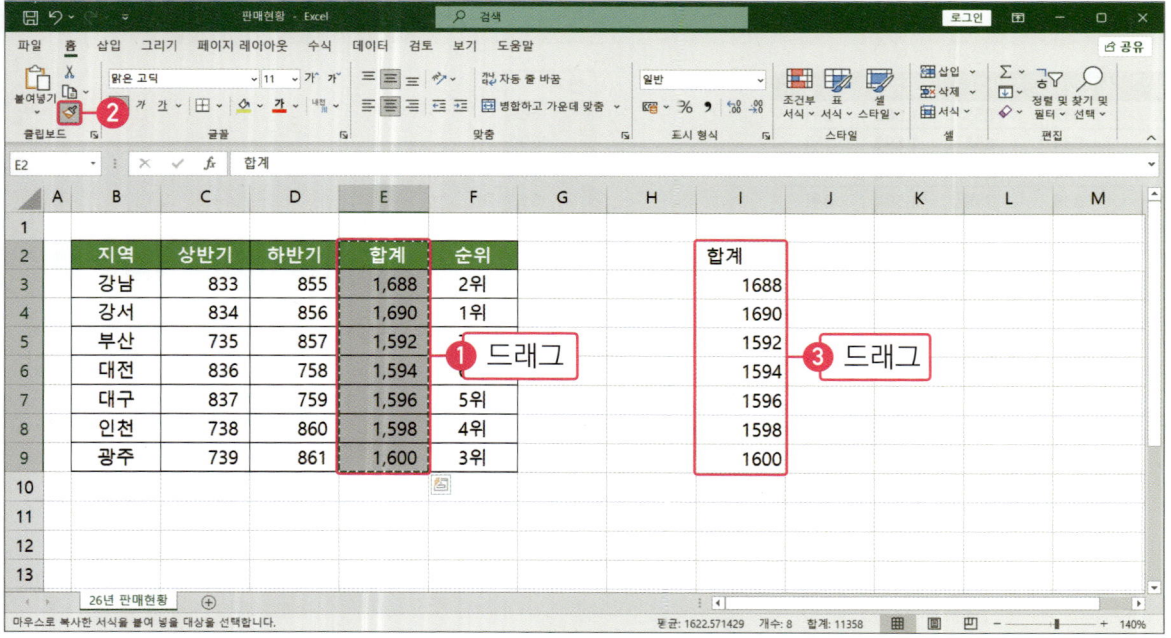

16

02 [B2:B9] 영역을 드래그한 후 Ctrl 키를 누른채 [E2:E9] 영역을 드래그하여 다중으로 선택하고 Ctrl + C 키를 눌러 복사합니다. [K2] 셀을 클릭한 후 Ctrl + V 키를 눌러 붙여넣습니다.

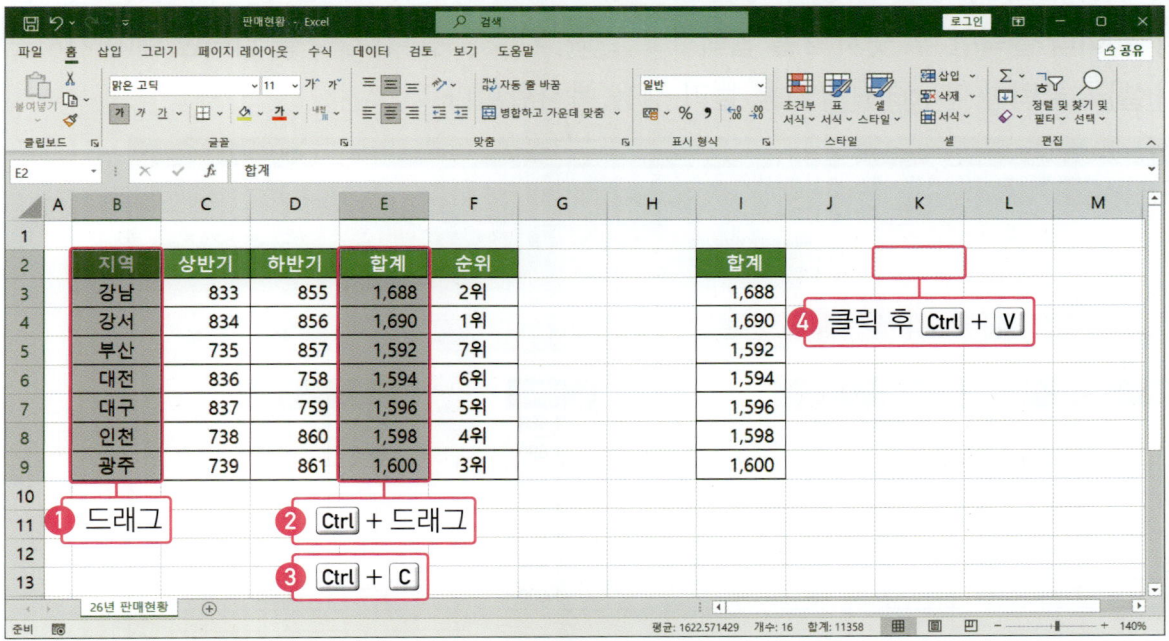

03 [지역] 열과 [합계] 열의 서식과 값이 복사되어 나란히 붙여넣기 된 것을 확인할 수 있습니다.

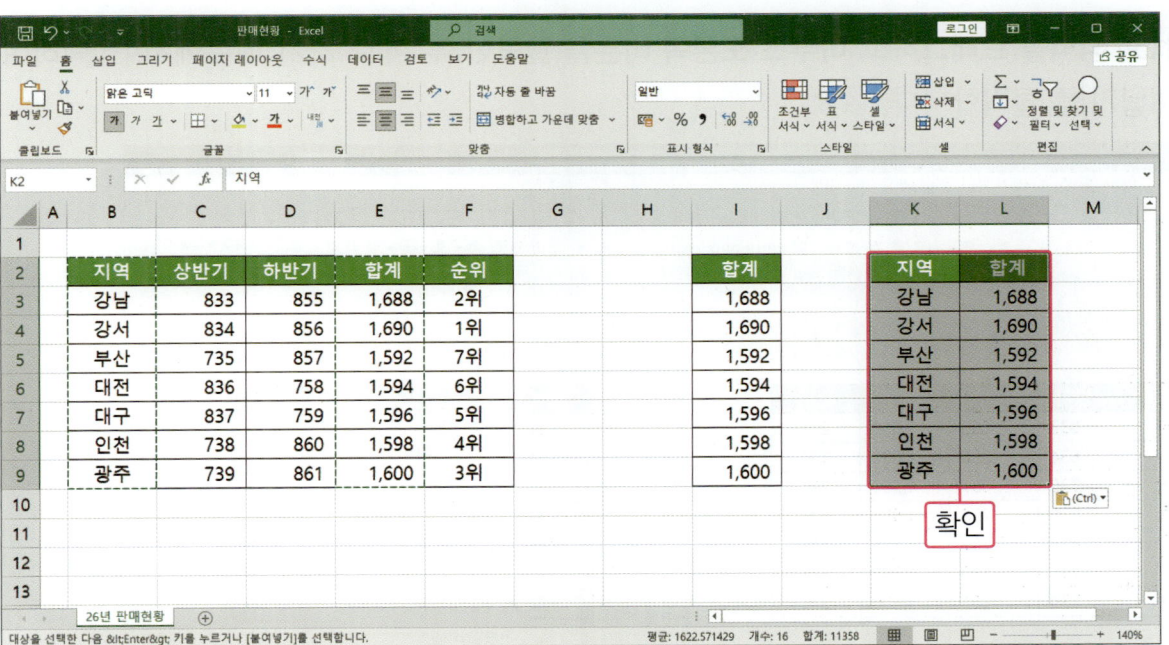

▶ '연산' 기능을 이용해 복사하기

01 이번에는 '연산' 기능을 이용해 평균을 계산해 보겠습니다. 빈 셀 중 아무 곳(여기서는 [I11] 셀)이나 클릭한 후 숫자 '2'를 입력하고 Enter 키를 누릅니다. '2'를 입력한 셀(여기서는 [I11] 셀)을 클릭한 후 Ctrl+C 키를 눌러 셀을 복사합니다.

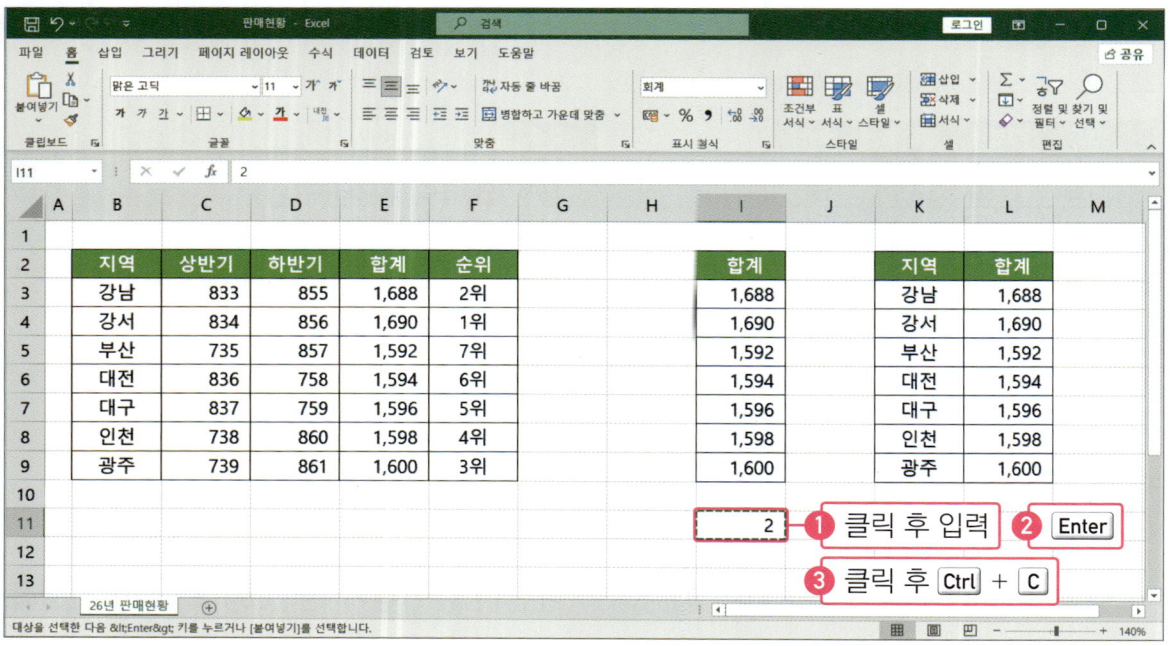

02 [L3:L9] 영역을 드래그하고 마우스 오른쪽 버튼을 클릭한 후 바로 가기 메뉴에서 [선택하여 붙여넣기]를 클릭합니다.

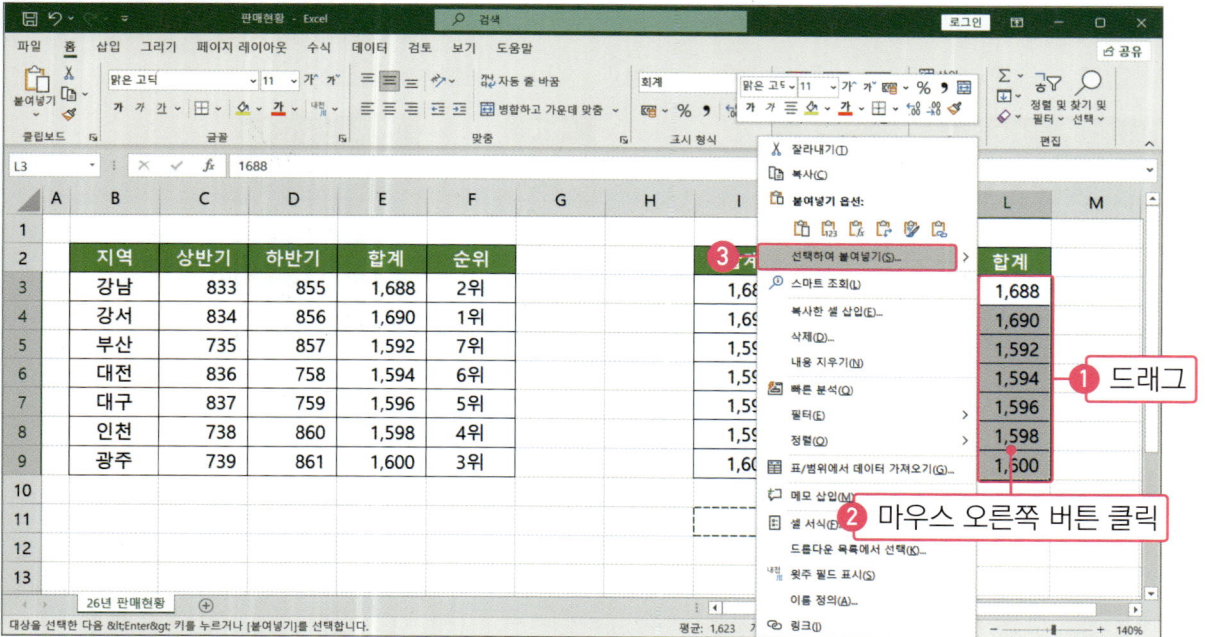

03 [선택하여 붙여넣기] 대화상자가 나타납니다. [붙여넣기]는 '값'을 선택하고, [연산]은 '나누기'를 선택한 후 [확인] 버튼을 클릭합니다.

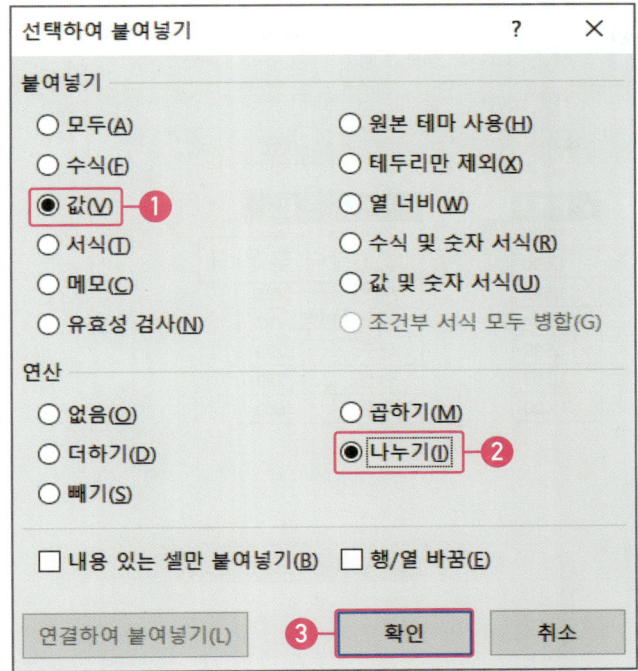

 '값' 이외의 것을 선택하면 '2'를 입력한 셀의 서식까지 복사되어 [L3:L9] 영역의 서식이 모두 사라지게 되므로 주의합니다.

04 [합계] 열에 '2'로 나눈 값이 채워진 것을 확인할 수 있습니다. '2'를 입력한 셀(여기서는 [I11] 셀)을 클릭한 후 Delete 키를 눌러 삭제합니다.

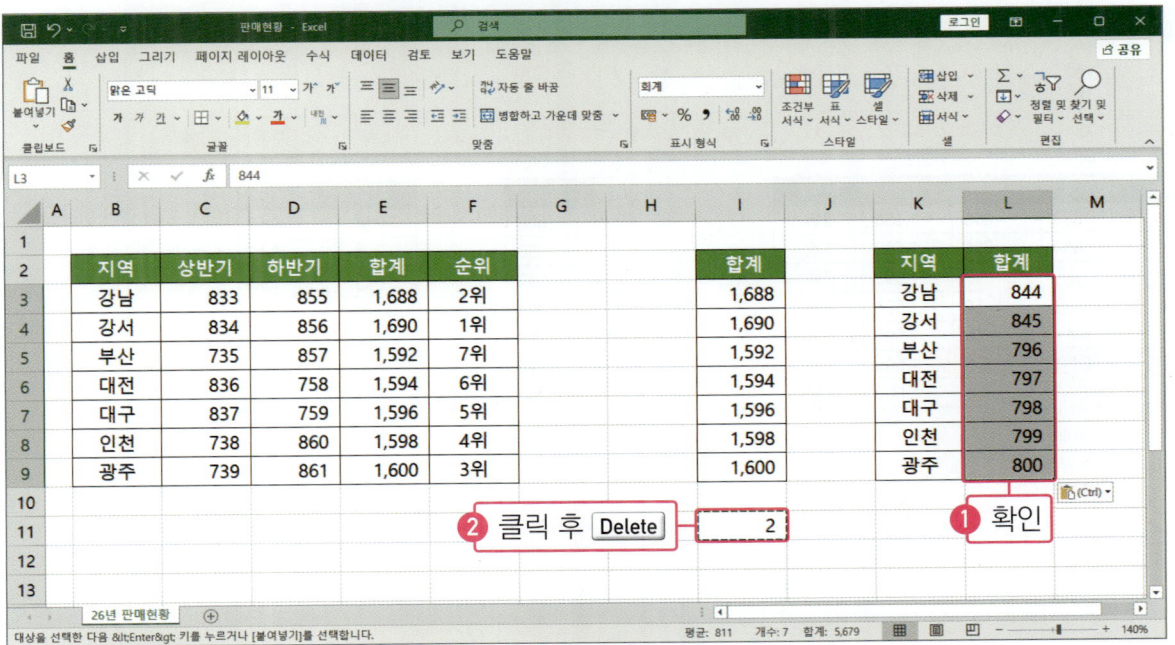

 셀을 복사하면 선택한 영역을 둘러싼 점선이 깜빡입니다. 이 점선은 Esc 키를 누르면 사라집니다.

05 [L2] 셀을 클릭한 후 '연평균'을 입력하고 Enter 키를 누릅니다.

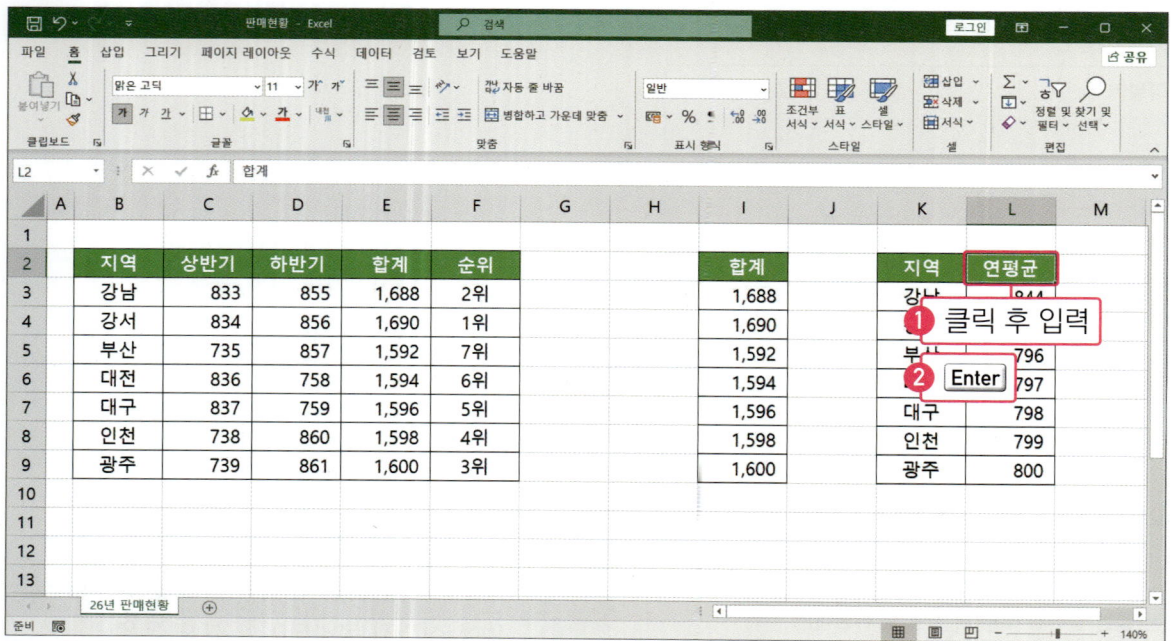

▶ 결재란 원본 만들기

01 '26년 판매현황' 시트 탭을 마우스 오른쪽 버튼으로 클릭한 후 [이동/복사]를 선택합니다.

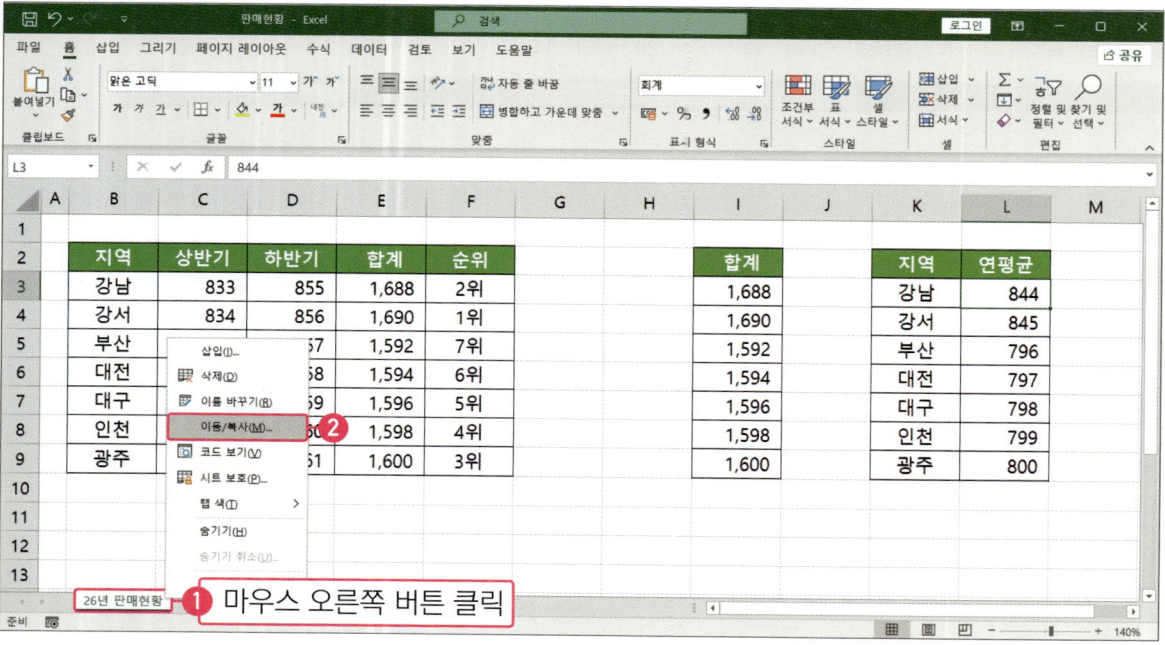

02 [이동/복사] 대화상자에서 '(끝으로 이동)'을 선택하고 '복사본 만들기'를 체크한 후 [확인] 버튼을 클릭합니다.

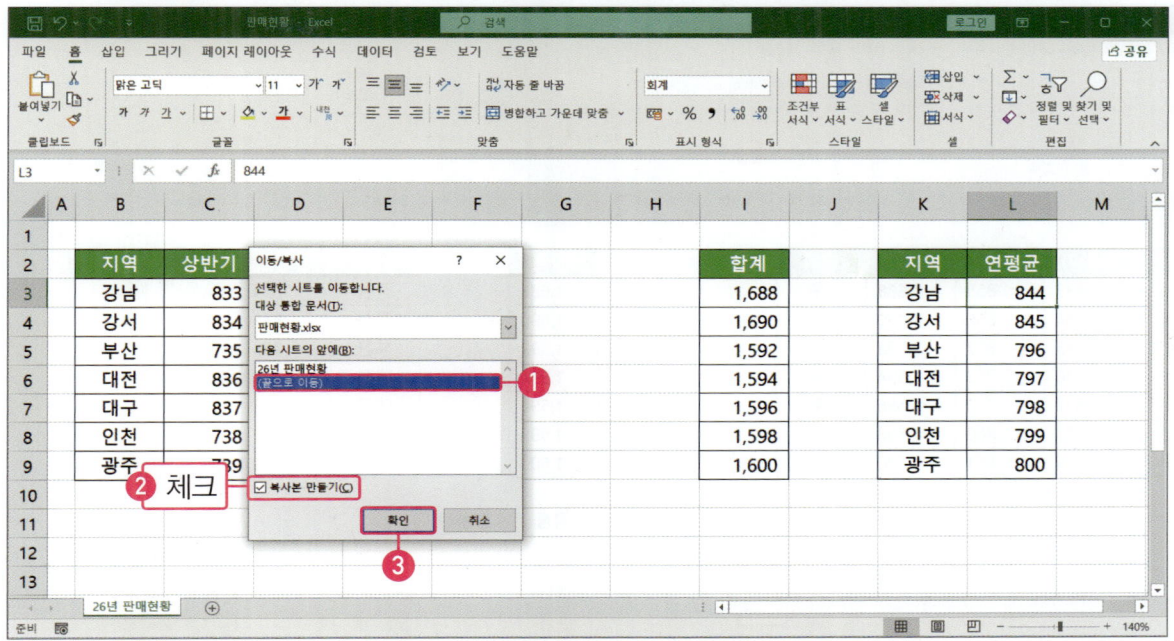

03 '26년 판매현황 (2)' 시트 탭이 생성되었습니다. [G11:J11] 영역에 '결재', '담당', '팀장', '본부장'을 입력한 후 드래그하여 선택하고 [홈] 탭-[맞춤] 그룹-[가운데 맞춤(≡)]을 클릭합니다.

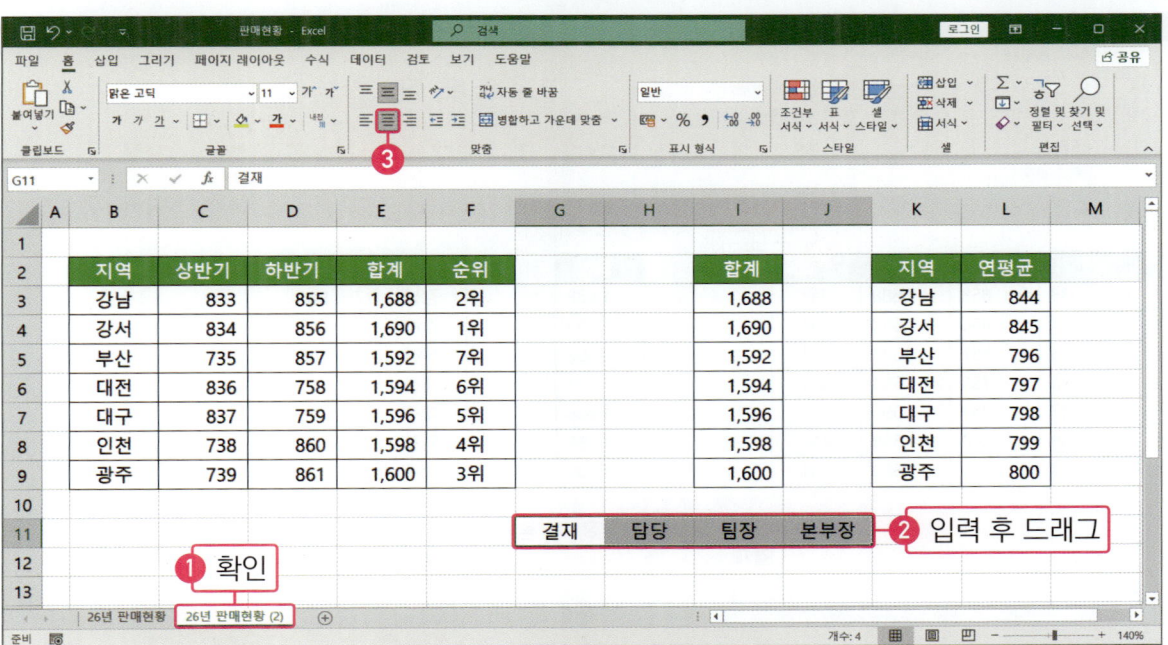

04 [G11:G12] 영역을 드래그하여 선택한 후 [홈] 탭-[맞춤] 그룹-[병합하고 가운데 맞춤]을 클릭합니다.

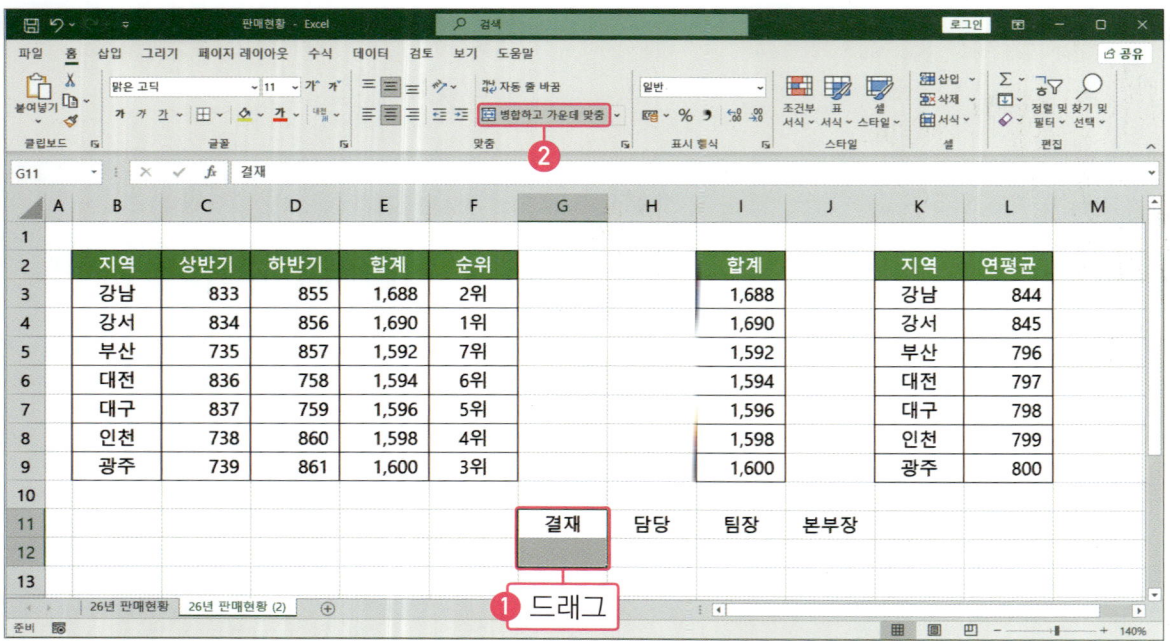

05 12행의 아래쪽 경계선을 아래로 드래그하여 적당히(행 높이 '35' 정도) 넓혀 주고, [G] 열의 오른쪽 경계선을 왼쪽으로 드래그하여 적당히(열 너비 '3' 정도) 줄여 줍니다.

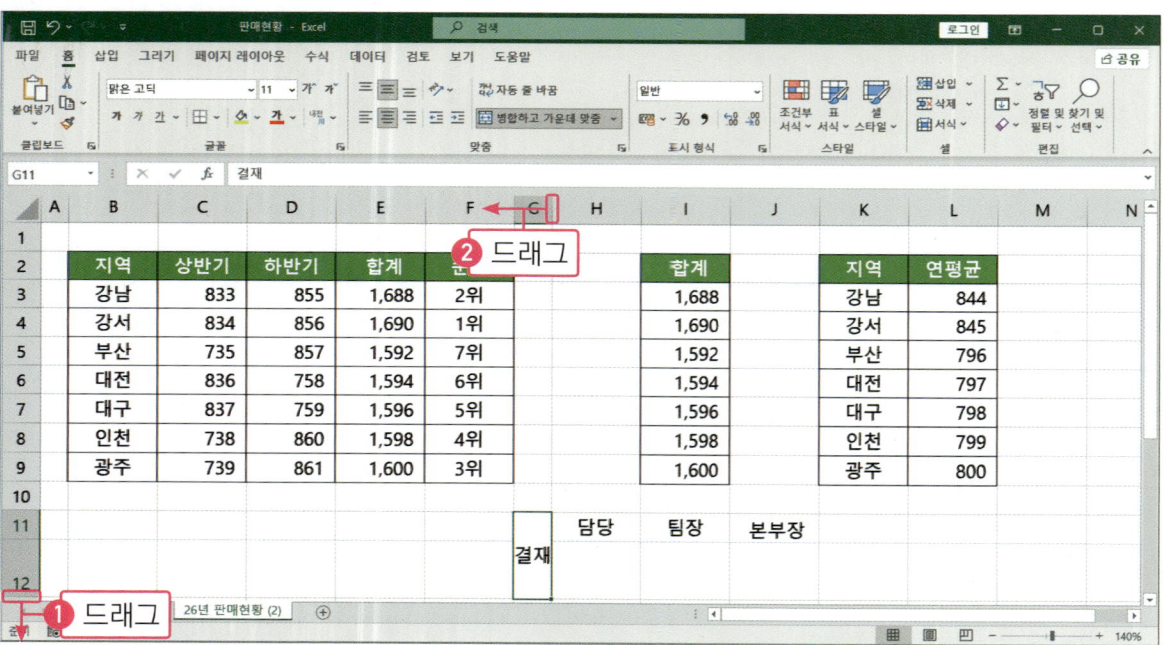

06 [G11] 셀이 선택되어 있는 상태에서 [홈] 탭-[맞춤] 그룹-[방향( )]의 [세로 쓰기]를 선택합니다.

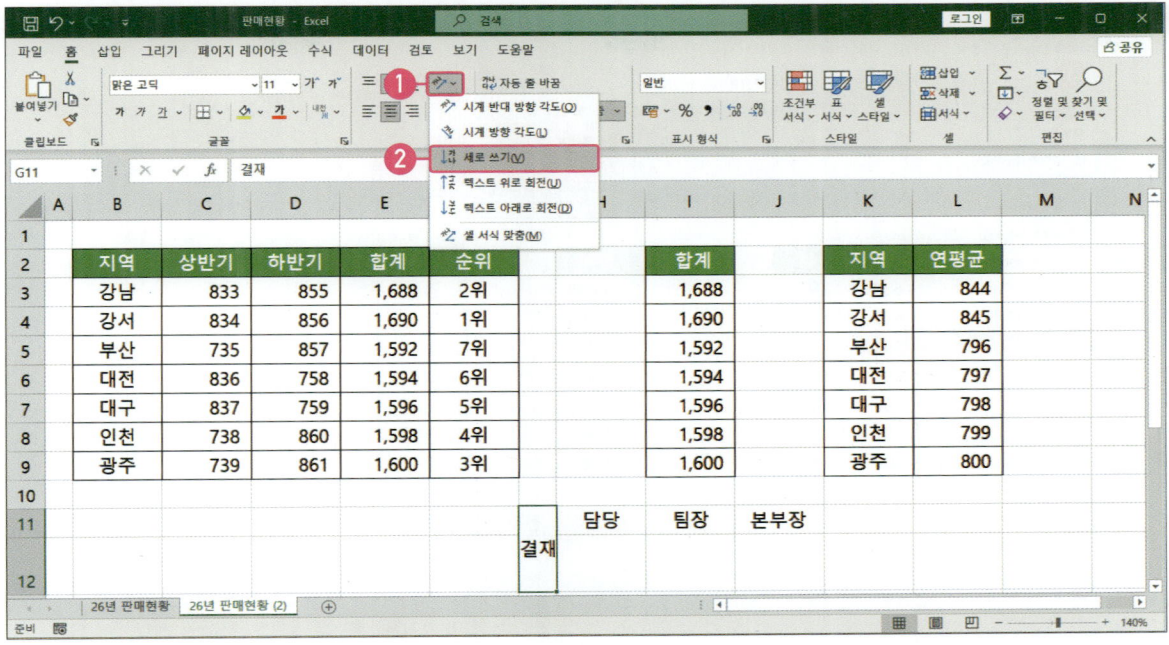

07 [G11:J12] 영역을 드래그하여 선택한 후 [홈] 탭-[글꼴] 그룹-[테두리( )]의 를 클릭하여 [모든 테두리]를 선택합니다.

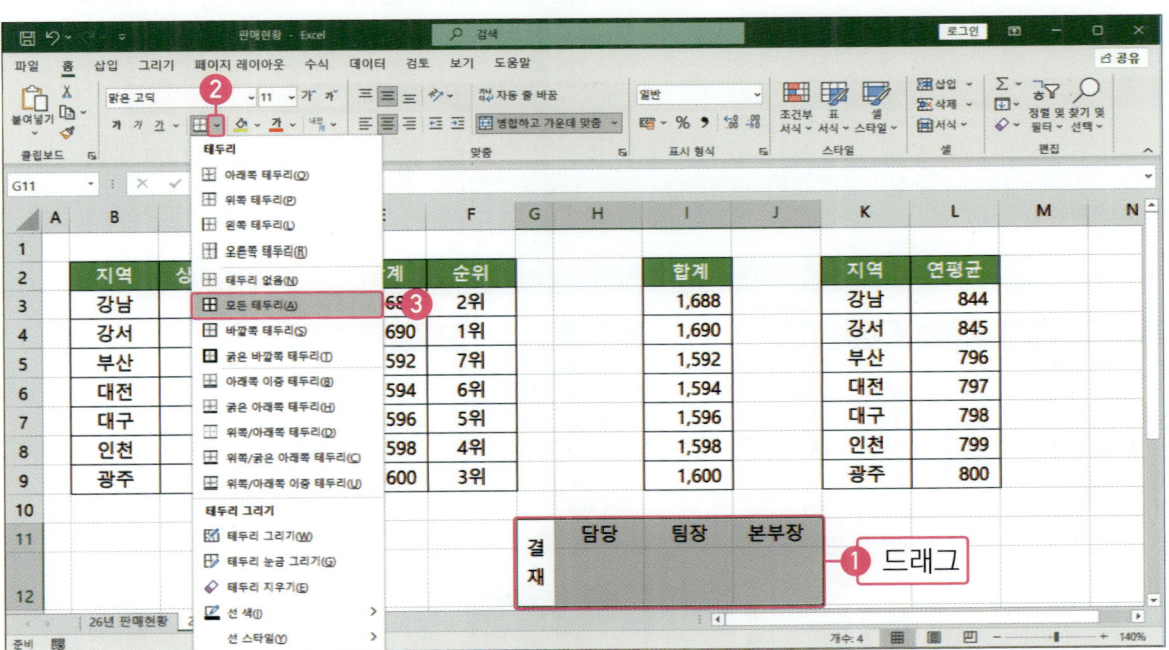

08 이어서 [홈] 탭-[글꼴] 그룹-[테두리(⊞˅)]의 ˅를 클릭하여 [굵은 바깥쪽 테두리]를 선택합니다.

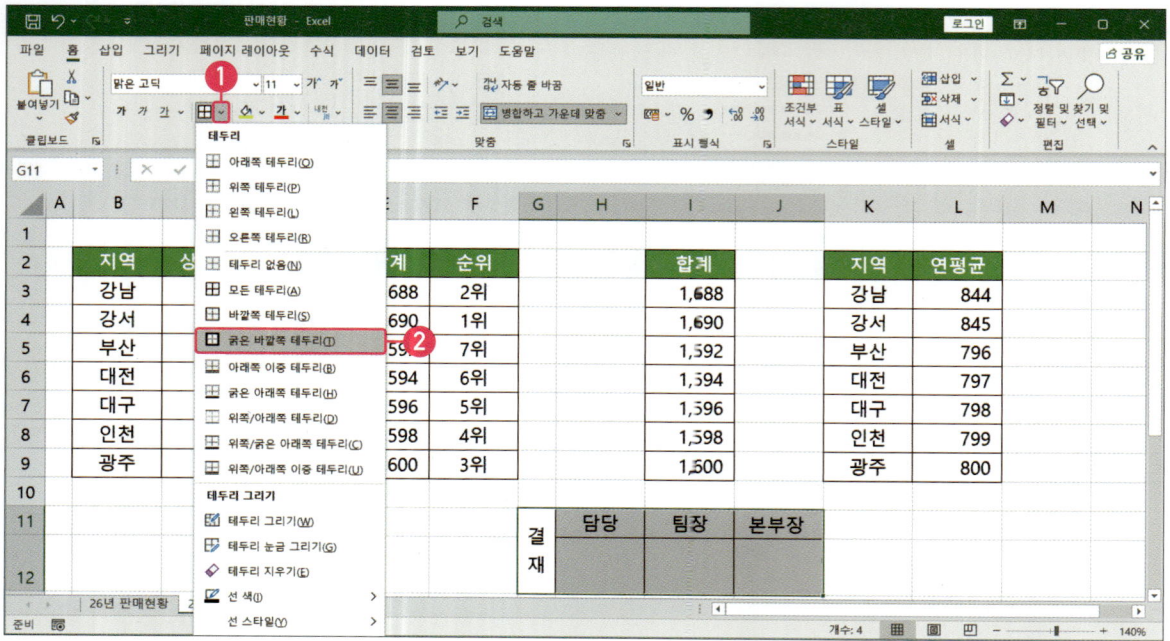

▶ **그림으로 복사하여 결재란 만들기**

01 [G11:J12] 영역이 선택된 상태에서 [홈] 탭-[클립보드] 그룹-[복사(🗐˅)]의 ˅를 클릭한 후 [그림으로 복사]를 선택합니다.

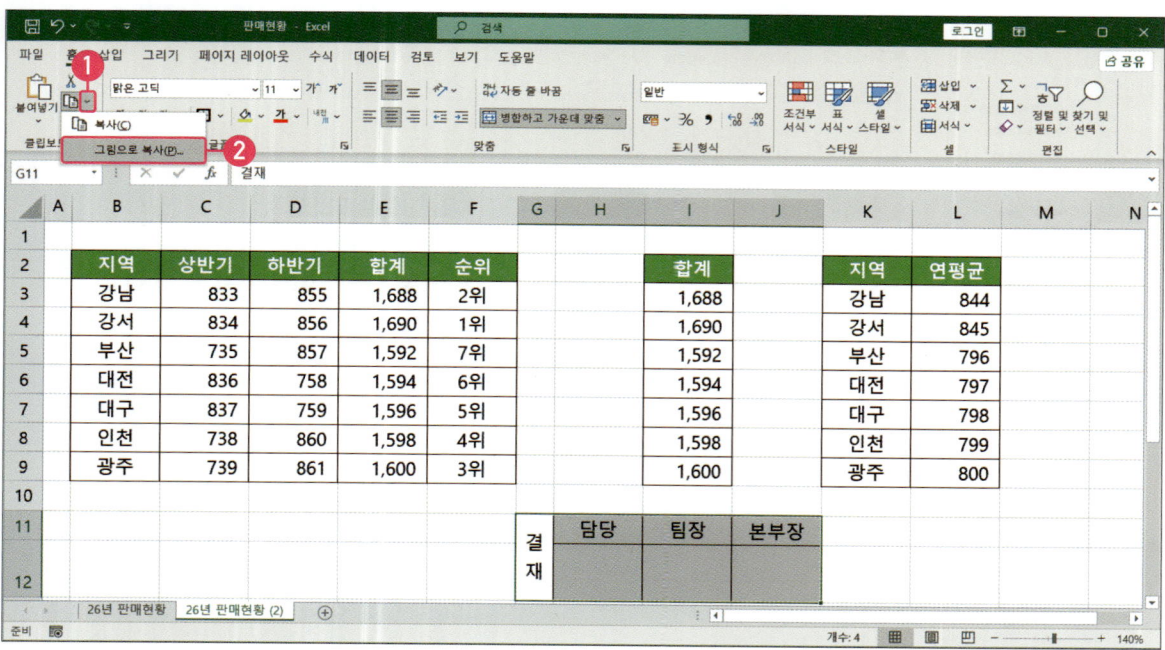

02 [그림 복사] 대화상자가 나타나면 [모양]은 '화면에 표시된 대로', [형식]은 '그림'으로 선택되어 있는지 확인하고 [확인] 버튼을 클릭합니다.

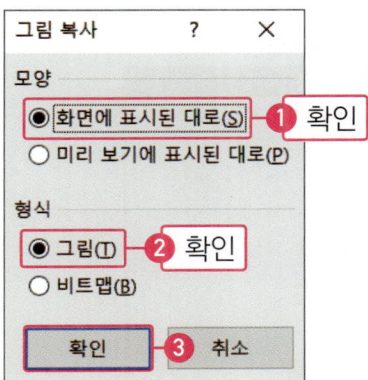

03 1행의 아래쪽 경계선을 아래로 드래그하여 적당히(행 높이 '50' 정도) 넓혀 주고, [E1] 셀을 클릭한 후 Ctrl+V 키를 눌러 붙여넣기 합니다.

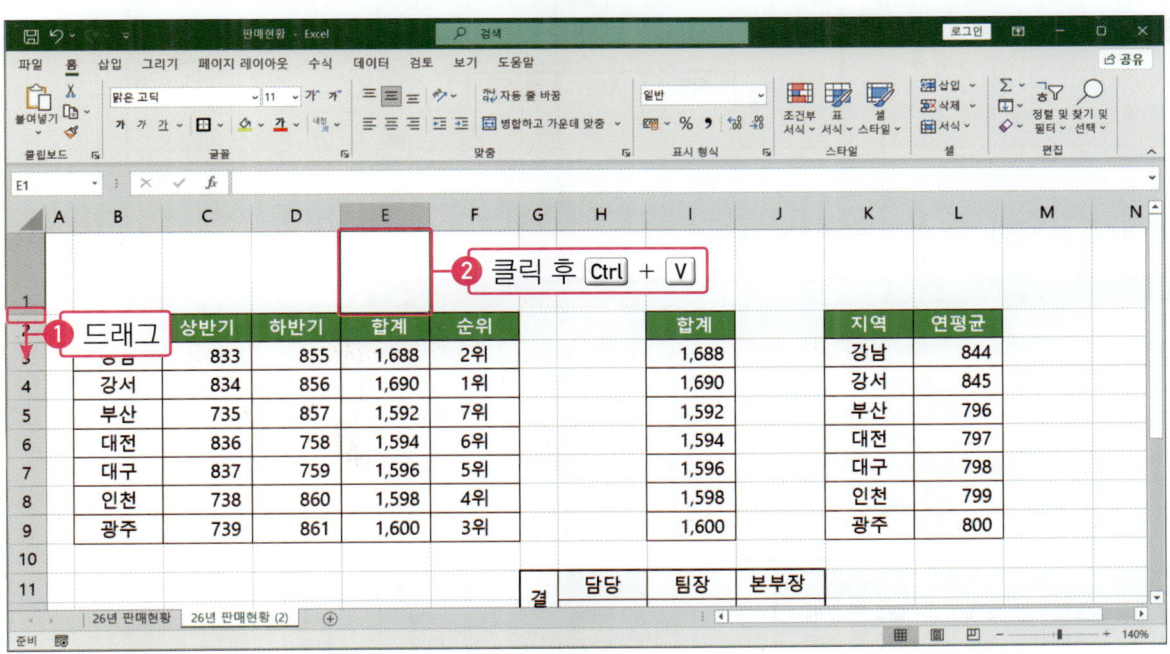

04 그림의 속성을 갖는 이미지가 붙여넣기 되었습니다. [E1:G1] 영역 안에 이미지를 배치하기 위해 **삽입된 이미지의 오른쪽 대각선 아래 조절점을 드래그**하여 [G1] 셀에 크기를 맞추고, **이미지의 안쪽을 드래그**하여 위치를 조정합니다.

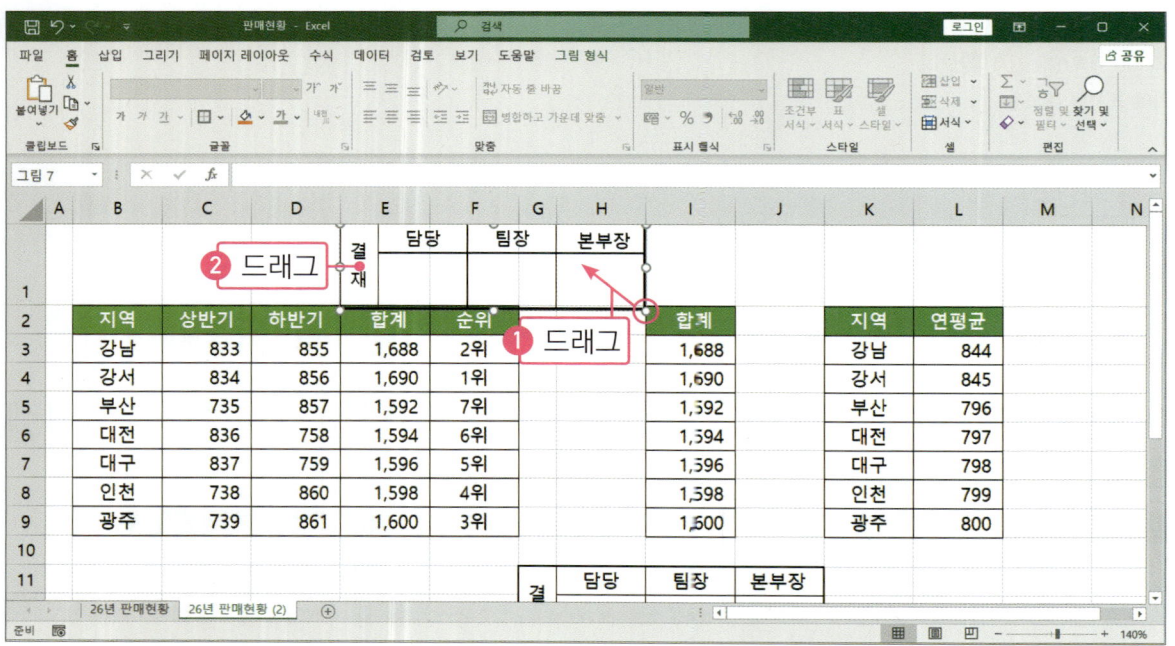

05 이미지의 크기와 위치를 확인합니다.

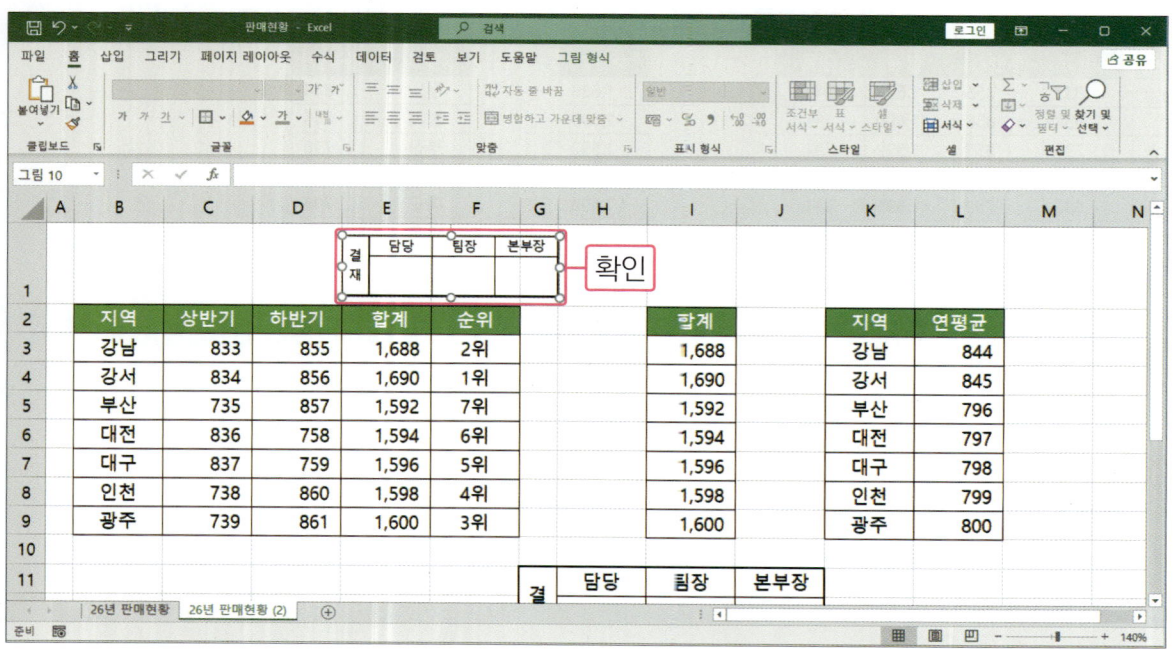

이미지로 붙여넣기 하면 문서 전체의 디자인을 유지하면서 셀의 크기에 상관없이 자유롭게 배치할 수 있습니다.

▶ 연평균 복사하여 열 너비 유지한 채 붙여넣기

01 [L2:L9] 영역을 드래그하여 선택하고 Ctrl+C 키를 눌러 복사합니다.

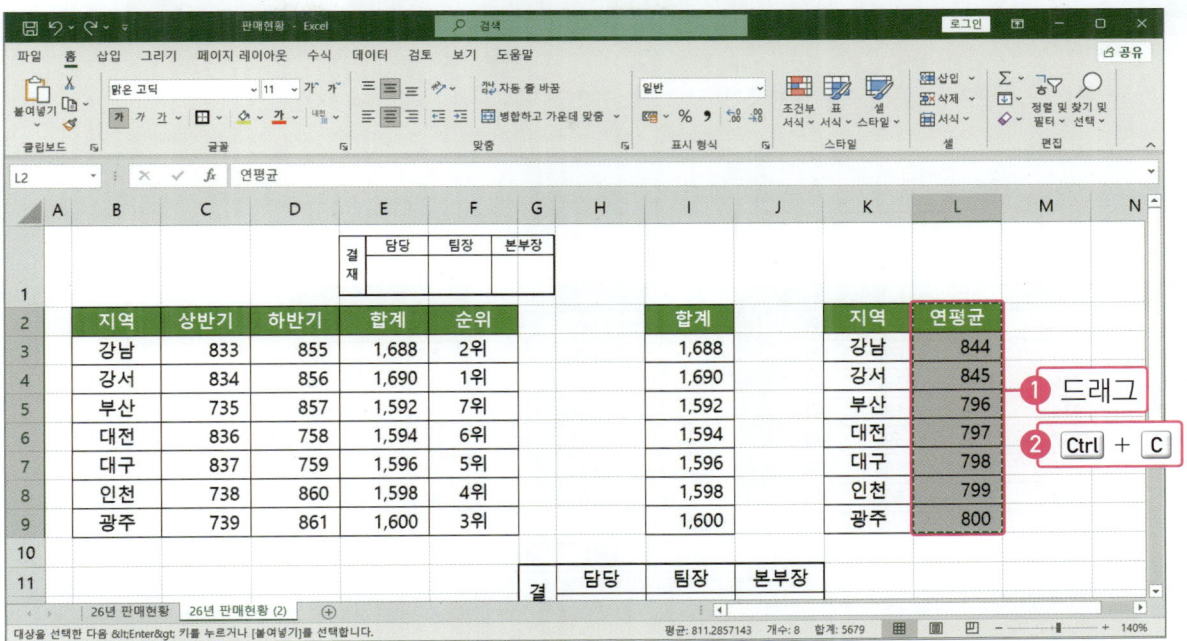

02 [G2] 셀을 클릭한 후 Ctrl+V 키를 눌러 복사한 것을 붙여넣습니다.

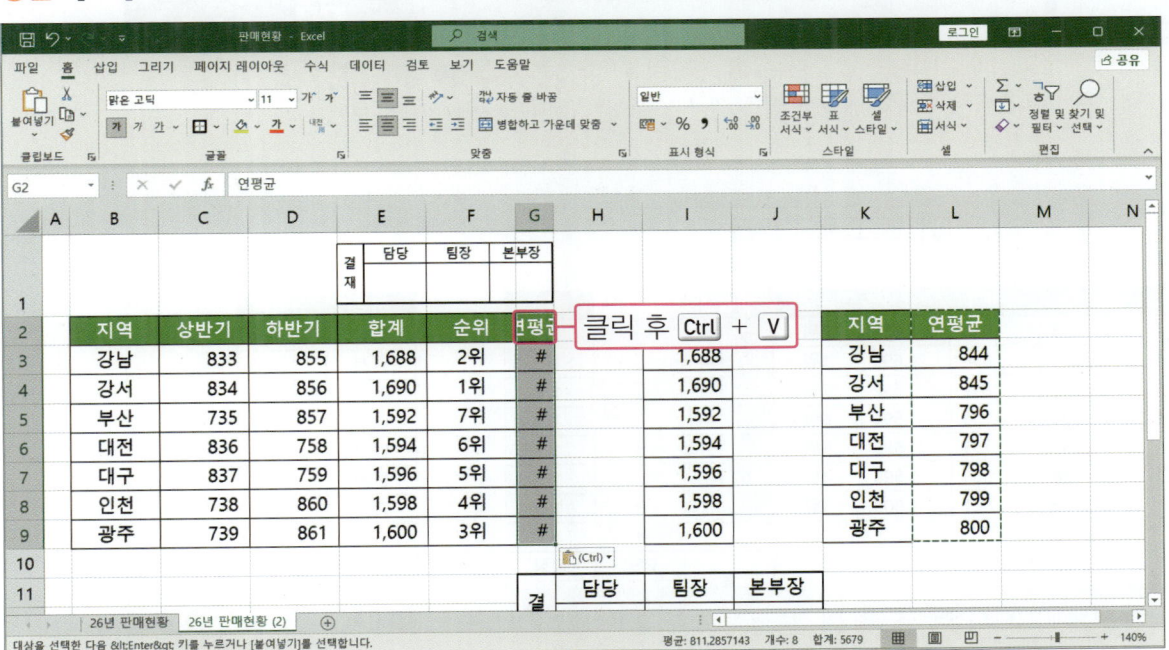

03 기존의 열 너비가 좁아 데이터가 보이지 않습니다. (Ctrl)(붙여넣기 옵션)을 클릭한 후 (원본 열 너비 유지)를 선택합니다.

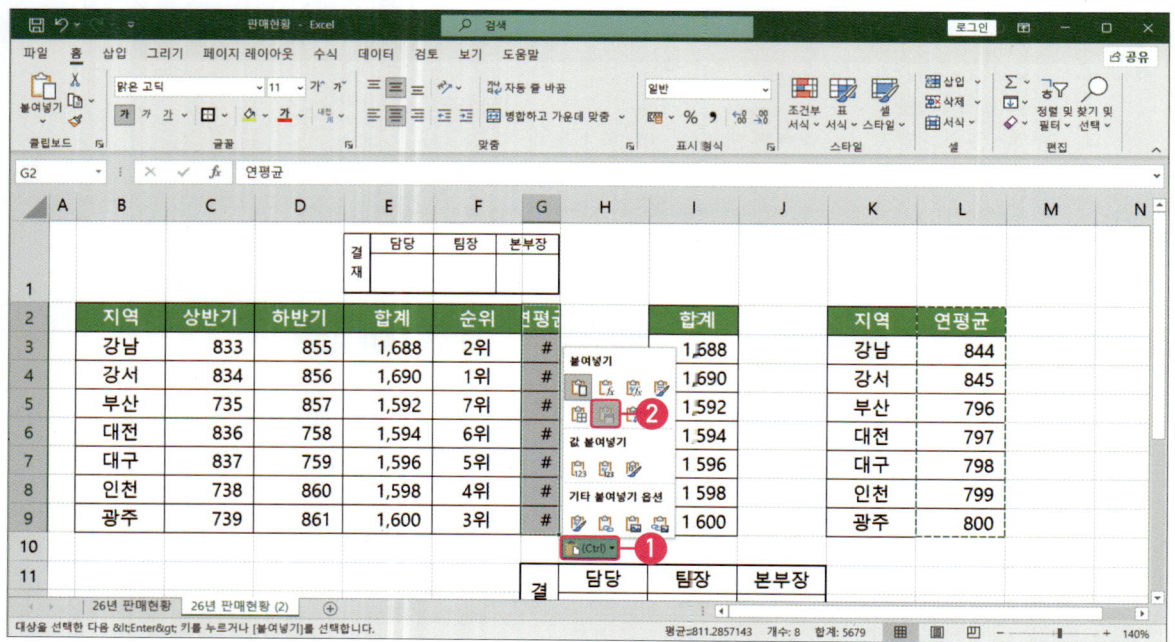

04 원본 열 너비로 늘어나면서 데이터가 모두 표시되는 것을 확인할 수 있습니다.

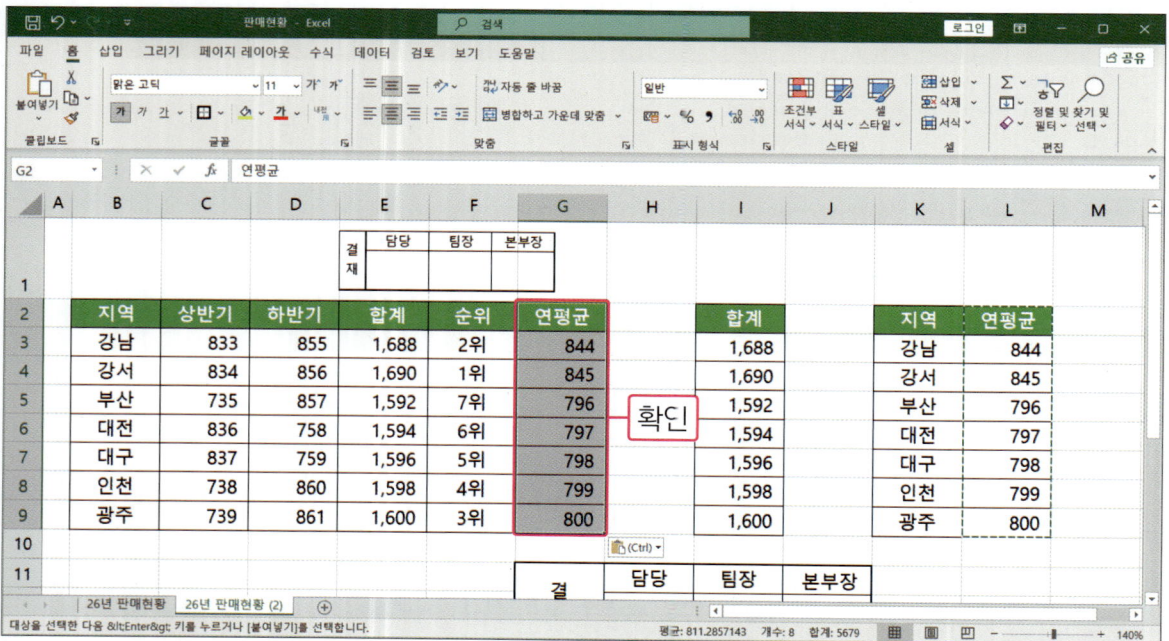

▶ 필요 없는 요소 모두 지우기

01 [I2:L9] 영역을 드래그한 후 Ctrl 키를 누른 채 [G11:J12] 영역을 드래그합니다. [홈] 탭-[편집] 그룹-[지우기(◇ ▼)]의 [모두 지우기]를 선택합니다.

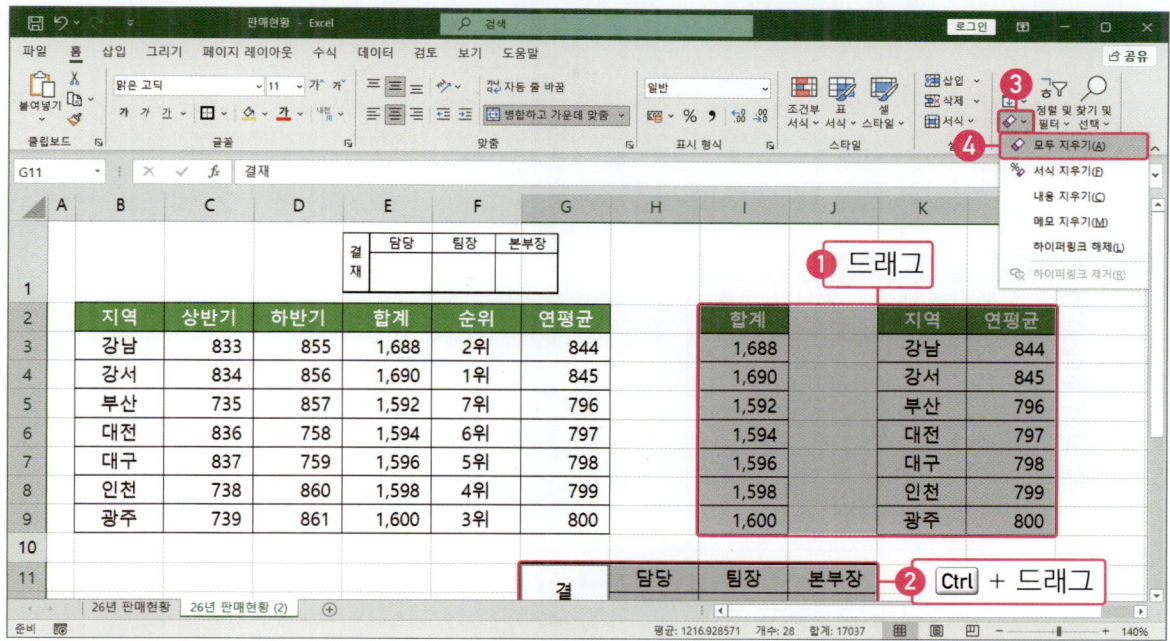

02 서식과 내용이 모두 사라지면 이미지를 [E1:G1] 영역의 중심으로 드래그하여 배치합니다.

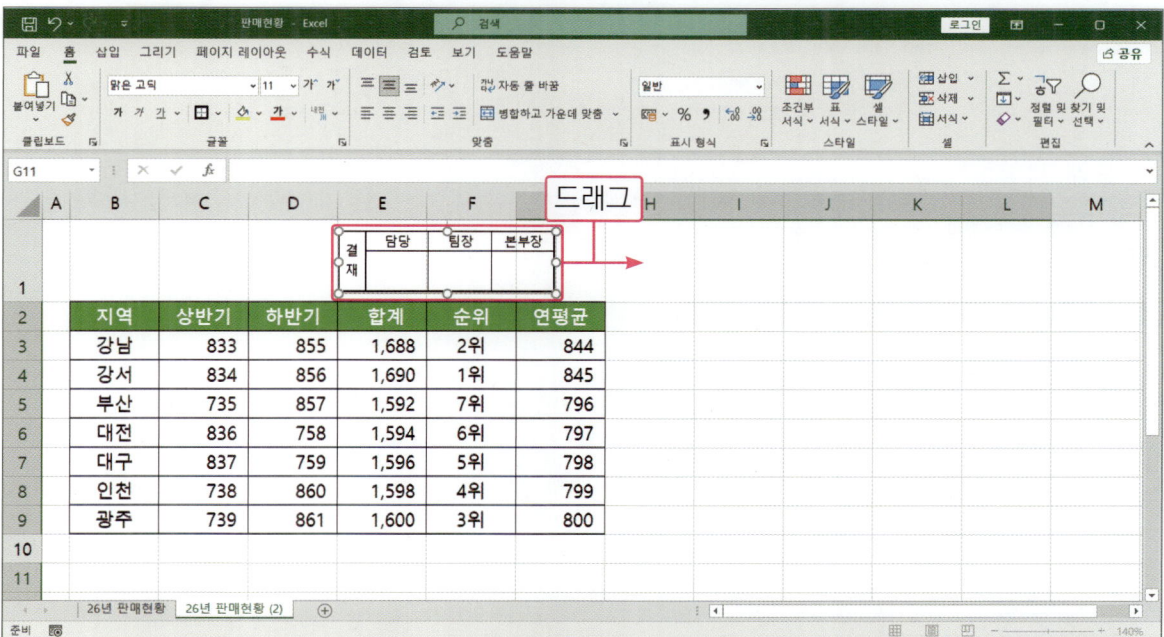

▶ 제목 입력하기

01 [B1] 셀을 클릭한 후 '〈26년 판매현황〉'을 입력하고 Enter 키를 누릅니다.

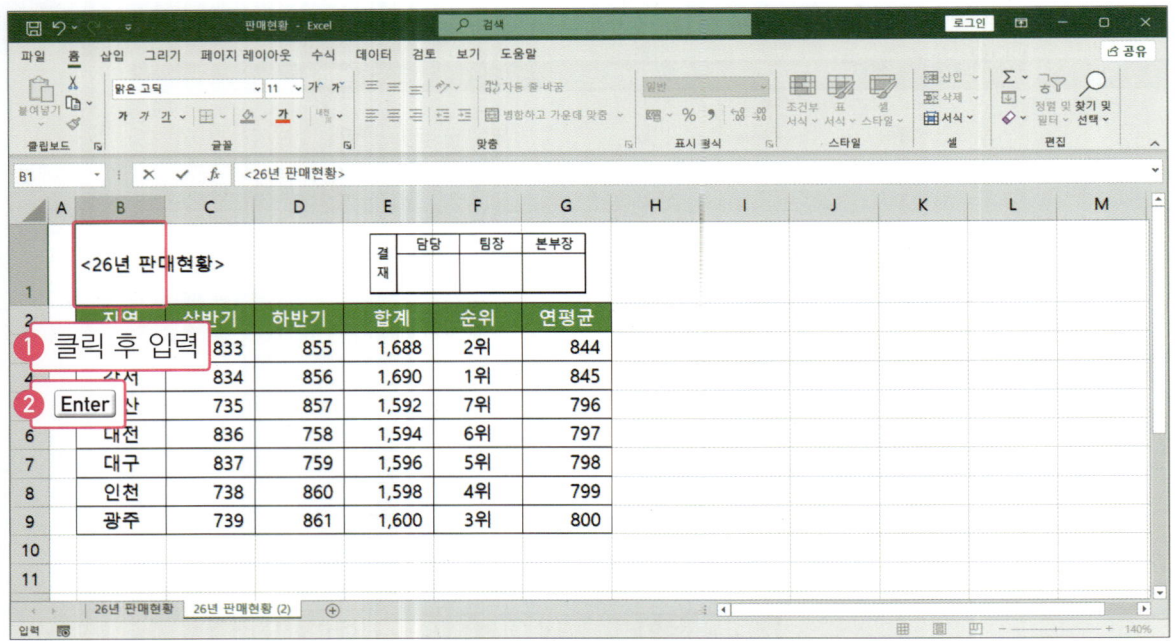

02 [B1:D1] 영역을 드래그하여 선택하고 [홈] 탭-[맞춤] 그룹-[병합하고 가운데 맞춤]을 클릭합니다.

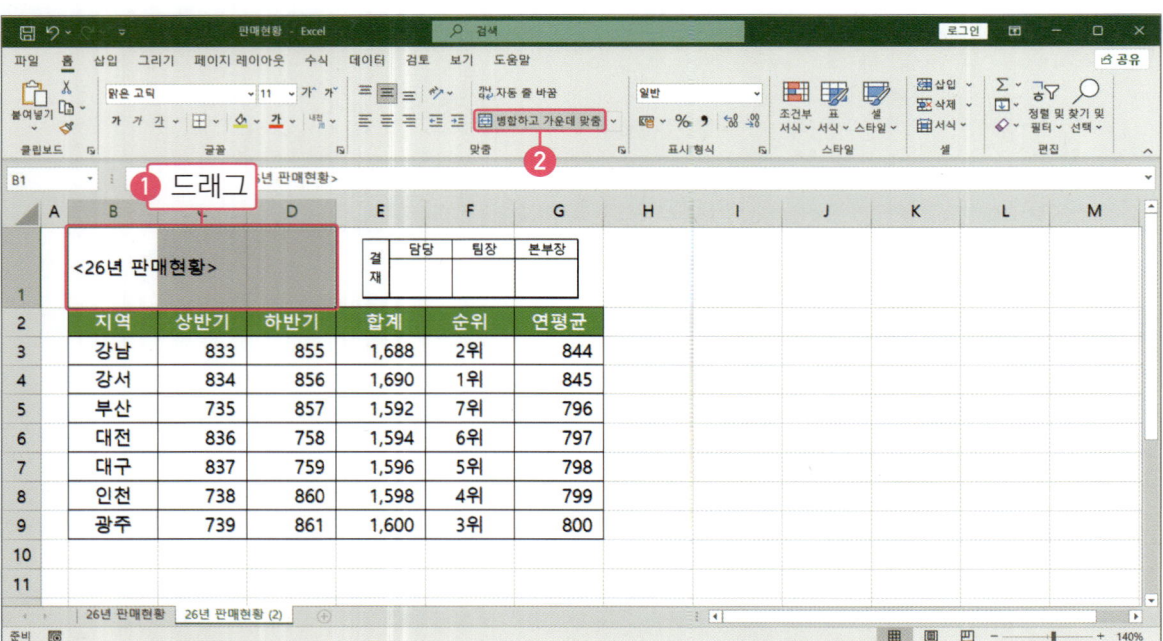

03 [홈] 탭-[스타일] 그룹-[셀 스타일]의 [제목]을 선택합니다.

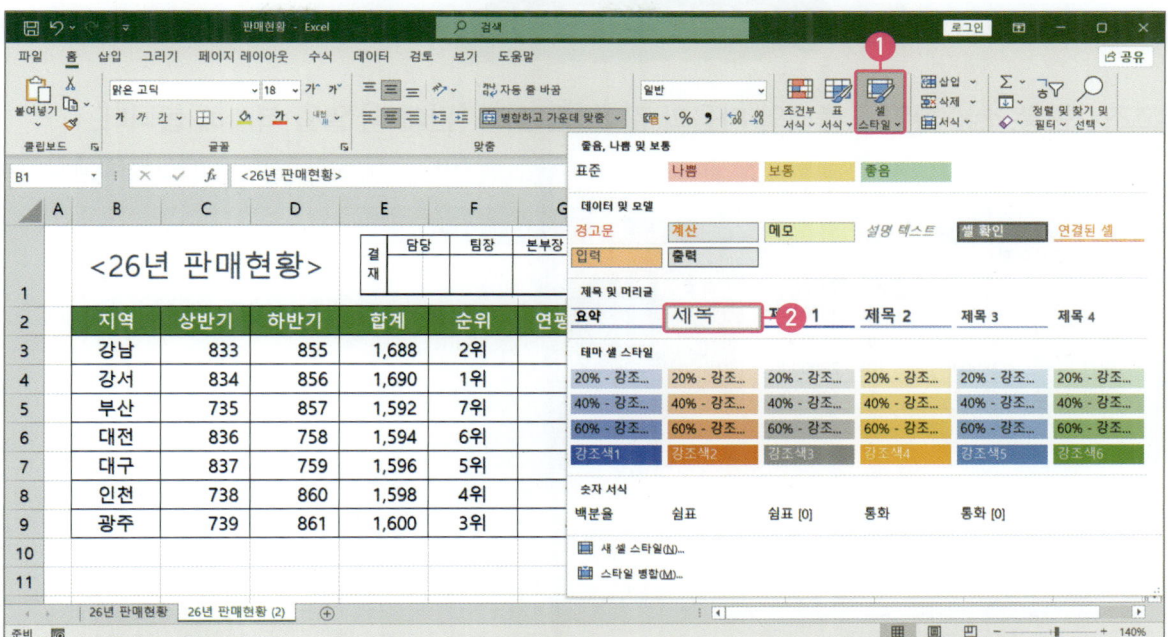

 전체 화면에서 작업하는 경우에는 [홈] 탭-[스타일] 그룹-[셀 스타일]의 ▽를 클릭하고 [제목]을 선택합니다.

04 '26년 판매현황 (2)' 시트 탭을 더블 클릭한 후 '26년 판매현황 (결재란)'으로 입력하고 Enter 키를 누릅니다.

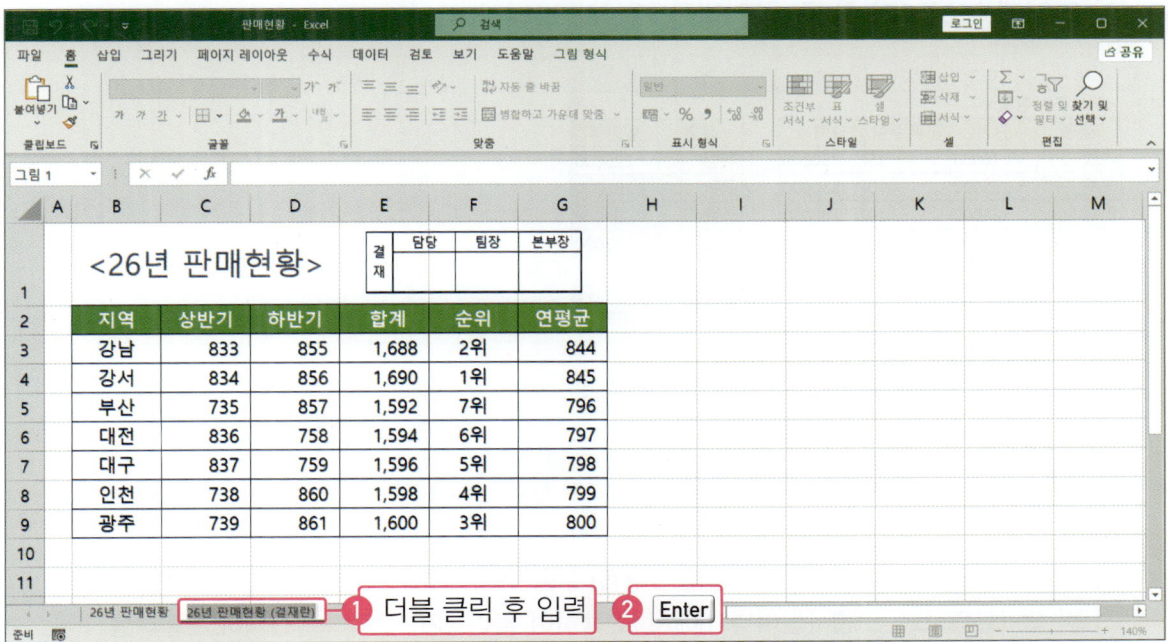

05 빠른 실행 도구 모음에서 📁(저장)을 클릭하여 파일을 저장합니다.

응용력 키우기

01 '재고조사현황.xlsx' 파일을 불러와 다음과 같이 [품명]과 [판매가] 열을 복사해 봅니다.

준비파일 재고조사현황.xlsx

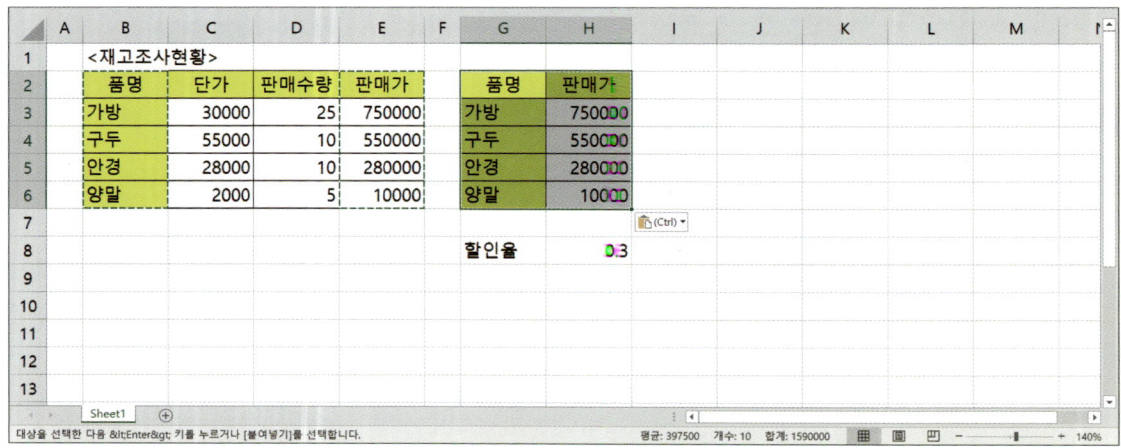

 [B2:B6] 영역을 드래그 → Ctrl 키를 누른 채 [E2:E6] 영역을 드래그하고 Ctrl + C → [G2] 셀을 선택하고 Ctrl + V

02 문제 **01**의 파일에서 [H2] 셀의 텍스트를 '할인액'으로 변경하고, [H8] 셀을 복사하여 [H3:H6] 영역에 붙여넣기 한 후 할인액을 계산해 봅니다.

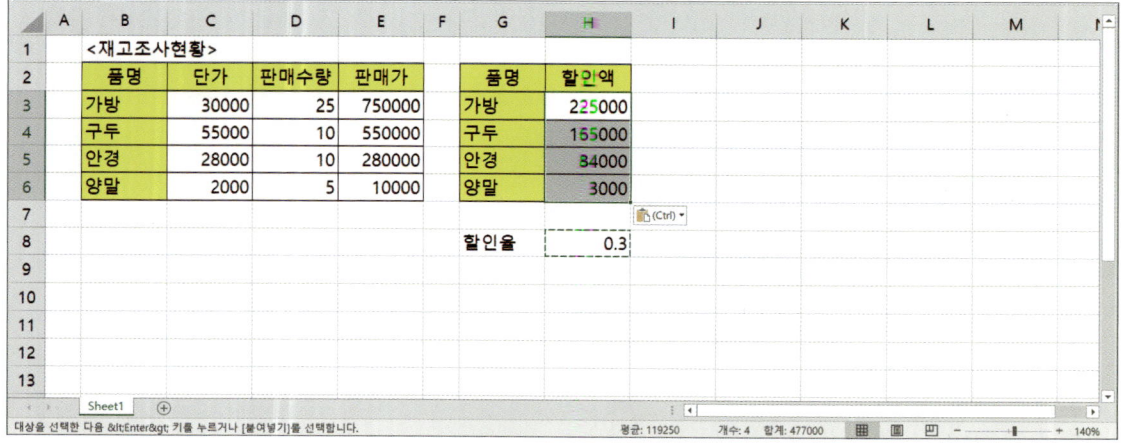

 [H2] 셀의 텍스트를 '할인액'으로 변경 → [H8] 셀을 Ctrl + C → [H3:H6] 영역 드래그 → [홈] 탭-[클립보드] 그룹-[붙여넣기]에서 [선택하여 붙여넣기] 선택 → [선택하여 붙여넣기] 대화상자에서 [붙여넣기]는 '값', [연산]은 '곱하기' 선택

03 문제 **02**의 파일에서 [I9:M11] 영역에 다음과 같이 작성해 봅니다.

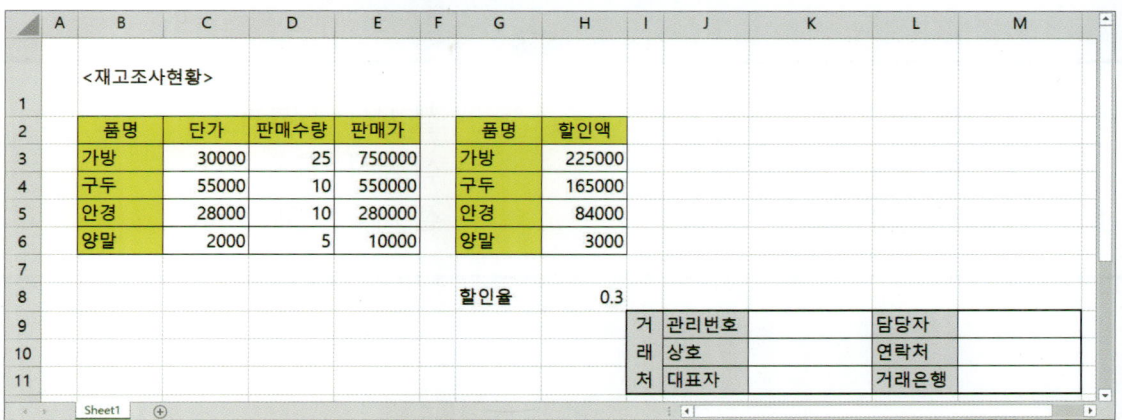

- 행 높이와 열 너비 조정 : 1행 높이 – 50, [I] 열 너비 – 3, [K] 열과 [M] 열 너비 – 12
- [I9:I11] 영역 : 병합하고 가운데 맞춤, 세로 쓰기
- [I9:M11] 영역 : 모든 테두리, 굵은 바깥쪽 테두리
- 채우기 색 : 밝은 회색, 배경 2

04 문제 **03**의 파일에서 [I9:M11] 영역을 그림으로 복사하여 [D1:H1] 영역에 다음과 같이 붙여넣어 봅니다.

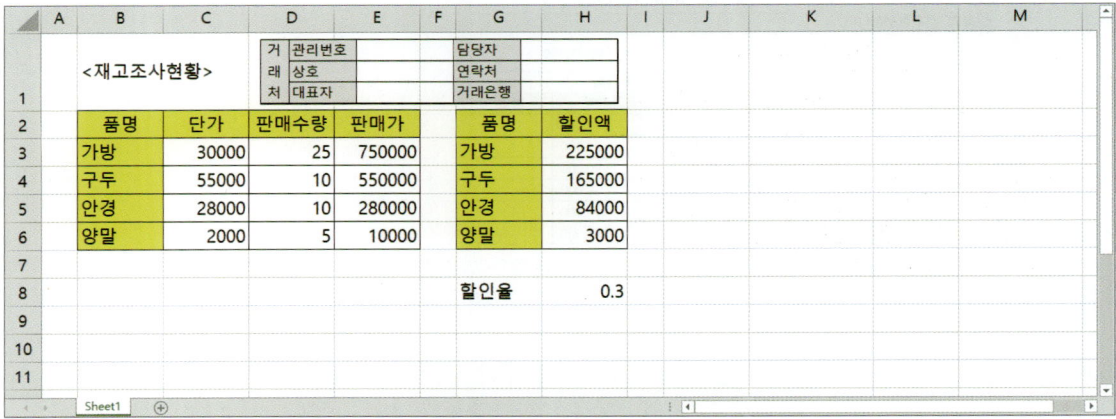

- [I9:M11] 영역 선택 → [홈] 탭–[클립보드] 그룹–[복사]의 ⌄를 클릭 → [그림으로 복사] 선택
- [그림 복사] 대화상자에서 [모양]은 '화면에 표시된 대로', [형식]은 '그림' 선택
- [D1] 셀을 선택하고 Ctrl + V → 크기 조정
- [I9:M11] 영역 선택 → [홈] 탭–[편집] 그룹–[지우기]에서 [모두 지우기]를 선택

02 청구서 만들기

- 이름 정의 : 셀
- 이름 정의 : 선택 영역
- 정의된 이름으로 수식 작성
- 셀 서식 : 테두리
- 셀 서식 : 균등 분할
- 셀 서식 : 셀에 맞춤

미/리/보/기

준비파일 : 청구서.xlsx
완성파일 : 청구서(완성).xlsx

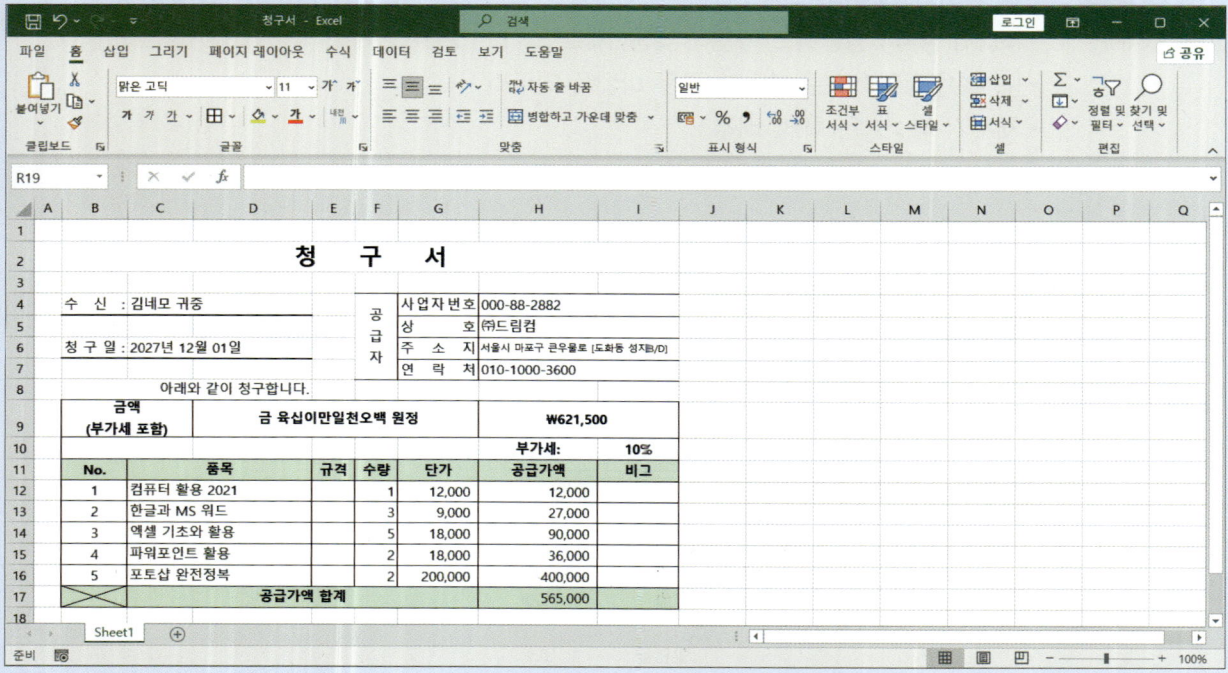

셀이나 셀 범위가 많은 경우에는 주소를 하나하나 기억해 입력하는 것이 번거로울 수 있습니다. 이번 장에서는 이러한 불편을 줄이기 위해 셀의 이름을 정의하는 방법과, 정의한 이름을 이용해 수식을 쉽게 작성하는 방법을 알아보겠습니다. 또한 가독성과 완성도를 높이는 셀 서식 지정 방법도 함께 살펴봅니다.

01 이름 정의 및 셀 서식

▶ 이름 정의란?

- 엑셀의 모든 셀은 'A1', 'B2', 'C3'처럼 각각 고유한 주소를 가지고 있습니다. 이 셀들에 주소 대신 이름을 지정해 두면, 여러 셀을 보다 간편하게 이름으로 불러올 수 있습니다. 예를 들어 '=C3-D3' 대신 '=입고-출고'처럼 수식을 훨씬 쉽게 작성할 수 있습니다.

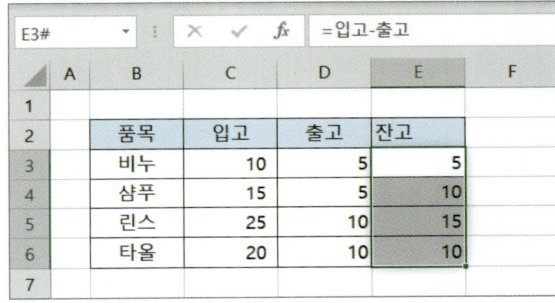

▲ [C3:C6] 영역을 '입고'로 이름 정의

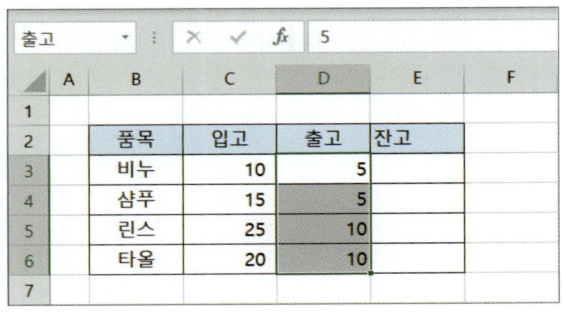

▲ [D3:D6] 영역을 '출고'로 이름 정의

▲ [E3:E6] 영역 선택 → 수식 입력줄에 '=입고-출고' 입력

- 엑셀에서 이름을 정의할 때 통합 문서 안에서는 같은 이름을 중복해서 사용할 수 없으며, 띄어쓰기도 사용할 수 없습니다.

- 잘못 입력된 이름을 수정하거나, 필요 없는 이름을 삭제하고 싶은 경우에는 [수식] 탭-[정의된 이름] 그룹-[이름 관리자]를 클릭합니다.

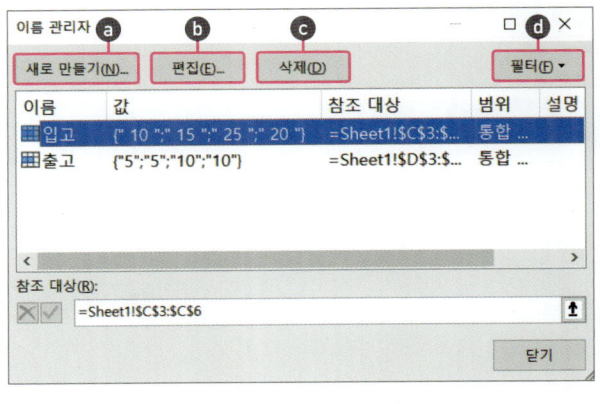

ⓐ 셀 또는 셀 범위의 이름을 새로 정의할 수 있습니다.

ⓑ 정의된 이름이나 지정된 셀(범위)을 수정할 수 있습니다.

ⓒ 정의된 이름을 삭제할 수 있습니다.

ⓓ 정의된 이름을 필터링하여 필요한 것만 골라 볼 수 있습니다.

▶ [셀 서식] 대화상자

[셀 서식] 대화상자에서 리본 메뉴나 바로 가기 메뉴보다 더 다양한 기능을 사용할 수 있습니다. 서식을 적용할 셀을 선택하고 마우스 오른쪽 버튼을 클릭한 후 바로 가기 메뉴에서 [셀 서식]을 선택합니다. [셀 서식] 대화상자의 바로가기 키는 Ctrl + 1 입니다.

❶ [테두리] 탭 활용하기

[셀 서식] 대화상자의 [테두리] 탭에서는 셀 범위의 테두리를 한 번에 적용하거나, 빈 셀에 대각선을 만들 수 있습니다.

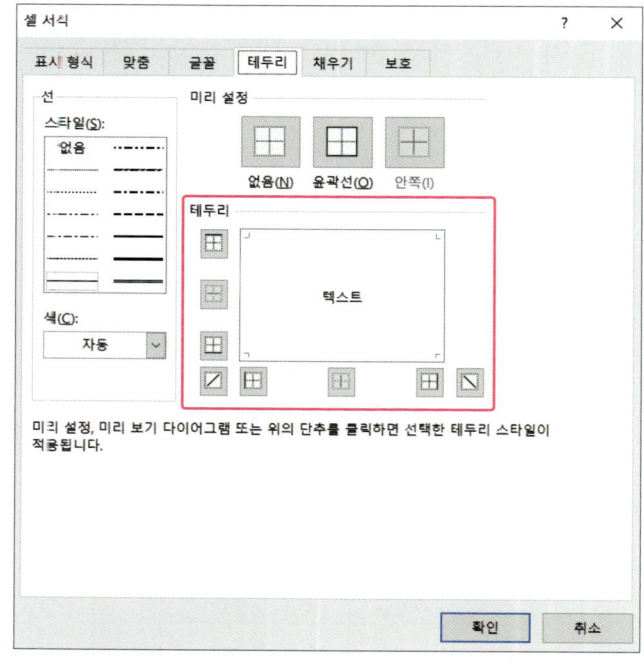

❷ [맞춤] 탭 활용하기

문서 양식을 만들다 보면 글을 정렬하려고 한 칸씩 띄어 써도 잘 맞지 않거나, 셀 범위가 좁아 글자 크기를 계속 조정해야 할 때가 있습니다. 이때 [셀 서식] 대화상자의 [맞춤] 탭을 사용하면 글 정렬과 배치를 쉽게 조정할 수 있습니다.

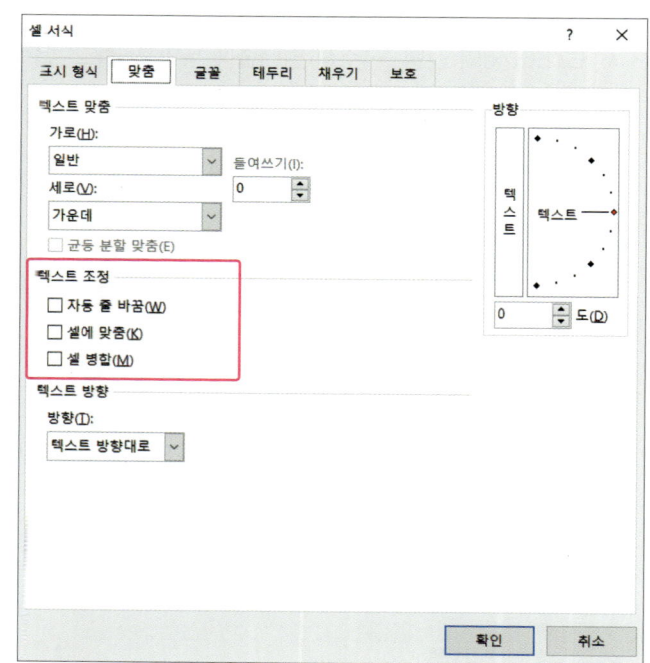

청구서에 수식과 서식 적용하기

▶ **이름 정의하기**

01 '청구서.xlsx' 파일을 불러온 후 셀의 이름을 정의하기 위해 [I10] 셀을 클릭합니다. 이름 상자를 클릭한 후 '**부가세**'를 입력하고 Enter 키를 누릅니다.

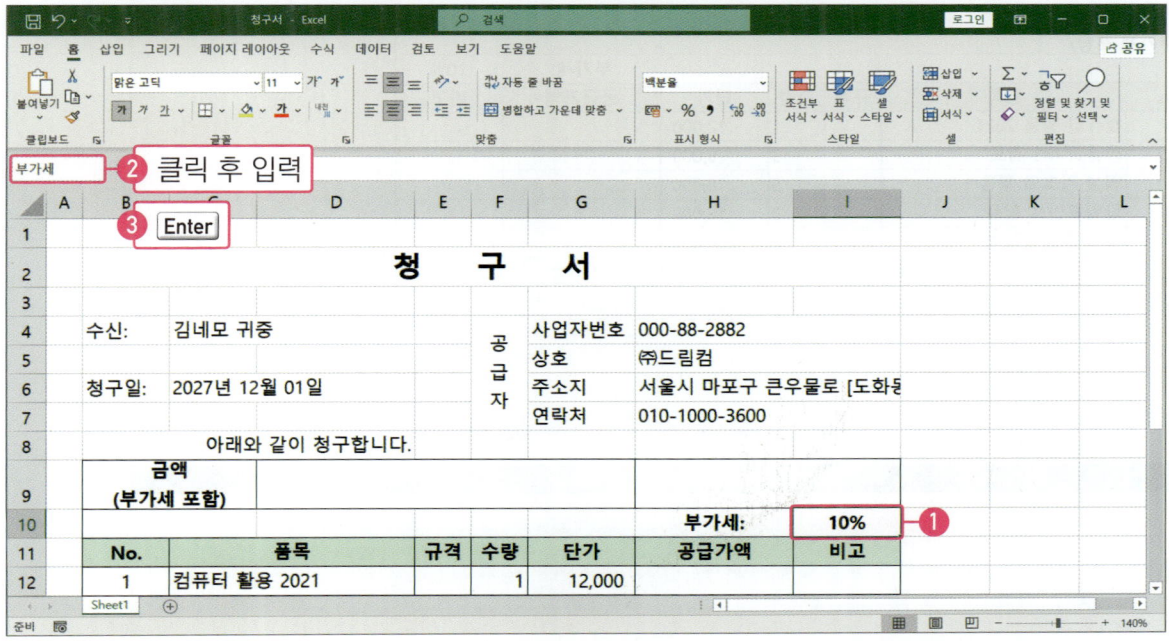

02 같은 방법으로 [H17] 셀은 '**합계**'로 이름 정의합니다.

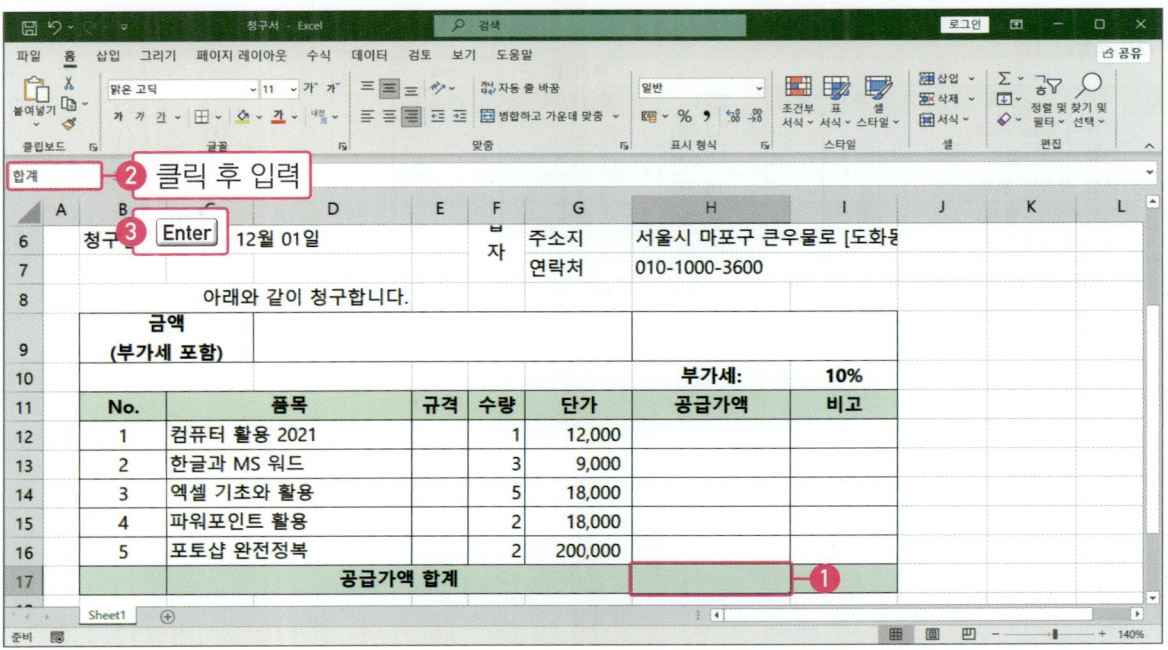

37

03 이름 상자(여기서는 합계)의 ▼를 클릭합니다. 만들어진 이름 중 '부가세'를 선택합니다.

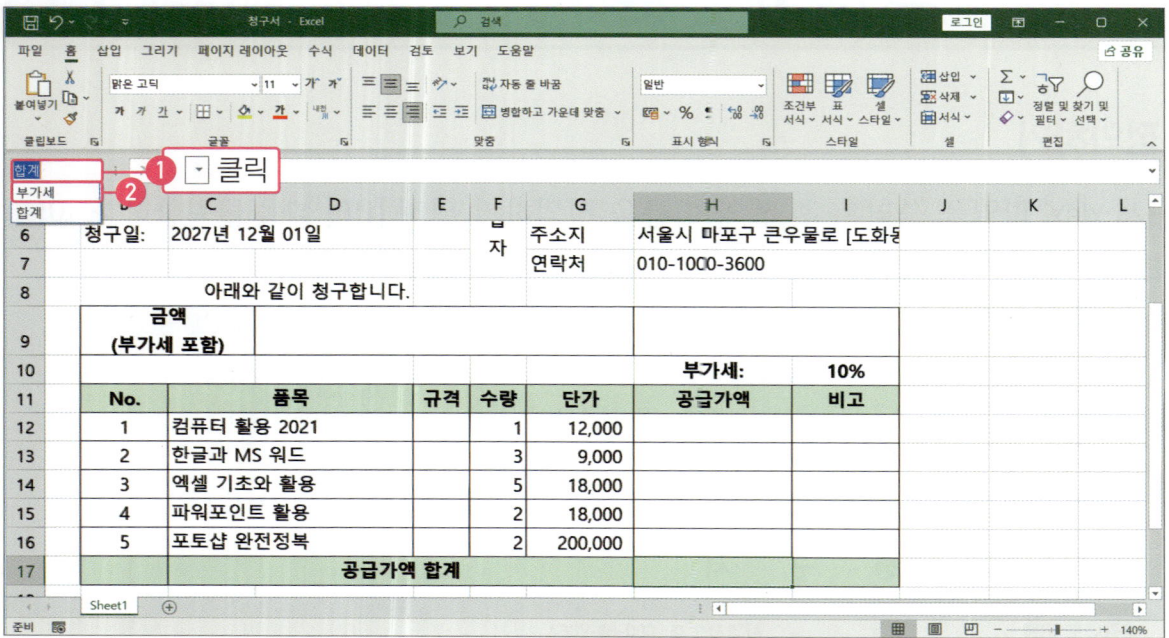

04 셀 포인터가 [I10] 셀로 이동하는 것을 확인할 수 있습니다.

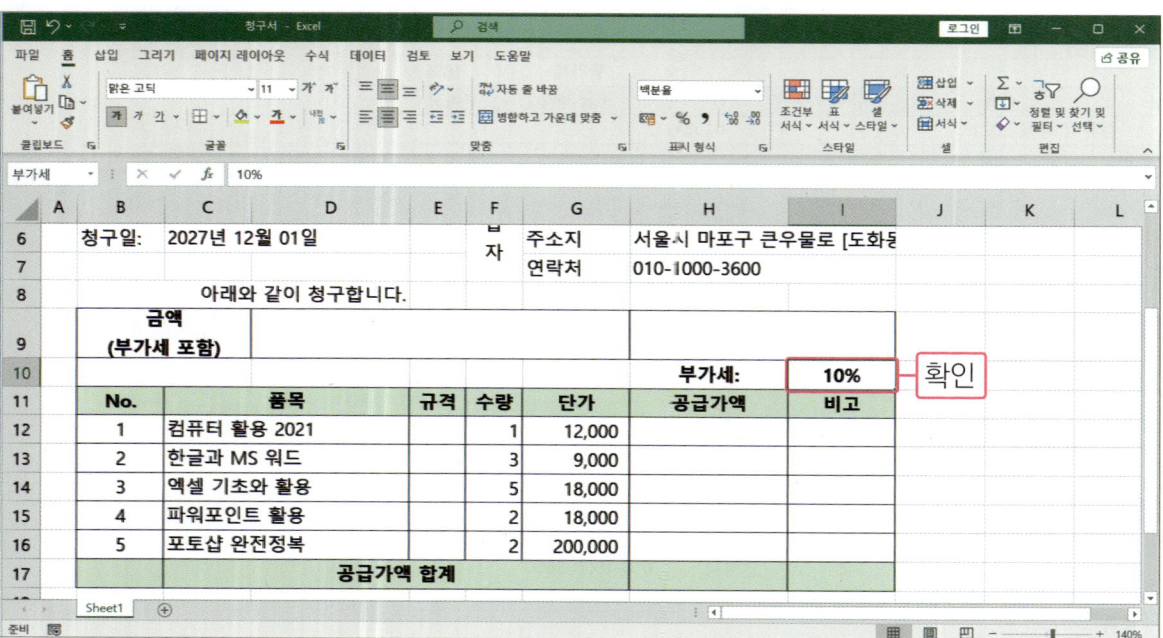

▶ 자동으로 이름 정의하고 이름 수정하기

01 [F11:H16] 영역을 드래그한 후 [수식] 탭-[정의된 이름] 그룹-[선택 영역에서 만들기]를 클릭합니다. [선택 영역에서 이름 만들기] 대화상자가 나타나면 '첫 행'이 체크되어 있는 것을 확인하고 [확인] 버튼을 클릭합니다.

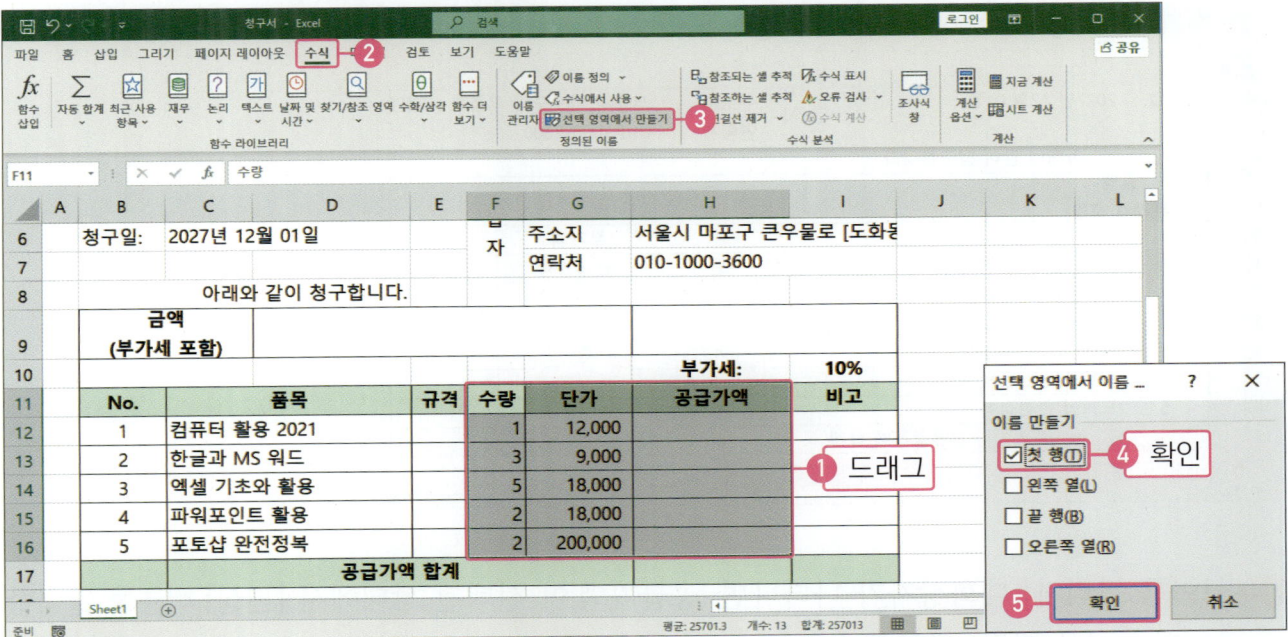

 선택 영역에서 자동으로 이름 정의하기

[수식] 탭-[정의된 이름] 그룹-[선택 영역에서 만들기]를 클릭하면, 선택한 범위의 첫 행이나 왼쪽 열 등을 기준으로 손쉽게 이름을 정의할 수 있습니다. 일반적으로 사용하는 '첫 행'과 '왼쪽 열'의 기능은 다음과 같습니다.

- **첫 행** : 선택한 범위의 맨 위에 있는 행이 각 열의 이름이 됩니다.
- **왼쪽 열** : 선택한 범위의 맨 왼쪽에 있는 열이 각 행의 이름이 됩니다.

02 이름 상자(여기서는 F11)의 ▼를 클릭한 후 '단가'를 선택합니다.

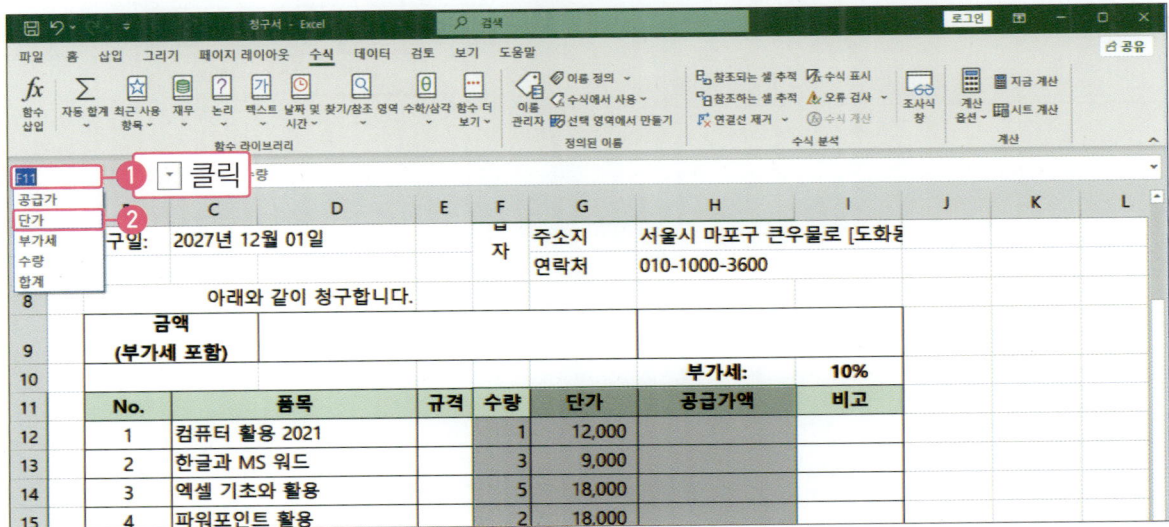

03 [단가] 열의 항목이 전부 선택되는 것을 확인할 수 있습니다. [수식] 탭-[정의된 이름] 그룹-[이름 관리자]를 클릭합니다.

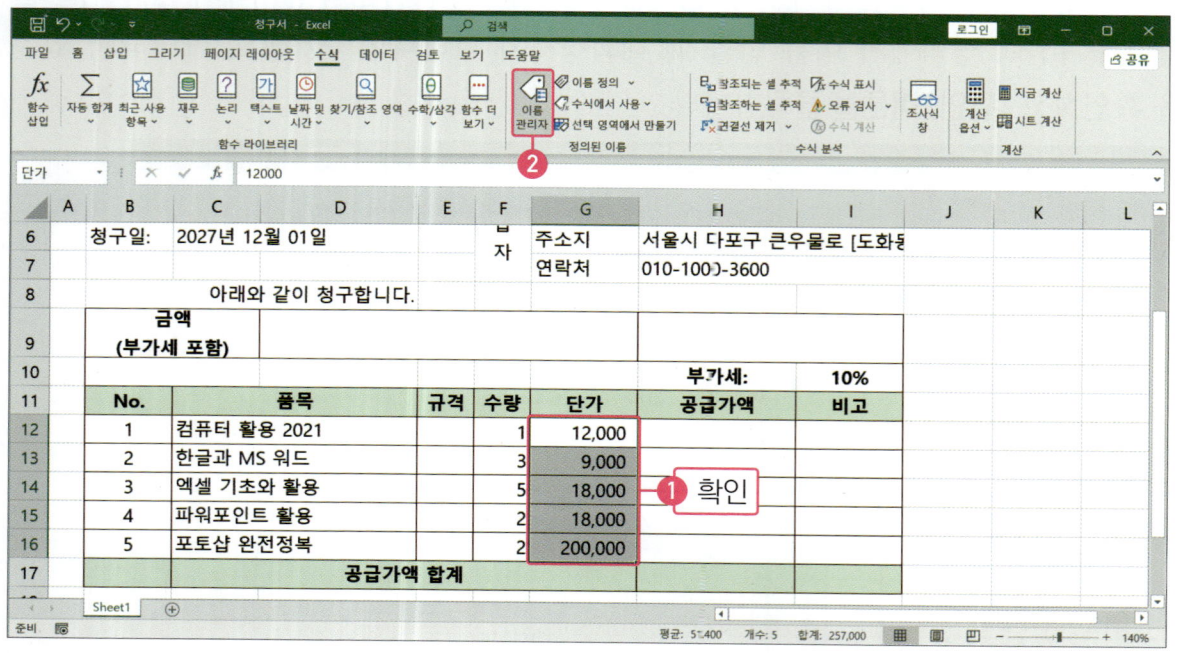

04 [이름 관리자] 대화상자가 나타나면 '공급가액'이 선택된 상태에서 [편집] 버튼을 클릭합니다. [이름 편집] 대화상자가 나타나면 [이름]을 '공급가'로 수정한 후 [확인] 버튼을 클릭합니다.

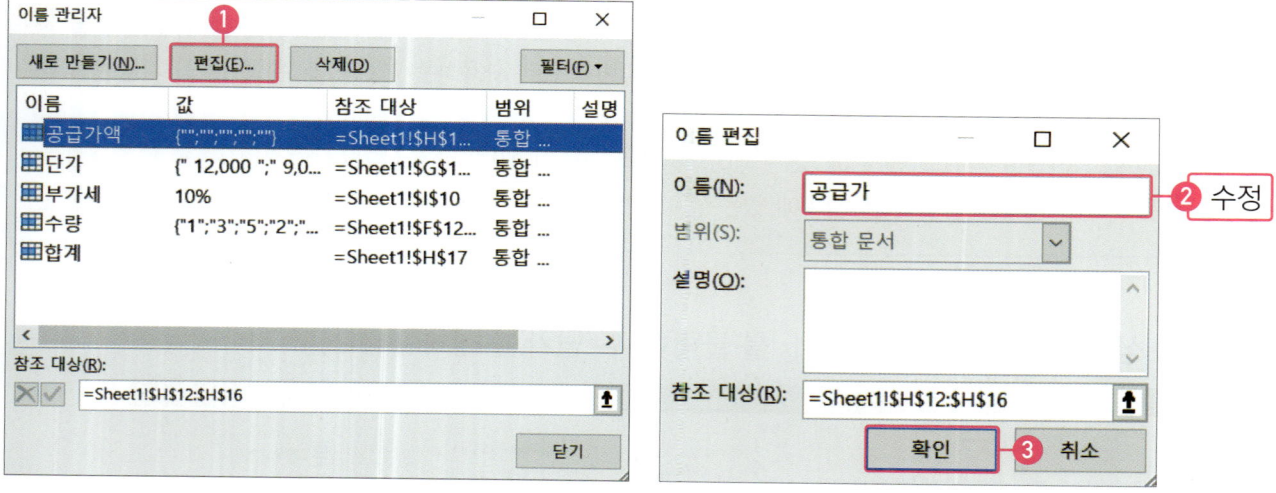

05 다시 [이름 관리자] 대화상자가 나타나면 [H12:H16] 영역의 이름이 '공급가액'에서 '공급가'로 수정된 것을 확인한 후 [닫기] 버튼을 클릭합니다.

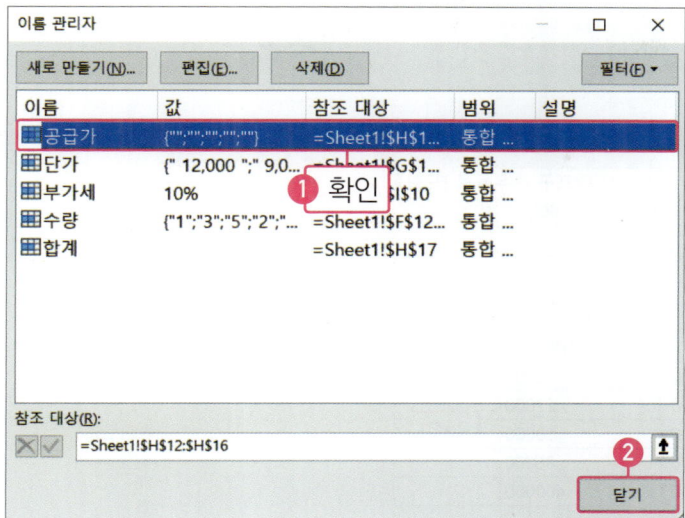

▶ 정의된 이름으로 계산하기

01 [H12] 셀을 클릭한 후 '=수량*단가'를 입력하고 Enter 키를 누릅니다.

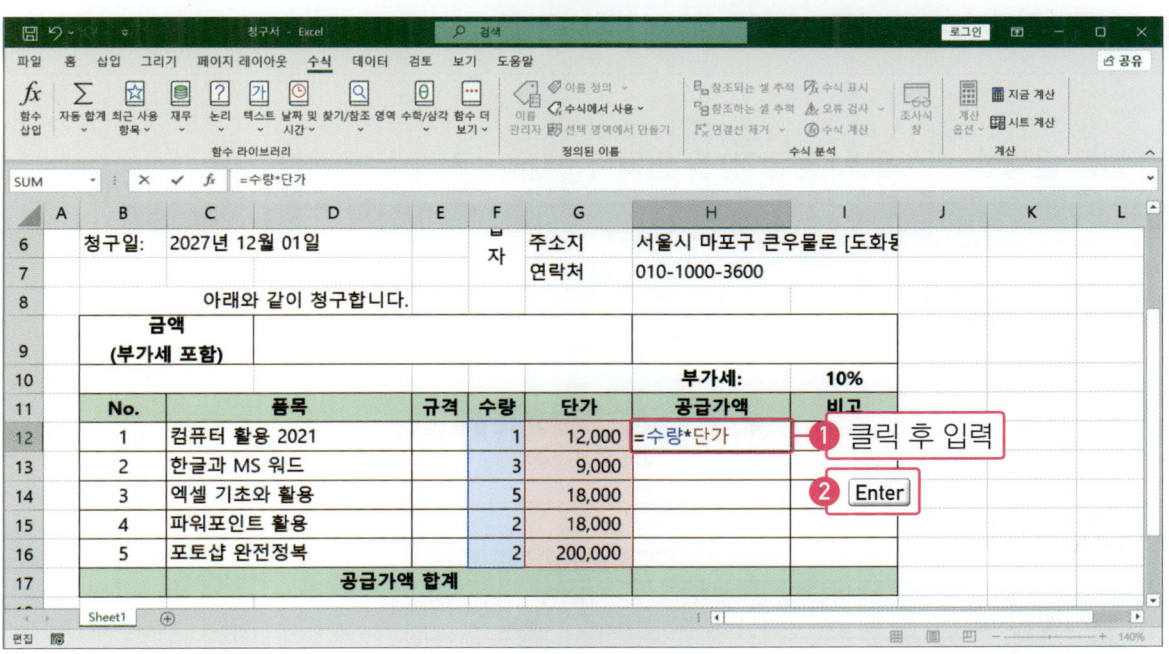

41

02 [H16] 셀까지 공급가액의 값이 자동으로 구해진 것을 확인할 수 있습니다.

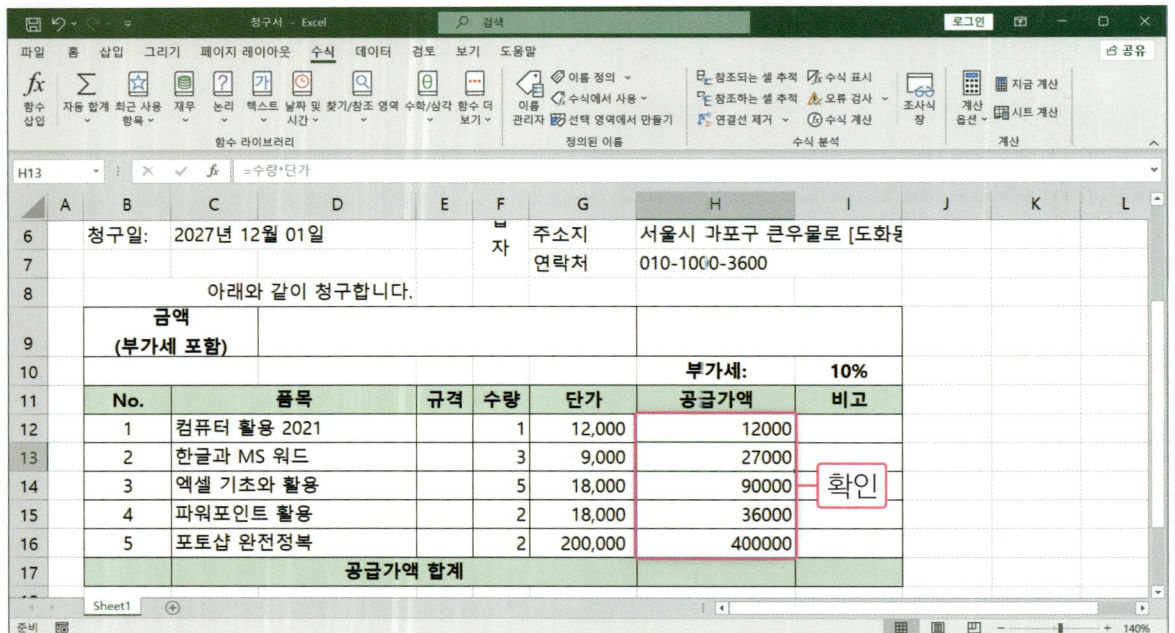

 정의된 이름으로 계산하면 수식의 가독성이 올라갑니다. 특히 셀 주소 대신 의미 있는 이름을 사용하면 수식이 훨씬 직관적으로 이해되어 오류를 줄일 수 있습니다.

03 [H17] 셀을 클릭한 후 '=SUM(공급가)'을 입력하고 Enter 키를 누릅니다.

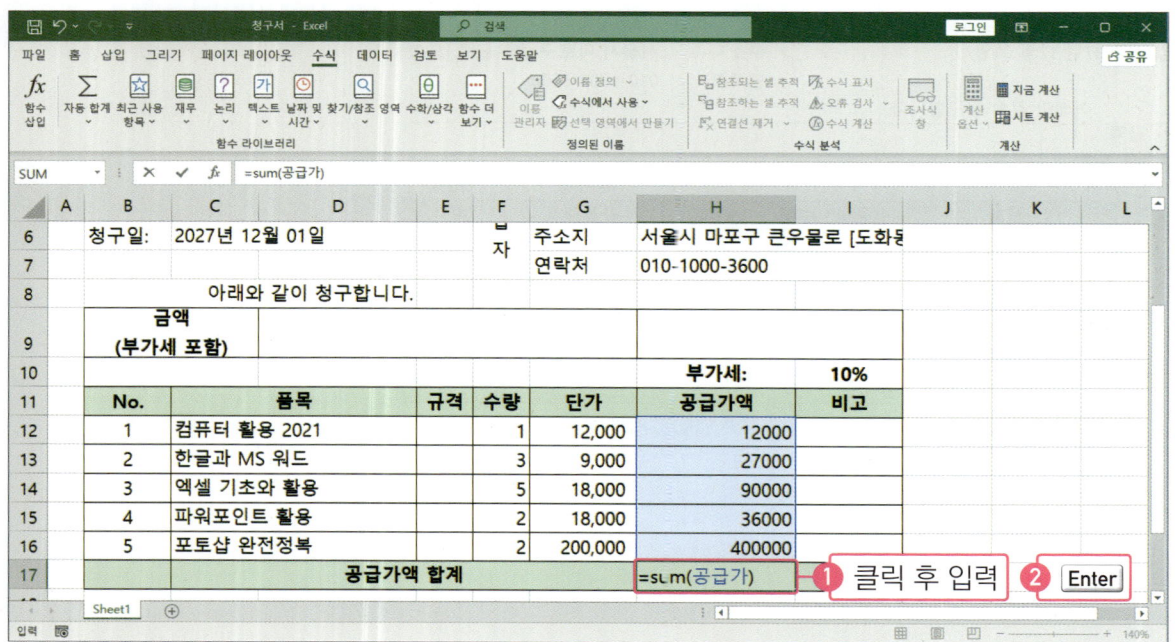

 엑셀에서는 함수 이름이나 셀 주소를 입력할 때 영어 대소문자를 구분하지 않습니다. 엑셀이 자동으로 인식하므로 수식을 입력할 때 대문자와 소문자를 신경 쓰지 않아도 괜찮습니다.

04 [H12:H17] 영역을 드래그하여 선택하고 천 단위 구분 기호로 변경하기 위해 [홈] 탭-[표시 형식] 그룹-[쉼표 스타일(,)]을 클릭합니다.

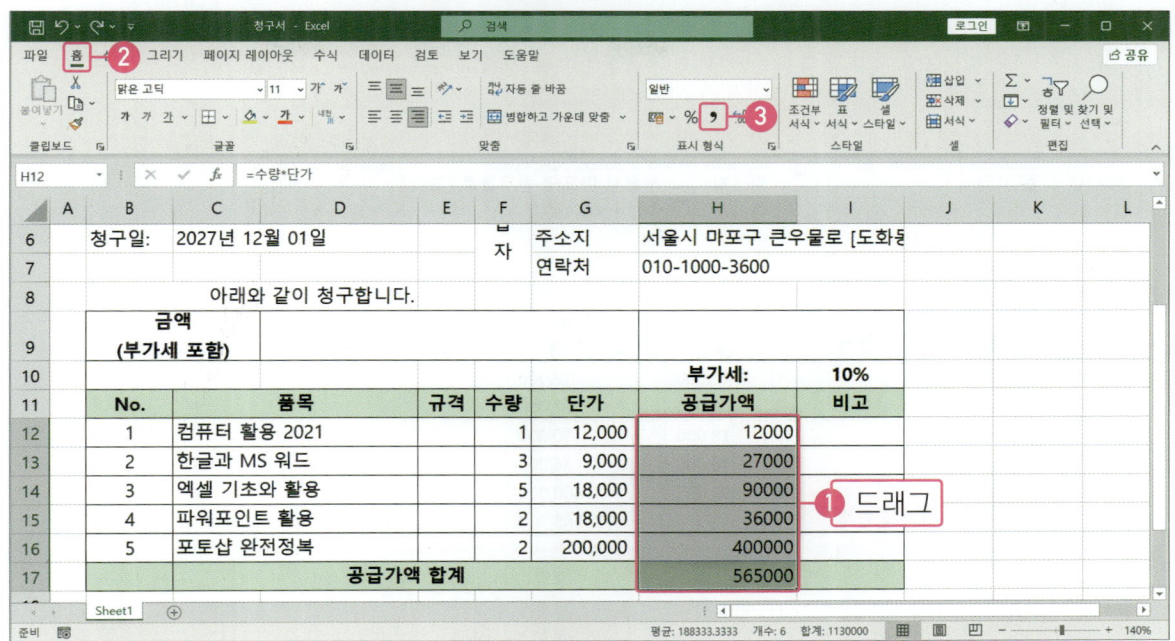

05 [D9] 셀을 클릭한 후 '=합계+(합계*부가세)'를 입력하고 Enter 키를 누릅니다.

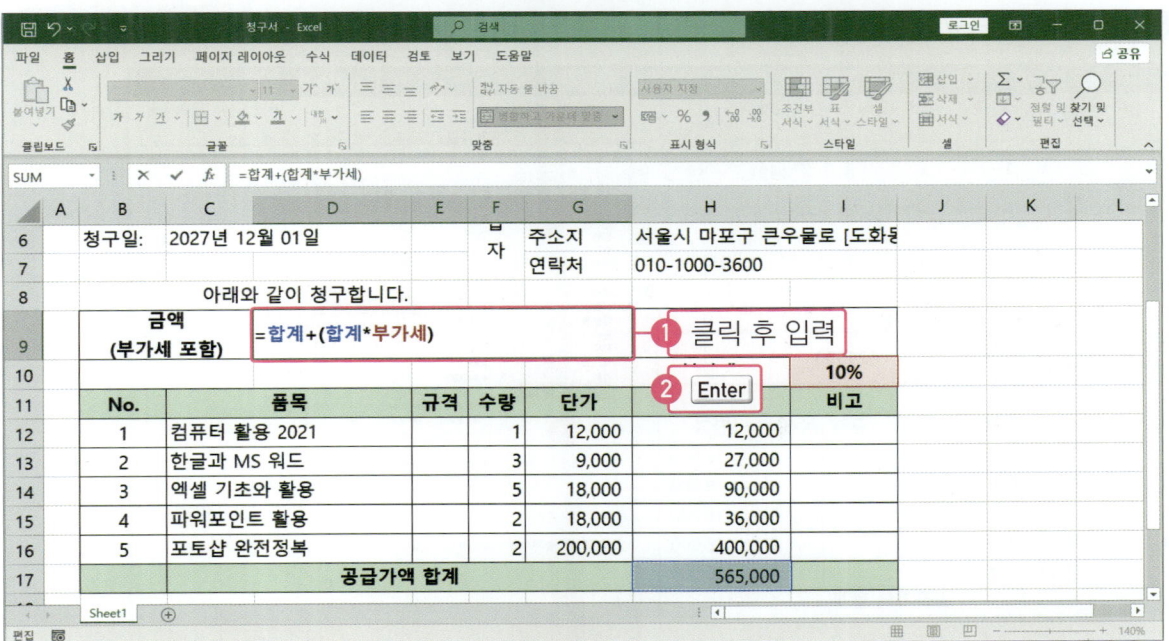

06 결괏값을 확인할 수 있습니다.

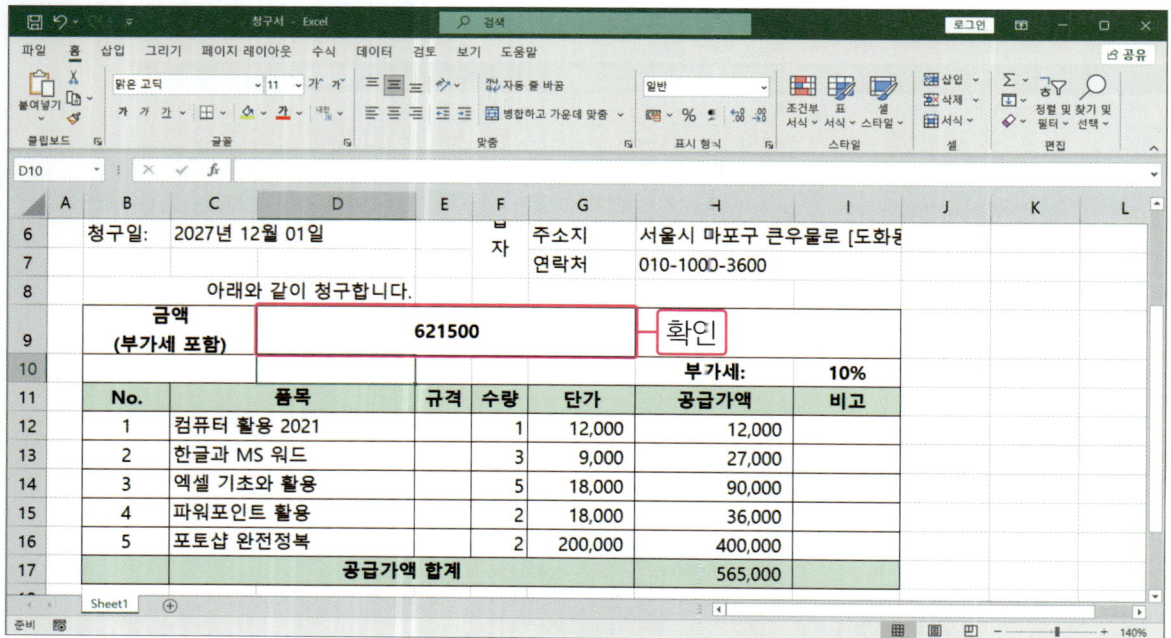

07 숫자를 한글로 변경하기 위해 [D9] 셀을 클릭한 후 Ctrl + 1 키를 누릅니다. [셀 서식] 대화상자가 나타나면 [표시 형식] 탭에서 '사용자 지정' 범주를 선택한 후 [형식]에 '[DBNum4] "금" G/표준 "원정"'을 입력하고 [확인] 버튼을 클릭합니다.

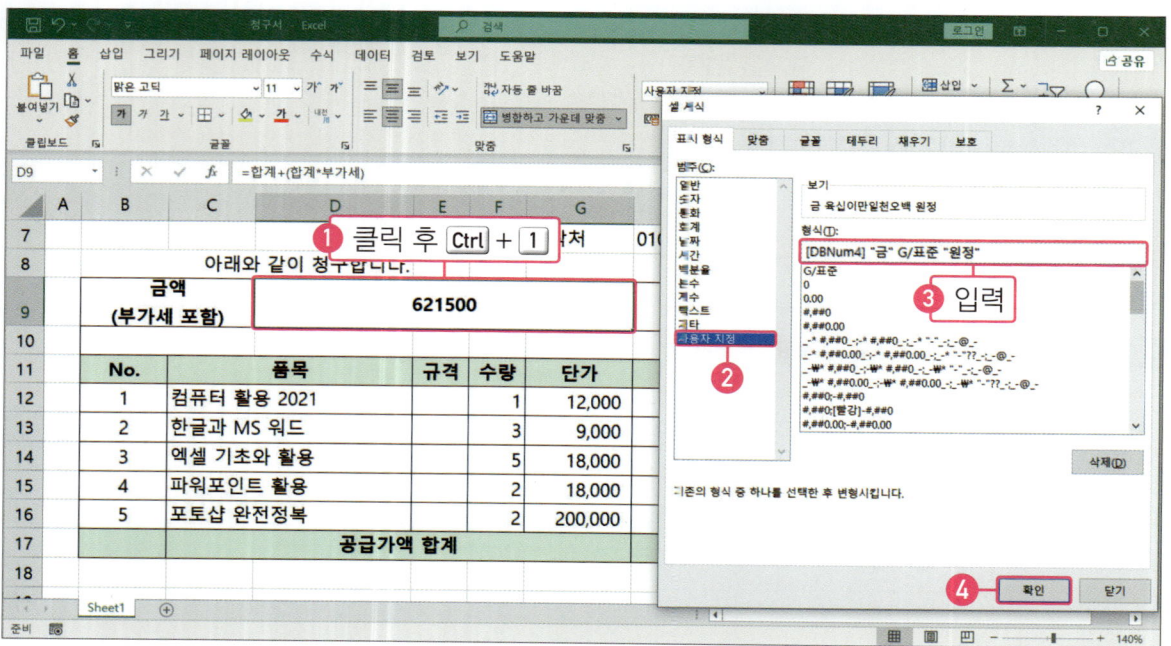

 [DBNum4]는 숫자를 한글 형태로 표현합니다.

08 [H9] 셀을 클릭해 '='을 입력하고, [D9] 셀을 클릭한 후 Enter 키를 누릅니다.

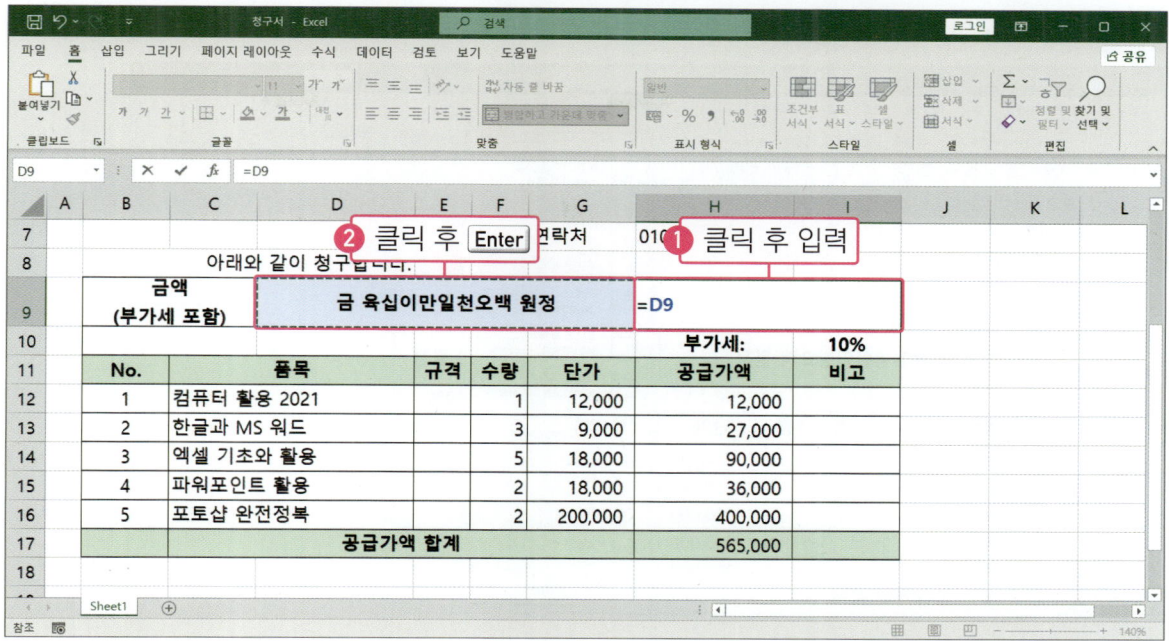

09 표시 형식을 통화 스타일로 변경하기 위해 [H9] 셀을 클릭합니다.

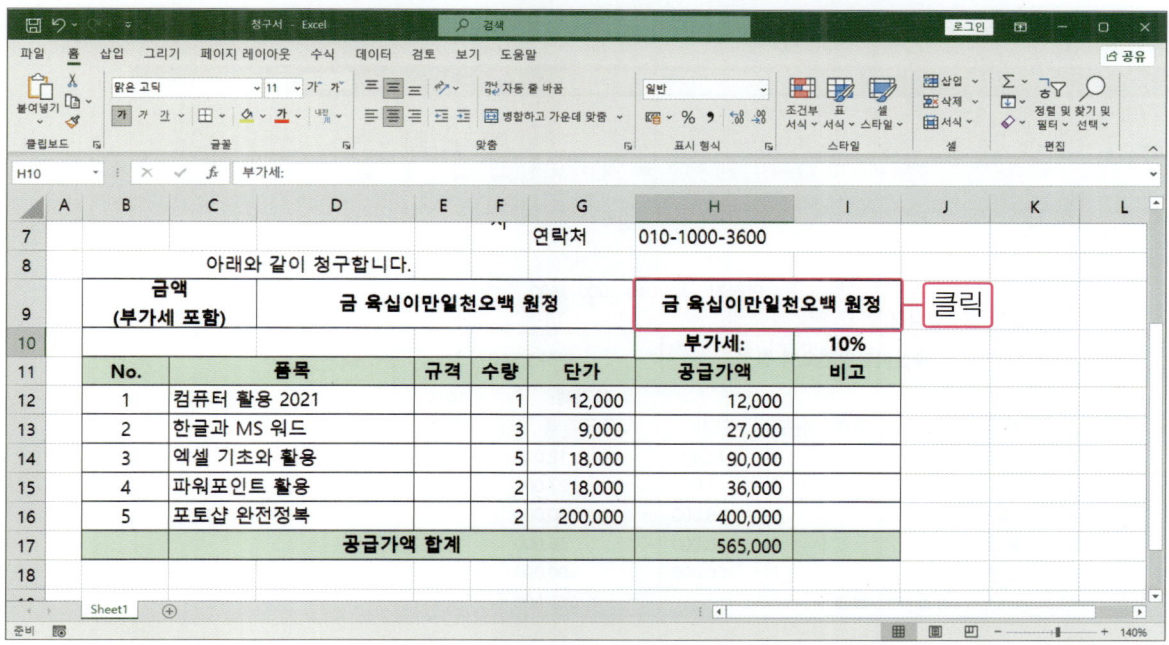

10 [홈] 탭-[표시 형식] 그룹-사용자 지정의 ˅를 클릭하고 나타나는 목록에서 [통화]를 선택합니다.

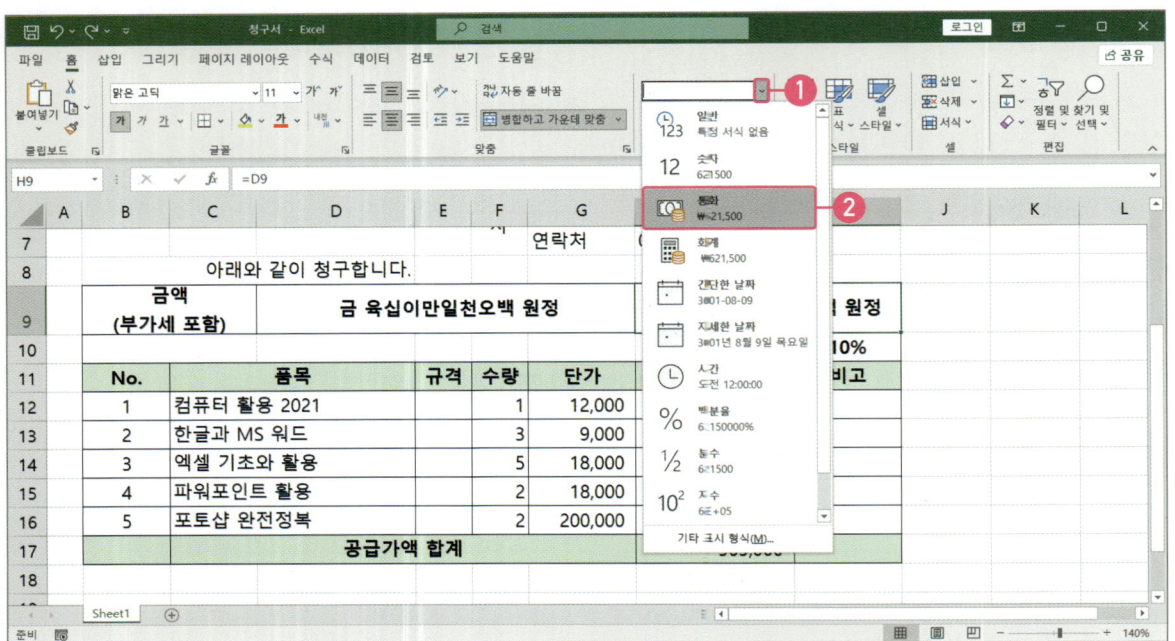

11 원화 기호와 천 단위 구분 기호로 표시된 통화 스타일로 변경된 것을 확인합니다.

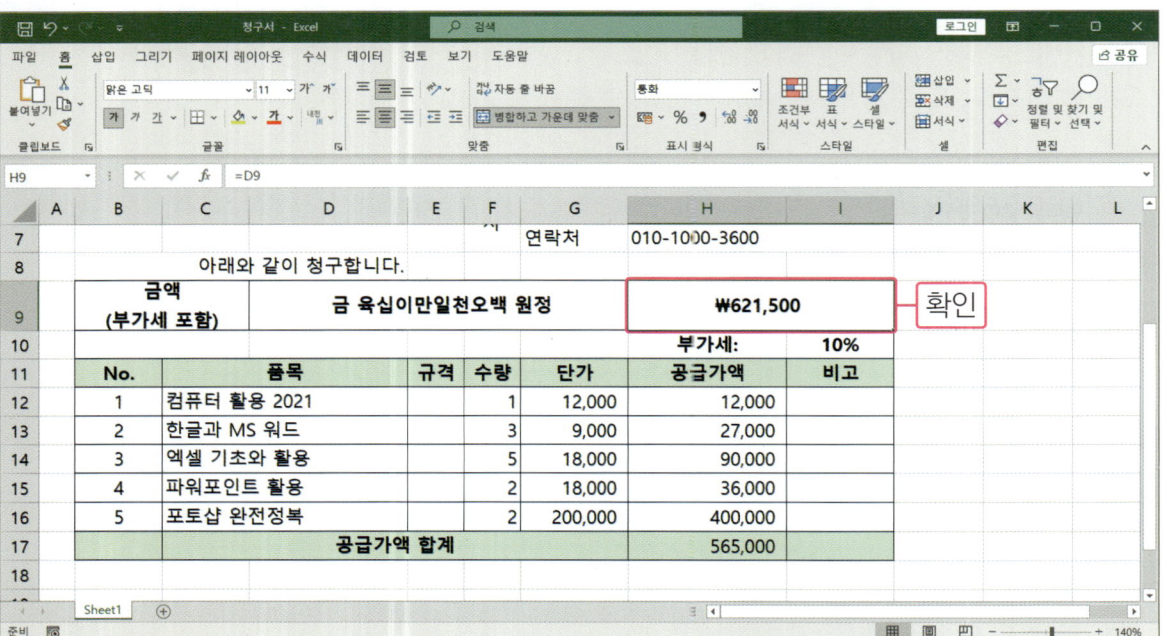

▶ 테두리 설정하기

01 [F4:I7] 영역을 드래그하여 선택한 후 Ctrl + 1 키를 누릅니다.

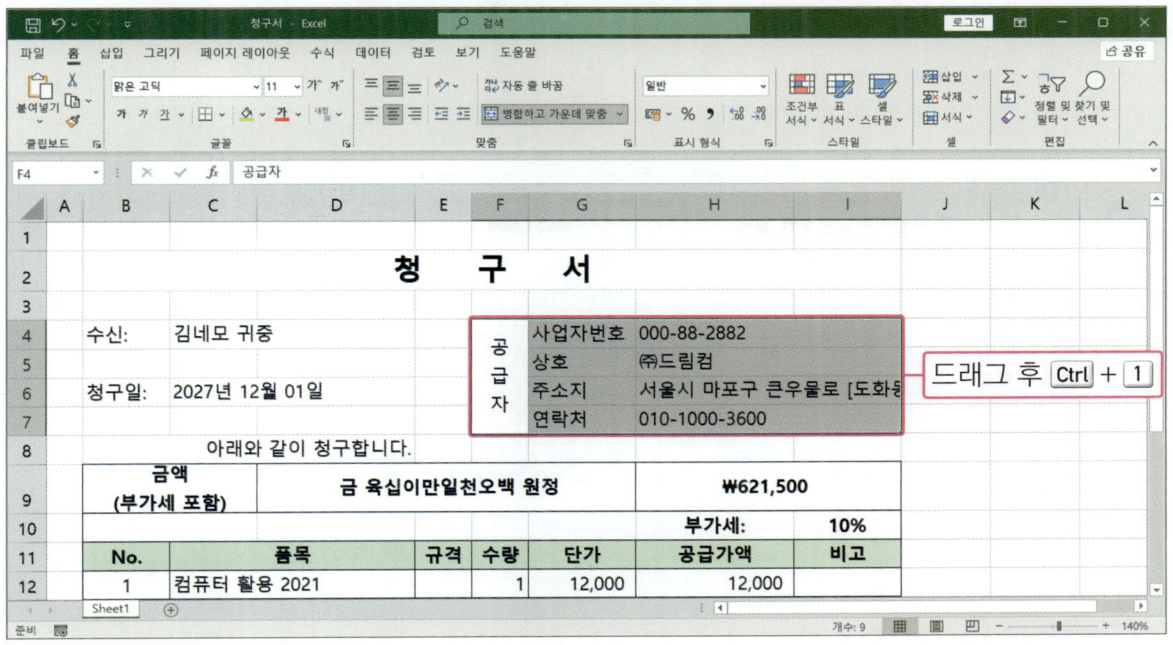

02 [셀 서식] 대화상자가 나타나면 [테두리] 탭을 클릭하고 [선]의 [스타일]을 '실선'으로 선택합니다. [미리 설정]은 ⊞(안쪽), [테두리]는 ⊟(위쪽)과 ⊟(아래쪽)을 각각 클릭하고 [확인] 버튼을 클릭합니다. 빈 셀을 클릭해 테두리가 그려진 것을 확인합니다.

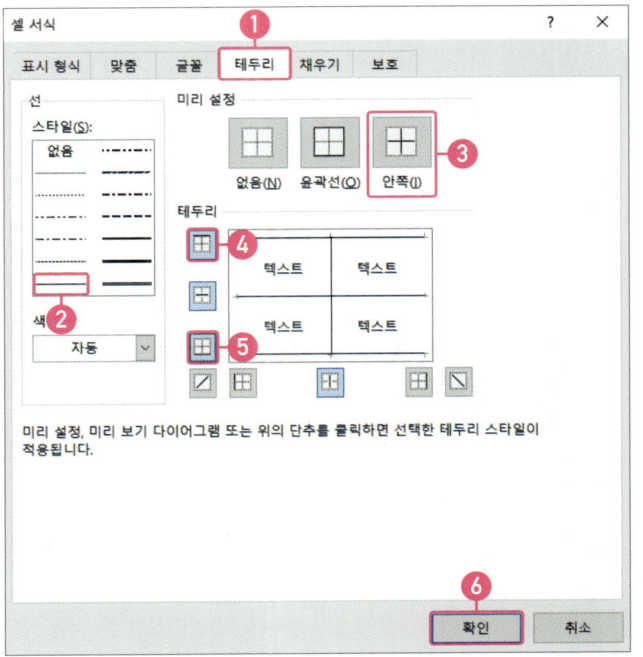

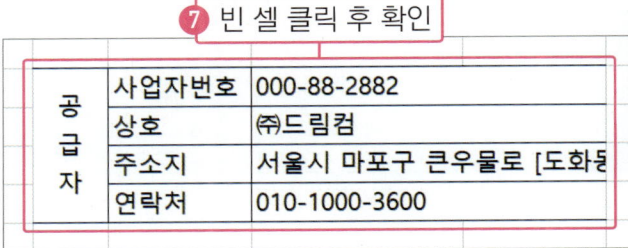

47

03 [B17] 셀을 클릭한 후 Ctrl + 1 키를 누릅니다.

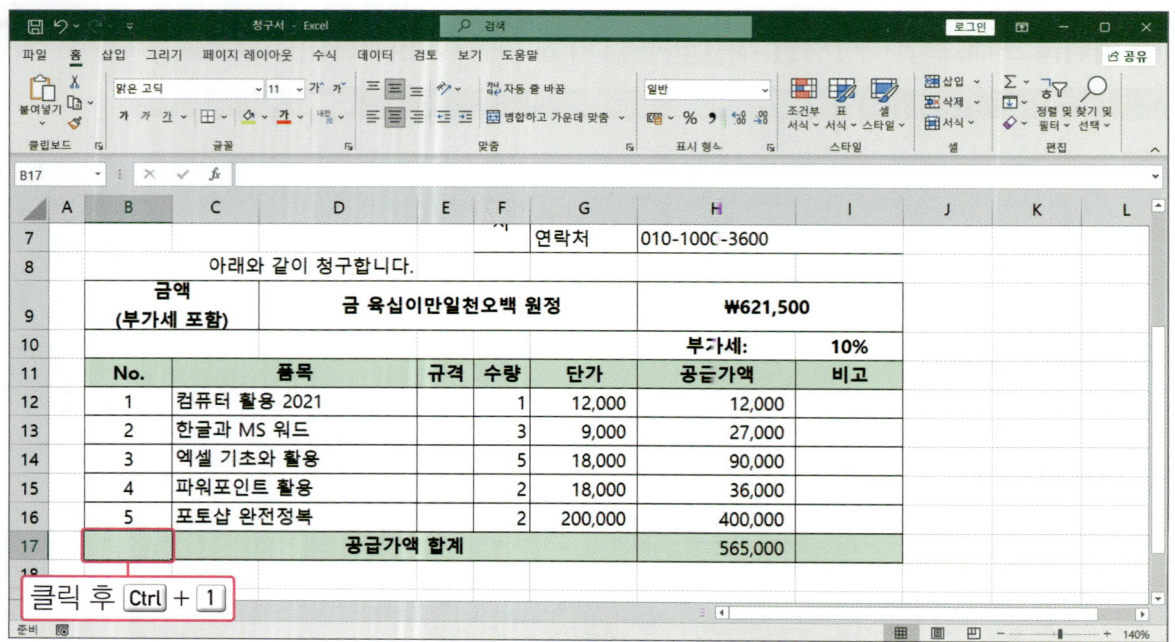

04 [셀 서식] 대화상자가 나타나면 [테두리] 탭에서 [선]의 [스타일]을 '실선'으로 선택한 후 [테두리]의 ◪(정방향 대각선)과 ◪(역방향 대각선)을 각각 클릭하고 [확인] 버튼을 클릭합니다. 대각선이 채워진 것을 확인합니다.

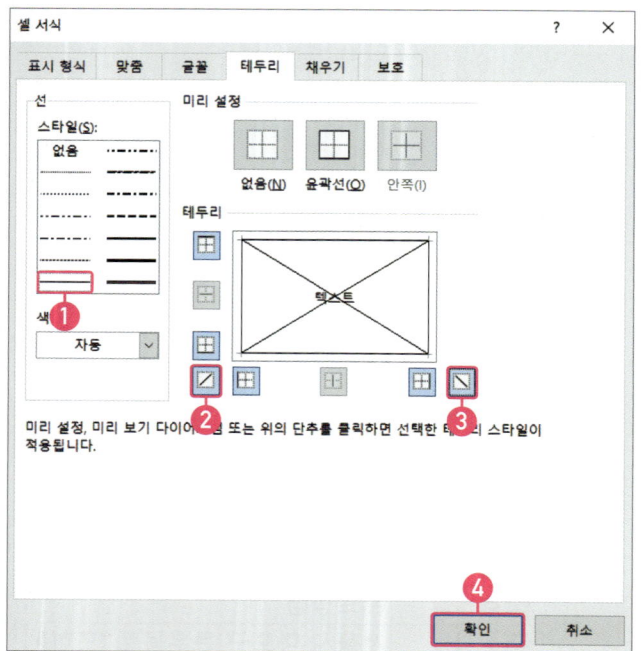

05 [B4:D4] 영역을 드래그하고 Ctrl 키를 누른 채 [B6:D6] 영역을 드래그하여 다중으로 선택합니다. [홈] 탭-[글꼴] 그룹-[테두리(⊞ ▾)]의 ▾를 클릭하고 나타나는 목록에서 [굵은 아래쪽 테두리]를 선택합니다.

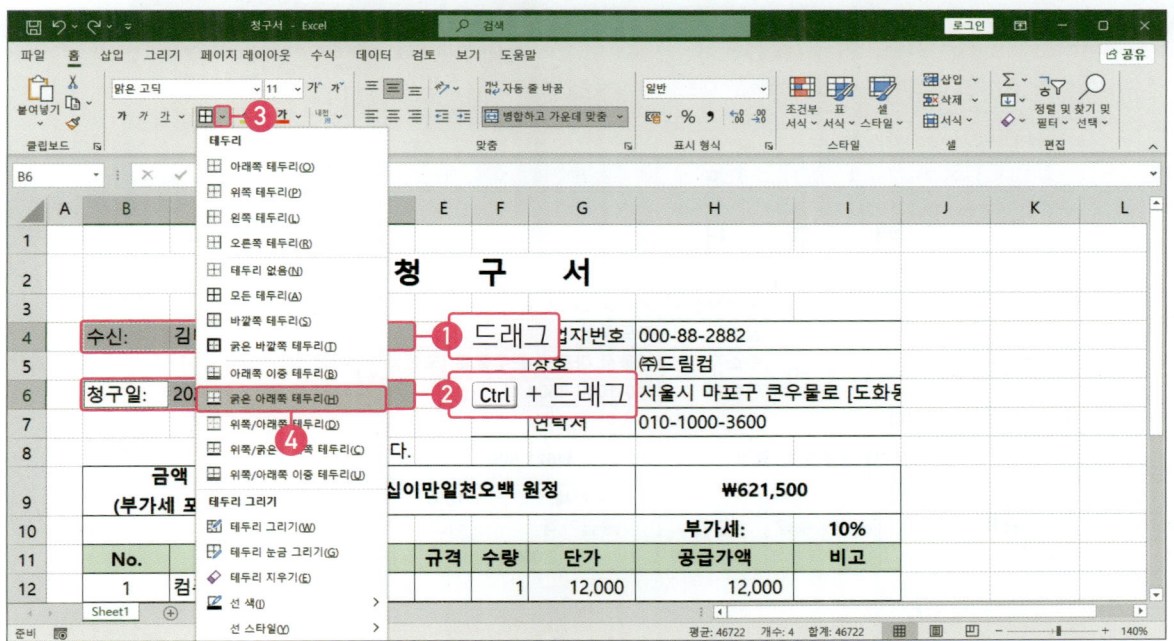

06 적용한 테두리를 확인하기 위해 임의로 다른 셀(여기서는 [K3] 셀)을 클릭합니다.

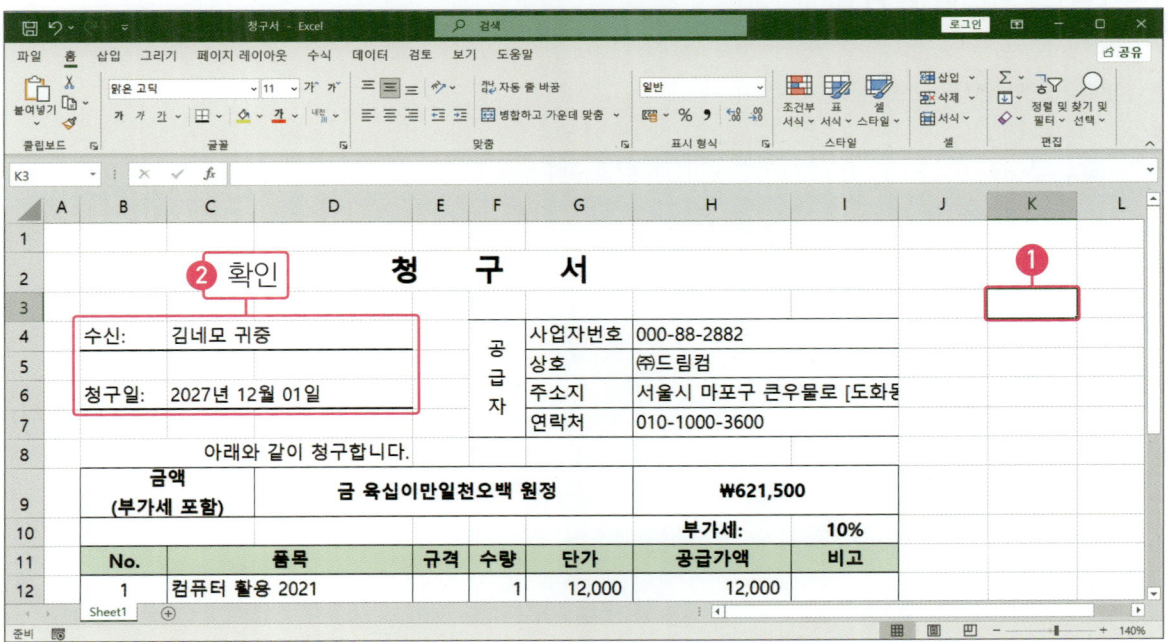

▶ '셀의 맞춤' 설정하기

01 텍스트를 셀의 크기에 맞춰 줄이기 위해 [H6] 셀을 클릭한 후 Ctrl + 1 키를 누릅니다.

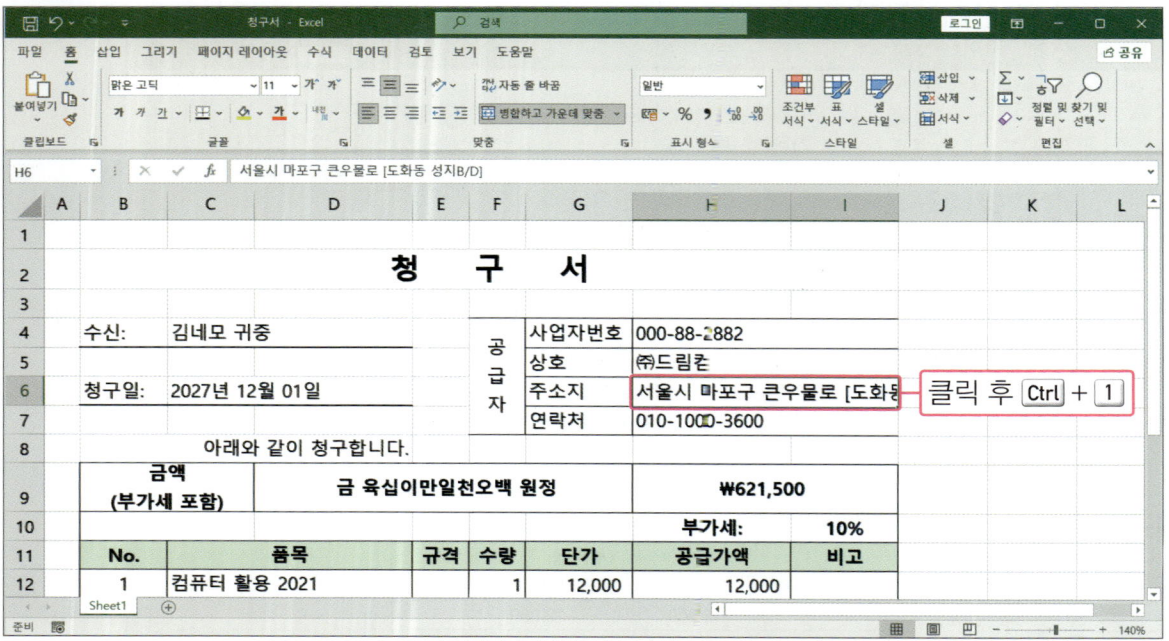

02 [셀 서식] 대화상자가 나타나면 [맞춤] 탭을 클릭합니다. [텍스트 조정]은 '셀에 맞춤'에 체크하고 [확인] 버튼을 클릭합니다.

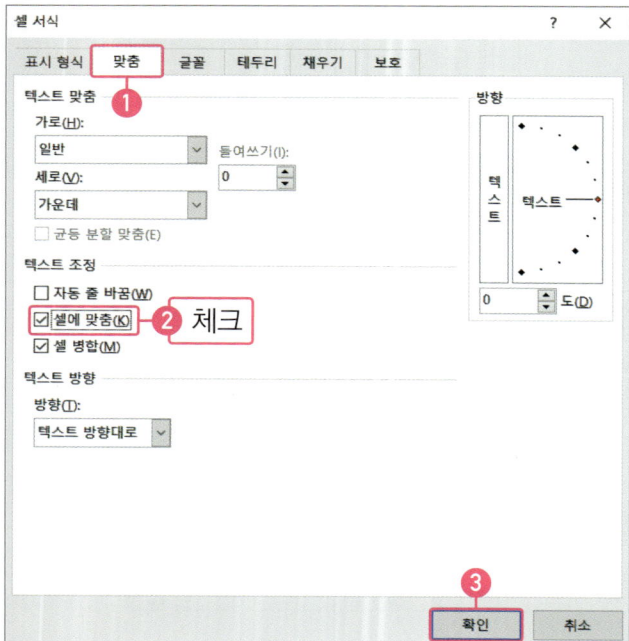

03 [H6] 셀에 입력된 텍스트의 크기가 자동으로 줄어들면서 모두 표시되는 것을 확인할 수 있습니다.

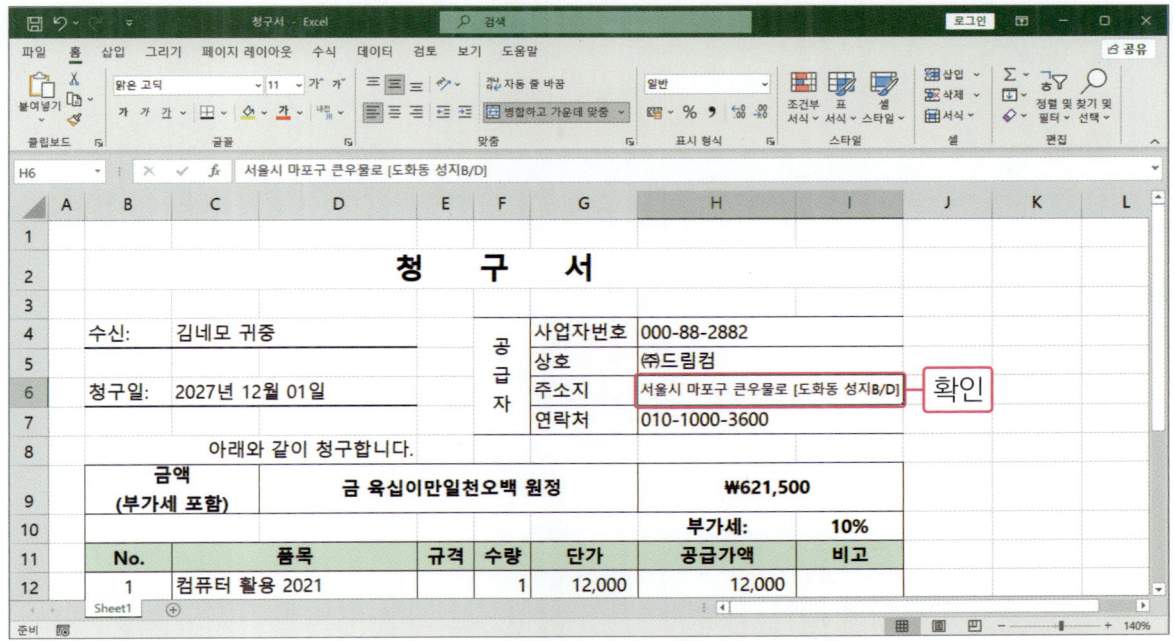

 '셀에 맞춤'을 적용한 후 [글꼴 크기]를 확인하면 여전히 '11pt'인 것을 확인할 수 있습니다. 셀 안의 텍스트가 셀 크기에 맞춰 축소되어 보이는 것일 뿐, [글꼴 크기] 자체는 변경되지 않습니다.

▶ '균등 분할 (들여쓰기)' 설정하기

01 [B4] 셀을 클릭합니다. Ctrl 키를 누른 채 [B6] 셀을 클릭하고 이어서 [G4:G7] 영역을 드래그한 후 Ctrl + 1 키를 누릅니다.

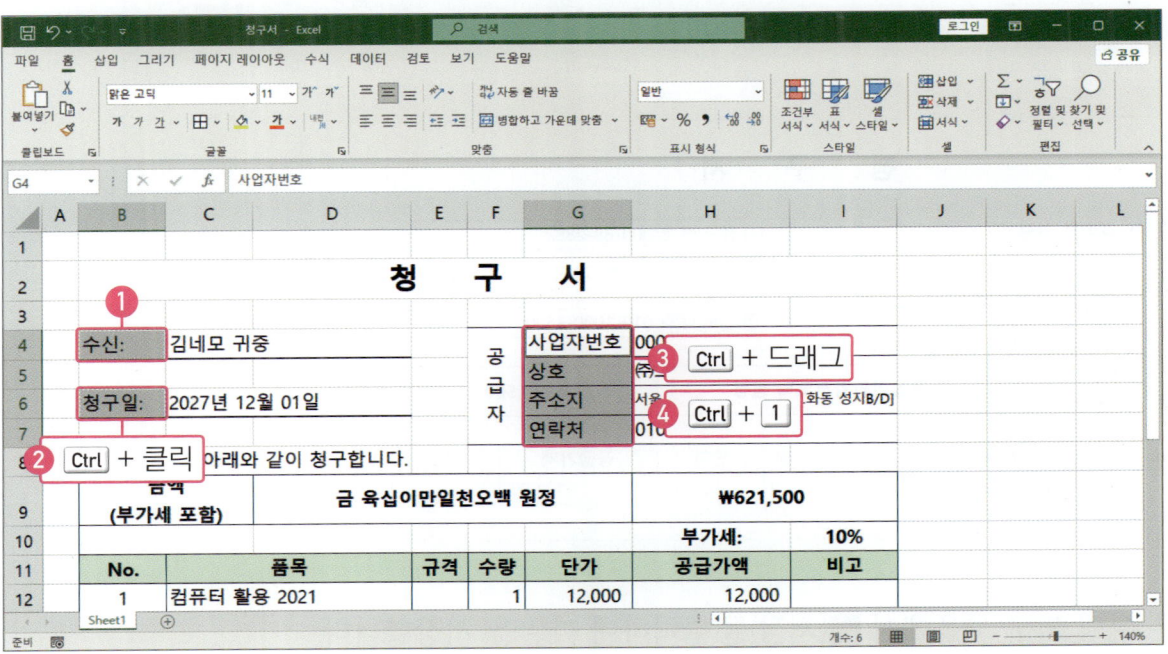

51

02 [셀 서식] 대화상자가 나타나면 [맞춤] 탭에서 [텍스트 맞춤]-[가로]-일반 의 ∨를 클릭하여 '균등 분할 (들여쓰기)'을 선택한 후 [확인] 버튼을 클릭합니다.

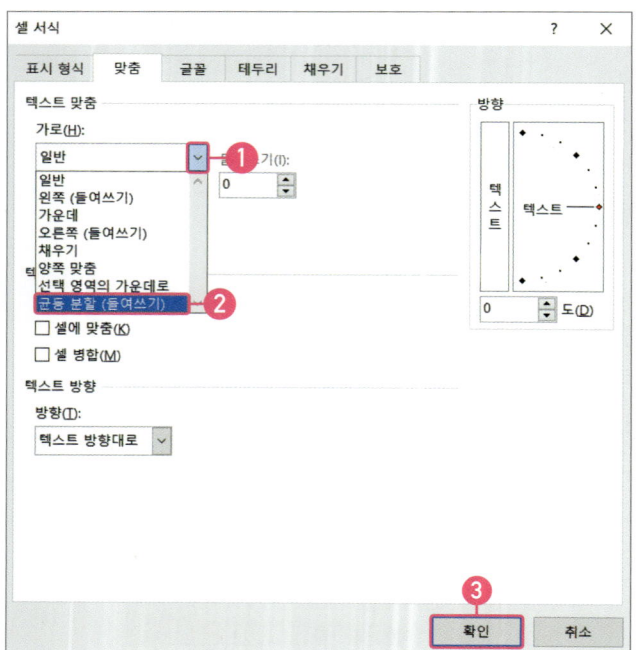

 '균등 분할 (들여쓰기)'을 적용하면 셀 안의 텍스트가 왼쪽과 오른쪽 끝에 맞춰 고르게 배치되어 깔끔해집니다.

03 텍스트가 셀의 너비에 맞춰 고르게 배치된 것을 확인할 수 있습니다.

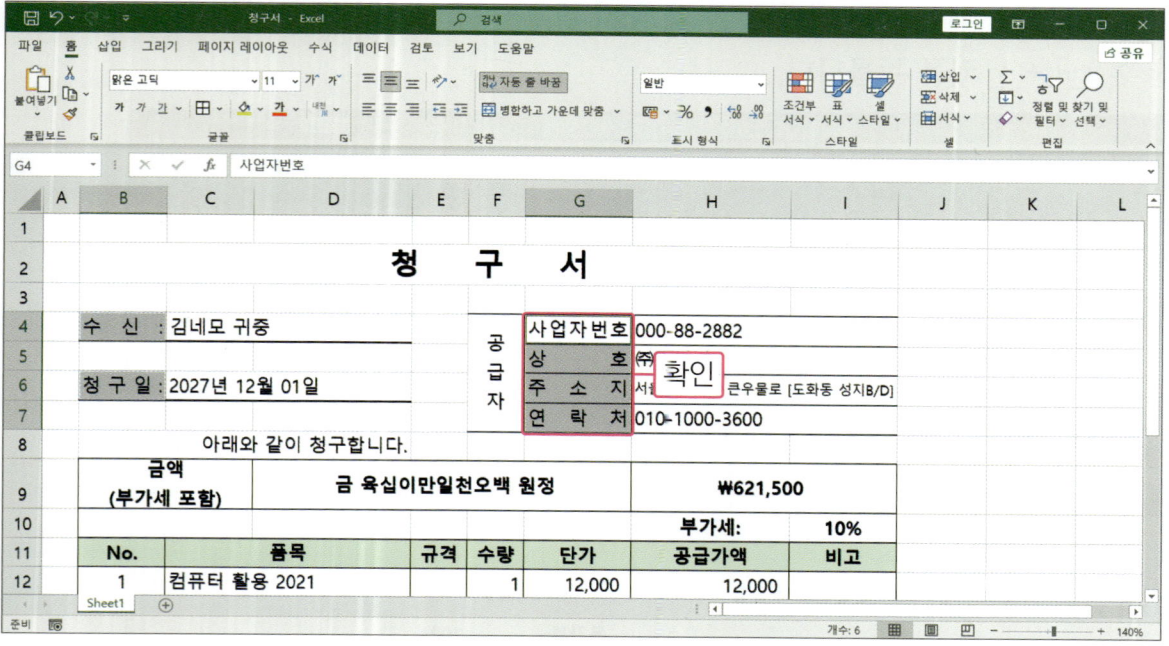

04 빠른 실행 도구 모음에서 📄(저장)을 클릭하여 파일을 저장합니다.

응용력 키우기

01 '재고관리표.xlsx' 파일을 불러와 다음과 같이 작성해 봅니다.

준비파일 재고관리표.xlsx

- [F4:F10] 영역 : 현재고 구하기
- [C3:F10] 영역 : '선택 영역에서 만들기' 기능을 이용해 이름 정의

- [F4] 셀의 수식 : =D4-E4
- [C3:F10] 영역 : [C3:F10] 영역 드래그 → [수식] 탭-[정의된 이름] 그룹-[선택 영역에서 만들기] 클릭 → [선택 영역에서 이름 만들기] 대화상자에서 '첫 행' 체크

02 문제 **01**의 파일에서 다음과 같이 작성해 봅니다.

- [B6:B10] 영역 : '셀에 맞춤' 설정
- [H3], [H5], [H7], [H9] 셀 : '균등 분할 (들여쓰기)' 설정

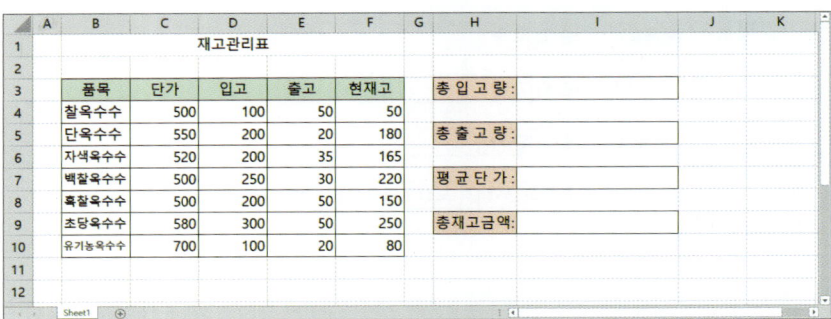

- [B6:B10] 영역 : Ctrl+1 키 → [맞춤] 탭 → '셀에 맞춤' 체크
- [H3], [H5], [H7], [H9] 셀 : Ctrl+1 키 → [맞춤] 탭 → [가로]-가운데 의 ▼를 클릭 → '균등 분할 (들여쓰기)' 선택

53

03 문제 **02**의 파일에서 정의된 이름을 이용해 다음과 같이 수식을 작성해 봅니다.

- 총입고량 : 입고량을 더한 값
- 총출고량 : 출고량을 더한 값
- 평균단가 : 단가의 평균 값
- 총재고금액 : 품목별로 단가와 현재고를 곱한 후 더한 값

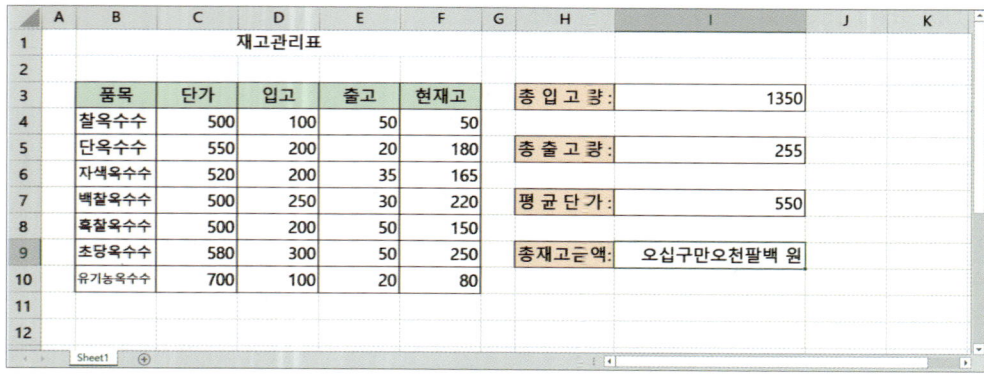

- 총입고량 : =SUM(입고)
- 총출고량 : =SUM(출고)
- 평균단가 : =AVERAGE(단가)
- 총재고금액 : =SUMPRODUCT(단가,현재고)

04 문제 **03**의 파일에서 '사용자 지정 형식'을 이용하여 [I9] 셀을 다음과 같이 변경해 봅니다.

- [I9] 셀 : Ctrl + 1 키 → [표시 형식] 탭-'사용자 지정' 범주-[형식] 입력란에 '[DBNum4] G/표준 "원" 입력

03 거래내역서 만들기

- 데이터 유효성 검사
- 사용자 지정 형식
- 양수;음수;0;문자
- [조건1]형식;[조건2]형식;형식
- 표시 형식 '*'

미/리/보/기

📁 준비파일 : 거래내역서.xlsx
📁 완성파일 : 거래내역서(완성).xlsx

엑셀은 셀에 데이터를 정확하게 입력할 수 있도록 다양한 가이드를 제공합니다. 이번 장에서는 해당 가이드를 기반으로 입력을 제한할 수 있는 데이터 유효성 검사 기능과, 입력한 내용을 원하는 형태로 보여줄 수 있는 사용자 지정 표시 형식을 살펴보겠습니다.

55

01 데이터 유효성 검사와 사용자 지정

▶ '데이터 유효성 검사' 기능

- '데이터 유효성 검사'는 셀에 입력할 수 있는 데이터 범위를 제한하는 기능입니다.
- '데이터 유효성 검사'를 설정해 두면 많은 양의 데이터를 검토하거나 수정하는 데 걸리는 시간을 줄일 수 있습니다. 다양한 입력 조건(숫자 범위, 목록, 날짜 등)을 통해 오타나 입력 실수를 줄일 수 있고, 문서의 정확성과 신뢰도를 높일 수 있습니다.
- [데이터] 탭-[데이터 도구] 그룹-[데이터 유효성 검사]를 클릭한 후 [데이터 유효성] 대화상자에서 '데이터 유효성 검사'를 설정할 수 있습니다.

① [설정] 탭

'데이터 유효성 검사'로 제한할 데이터의 종류나 범위를 설정할 수 있습니다.

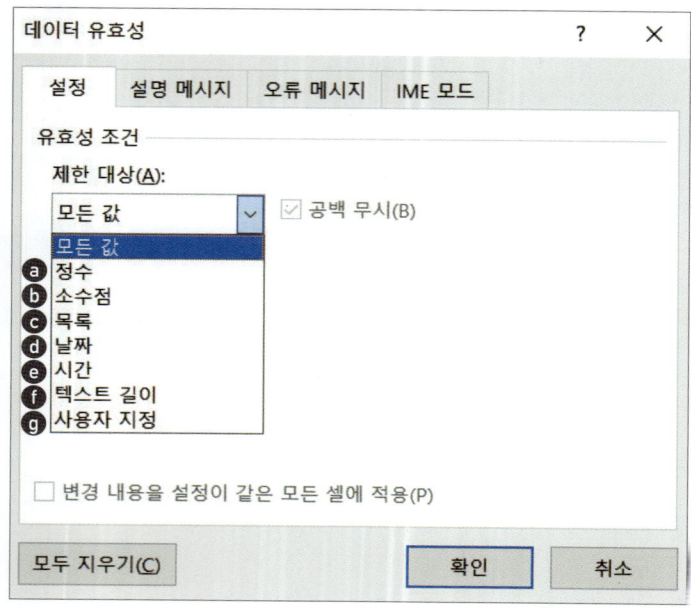

ⓐ **정수** : 정수의 범위를 제한합니다. 특정 범위, 제외할 범위, 최솟값을 기준으로 범위를 설정할 수 있습니다.

ⓑ **소수점** : 소수점을 포함한 실수의 범위를 제한합니다. 특정 범위, 제외할 범위, 최솟값을 기준으로 범위를 설정할 수 있습니다.

ⓒ **목록** : 사용자가 정한 항목만 입력할 수 있도록 설정합니다.

ⓓ **날짜** : 날짜의 범위를 제한합니다. 특정 범위, 제외할 범위, 최솟값을 기준으로 범위를 설정할 수 있습니다.

ⓔ **시간** : 시간의 범위를 제한합니다. 특정 범위, 제외할 범위, 최솟값을 기준으로 범위를 설정할 수 있습니다.

- **f** 텍스트 길이 : 텍스트의 길이를 제한합니다. 특정 범위, 제외할 범위, 최솟값을 기준으로 범위를 설정할 수 있습니다.
- **g** 사용자 지정 : 수식을 이용해 셀에 입력할 수 있는 값을 제한할 수 있습니다.

❷ [설명 메시지] 탭

셀을 선택했을 때 표시될 제목과 설명 메시지를 설정할 수 있습니다.

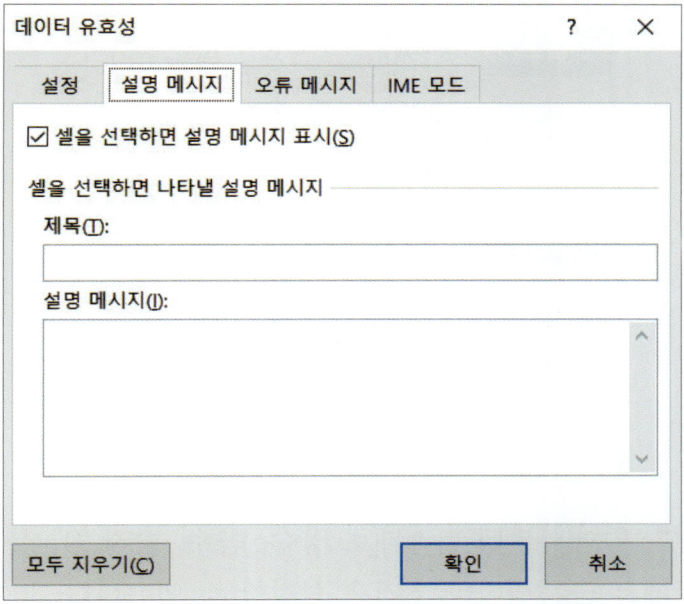

❸ [오류 메시지] 탭

유효하지 않은 데이터를 입력했을 때 표시될 오류 메시지를 설정할 수 있습니다.

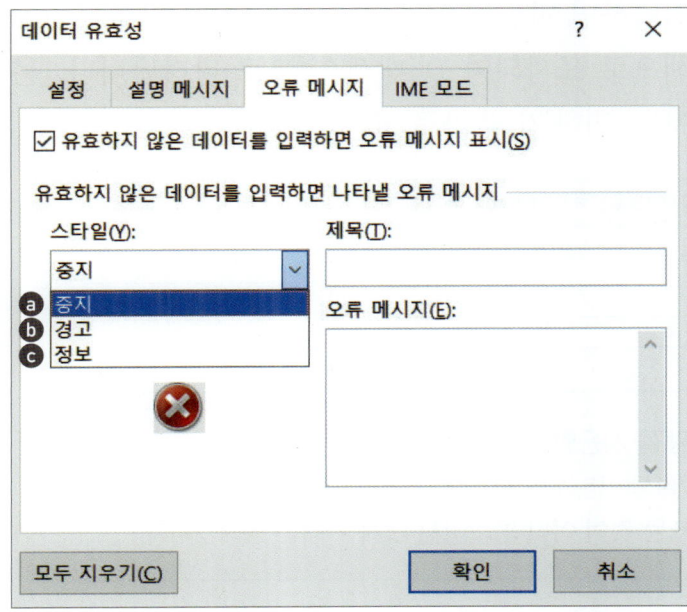

- **a** 중지 : 설정한 범위를 벗어나면 경고가 표시되고, 값을 입력할 수 없습니다.
- **b** 경고 : 설정한 범위를 벗어나면 경고가 표시되고, 계속 입력할지 선택할 수 있습니다.
- **c** 정보 : 설정한 범위를 벗어나면 경고만 표시되고, 계속 입력할 수 있습니다.

▶ '사용자 지정' 범주

- [표시 형식] 탭에서 원하는 형식을 찾지 못할 경우, '사용자 지정' 범주에서 표시 형식을 자유롭게 설정할 수 있습니다.
- [홈] 탭-[셀] 그룹-[서식]에서 [셀 서식]을 선택하거나, Ctrl+1 키를 누르면 나타나는 [셀 서식] 대화상자에서 설정합니다.

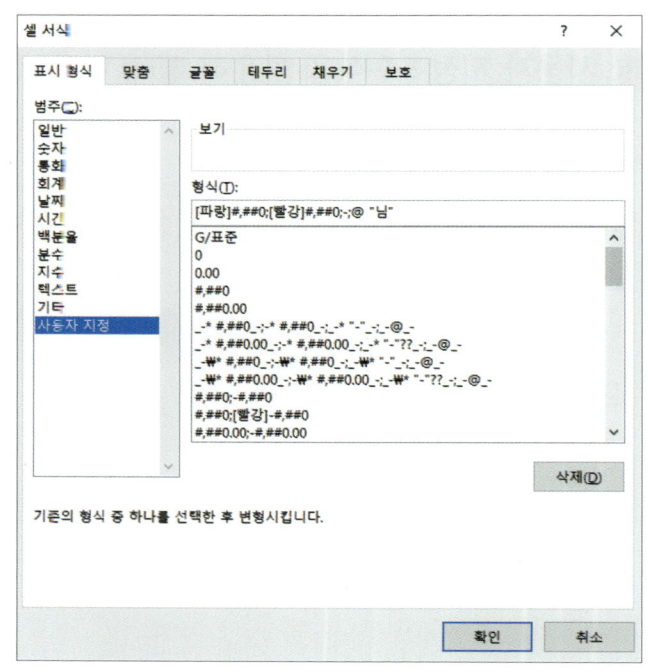

① 사용자 지정 형식 : 양수;음수;0;문자

사용자 지정 형식은 세미콜론(;)으로 구분하며, 앞에서부터 차례대로 양수, 음수, 숫자 '0', 문자의 표시 형식을 지정합니다. 대괄호([ ]) 안에는 글자색이나 조건을 설정할 수 있습니다.

예 [파랑]#,##0;[빨강]#,##0;-;@ 귀하

예를 들어 상단의 예시는 사용자가 양수를 입력하면 파란색으로, 음수를 입력하면 빨간색으로 표시됩니다. 그리고 '0'을 입력하면 검은색으로 표시되며 '0' 대신 '-'으로 나타납니다. 문자도 검은색으로 표시되고, 입력한 문자 뒤에는 '귀하'가 추가로 표시됩니다.

사용자 지정 형식 입력 값		[파랑]#,##0;[빨강]#,##0;-;@ 귀하	#,##0.00;[빨강]"적자"(#,##0);;[녹색]@
양수	10000	10,000	1,000.00
음수	-1000	1,000	적자(1,000)
0	0	-	
문자	시대인	시대인 귀하	시대인

- 글자색으로 '녹청', '녹색', '자홍', '흰색', '노랑'을 사용할 수 있습니다.
- 세미콜론 사이를 비워 표시 형식을 ';;;'으로 설정하면, 입력한 내용이 화면에는 표시되지 않지만 셀 안의 값은 그대로 남아 있습니다. 즉, 값이 삭제된 것이 아니라 보이지 않게 가려진 상태입니다.

❷ 사용자 지정 형식 : [조건1]형식;[조건2]형식;형식

사용자 지정 형식은 대괄호([ ]) 안에 조건을 입력하면 양수, 음수 상관없이 조건 순서에 따라 값이 표시됩니다. 그리고 마지막 형식은 조건에 해당하지 않는 나머지 값을 표시합니다.

예) [>=100][빨강]0.00;0.00

예를 들어 상단의 예시는 100 이상의 값은 소수점 두 자리까지만 표시되고, 빨간색으로 나타나는 것을 의미합니다. 나머지 값은 소수점 두 자리까지 표시되고 색상은 변경되지 않습니다.

사용자 지정 형식 입력 값	[녹청][>=1000]0.0;00	[파랑][>=100]#,##0;[빨강][>=50]#,##0;#,##0
2000	2000.00	2,000
70	70.00	70
0	0.00	0

❸ 표시 형식 '*'

표시 형식에서 '*'는 바로 다음에 나오는 문자 형식을 셀 너비만큼 반복하여 빈 공간을 채우는 기능입니다.

예) "$"*▷0.00

예를 들어 상단의 예시는 '$'와 '0.00'의 사이를 모두 '▷'로 가득 채운다는 뜻입니다. 만약 '*' 뒤에 띄어쓰기를 하면 공란으로 채운다는 의미가 됩니다.

사용자 지정 형식 입력 값	"$"*▷0.00	"흑자"* #,##0"만원"
3000	$▷▷▷▷▷ 3000.00	흑자　　　3,000만원
80	$▷▷▷▷▷▷ 80.00	흑자　　　　80만원

왜 '#,###'이나 '0,000'은 잘 사용하지 않을까요?

'쉼표(,)'는 큰 숫자를 읽기 쉽게 하기 위해 자릿수를 구분해 주는 표시 형식입니다. 천 단위 이상의 숫자에서는 '#,###'이나 '0,000' 형식이 문제되지 않지만, 천 미만의 숫자를 입력하면 차이가 나타납니다. '#'은 '0'을 표시하지 않아 공백으로 나타나고, '0'은 자릿수를 유지하면서 '0'으로 표시되므로 천 단위 구분 기호를 사용할 때는 '#,##0' 형식을 사용하는 것이 안전합니다.

사용자 지정 형식 입력 값	#,###	0,000	#,##0
10000	10,000	10,000	10,000
1000	1,000	1,000	1,000
100	100	0,100	100
10	10	0,010	10
0		0,000	0

 ## 거래내역서 작성하기

▶ 유효성 검사 설정하기 : 목록

01 '거래내역서.xlsx' 파일을 불러옵니다. 유효성을 검사할 [C7:C13] 영역을 드래그한 후 [데이터] 탭-[데이터 도구] 그룹-[데이터 유효성 검사(📝)]를 클릭합니다.

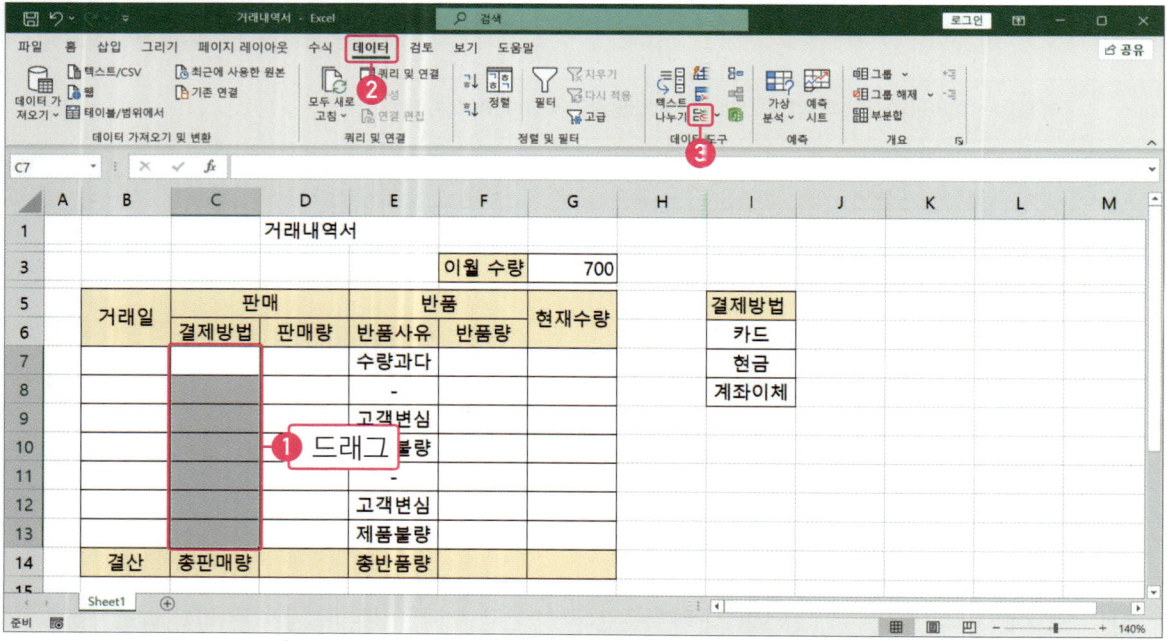

02 [데이터 유효성] 대화상자가 나타나면 [설정] 탭에서 [제한 대상]-모든 값 의 ⌄를 클릭하고 '목록'을 선택합니다.

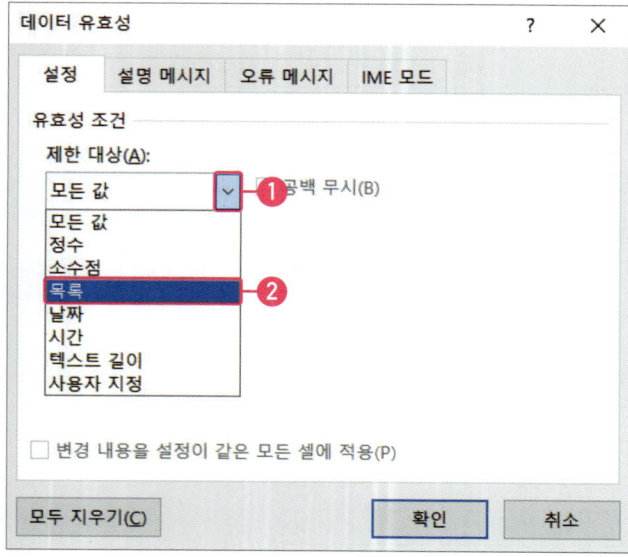

03 [원본] 입력란을 클릭한 후 [I6:I8] 영역을 드래그하여 '$I$6:$I$8'을 입력하고 [확인] 버튼을 클릭합니다.

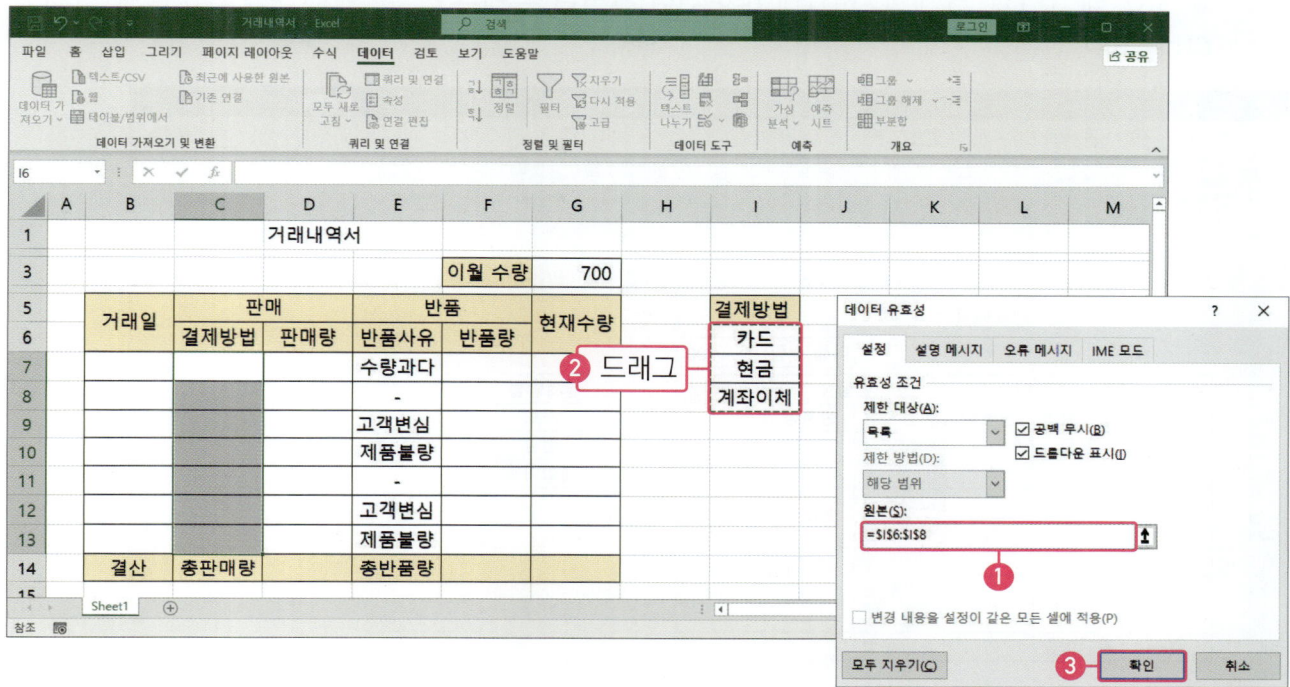

 [원본] 입력란에 다음과 같이 내용을 직접 입력해도 좋습니다. 각 항목은 쉼표(,)로 구분합니다.

04 [C7] 셀의 ▼를 클릭하고 목록에서 '카드'를 선택합니다.

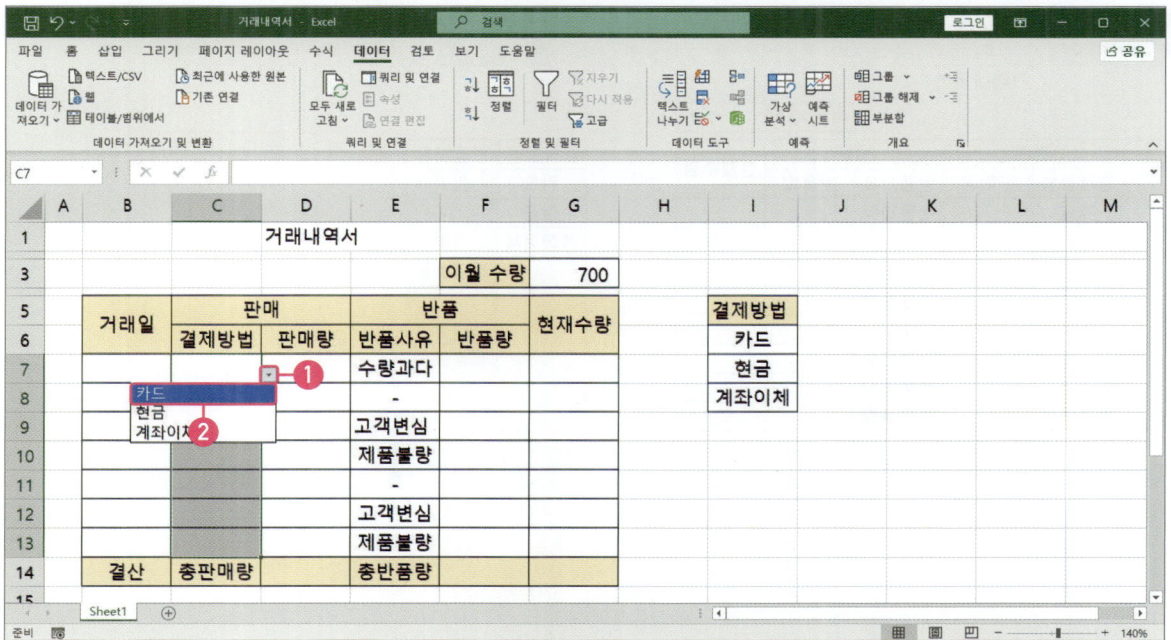

▶ 중복된 항목 제거하기

01 중복된 데이터를 삭제하기 위해 [E6:E13] 영역을 드래그한 후 Ctrl+C 키를 눌러 복사합니다.

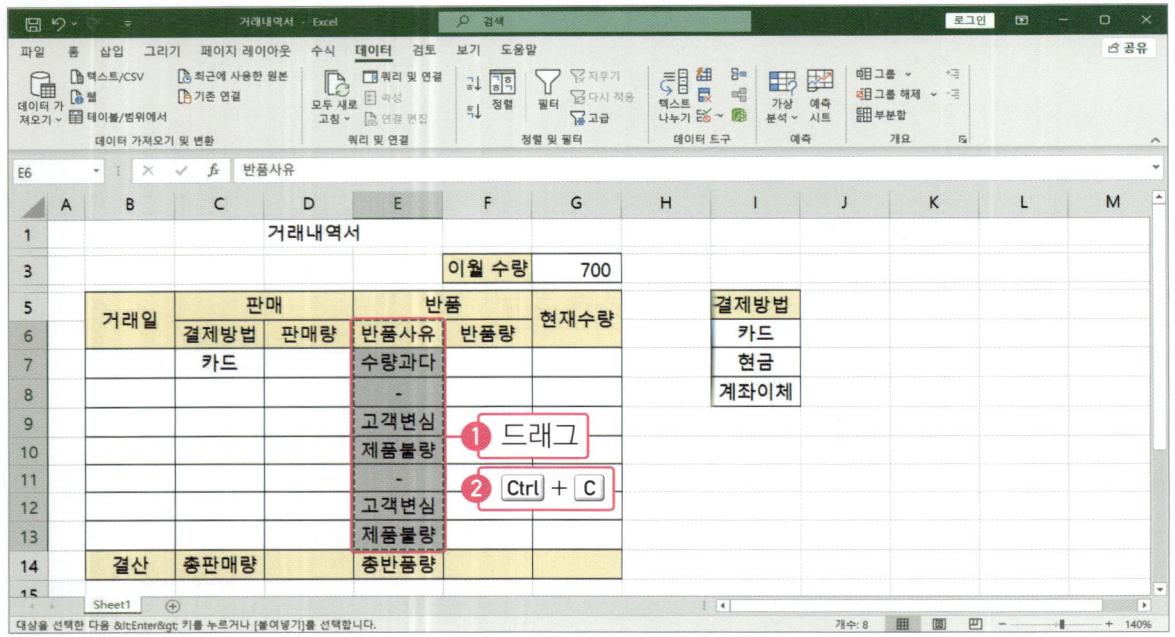

02 [J5] 셀을 클릭하고 Ctrl+V 키를 눌러 복사한 내용을 붙여넣습니다. [데이터] 탭-[데이터 도구] 그룹-[중복된 항목 제거(📄)]를 클릭합니다.

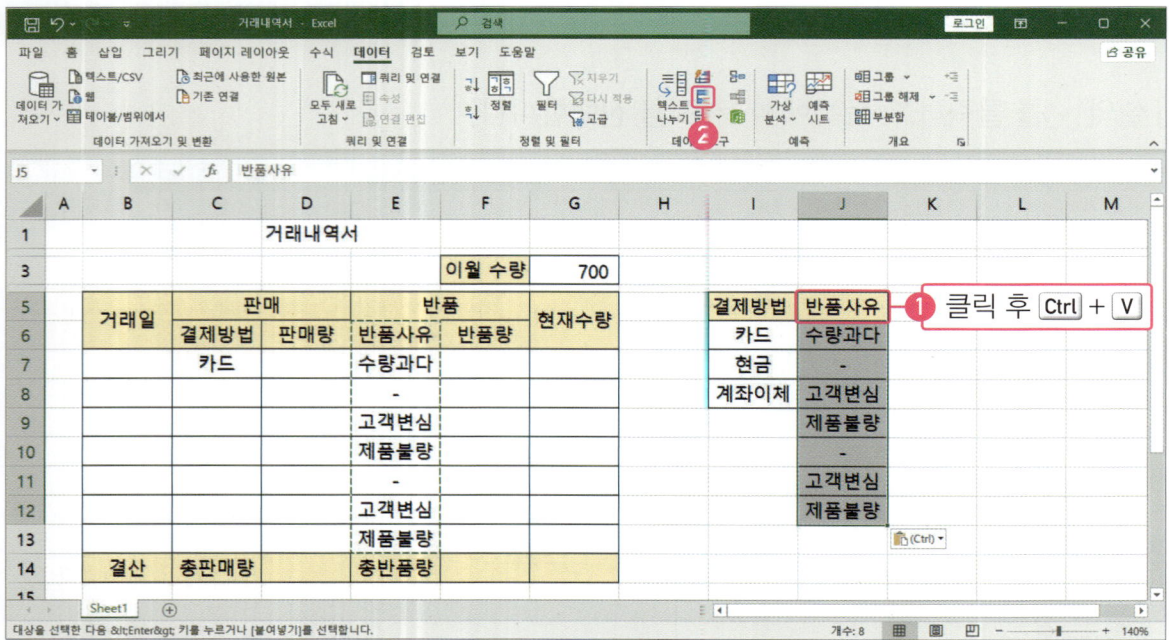

03 [중복된 항목 제거 경고] 대화상자가 나타나면 '**현재 선택 영역으로 정렬**'을 선택하고 [중복된 항목 제거] 버튼을 클릭합니다. 이후 [중복 값 제거] 대화상자의 [확인] 버튼을 클릭합니다.

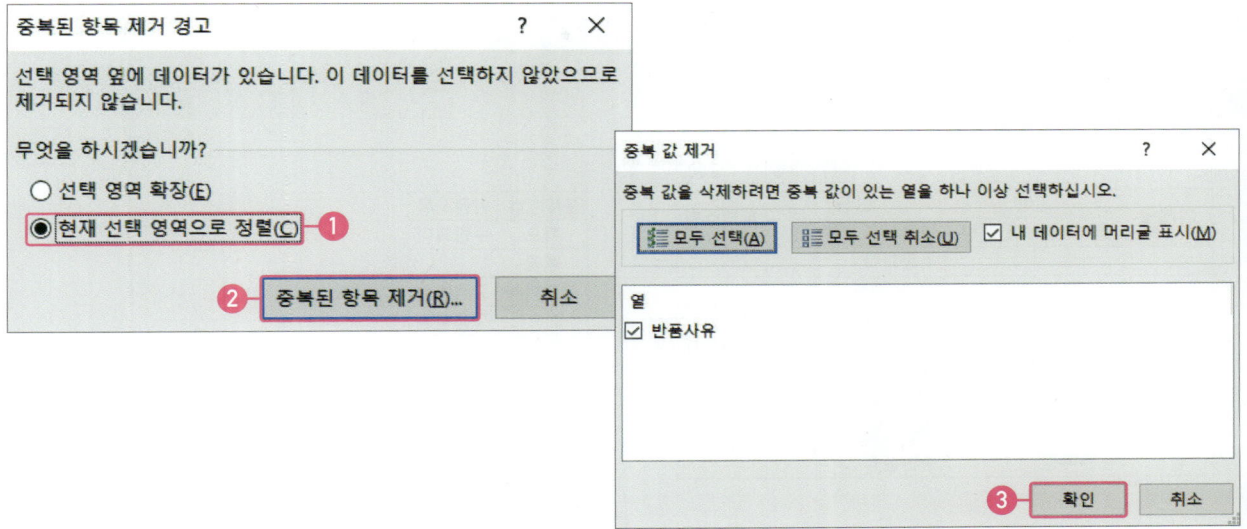

04 그림과 같은 메시지 창이 나타나면 [확인] 버튼을 클릭합니다.

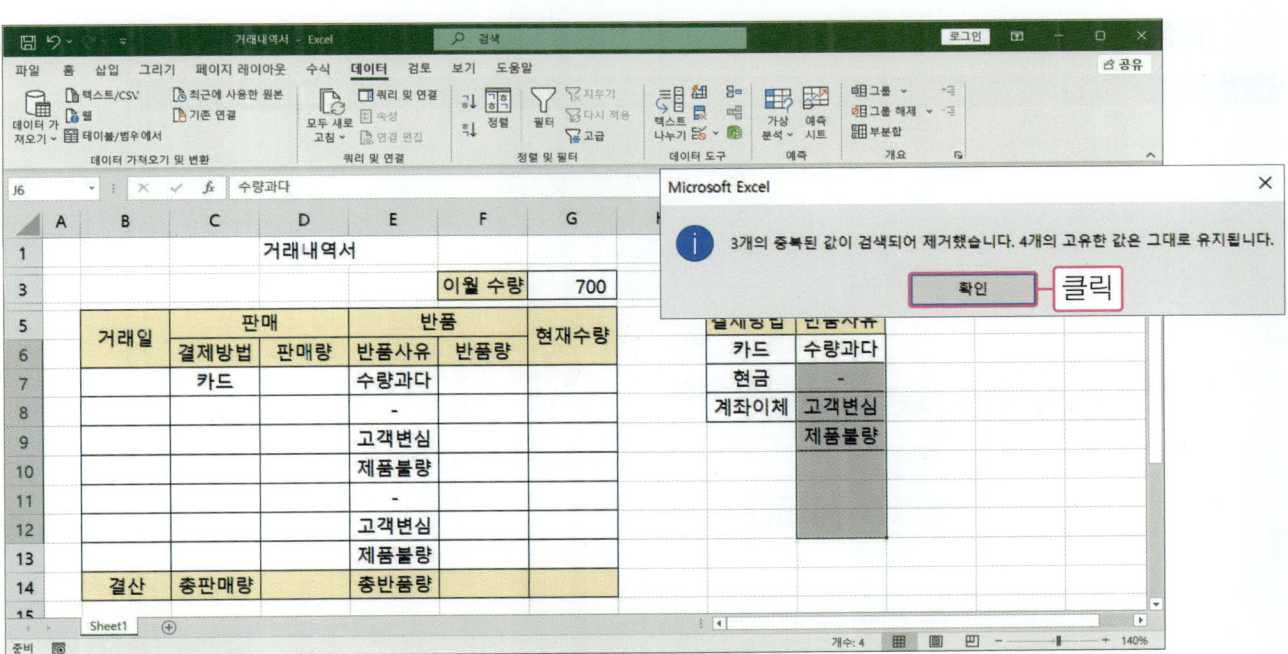

05 [E7:E13] 영역을 드래그한 후 Delete 키를 눌러 삭제합니다.

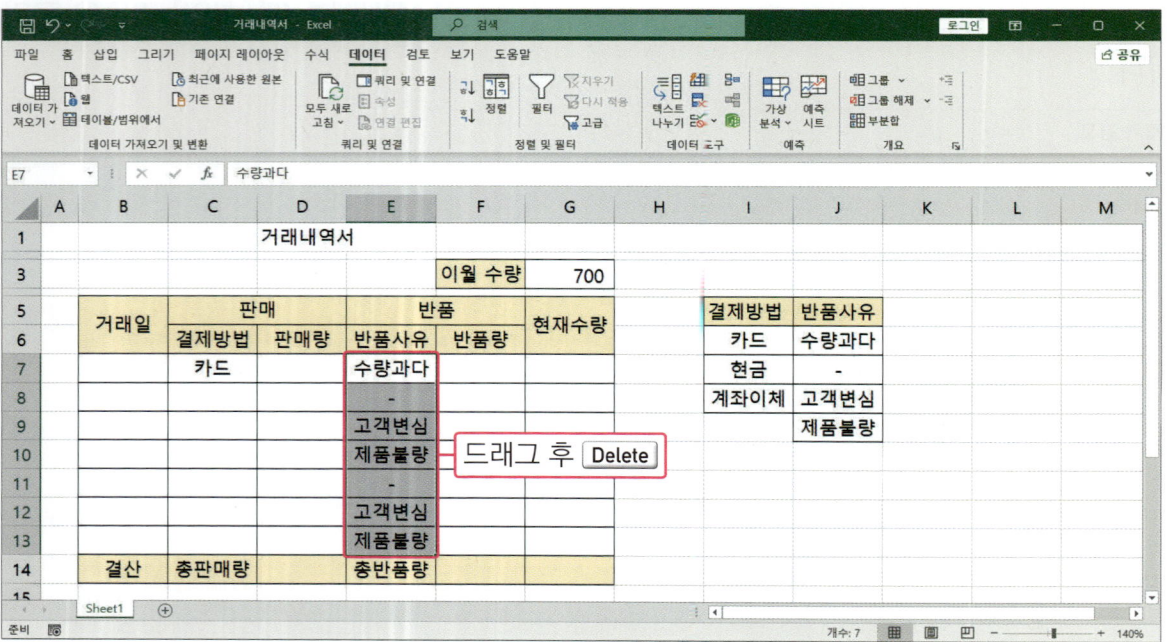

06 [E7:E13] 영역의 값이 삭제된 것을 확인하고 [데이터] 탭-[데이터 도구] 그룹-[데이터 유효성 검사(📋)]를 클릭합니다.

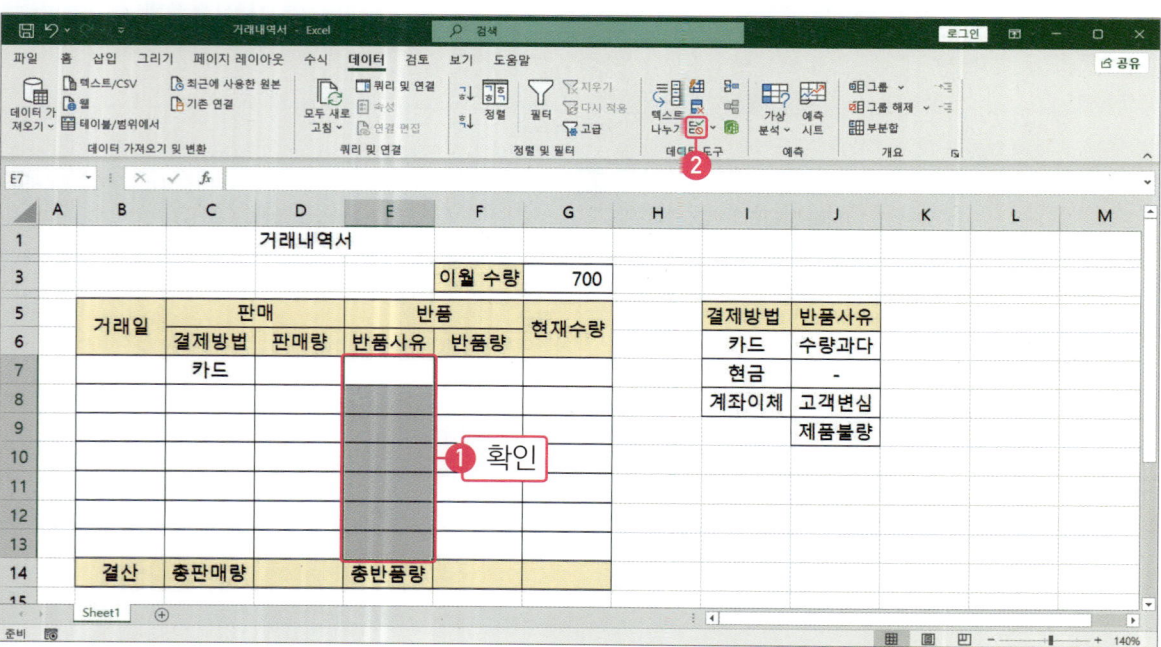

07 [데이터 유효성] 대화상자가 나타나면 [제한 대상]을 '목록'으로 설정합니다. [원본] 입력란을 클릭하고 [J6:J9] 영역을 드래그한 후 [확인] 버튼을 클릭합니다.

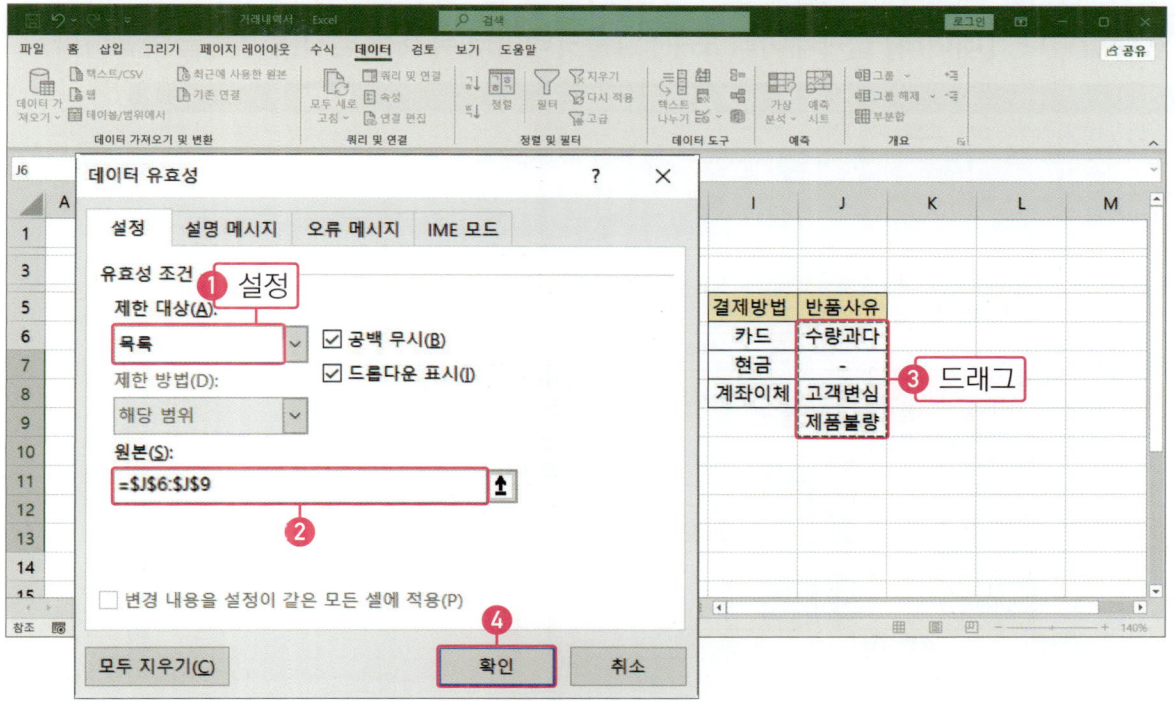

08 [E7] 셀의 ▼를 클릭한 후 목록에서 '고객변심'을 선택합니다.

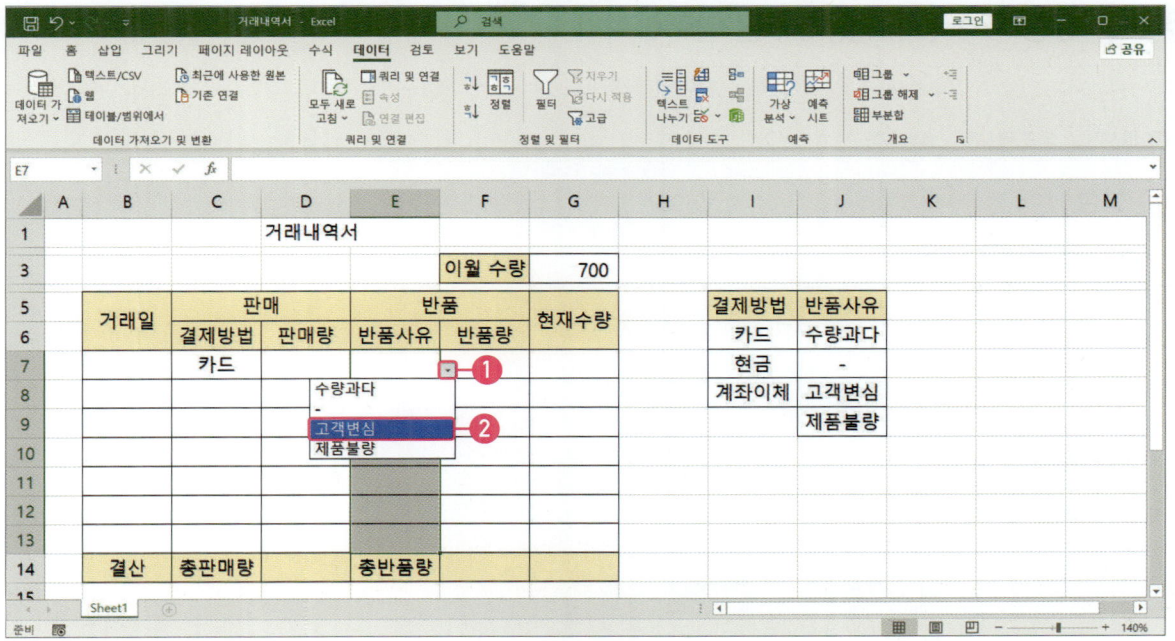

▶ 유효성 검사 설정하기 : 정수

01 [D7:D13] 영역을 드래그하여 선택한 후 Ctrl 키를 누른 채 [F7:F13] 영역을 드래그하여 다중 선택합니다. [데이터] 탭-[데이터 도구] 그룹-[데이터 유효성 검사(📋)]를 클릭합니다.

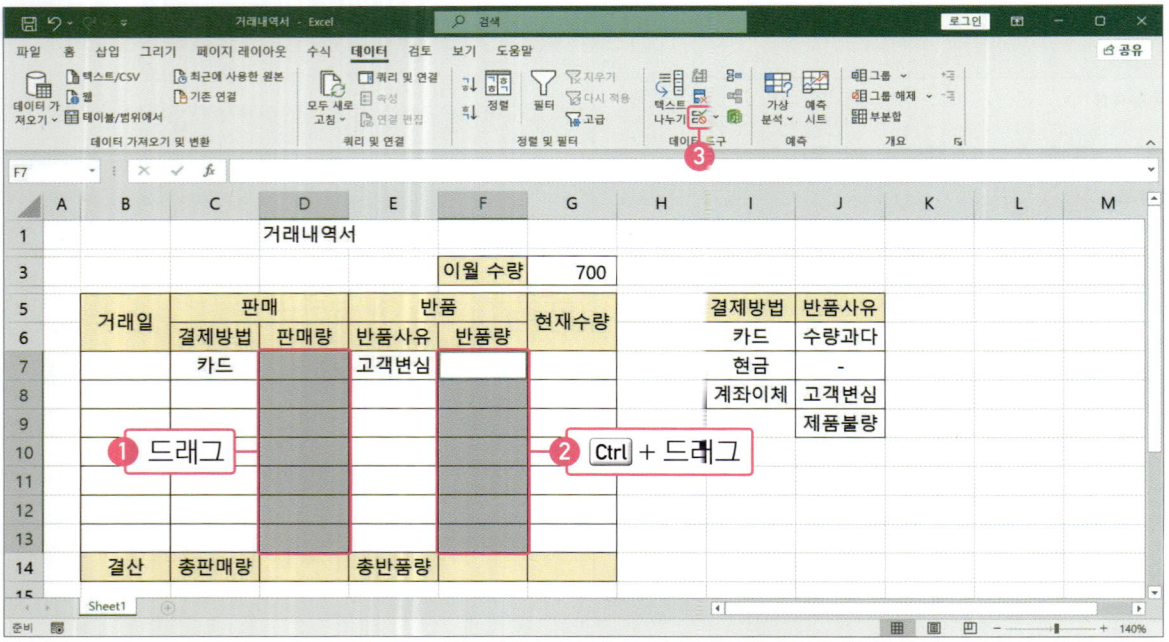

02 [데이터 유효성] 대화상자가 나타나면 [설정] 탭에서 [제한 대상]은 '정수', [제한 방법]은 '>='으로 설정한 후 [최소값]에 '0'을 입력합니다.

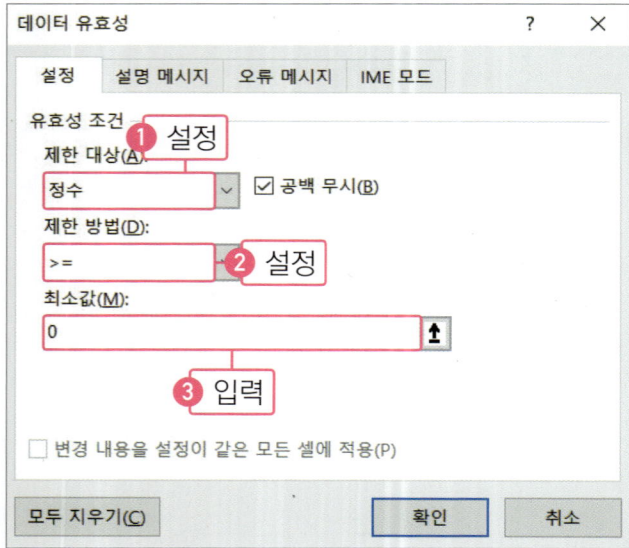

03 [설명 메시지] 탭을 클릭한 후 [제목]에 '입력 조건'을 입력하고 [설명 메시지]에 '0 이상 입력이 가능합니다.'를 입력합니다.

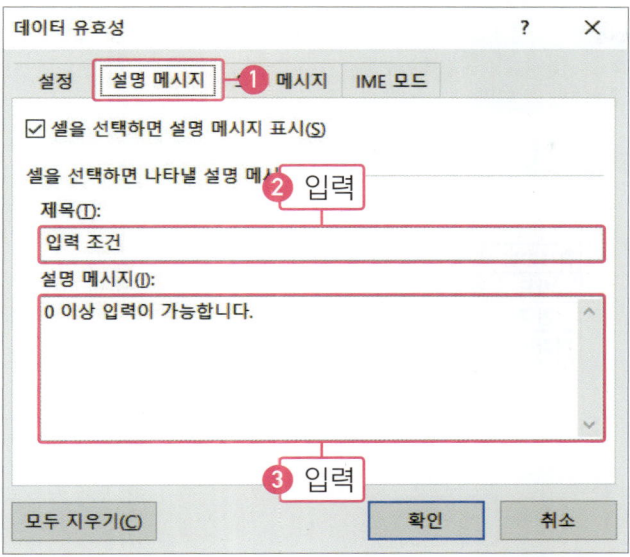

04 [오류 메시지] 탭을 클릭한 후 [스타일]을 '경고'로 설정합니다. [제목]에 '입력 오류'를 입력하고 [오류 메시지]에 '입력값을 확인하시기 바랍니다.'를 입력한 후 [확인] 버튼을 클릭합니다.

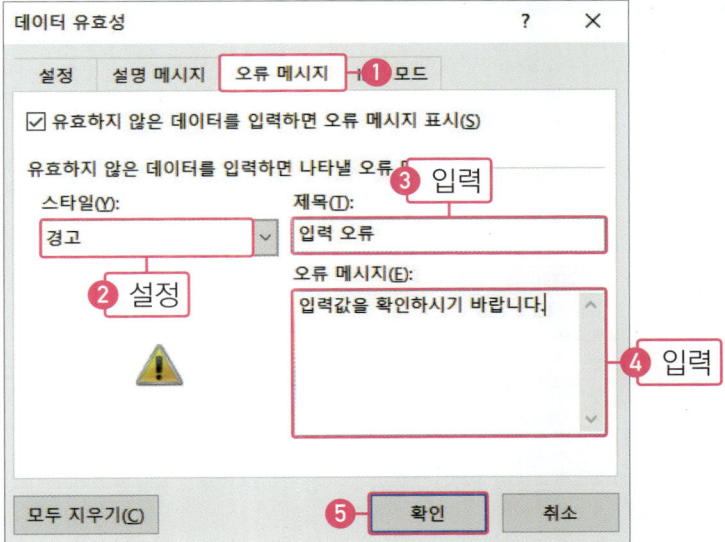

05 셀에 나타나는 설명 메시지를 확인할 수 있습니다.

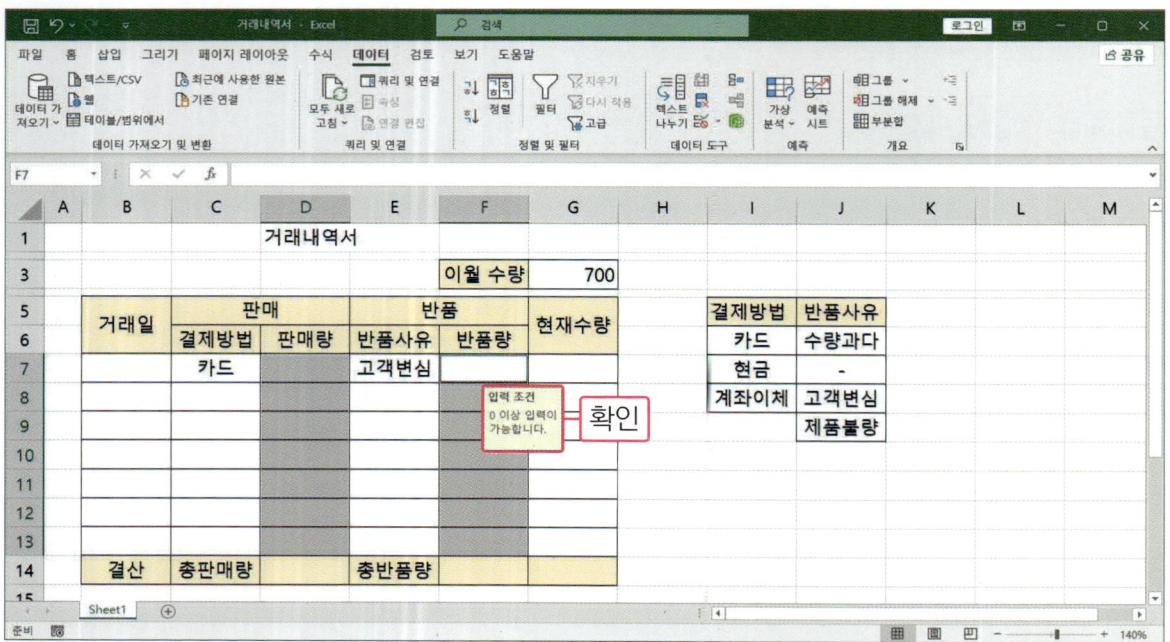

06 [F8] 셀을 클릭한 후 '-7'을 입력하고 Enter 키를 누릅니다. [입력 오류] 메시지 창이 나타나면 실습을 이어서 하기 위해 [예] 버튼을 클릭합니다.

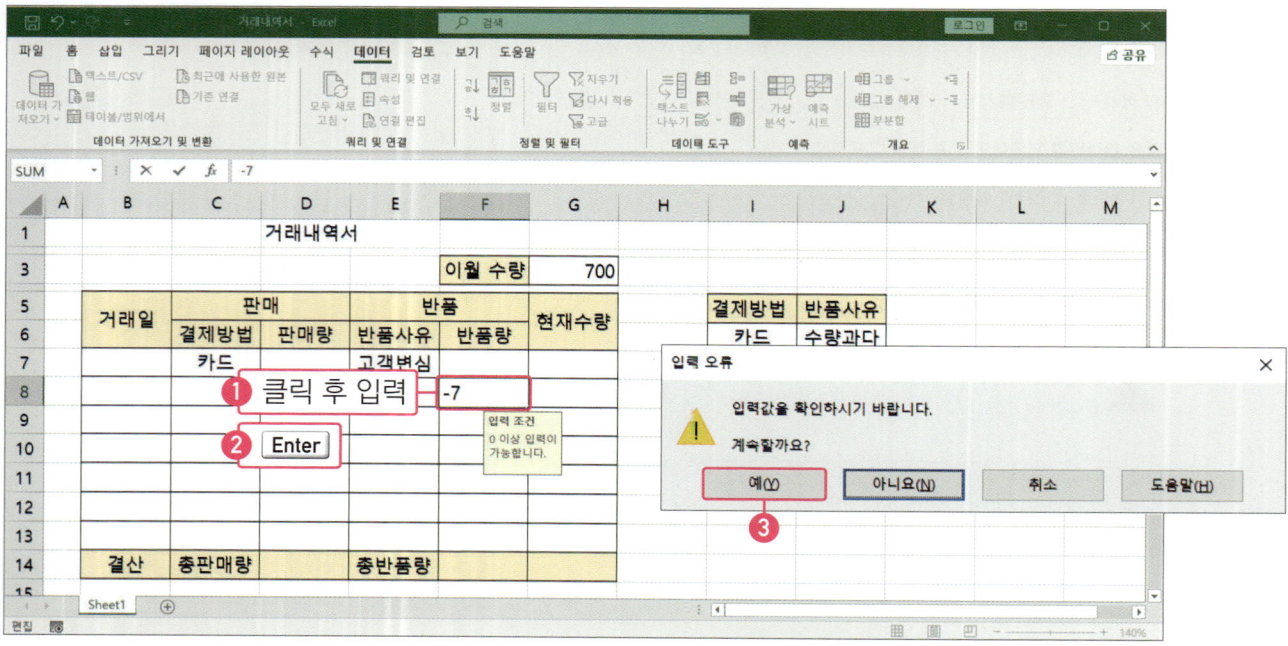

 [입력 오류] 메시지 창의 [아니요] 버튼을 클릭하면 입력을 수정할 수 있는 모드로 변경됩니다.

07 다음과 같이 [B7:F12] 영역에 나머지 내용을 입력합니다.

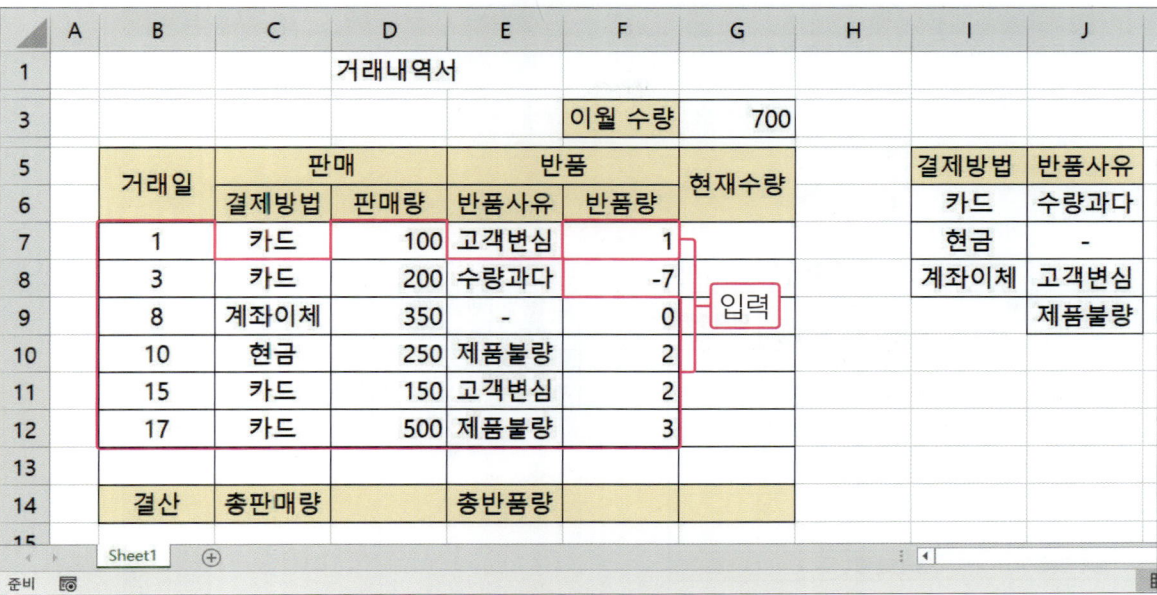

▶ 유효성 검사 설정하기 : 목록 추가하기

01 [J8] 셀을 클릭하고 [홈] 탭-[셀] 그룹-[삽입]을 선택합니다.

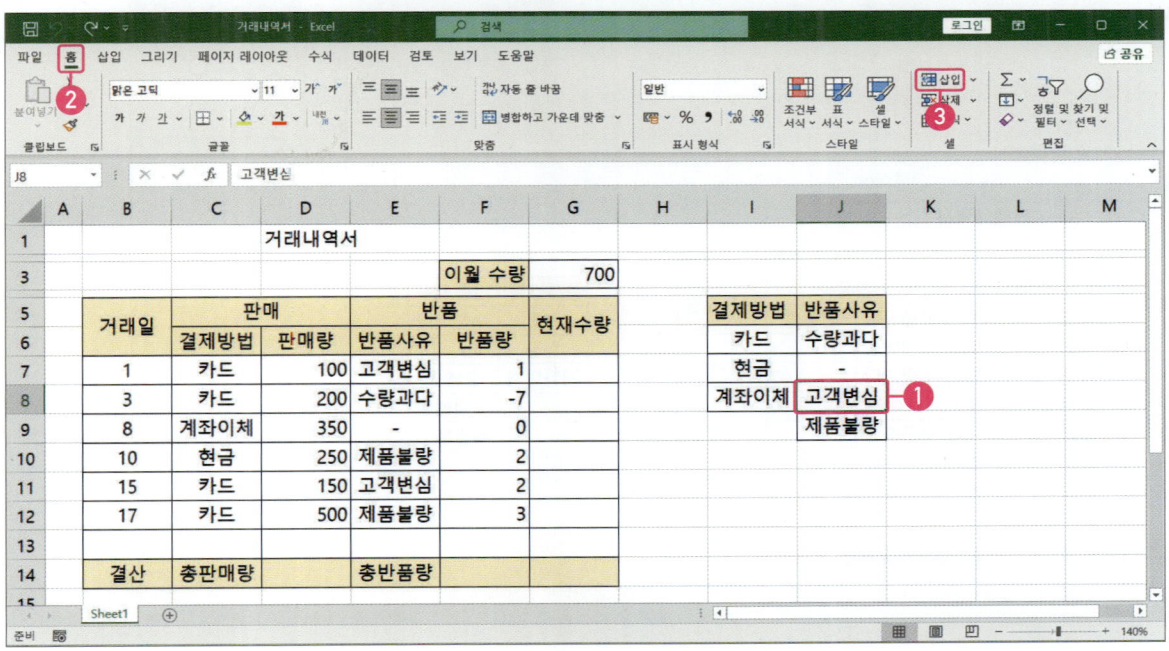

02 새로 삽입된 [J8] 셀에 '오배송'을 입력한 후 Enter 키를 누릅니다.

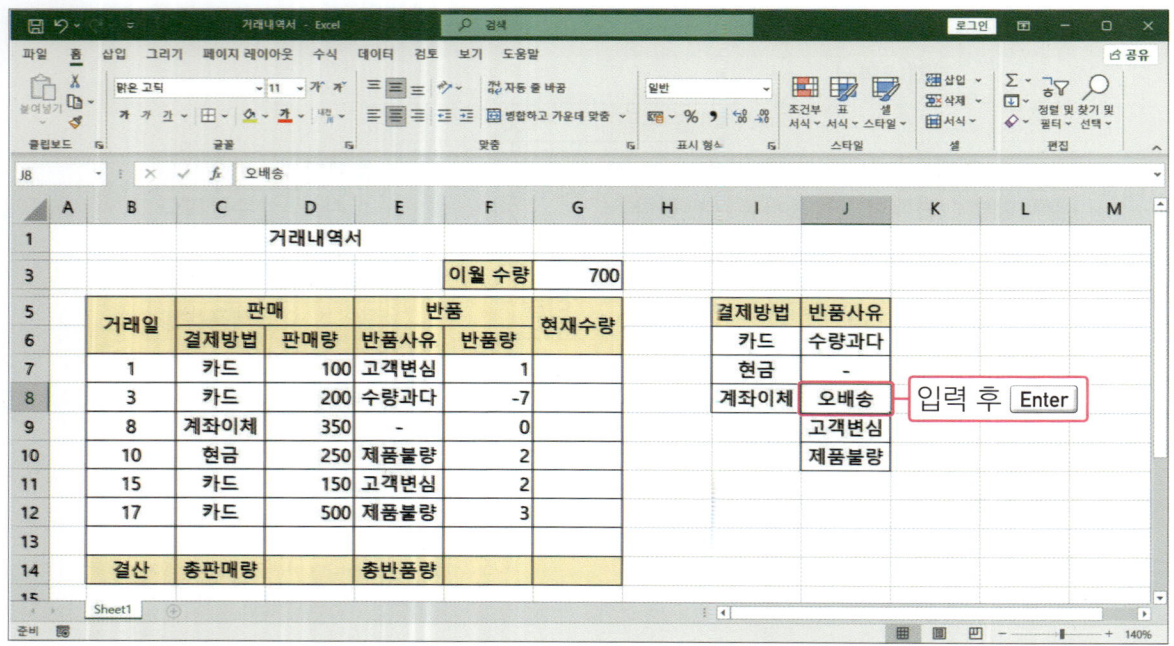

03 [E12] 셀을 선택하고 ▼를 클릭한 후 목록에서 '오배송'을 선택합니다.

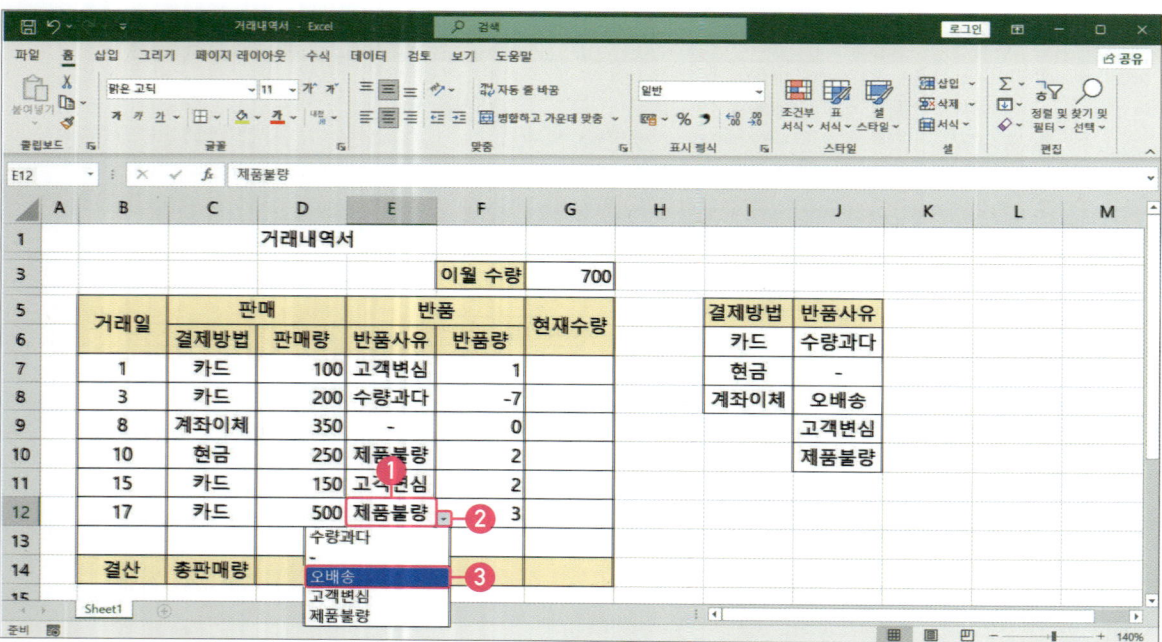

▶ 잘못된 데이터 찾아 지우기

01 [데이터] 탭-[데이터 도구] 그룹-[데이터 유효성 검사(　)]의 　를 클릭하여 [잘못된 데이터]를 선택합니다.

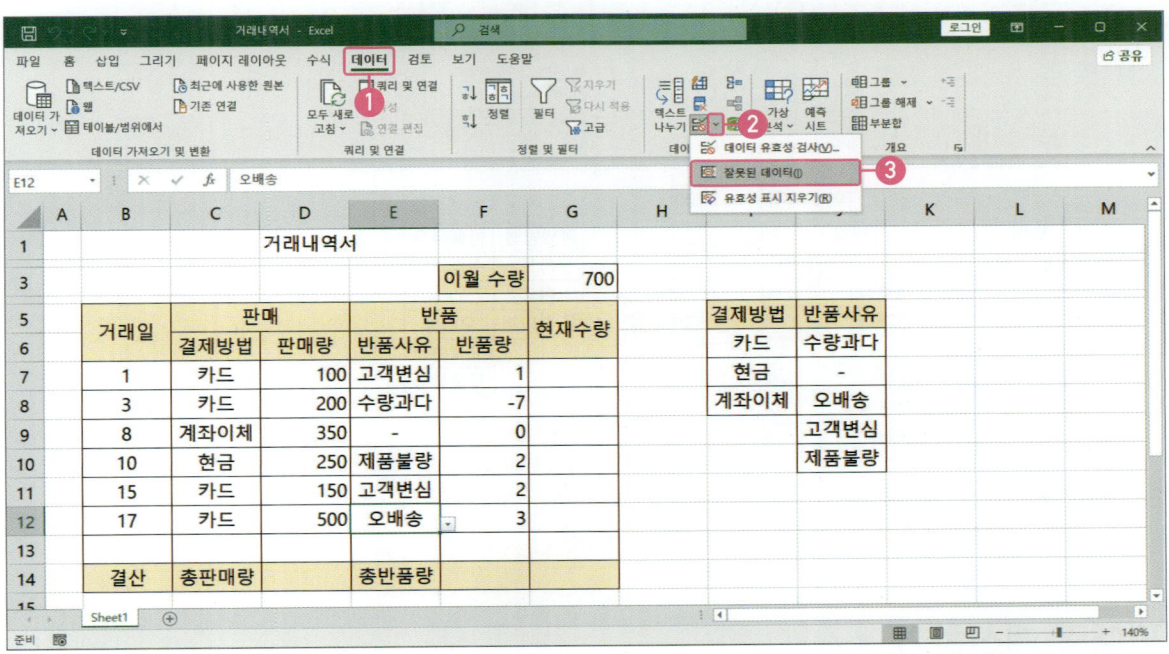

02 잘못된 데이터가 자동으로 추출되어 빨간색 테두리로 표시됩니다.

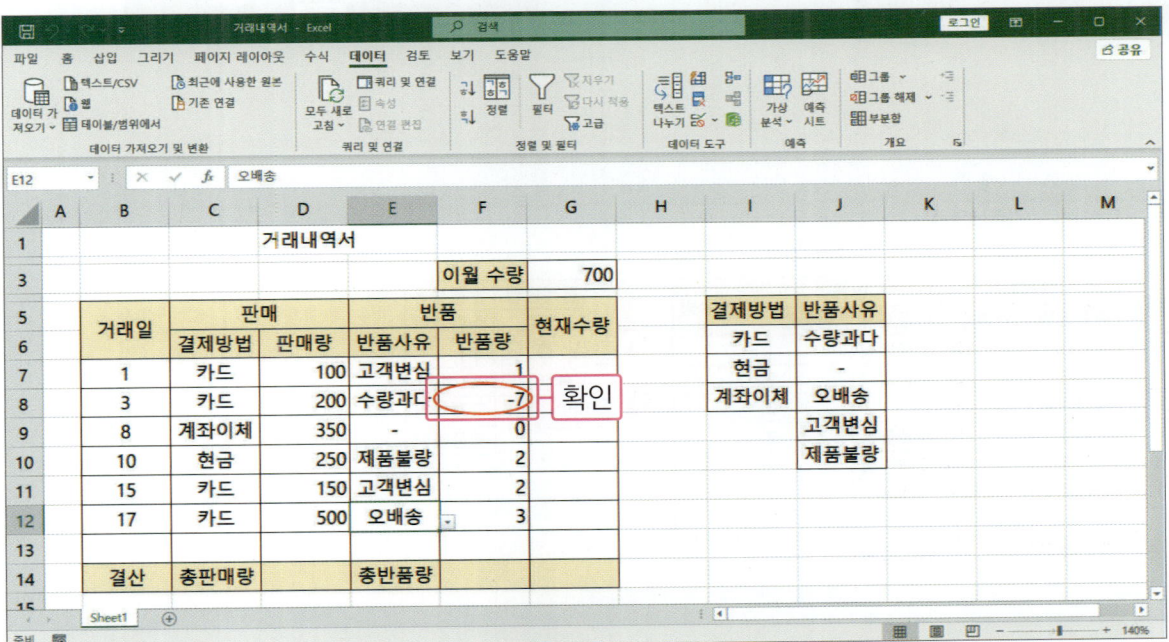

03 [데이터] 탭-[데이터 도구] 그룹-[데이터 유효성 검사()]의 ⌄를 클릭하여 [유효성 표시 지우기]를 선택합니다. [F8] 셀을 클릭한 후 '7'을 입력하고 Enter 키를 누릅니다.

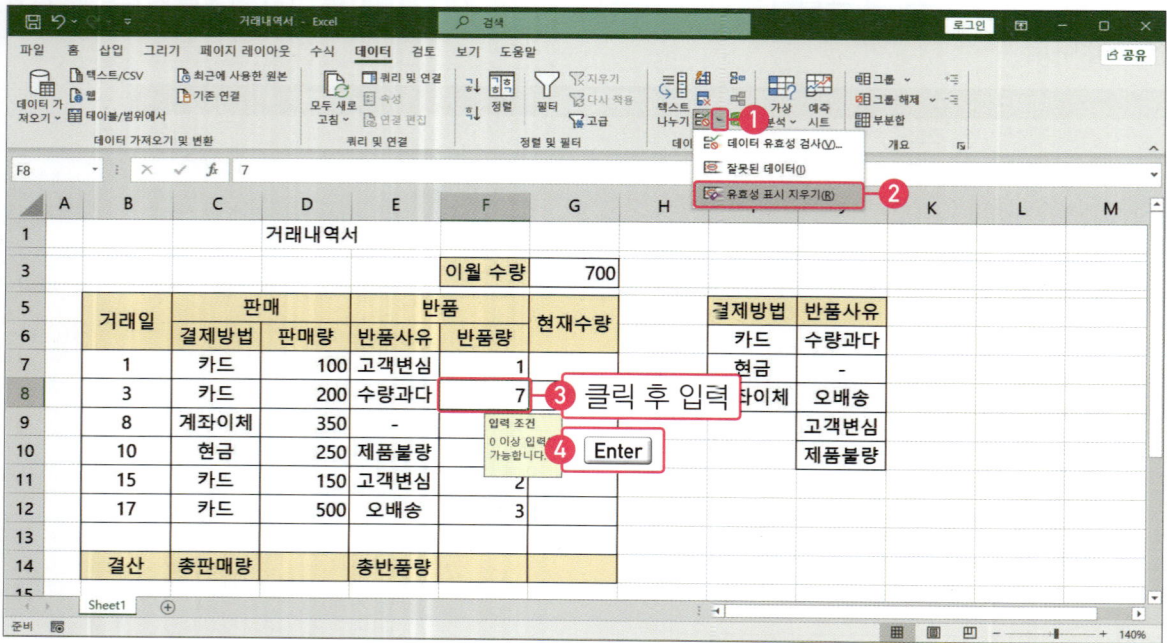

▶ 실제 판매량 계산하기

01 [G7] 셀을 클릭한 후 '=D7-F7'을 입력하고 Enter 키를 누릅니다.

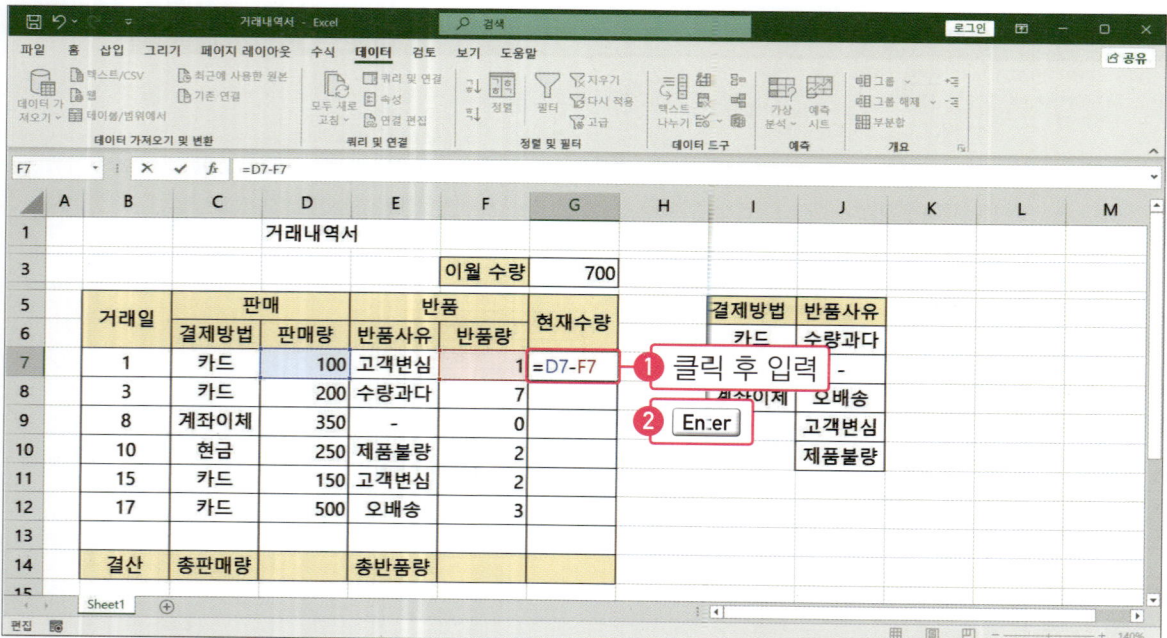

02 [G7] 셀을 클릭하고 ■(채우기 핸들)을 [G12] 셀까지 드래그하여 자동 채우기를 합니다.

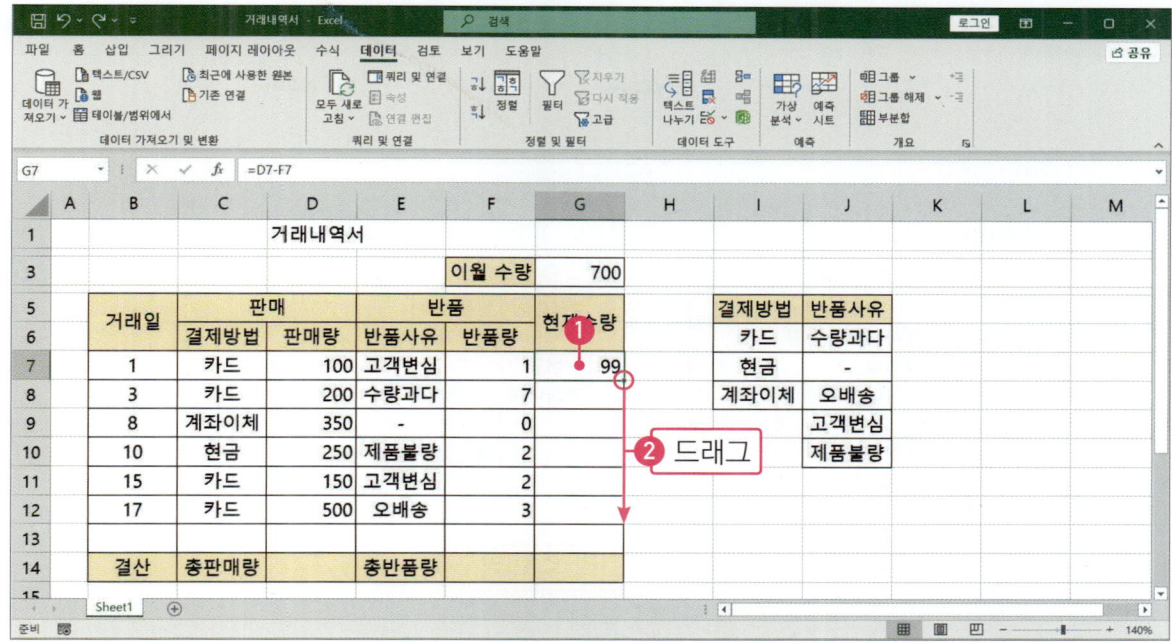

03 [D14] 셀을 클릭하고 [홈] 탭-[편집] 그룹-[자동 합계(Σ)]를 선택합니다. [D7:D13] 영역이 선택되면 Enter 키를 누릅니다.

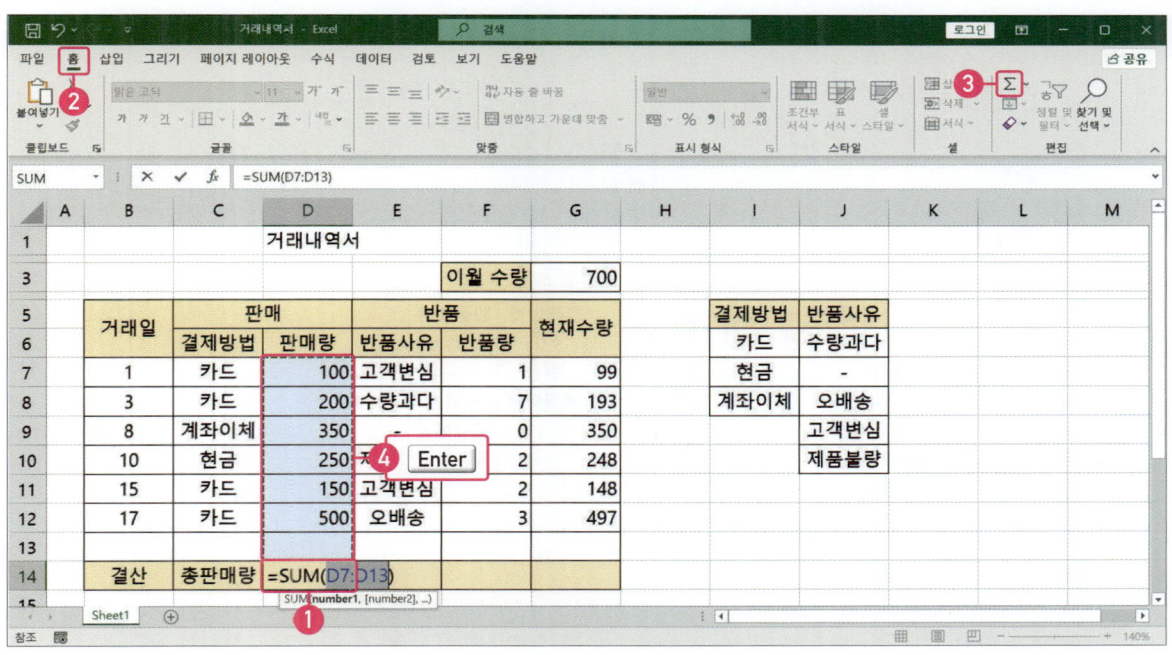

04 같은 방법으로 [F14] 셀도 [F7:F13] 영역을 '자동 합계' 기능으로 계산합니다.

05 [G14] 셀을 클릭한 후 '=D14-F14'를 입력하고 Enter 키를 누릅니다.

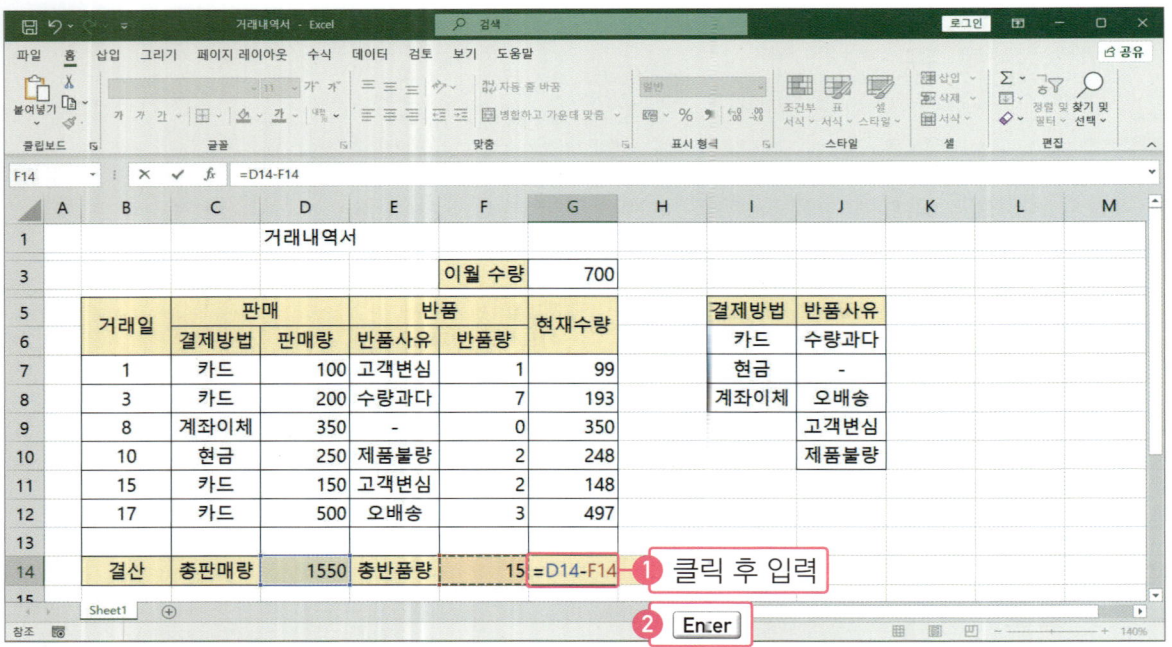

06 [F3:G3] 영역을 드래그한 후 Ctrl + C 키를 눌러 복사하고, [B3] 셀을 클릭한 후 Ctrl + V 키를 눌러 붙여넣기 합니다.

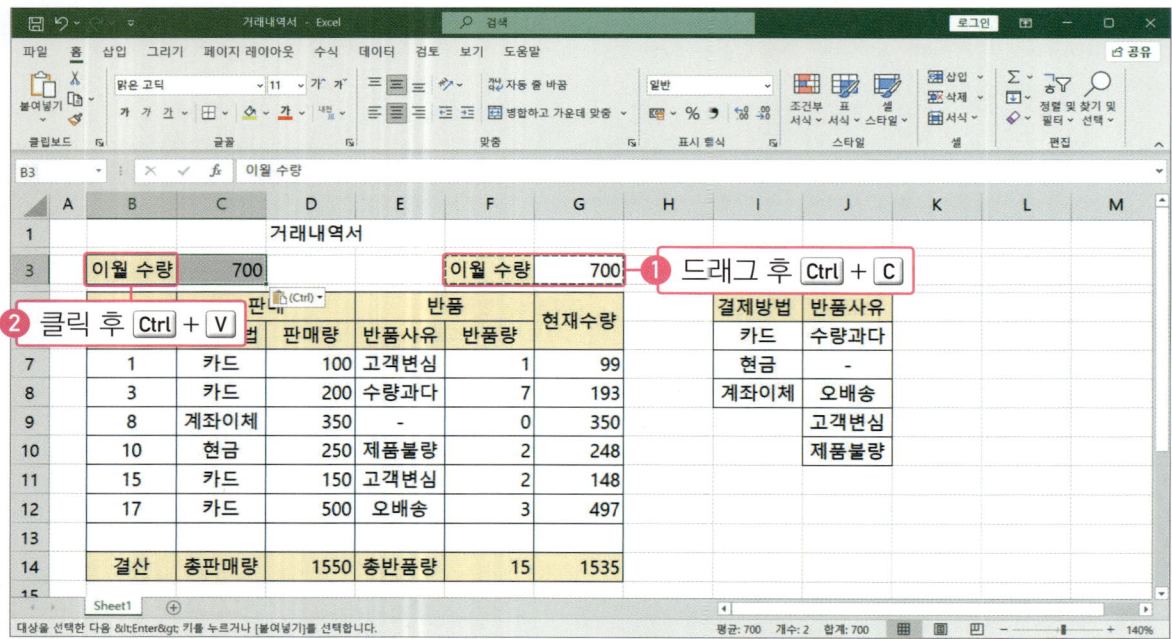

07 [B3] 셀을 클릭한 후 '실판매량'을 입력하고 Enter 키를 누릅니다. [G14] 셀의 값과 같도록 [C3] 셀을 클릭한 후 '=G14'를 입력하고 Enter 키를 누릅니다.

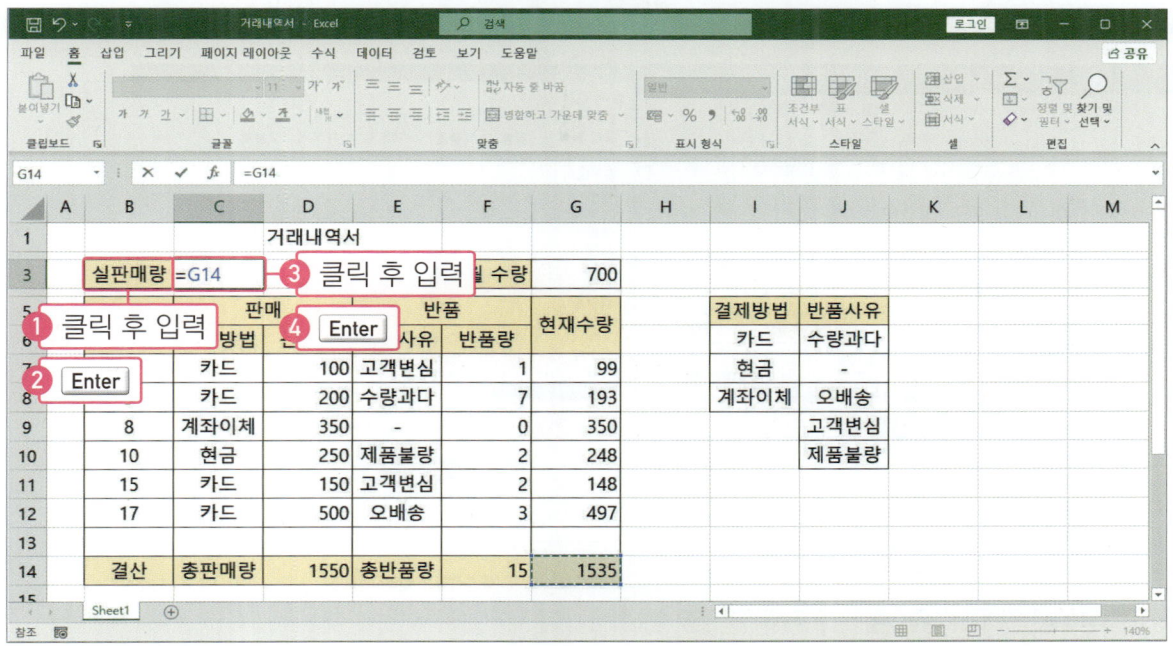

▶ '사용자 지정 형식' 설정하기

01 [B7:B12] 영역을 드래그한 후 Ctrl + 1 키를 누릅니다. [셀 서식] 대화상자가 나타나면 [표시 형식] 탭에서 '사용자 지정' 범주를 선택한 후, [형식]에 '#"일"'을 입력하고 [확인] 버튼을 클릭합니다.

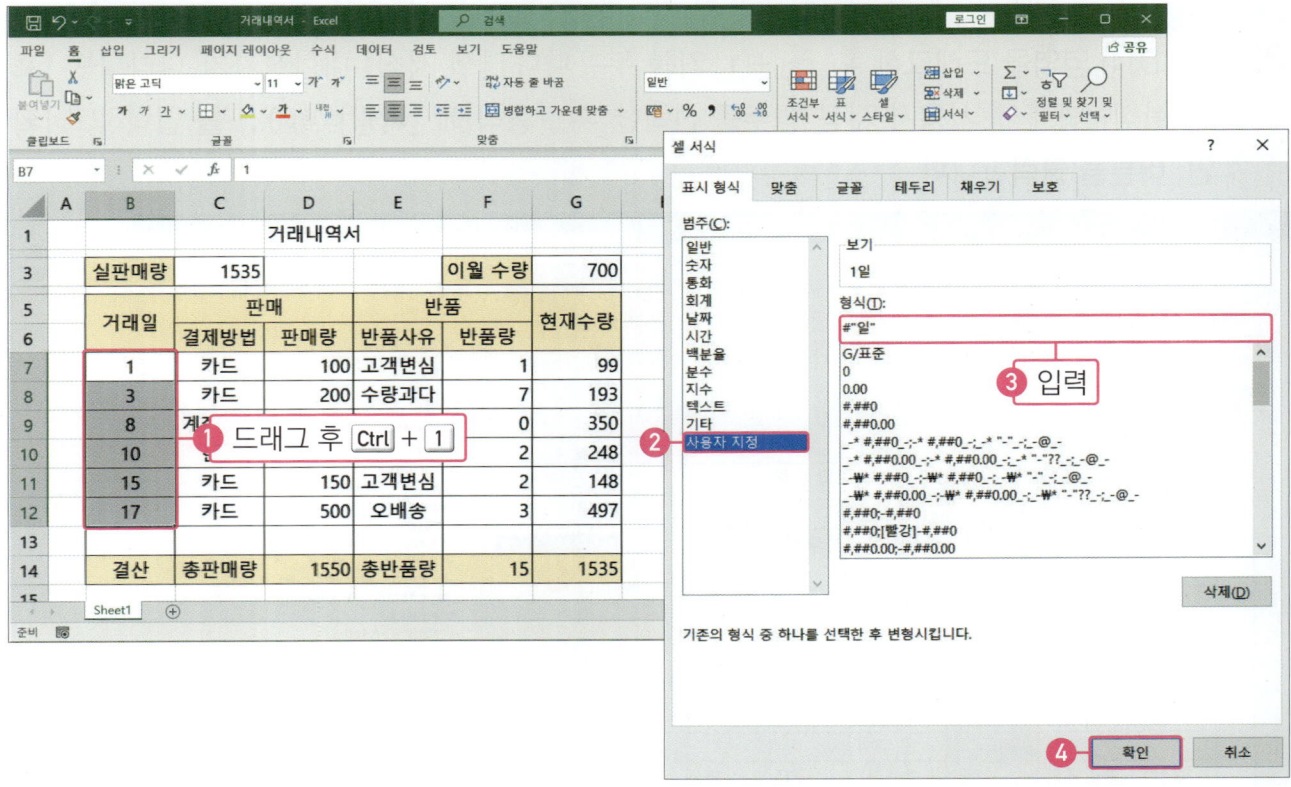

75

02 [C1] 셀을 클릭한 후 Ctrl+1 키를 누릅니다. [표시 형식] 탭에서 '사용자 지정' 범주를 선택한 후, [형식]에 '#"월"'을 입력하고 [확인] 버튼을 클릭합니다. 이어서 '10'을 입력한 후 Enter 키를 누릅니다.

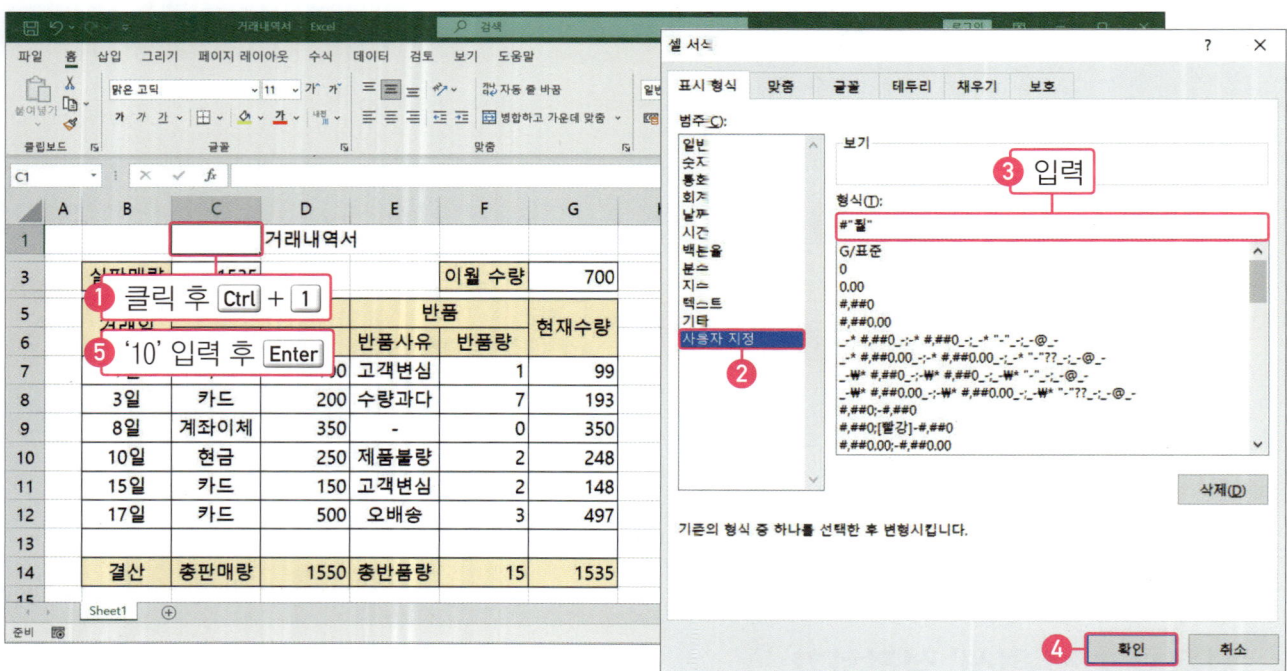

 '#'은 '0'을 표시하지 않고, 공백으로 나타냅니다. 날짜에는 '0월'이 없기 때문에 '#'으로 설정한 것입니다. 만약 셀 범위에 '0'을 입력하면 숫자는 표시되지 않고 '월'만 나타납니다.

03 [D7:D14] 영역을 드래그한 후 Ctrl+1 키를 누릅니다. [셀 서식] 대화상자가 나타나면 [표시 형식] 탭에서 '사용자 지정' 범주를 선택한 후, [형식]에 '[파랑]#,##0;;-'를 입력하고 [확인] 버튼을 클릭합니다.

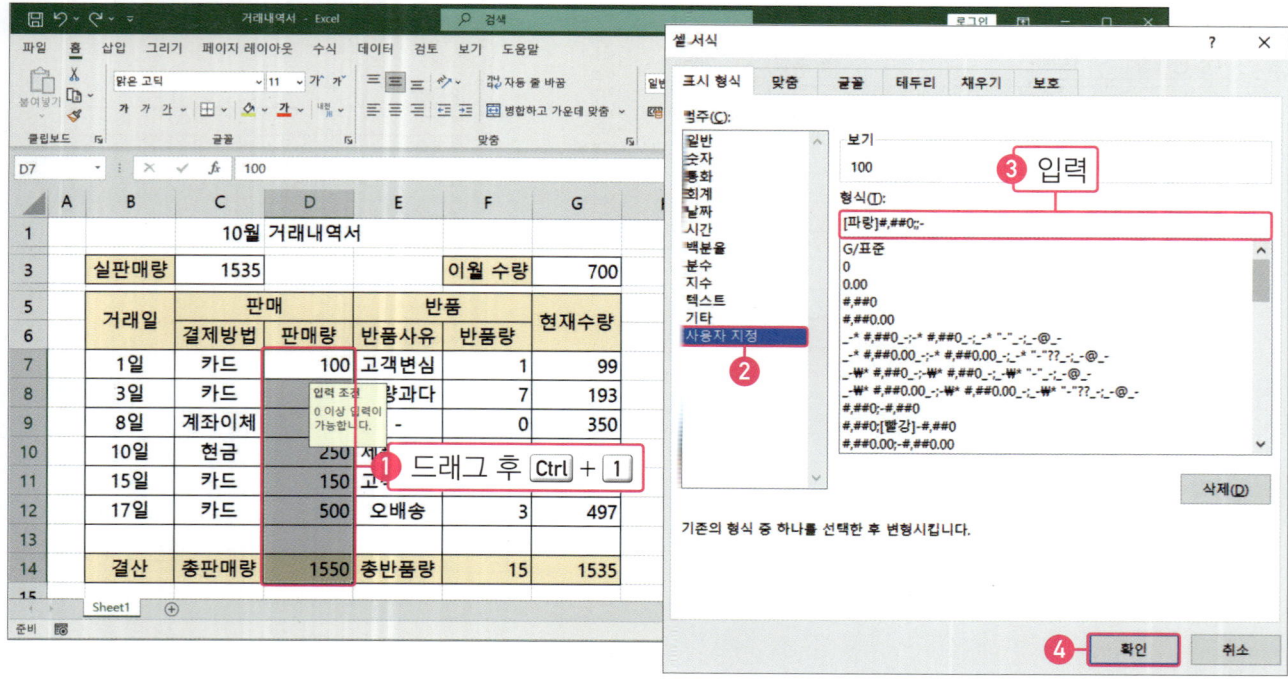

04 [F7:F14] 영역을 드래그한 후 Ctrl+1 키를 누릅니다. [셀 서식] 대화상자가 나타나면 [표시 형식] 탭에서 '사용자 지정' 범주를 선택한 후, [형식]에 '[빨강]#,##0;;-'을 입력하고 [확인] 버튼을 클릭합니다.

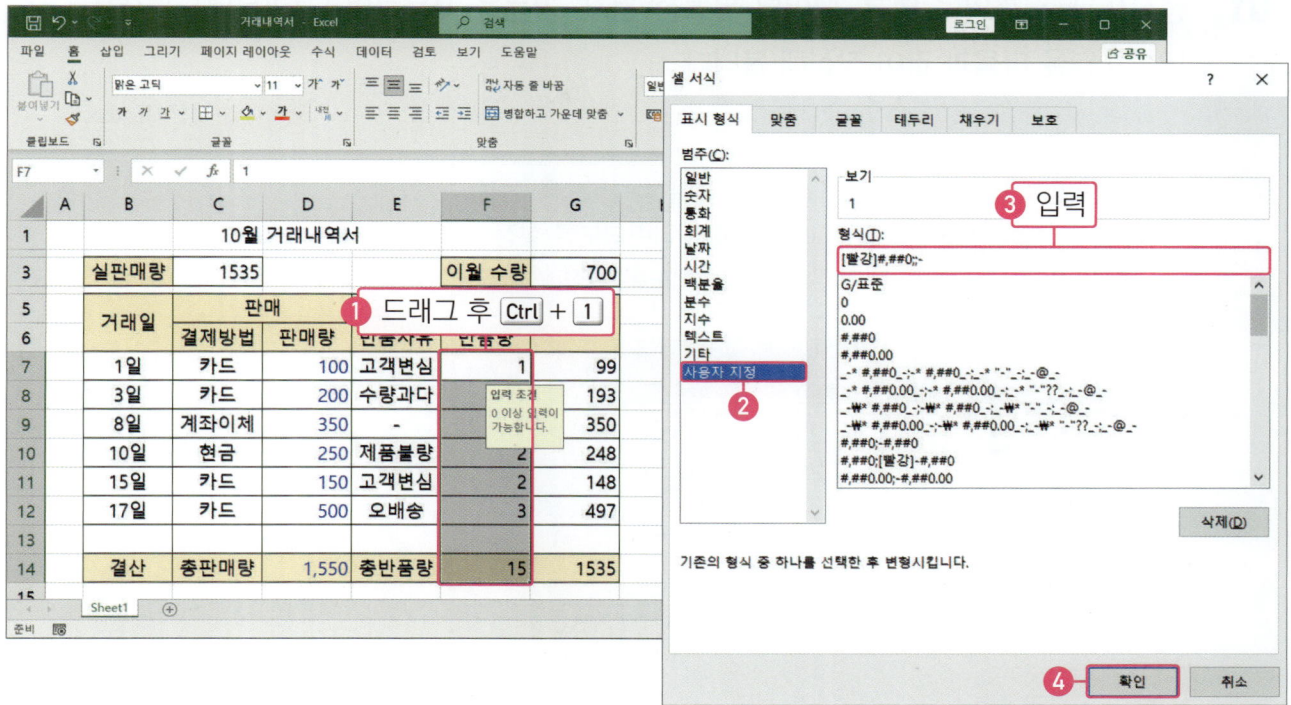

05 표시 형식을 확인합니다.

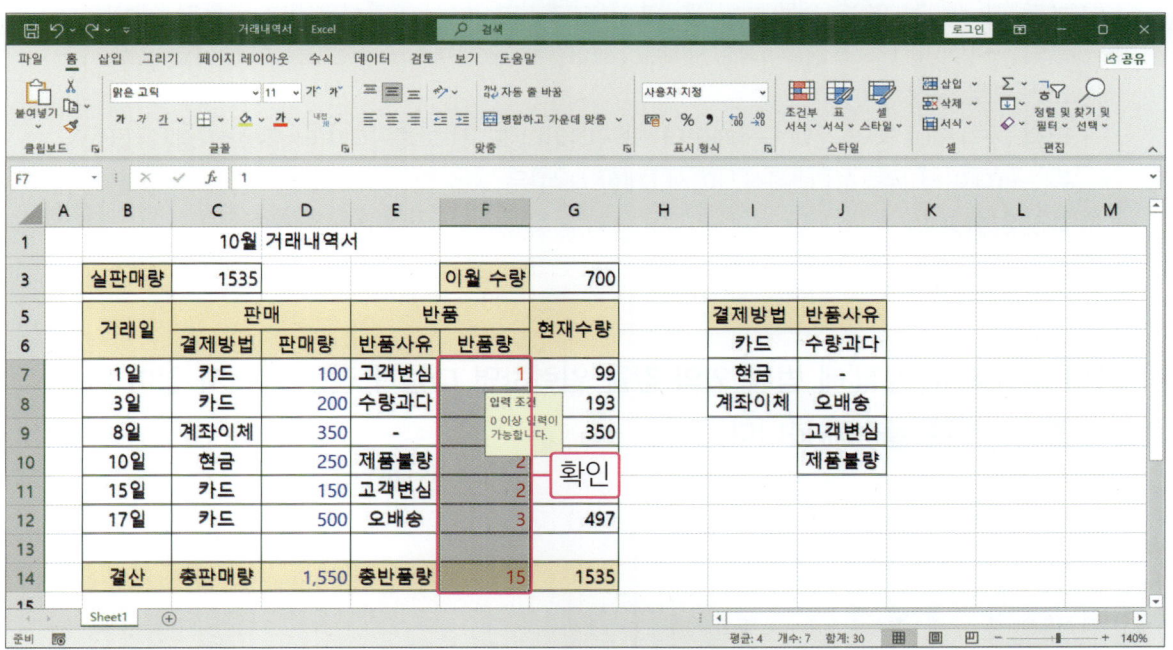

응용력 키우기

01 '성적표.xlsx' 파일을 열고 '데이터 유효성 검사' 기능을 사용하여 [교과목명], [구분], [평점] 열을 다음과 같이 작성해 봅니다.

준비파일 성적표.xlsx

- 교과목명 : [H4:H10] 영역의 값을 활용하여 입력도도록 설정
- 구분 : '전필', '전선', '교필', '교선' 중에서 입력되도록 설정
- 평점 : 0부터 4.5 범위 내의 점수만 입력되도록 설정

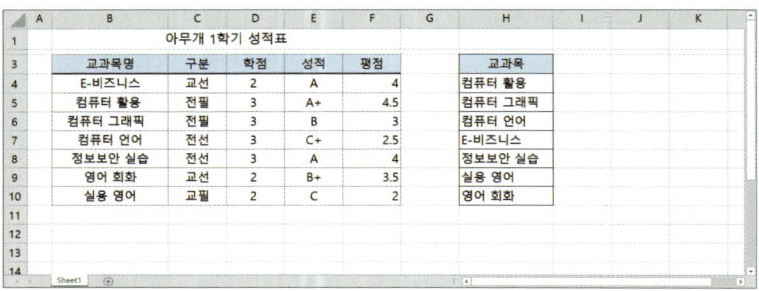

- 교과목명 : [B4:B10] 영역 선택 → [데이터] 탭-[데이터 도구] 그룹-[데이터 유효성 검사] 클릭 → [데이터 유효성] 대화상자에서 [제한 대상]은 '목록', [원본]은 '=$H$4:$H$10'으로 설정
- 구분 : [C4:C10] 영역 선택 → [데이터] 탭-[데이터 도구] 그룹-[데이터 유효성 검사] 클릭 → [데이터 유효성] 대화상자에서 [제한 대상]은 '목록', [원본]은 '전필,전선,교필,교선'으로 설정
- 평점 : [F4:F10] 영역 선택 → [데이터] 탭-[데이터 도구] 그룹-[데이터 유효성 검사] 클릭 → [데이터 유효성] 대화상자에서 [제한 대상]은 '소수점', [최소값]은 '0', [최대값]은 '4.5'로 설정

02 문제 **01**의 파일에서 '평점'에 범위 외의 값을 입력하면 다음과 같은 메시지 창이 나타나면서 중지되도록 설정해 봅니다.

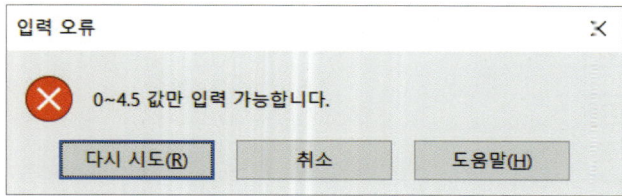

[데이터 유효성] 대화상자의 [오류 메시지] 탭에서 [스타일]은 '중지', [제목]은 '입력 오류', [오류 메시지]는 '0~4.5 값만 입력 가능합니다.'로 설정합니다.

03 문제 **02**의 파일에서 '사용자 지정 형식'을 이용해 [F4:F10] 영역의 데이터를 소수점 한 자리까지만 표시해 봅니다.

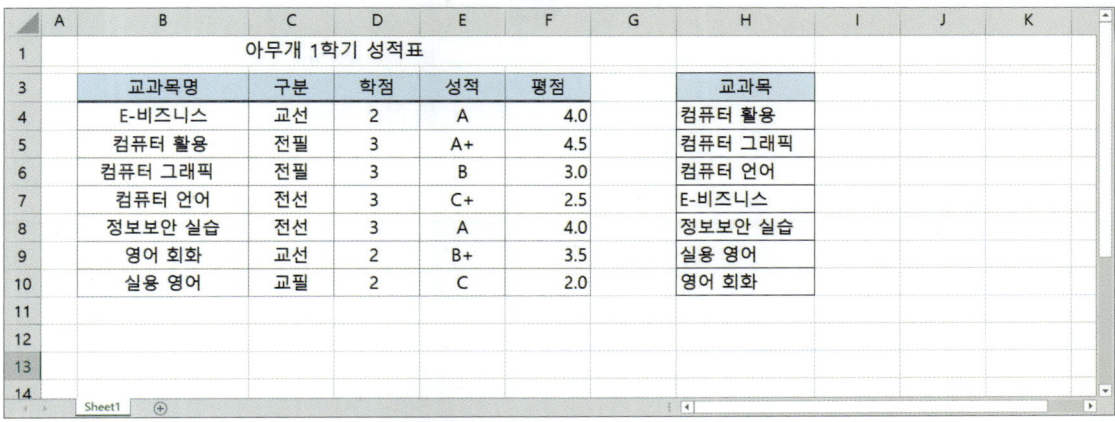

- Ctrl+1 키를 눌러 [표시 형식] 탭에서 '사용자 지정' 범주를 선택하고 [형식]에 '0.0'을 입력하거나, '#.0'을 입력합니다.
- 만약 형식을 '#.#'로 입력하면 '4'는 '4.'으로 표시되므로 주의합니다.

04 문제 **03**의 파일에서 '사용자 지정 형식'을 이용해 [F4:F10] 영역의 데이터 중 평점이 3 이하인 값만 '빨간색'으로 표시되도록 설정해 봅니다.

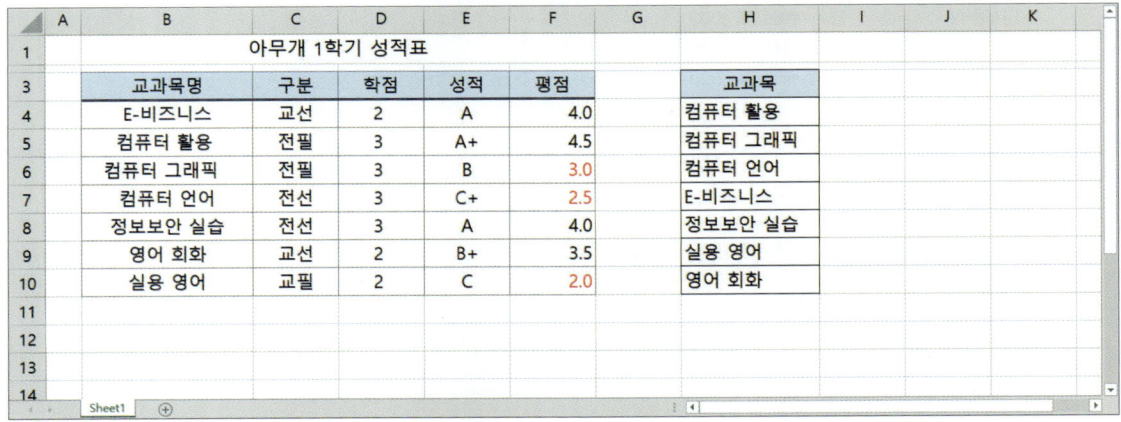

'[빨강][조건]형식;형식'으로 지정하면 조건에 해당하는 수만 빨간색으로 표시되고, 나머지 수는 검은색으로 표시됩니다. '형식'은 문제 03에서 입력한 형식을 그대로 넣으면 됩니다.
→ Ctrl+1 키를 눌러 [표시 형식] 탭에서 '사용자 지정' 범주를 선택하고 [형식]에 '[빨강][<=3]0.0;0.0'을 입력합니다.

04 판매실적표 만들기

- 외부 데이터 가져오기
- 텍스트 나누기
- 텍스트 합치기
- 통합 : 합계
- 통합 : 평균

미/리/보/기

준비파일 : 판매실적.xlsx, 하반기실적.txt
완성파일 : 판매실적(완성).xlsx

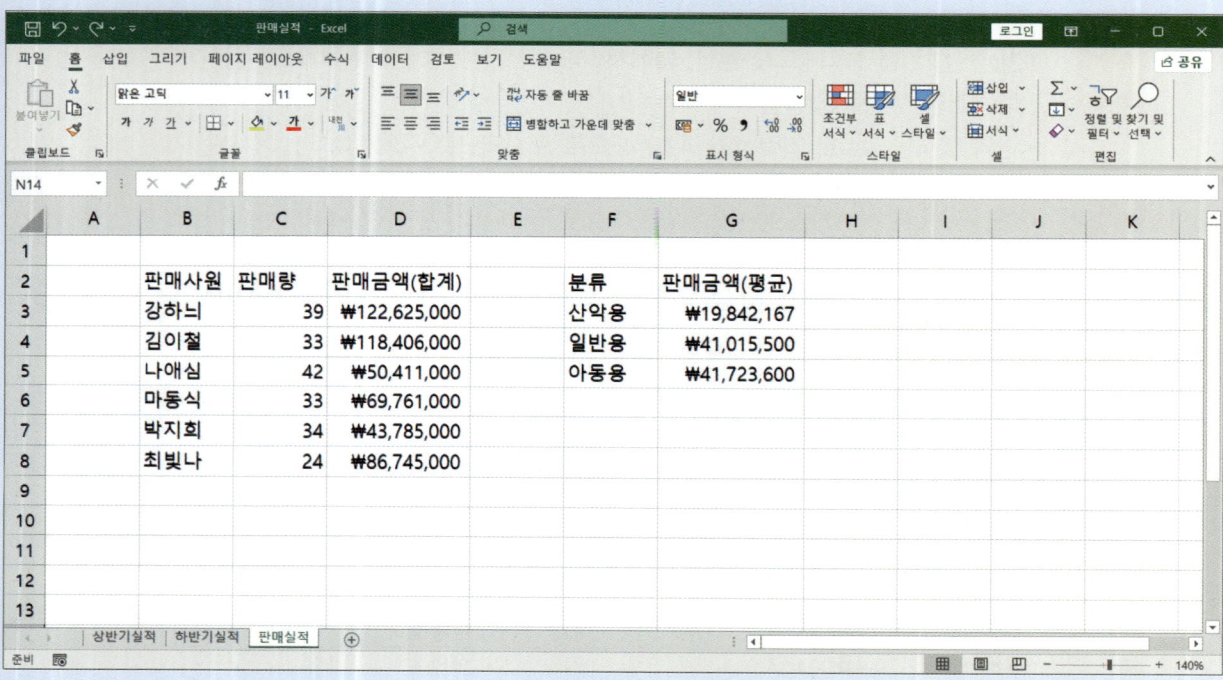

엑셀을 쓰다 보면 여기저기 흩어져 있는 데이터를 한곳에 모아 정리해야 할 때가 자주 있습니다. 이때 서로 다른 형식의 데이터를 하나로 정리하고 통합하려면 많은 시간과 노력이 필요합니다. 이번 장에서는 텍스트 형식의 외부 데이터를 가져와 이를 정리하고 통합하는 방법에 대해 알아보겠습니다.

 외부 데이터와 데이터 통합

▶ '외부 데이터 가져오기' 기능

- '외부 데이터 가져오기'는 [데이터] 탭-[데이터 가져오기 및 변환] 그룹에서 원하는 데이터를 선택할 수 있는 기능입니다. 주로 데이터베이스 관련 파일 형식과 연동하지만, 텍스트 파일의 데이터도 쉽게 불러올 수 있습니다.
- 텍스트 파일을 불러올 때는 데이터를 각 셀에 정확히 배치하기 위해 고정 너비나 탭, 세미콜론, 쉼표, 공백 등의 구분 기호를 사용합니다.

▶ 텍스트 파일의 데이터 가져오기

- 엑셀에서 텍스트 파일을 불러오려면 먼저 [파일] 탭-[옵션]-[데이터]-[레거시 데이터 가져오기 마법사 표시]에서 '텍스트에서(레거시)'를 체크한 후 [확인] 버튼을 클릭합니다. 그리고 [데이터] 탭-[데이터 가져오기 및 변환] 그룹-[데이터 가져오기]-[레거시 마법사]-[텍스트에서(레거시)]를 클릭하면 [텍스트 마법사] 대화상자를 통해 데이터를 구현할 수 있습니다.

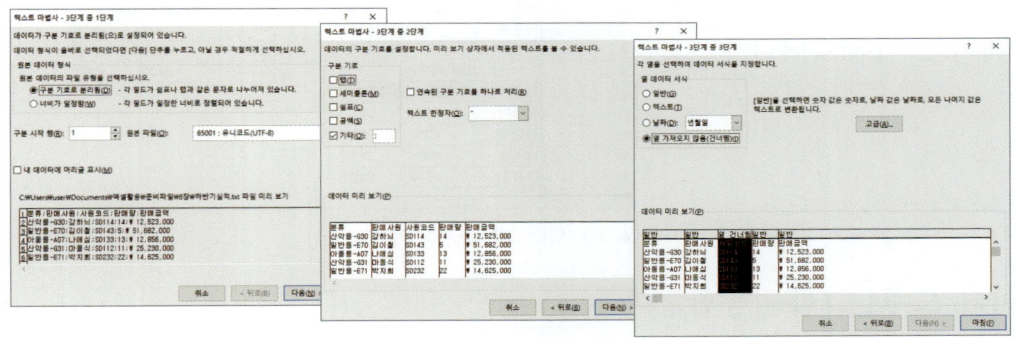

- 엑셀의 '파워 쿼리(Power Query)' 기능을 사용하면 텍스트나 CSV 파일을 손쉽게 가져올 수 있습니다. [데이터] 탭-[데이터 가져오기 및 변환] 그룹-[텍스트/CSV에서]를 클릭해 파일을 불러오며, 한글이 깨질 경우 [파일 원본]을 '65001: 유니코드(UTF-8)' 또는 '949: 한국어'로 설정하면 됩니다.

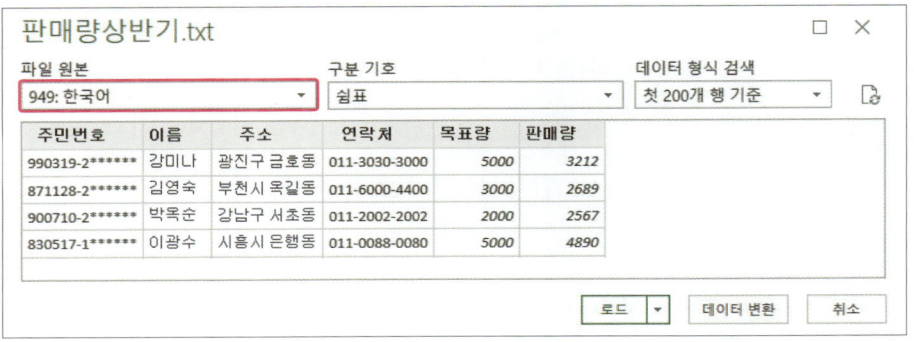

▶ '텍스트 나누기' 기능

- 한 셀 안의 내용을 분리하여 2개 이상의 셀에 나누어 입력할 때 '텍스트 나누기' 기능을 사용합니다.
- [데이터] 탭-[데이터 도구] 그룹-[텍스트 나누기]를 클릭한 후 [텍스트 마법사] 대화상자에서 기능을 사용할 수 있습니다. 셀 안의 데이터를 일정한 너비 또는 구분 기호(탭, 세미콜론, 쉼표, 공백, 기타 사용자가 정의한 기호)로 분리합니다.

▶ '데이터 통합' 기능

- '데이터 통합'은 하나의 워크 시트 또는 같은 문서의 다른 워크시트나, 다른 문서의 워크시트에 흩어진 데이터를 한 곳에 모아 요약하고 집계하는 기능입니다.

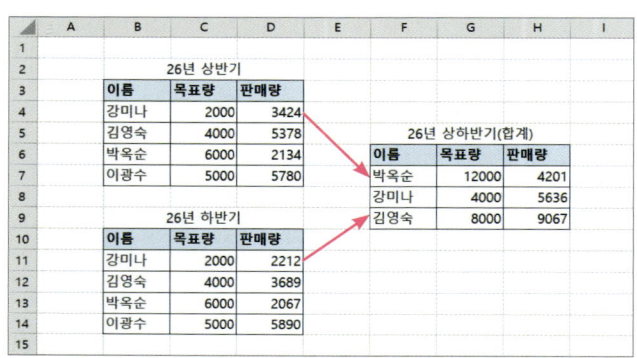

▲ 한 시트 내에서 통합

- [데이터] 탭-[데이터 도구] 그룹-[통합]을 클릭하여 [통합] 대화상자에서 기능을 사용할 수 있습니다. 사용 가능한 함수로는 '합계', '개수', '평균', '최대', '최소', '곱', '숫자 개수', '표본 표준 편차', '표준 편차', '표본 분산', '분산'이 있습니다.

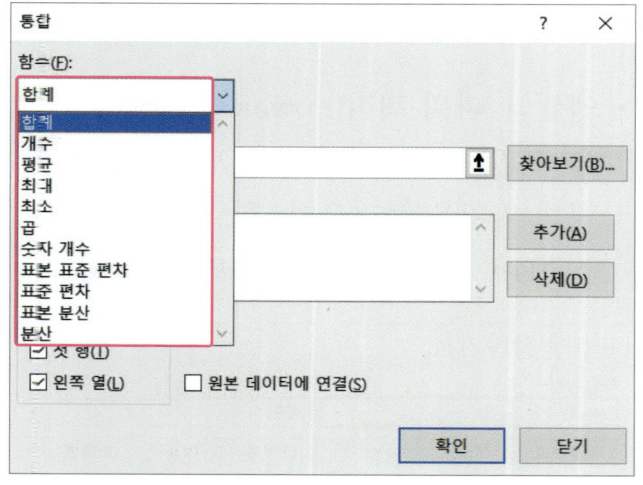

▲ [통합] 대화상자의 [함수] 목록

02 판매실적 분리 및 계산하기

▶ 셀의 결괏값만 복사하기

01 '판매실적.xlsx' 파일을 불러온 후 (새 시트)를 클릭하여 'Sheet1' 시트 탭을 생성합니다.

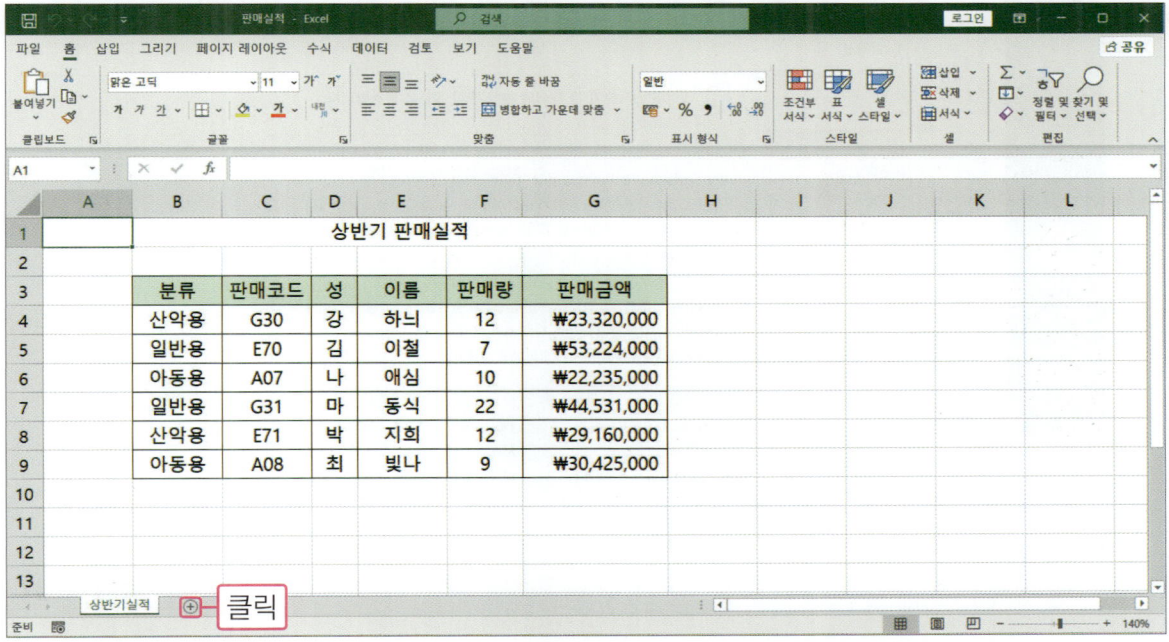

02 'Sheet1' 시트 탭을 더블 클릭한 후 '하반기실적'을 입력하고 Enter 키를 누릅니다.

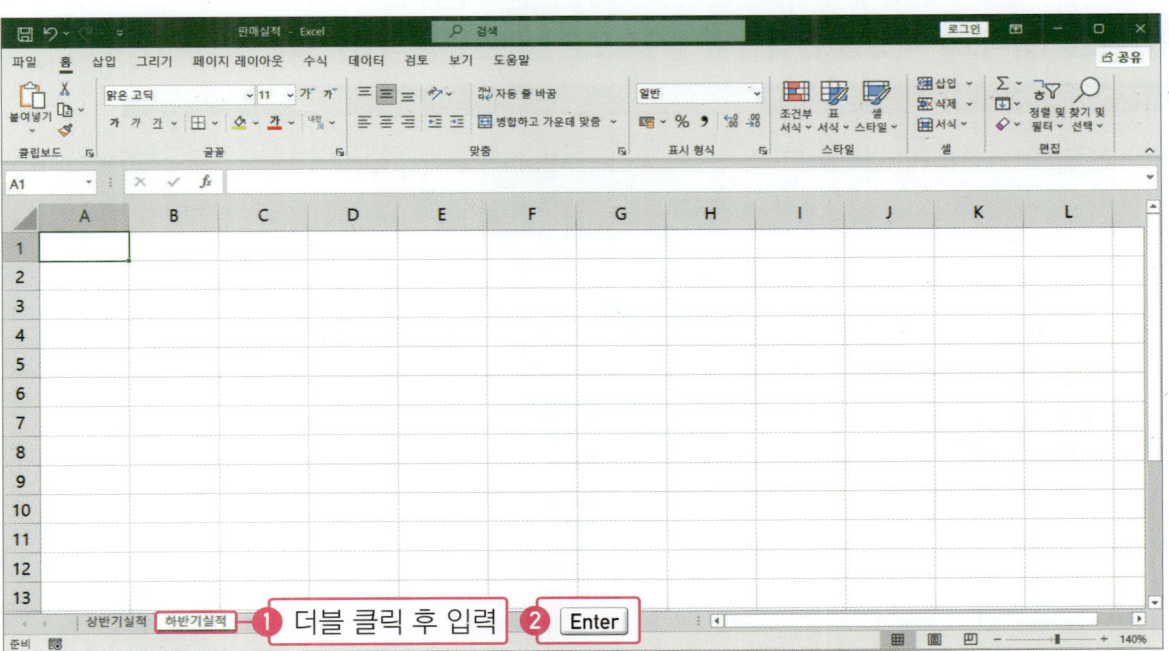

03 [파일] 탭을 클릭하고 [옵션]을 선택합니다. [Excel 옵션] 대화상자에서 [데이터]를 선택하고 [레거시 데이터 가져오기 마법사 표시]의 '텍스트에서(레거시)'를 체크한 후 [확인] 버튼을 클릭합니다.

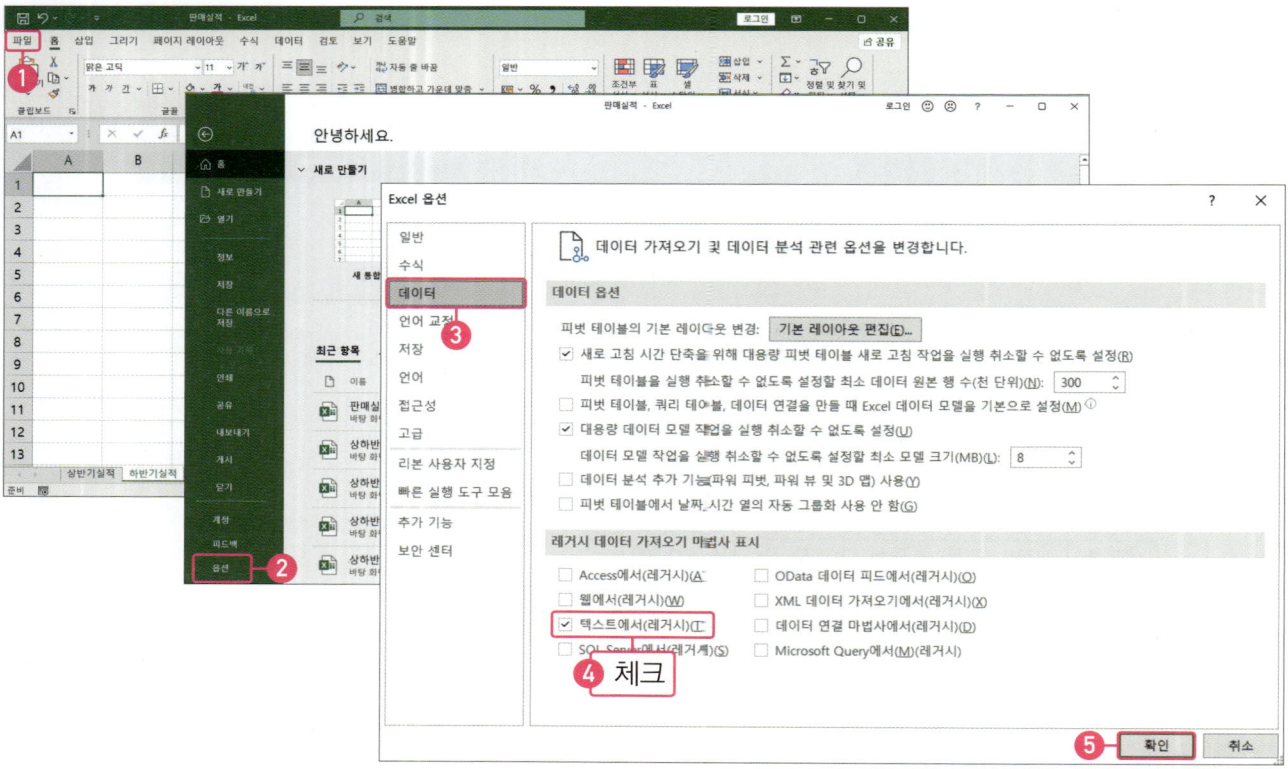

04 [B3] 셀을 선택하고 [데이터] 탭-[데이터 가져오기 및 변환] 그룹-[데이터 가져오기]-[레거시 마법사]-[텍스트에서(레거시)]를 클릭합니다. [텍스트 파일 가져오기] 대화상자가 나타나면 '하반기실적.txt' 파일을 선택한 후 [가져오기] 버튼을 클릭합니다.

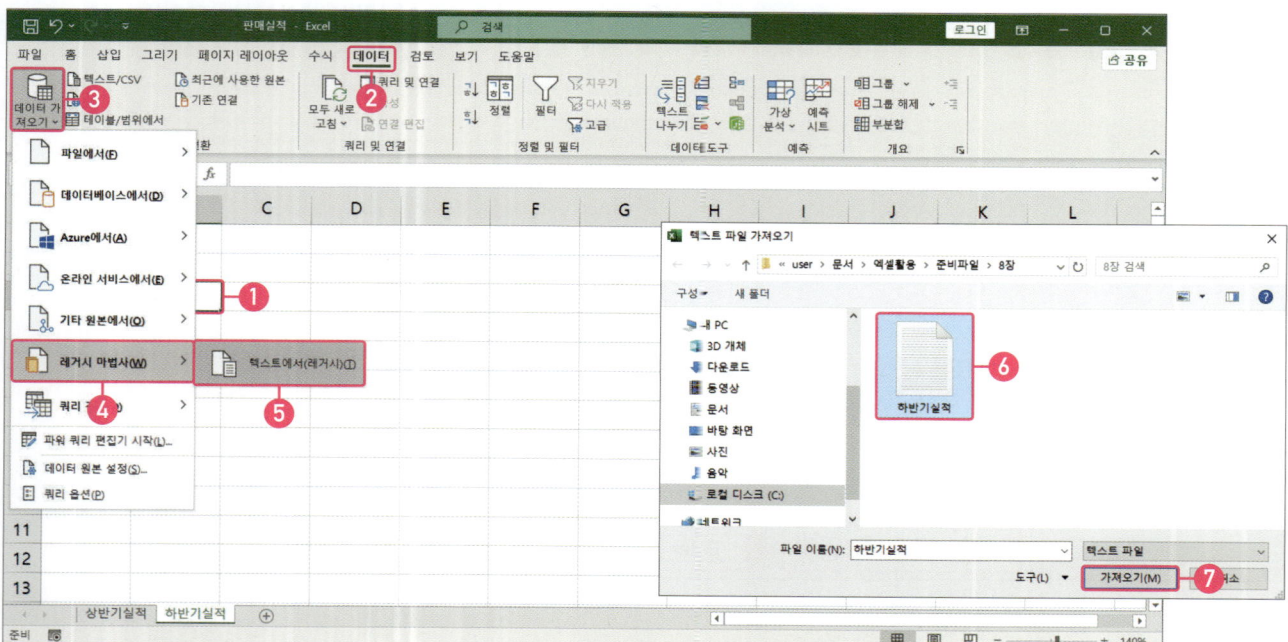

05 [텍스트 마법사] 대화상자에서 '구분 기호로 분리됨'이 선택되어 있는 것을 확인하고 [다음] 버튼을 클릭합니다.

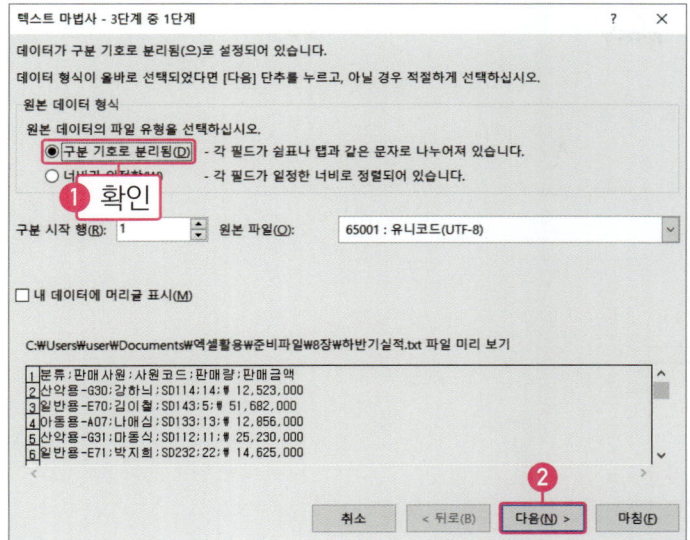

06 [구분 기호]의 '탭'을 체크 해제하고 '기타'를 체크한 후 ';'을 입력합니다. [데이터 미리 보기]에서 데이터가 분류된 것을 확인한 후 [다음] 버튼을 클릭합니다.

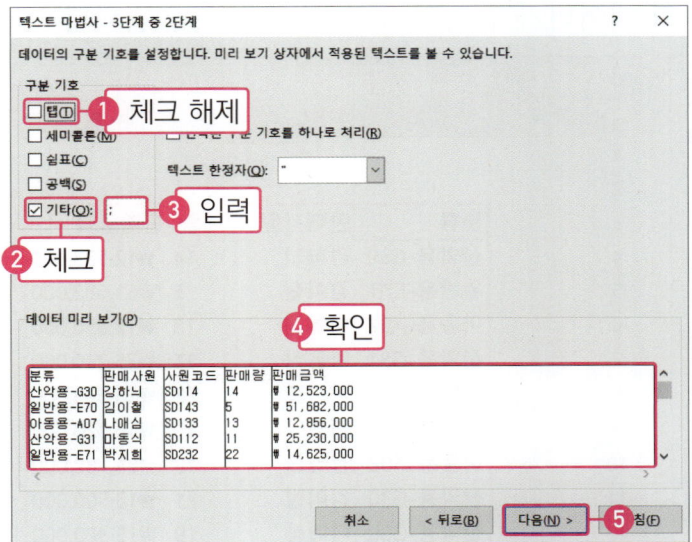

07 [사원코드] 열을 클릭한 후 [열 데이터 서식]을 '열 가져오지 않음(건너뜀)'으로 선택하고 [마침] 버튼을 클릭합니다.

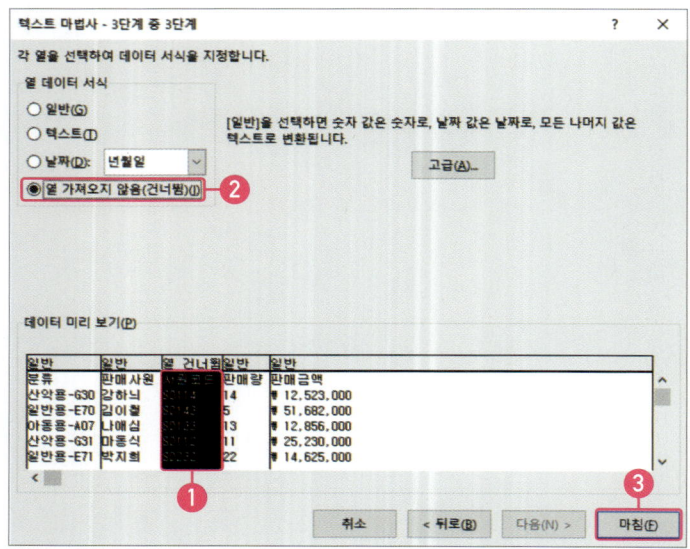

08 [데이터 가져오기] 대화상자에서 데이터가 들어갈 위치가 '기존 워크 시트'로 선택되어 있고, '=$B$3'으로 입력되어 있는지 확인하고 [확인] 버튼을 클릭합니다. '하반기실적' 시트 탭에서 [사원코드] 열을 제외한 나머지 데이터가 삽입된 것을 확인할 수 있습니다.

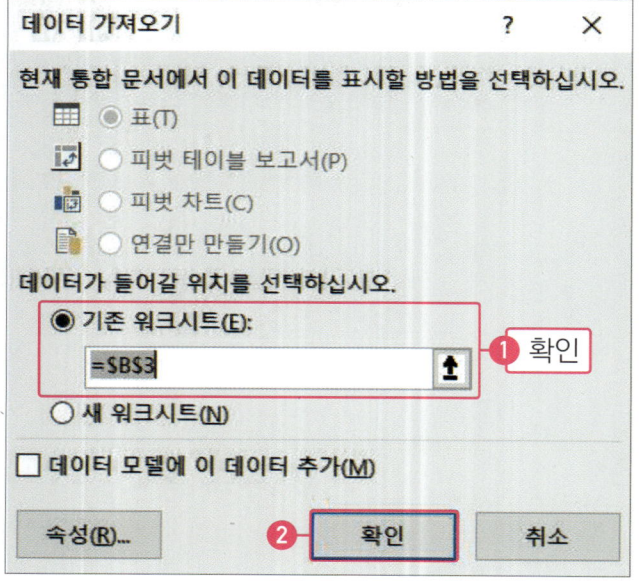 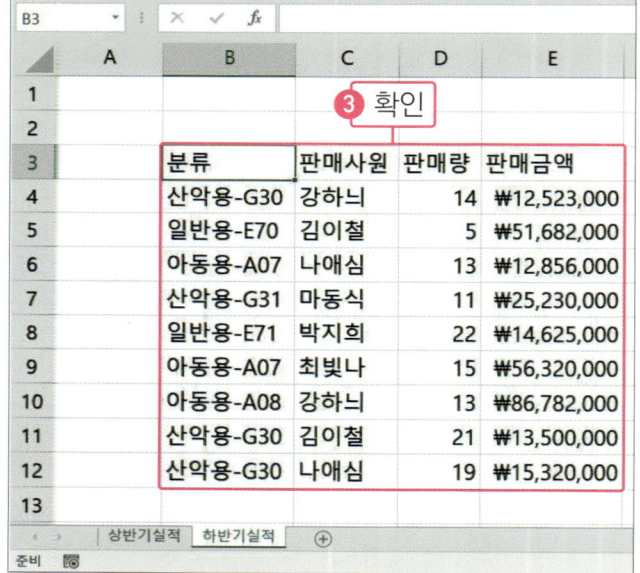

▶ 텍스트 나누기

01 [C] 열의 머리글을 마우스 오른쪽 버튼으로 클릭한 후 [삽입]을 선택합니다.

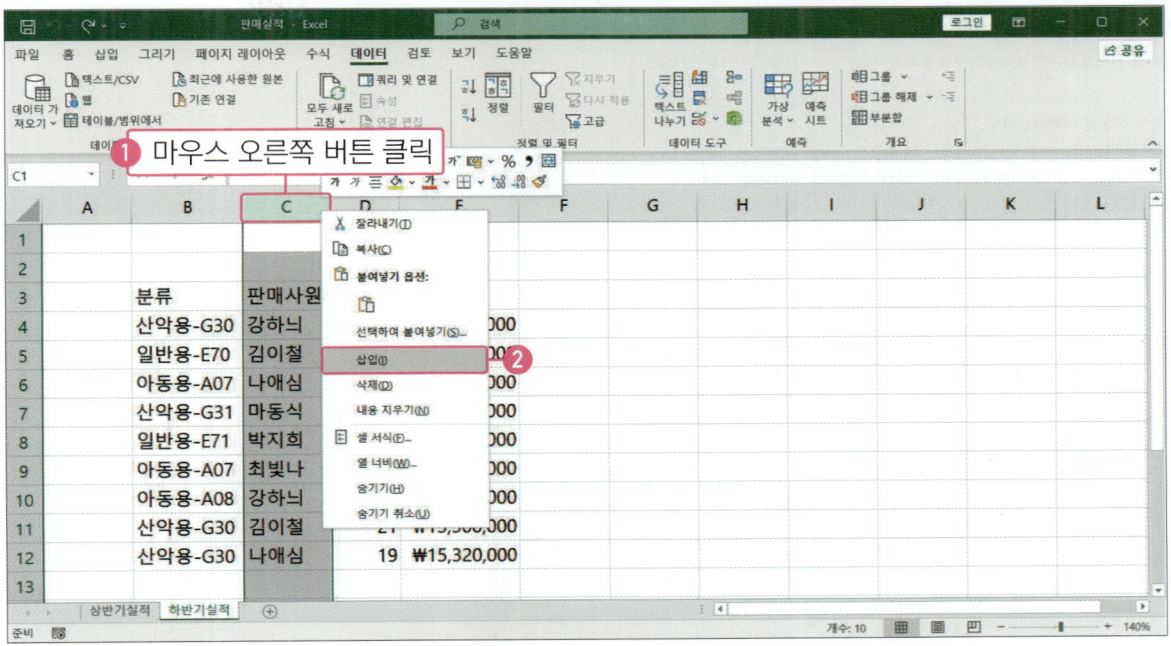

02 열이 추가된 것을 확인한 후 [B3:B12] 영역을 드래그하고 [데이터] 탭-[데이터 도구] 그룹-[텍스트 나누기]를 클릭합니다.

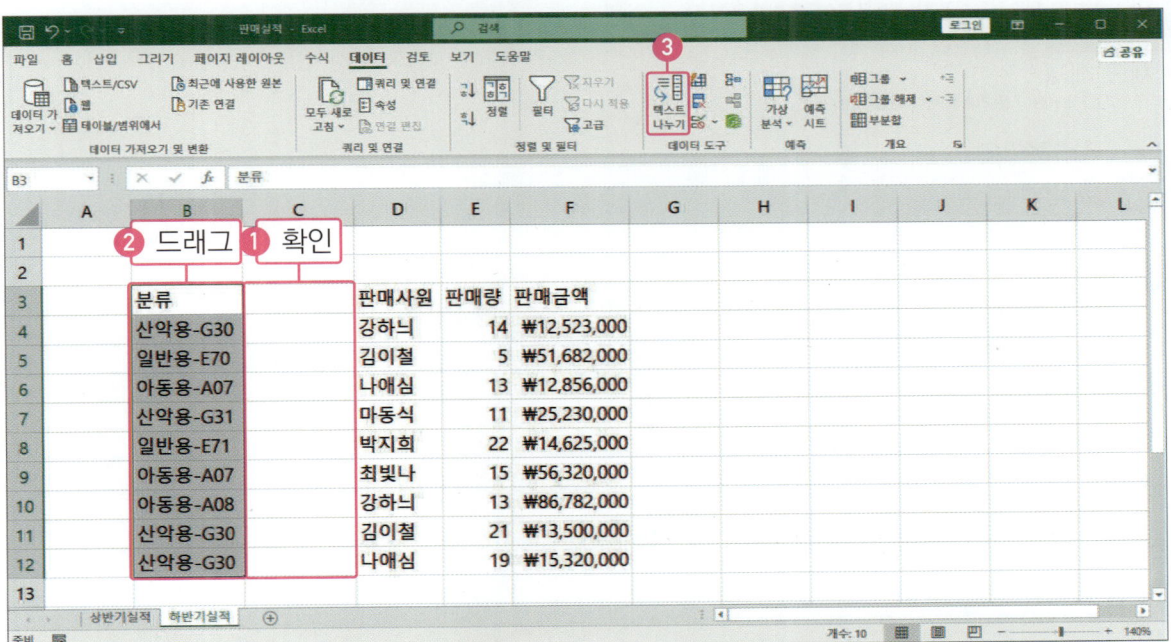

03 [텍스트 마법사] 대화상자에서 [원본 데이터 형식]이 '구분 기호로 분리됨'으로 선택되어 있는 것을 확인하고 [다음] 버튼을 클릭합니다.

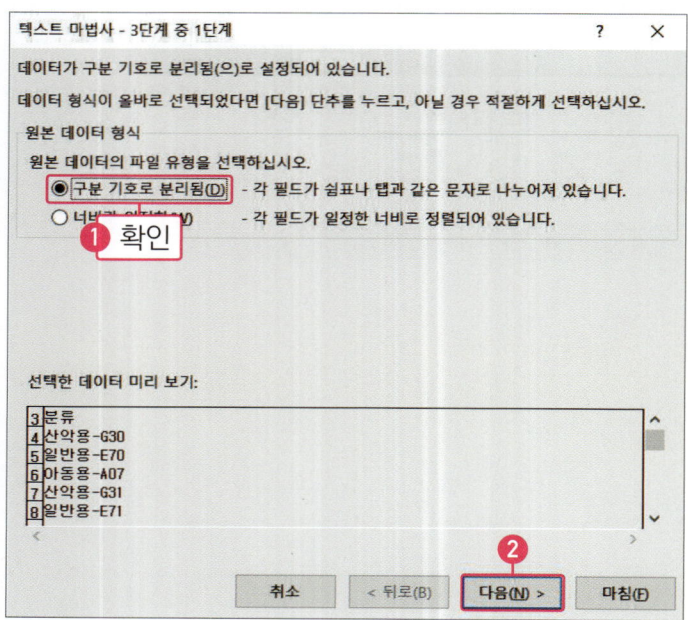

04 [구분 기호]의 '탭'을 체크 해제하고, '기타'를 체크한 후 '-'을 입력합니다. [데이터 미리 보기]에서 데이터가 분류된 것을 확인하고 [다음] 버튼을 클릭합니다.

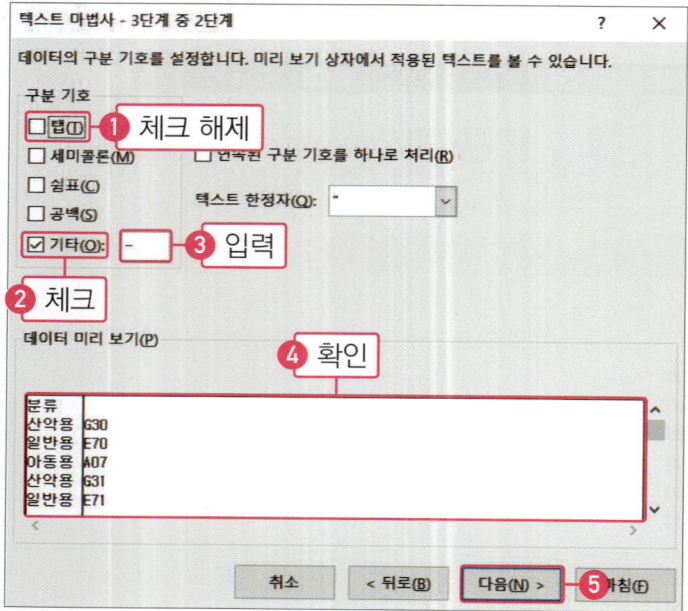

05 문자 서식은 바꿀 필요가 없으므로 [열 데이터 서식]이 '일반'으로 선택되어 있는 것을 확인하고 [마침] 버튼을 클릭합니다. [분류] 열의 텍스트가 분리된 것을 확인할 수 있습니다.

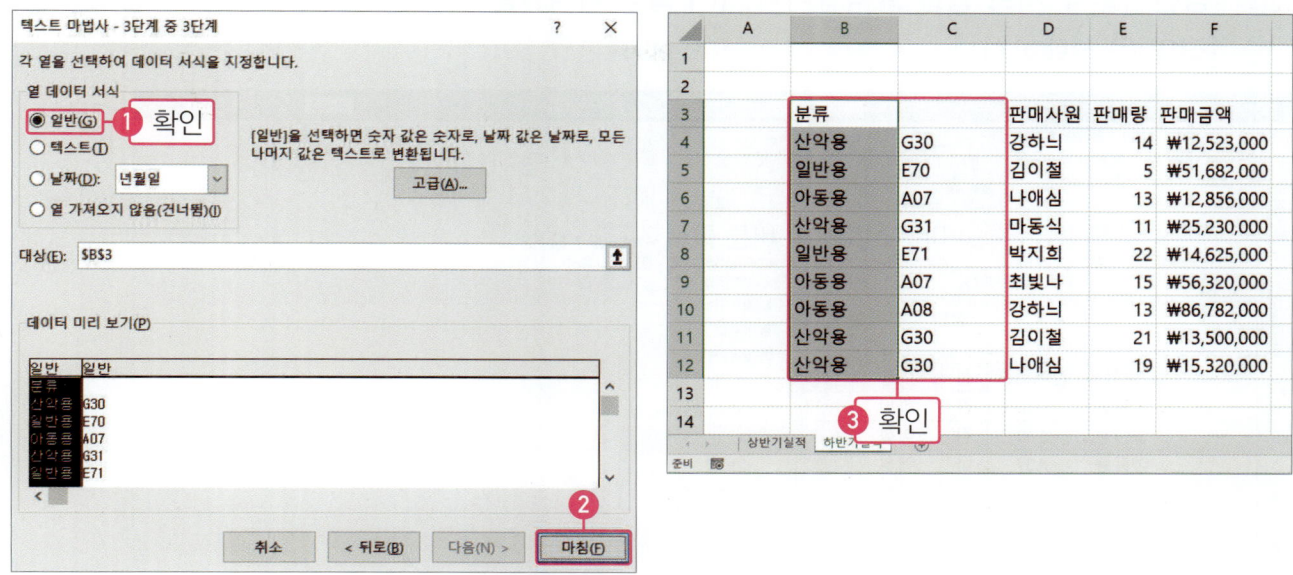

06 [C3] 셀을 클릭한 후 '판매코드'를 입력하고 Enter 키를 누릅니다.

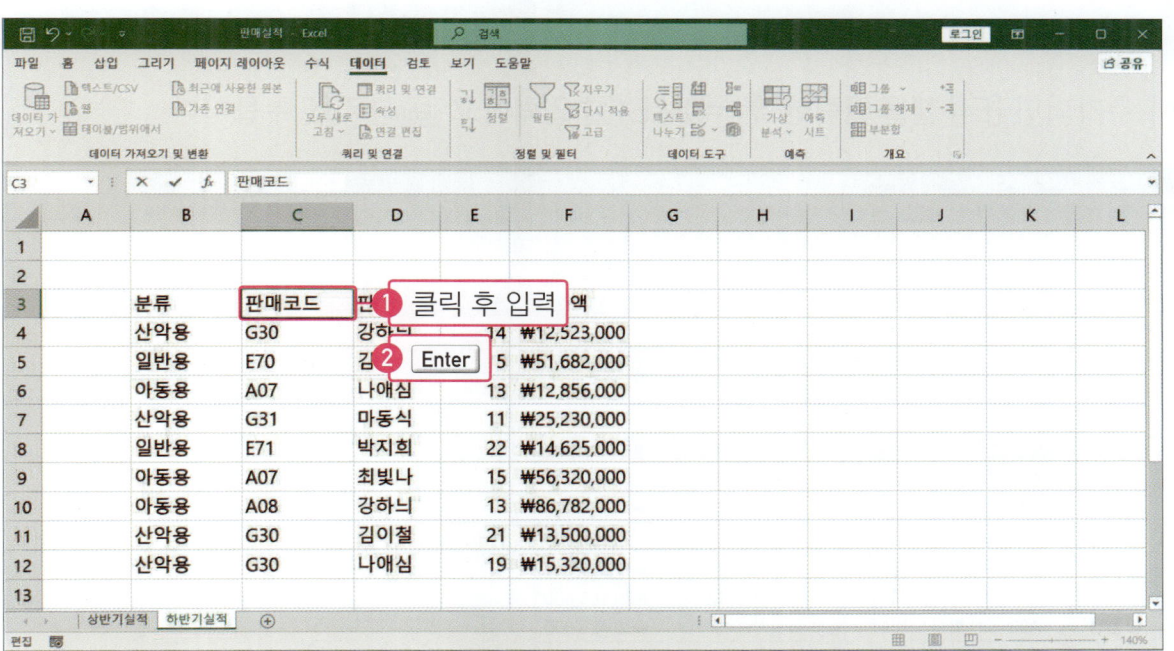

▶ 이름 합치기

01 '상반기실적' 시트 탭을 클릭합니다. [F] 열의 머리글을 마우스 오른쪽 버튼으로 클릭한 후 [삽입]을 선택합니다.

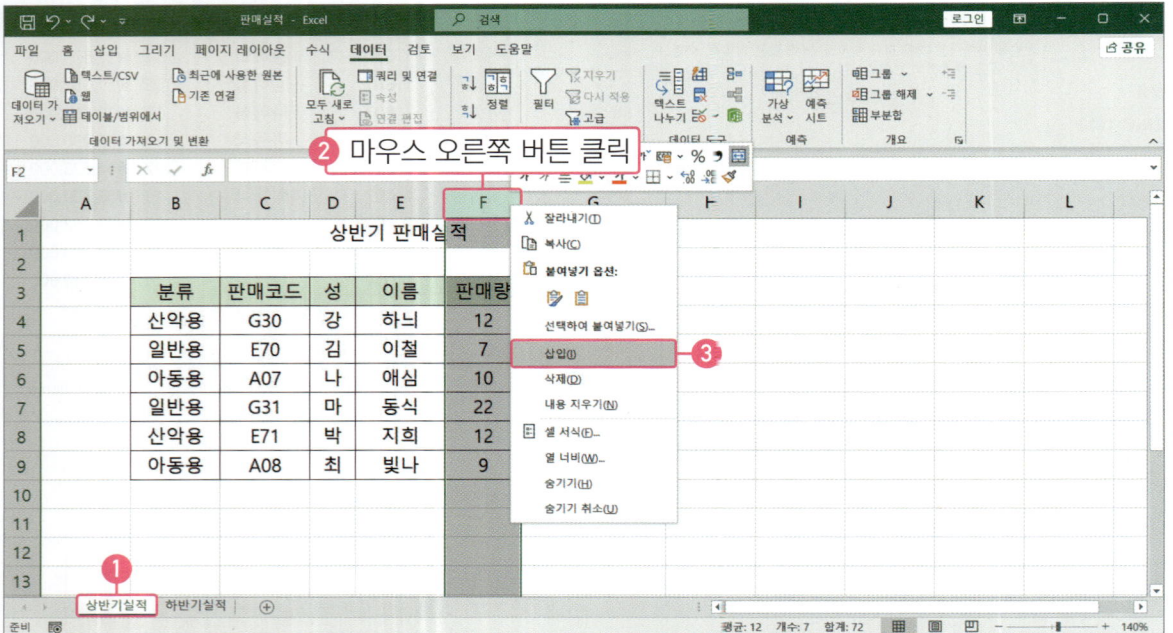

02 열이 추가되면 [F4] 셀을 클릭한 후 '=D4&E4'를 입력하고 Enter 키를 누릅니다.

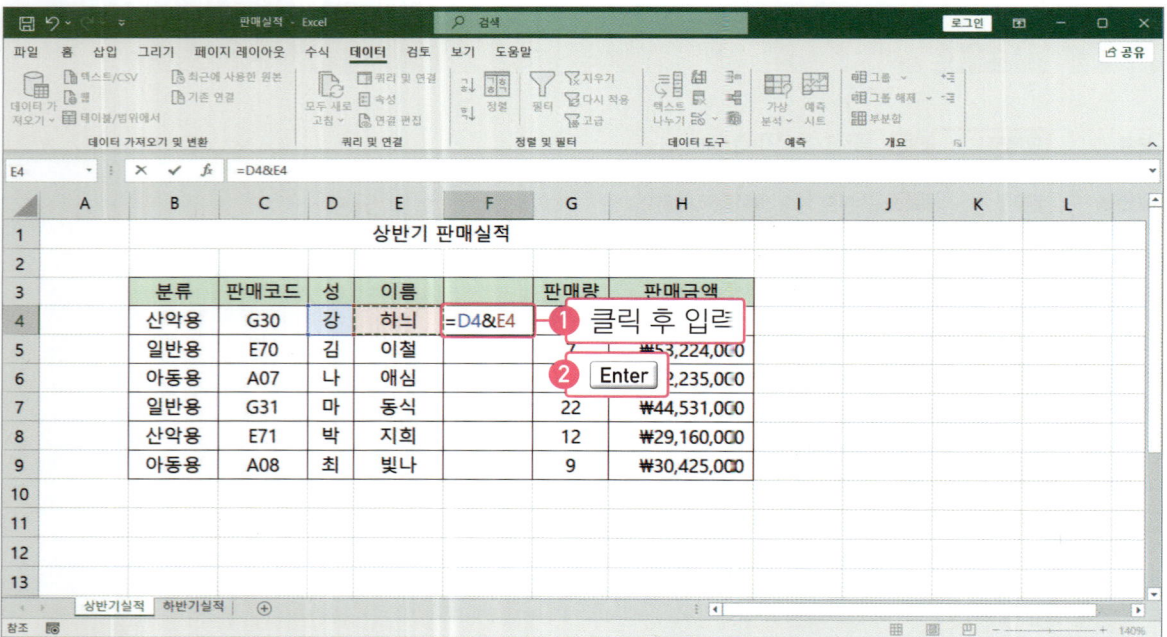

03 [D4] 셀과 [E4] 셀이 합쳐진 결과가 [F4] 셀에 표시됩니다. [F4] 셀을 선택하고 ■(채우기 핸들)을 [F9] 셀까지 드래그하여 자동 채우기를 합니다.

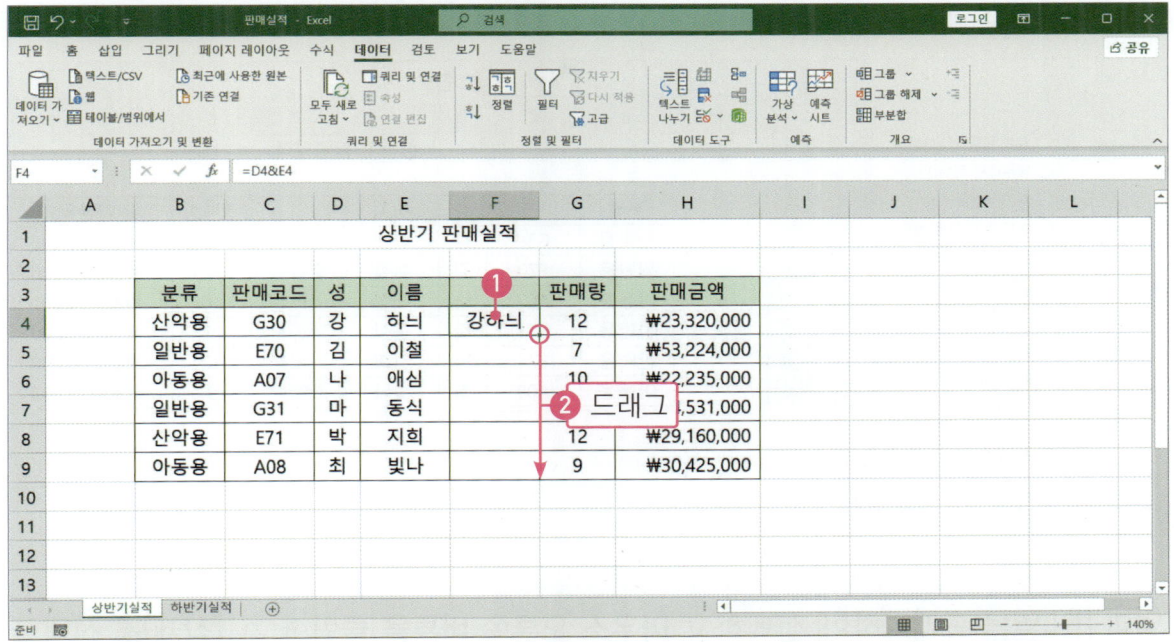

04 [F4:F9] 영역이 선택된 상태에서 Ctrl+C 키를 눌러 복사한 후 **마우스 오른쪽 버튼을 클릭**하고 **[선택하여 붙여넣기]**를 선택합니다.

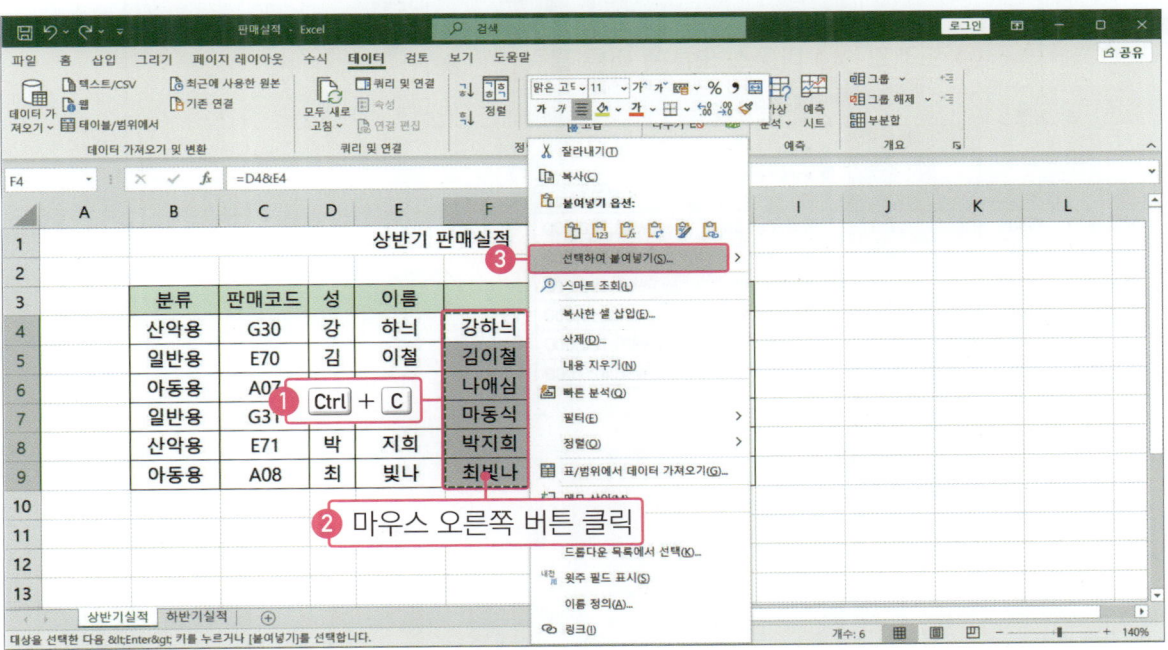

05 [선택하여 붙여넣기] 대화상자에서 [붙여넣기]를 '값'으로 선택하고 [확인] 버튼을 클릭합니다. 수식 입력줄을 보면 연결되어 있던 수식이 사라지고, 데이터의 값만 입력되어 있는 것을 확인할 수 있습니다.

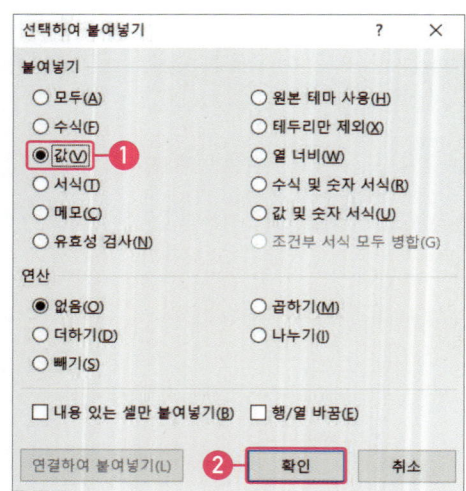
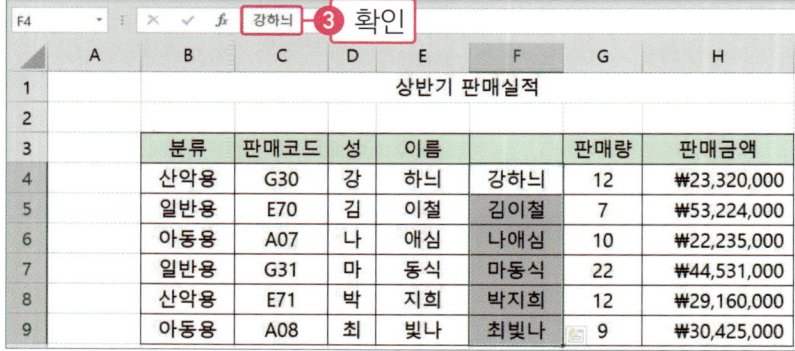

06 [D] 열과 [E] 열을 드래그하여 선택하고 마우스 오른쪽 버튼을 클릭한 후 [삭제]를 선택합니다.

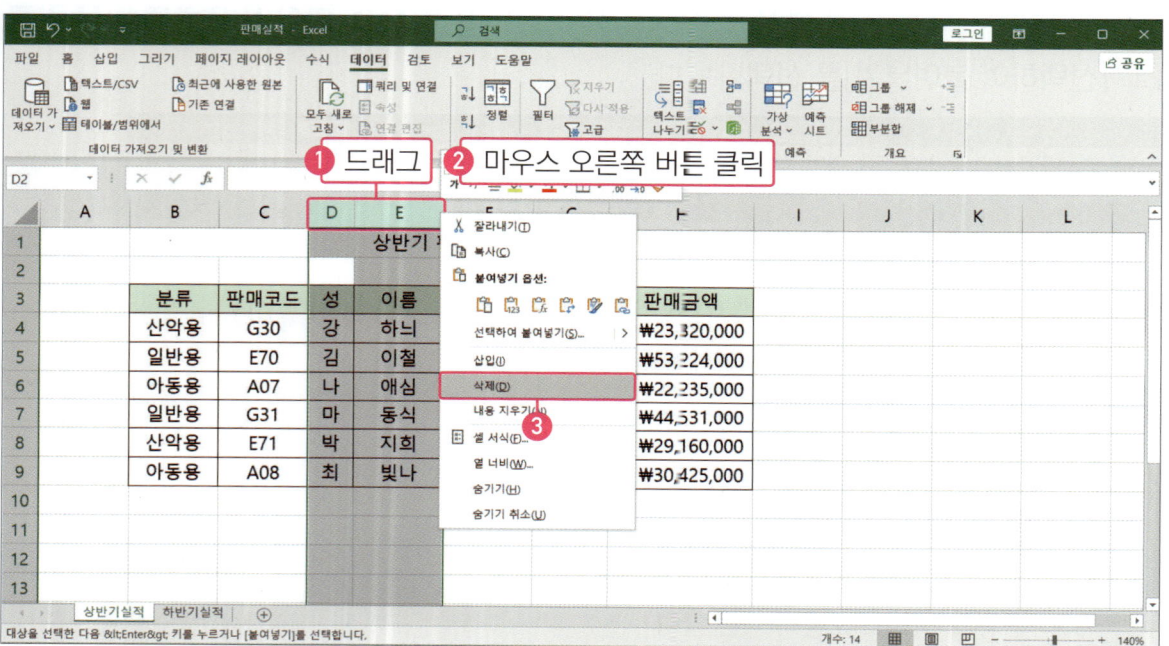

07 [D3] 셀에 '판매사원'을 입력한 후 Enter 키를 누릅니다.

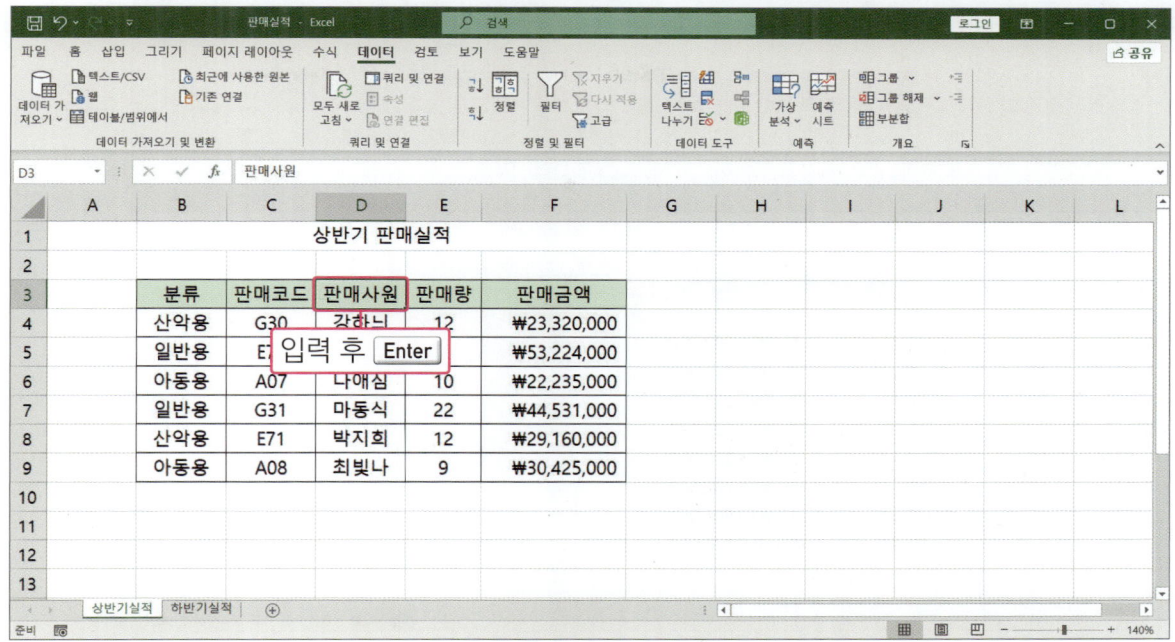

▶ '서식 복사' 기능 사용하기

01 [B3:F3] 영역을 드래그하여 선택하고 [홈] 탭-[클립보드] 그룹-[서식 복사()]를 클릭합니다.

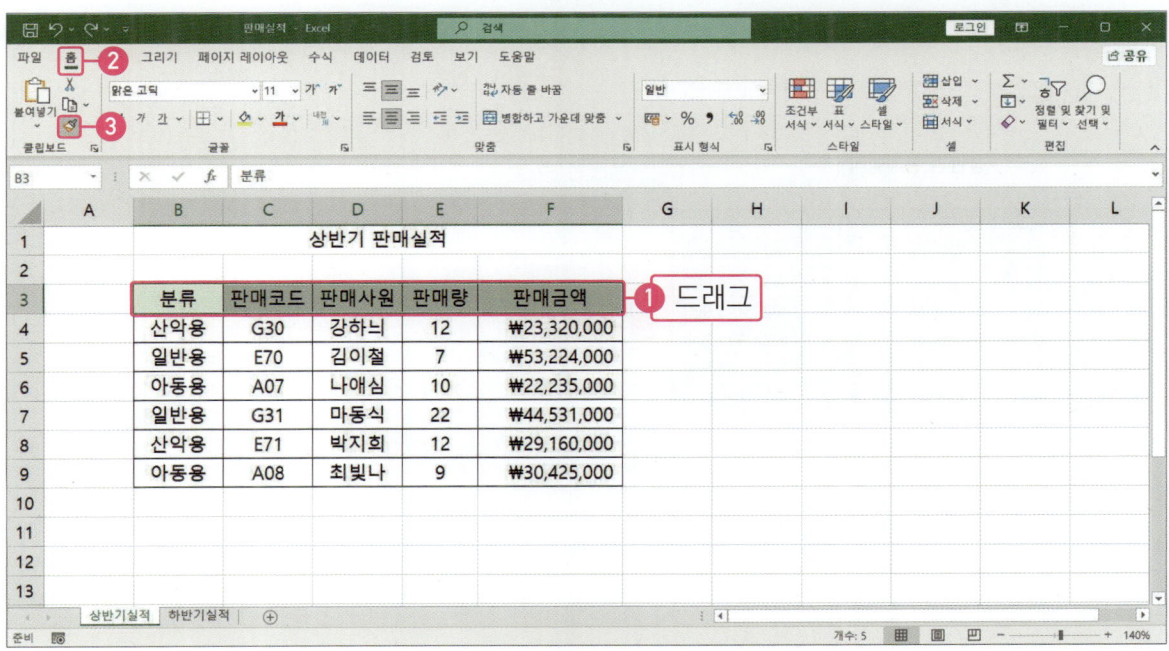

02 '하반기실적' 시트 탭을 선택하고 [B3:F3] 영역을 드래그하면 복사한 서식이 적용됩니다.

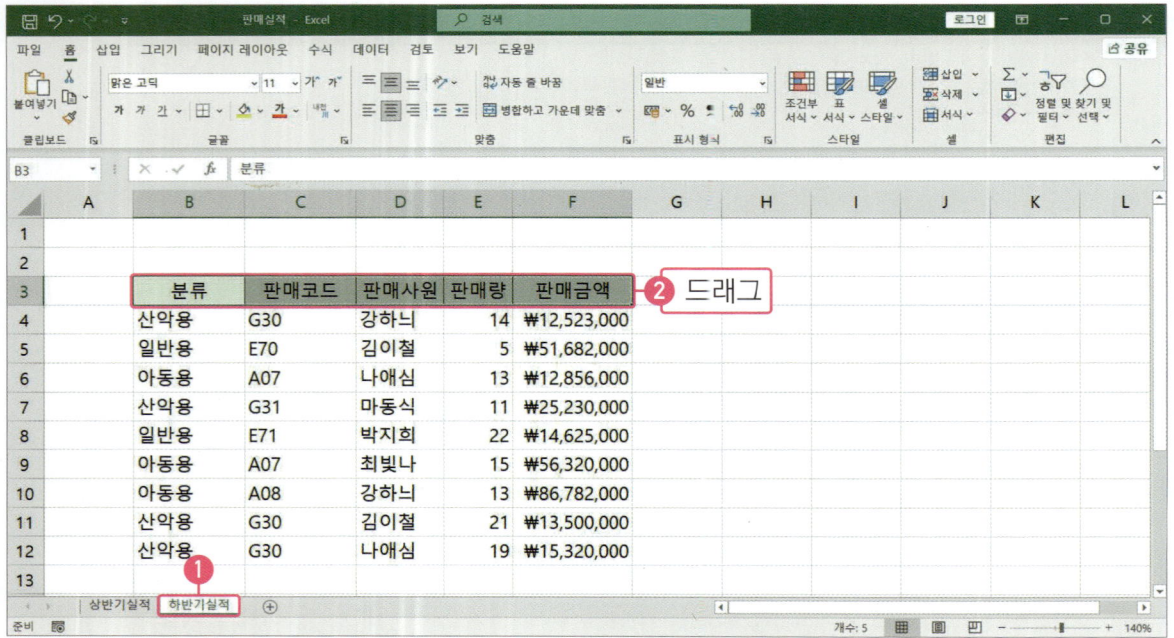

03 '상반기실적' 시트 탭을 선택하고 [B4:F9] 영역을 드래그한 후 [홈] 탭-[클립보드] 그룹-[서식 복사(🖌)]를 클릭합니다.

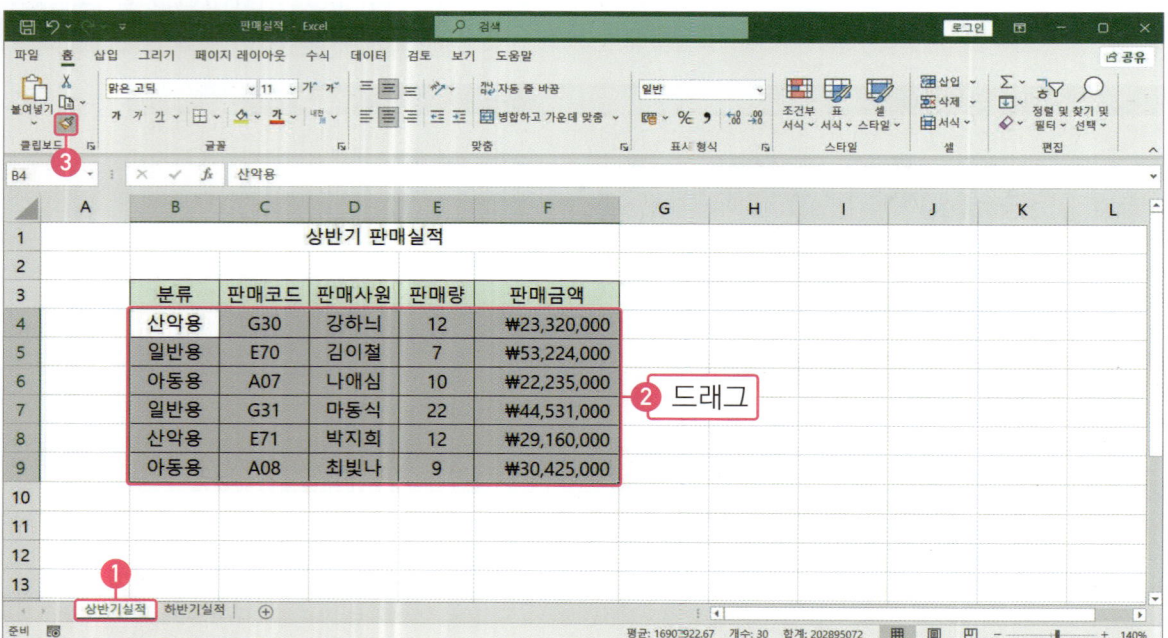

04 '하반기실적' 시트 탭을 선택하고 [B4:F12] 영역을 드래그하면 복사한 서식이 적용됩니다.

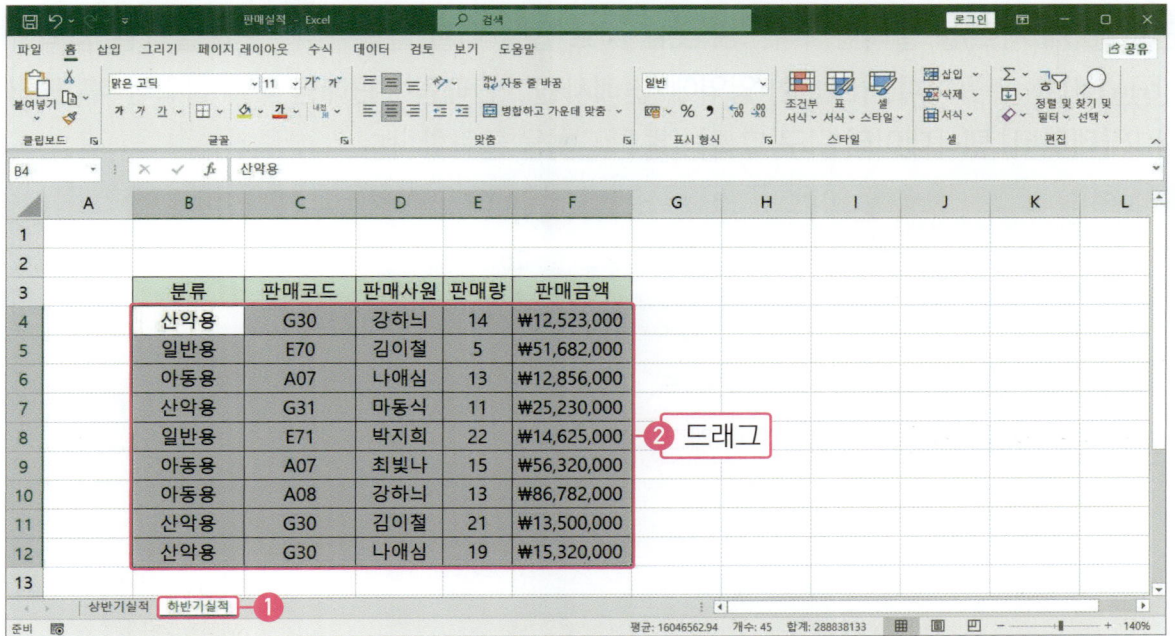

05 [B1] 셀을 클릭한 후 '하반기 판매실적'을 입력하고 Enter 키를 누릅니다. [B1:F1] 영역을 드래그한 후 [홈] 탭-[맞춤] 그룹-[병합하고 가운데 맞춤]을 선택합니다.

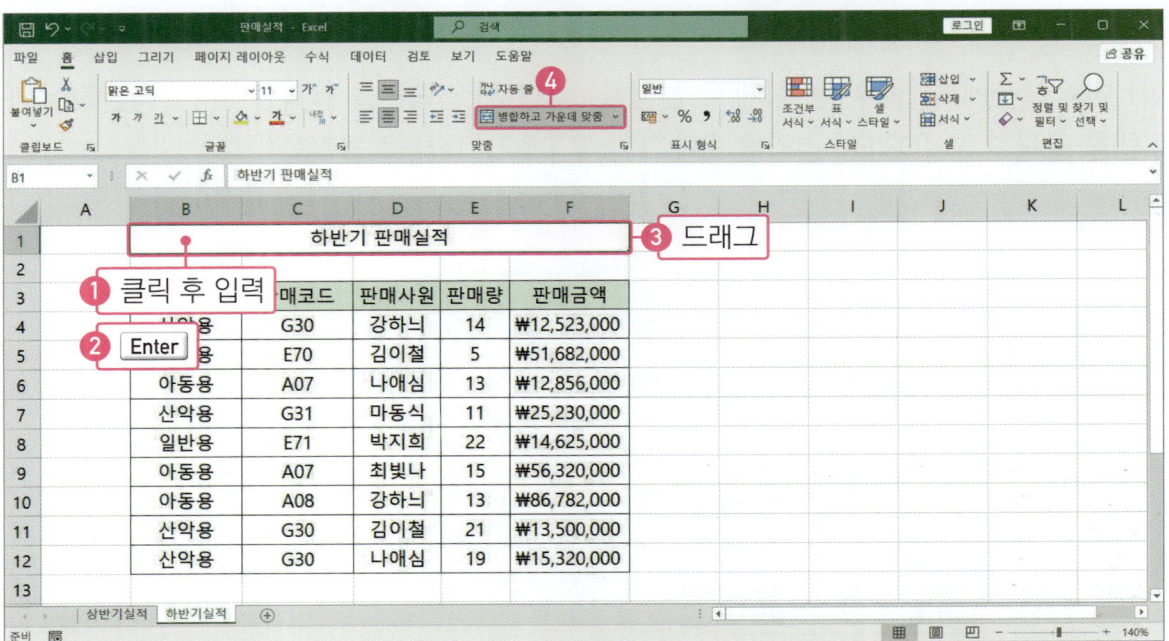

▶ 데이터 통합하기 : 합계

01 하단의 ⊕(새 시트)를 클릭합니다. 'Sheet2' 시트 탭을 더블 클릭한 후 '판매실적'을 입력하고 Enter 키를 누릅니다. [B2:D2] 영역에 '판매사원', '판매량', '판매금액'을 입력한 후 드래그하고 [데이터] 탭-[데이터 도구 그룹]-[통합(📋)]을 클릭합니다.

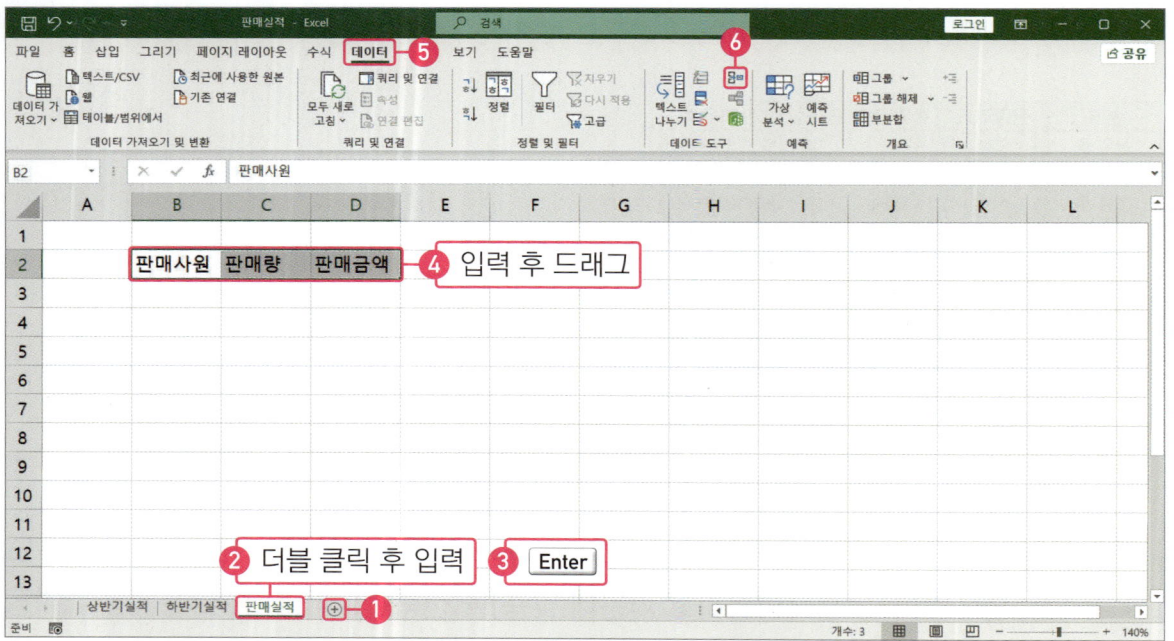

02 [통합] 대화상자에서 [함수]는 '합계'로 설정하고 [참조] 입력란을 클릭합니다. '상반기실적' 시트 탭을 클릭한 후 [D3:F9] 영역을 드래그한 후 [추가] 버튼을 클릭합니다.

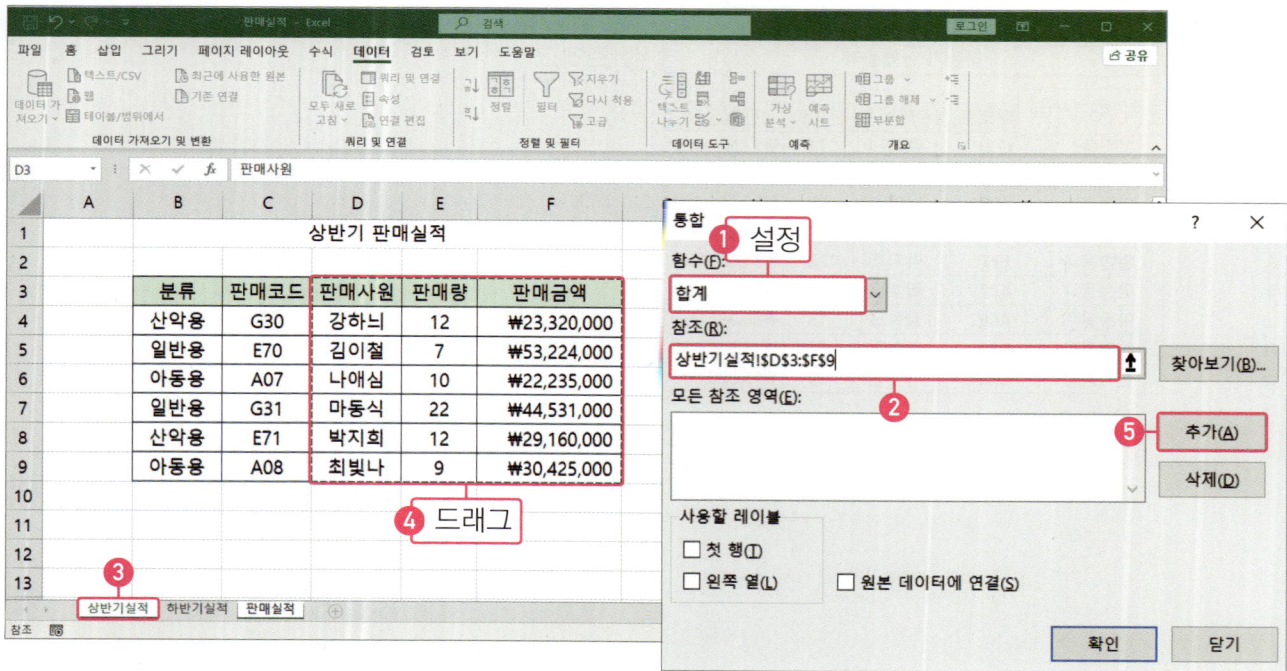

03 '하반기실적' 시트 탭을 클릭한 후 [D3:F12] 영역을 드래그하고 [추가] 버튼을 클릭합니다.

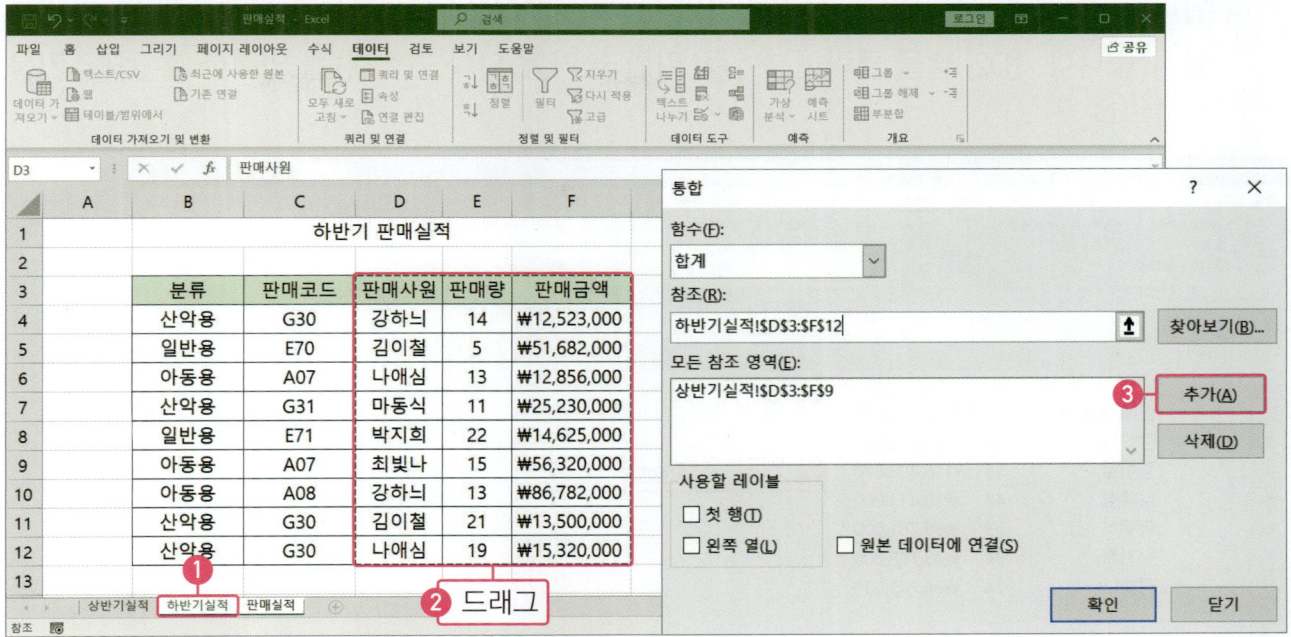

04 [사용할 레이블]의 '첫 행'과 '왼쪽 열'을 체크하고 [확인] 버튼을 클릭합니다.

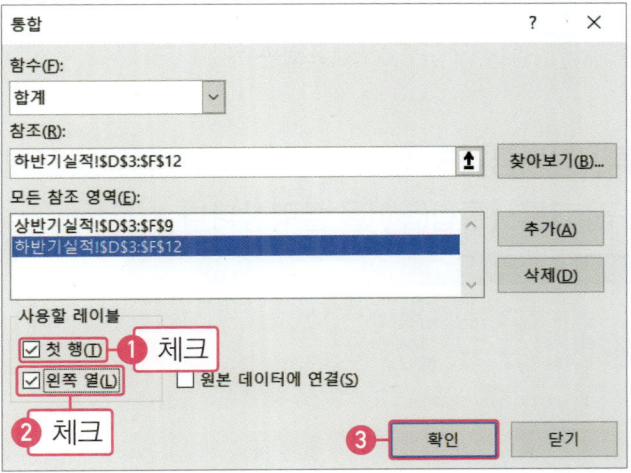

05 판매사원별 합계로 통합된 데이터가 나타나고, [판매금액(합계)] 열이 '####'으로 표시됩니다. 판매금액이 보이도록 [D] 열의 오른쪽 경계선을 오른쪽으로 드래그해 열 너비를 넓혀 줍니다. [D2] 셀을 클릭한 후 F2 키를 눌러 줍니다. '(합계)'를 입력한 후 Enter 키를 누릅니다.

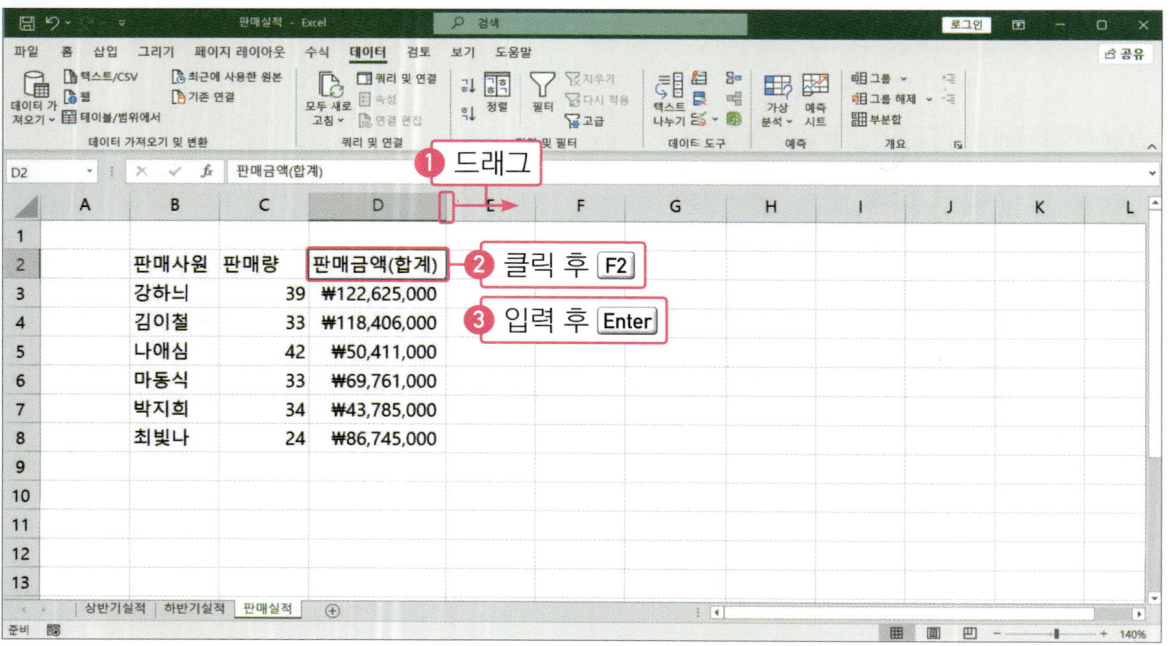

▶ 데이터 통합하기 : 평균

01 '판매실적' 시트 탭에서 [F2:G2] 영역에 '분류', '판매금액'을 입력한 후 [F2:G2] 영역을 드래그하여 선택합니다. [데이터] 탭-[데이터 도구] 그룹-[통합]을 클릭합니다.

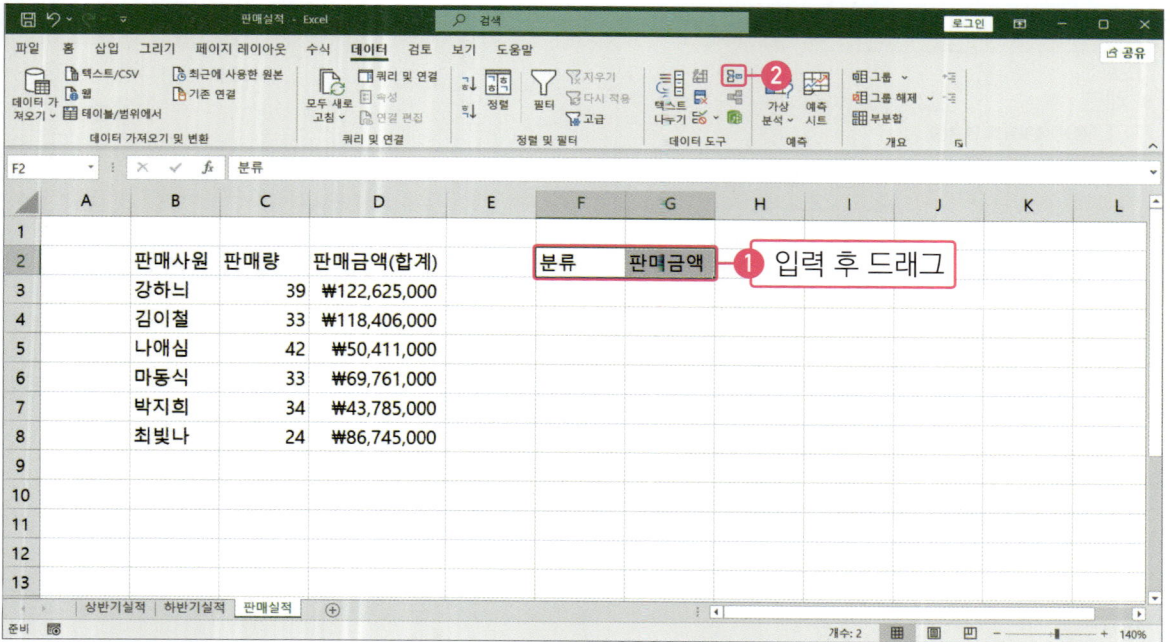

02 [통합] 대화상자에서 [모든 참조 영역]의 항목을 하나 선택하고 [삭제] 버튼을 클릭합니다. 같은 방법으로 **모두 삭제**합니다.

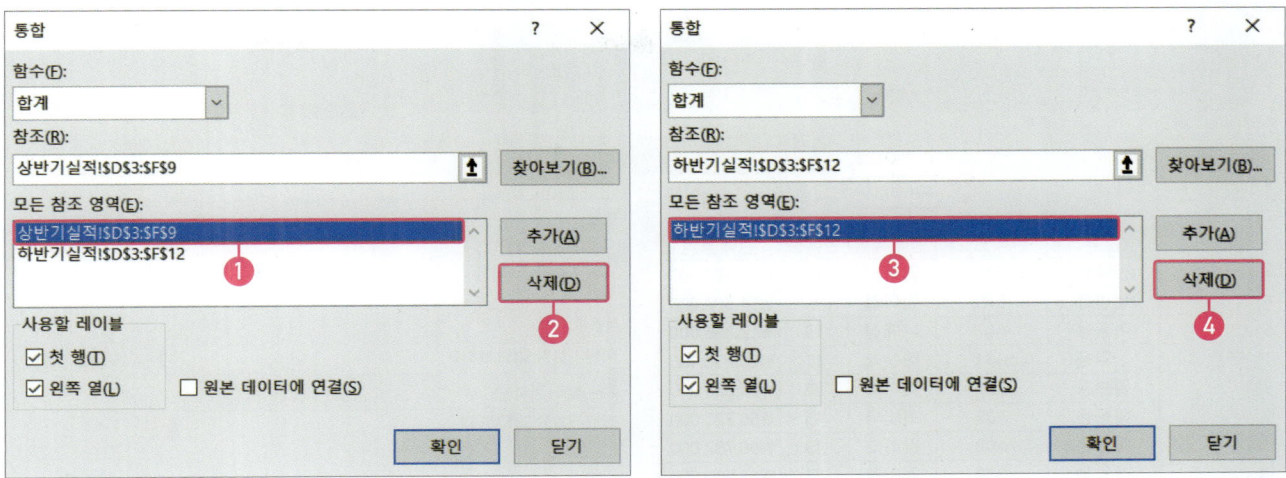

03 [함수]를 '평균'으로 설정하고, [참조] 입력란을 클릭합니다. '상반기실적' 시트 탭을 선택하고 [B3:F9] 영역을 드래그한 후 [추가] 버튼을 클릭합니다.

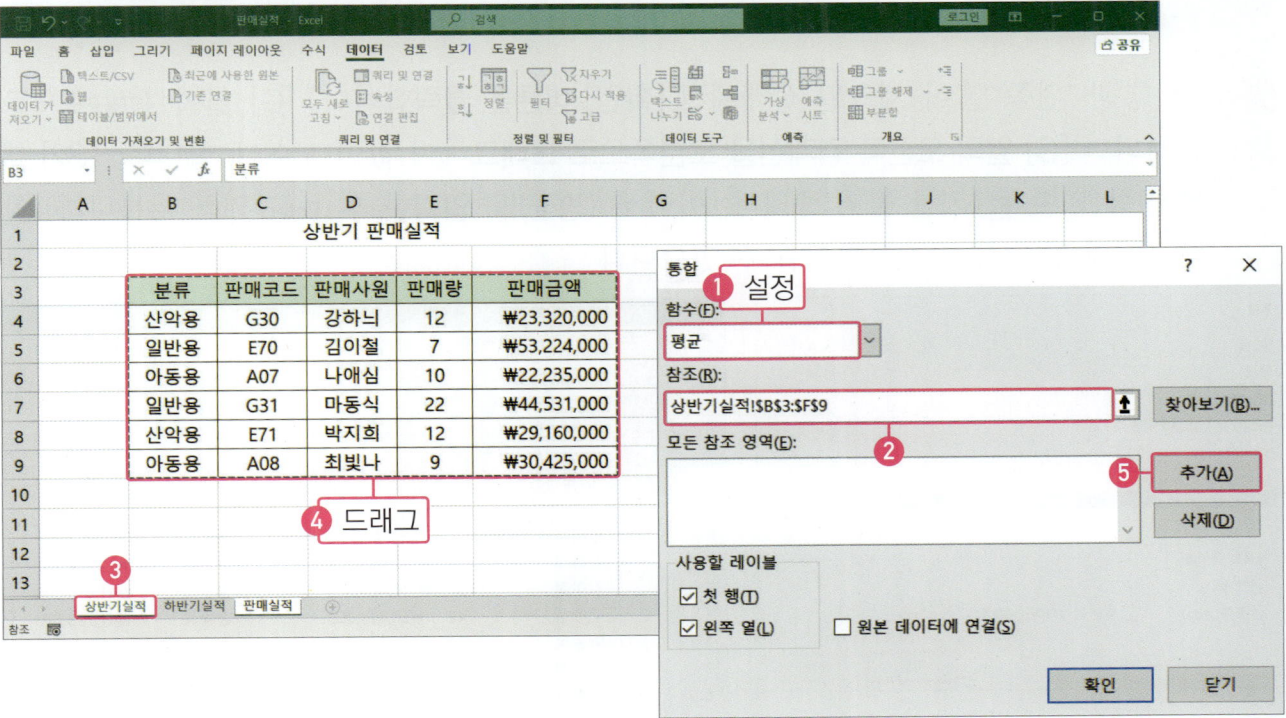

04 '하반기실적' 시트 탭을 선택하고 [B3:F12] 영역을 드래그한 후 [추가] 버튼을 클릭합니다.

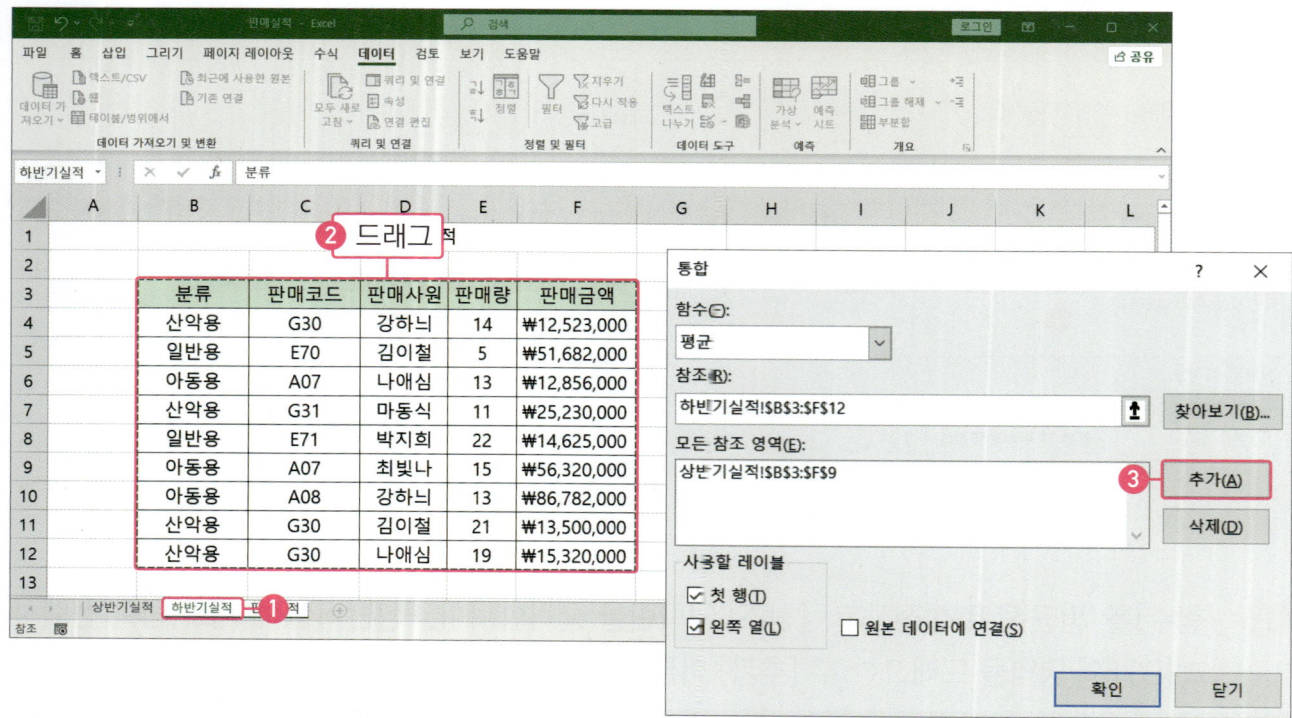

05 '첫 행'과 '왼쪽 열'이 체크된 상태에서 [확인] 버튼을 클릭합니다. [G] 열이 '####'으로 표시되면 [G] 열의 오른쪽 경계선을 오른쪽으로 드래그하여 값이 보이게 합니다. [G2] 셀을 클릭한 후 F2 키를 눌러 줍니다. 이어서 '(평균)'을 입력한 후 Enter 키를 누릅니다. 판매금액의 평균 데이터를 확인할 수 있습니다.

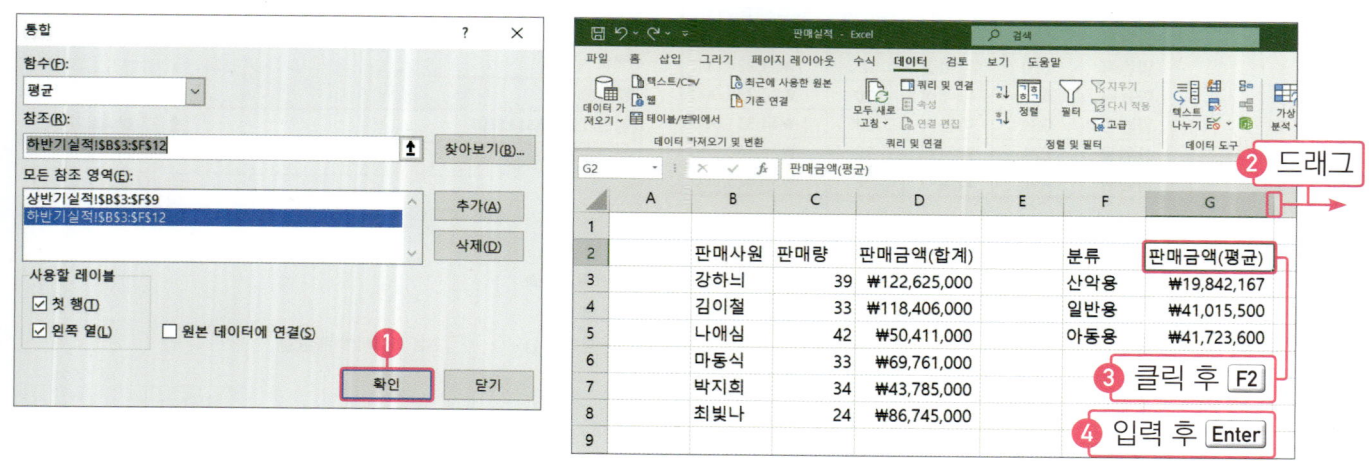

06 빠른 실행 도구 모음에서 🔲(저장)을 클릭해 파일을 저장합니다.

01 '판매량.xlsx' 파일을 불러옵니다. [텍스트 마법사] 대화상자를 이용하여 '쉼표(,)'로 구분된 '판매량상반기.txt' 파일을 '판매량상반기' 시트 탭의 [B2:G8] 셀에 불러옵니다.

준비파일 판매량.xlsx, 판매량상반기.txt

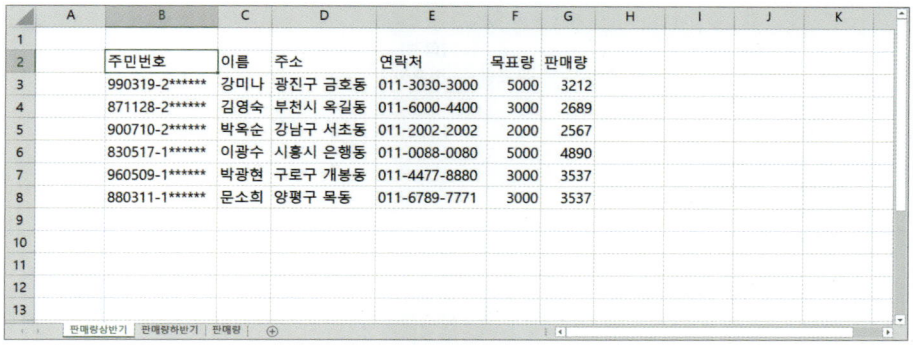

- 파일을 열었을 때 상단의 [콘텐츠 사용] 버튼을 클릭 → [B2] 셀 클릭 → [데이터] 탭-[데이터 가져오기 및 변환] 그룹-[데이터 가져오기]-[레거시 마법사]-[텍스트에서(레거시)] 클릭 → '판매량상반기.txt' 파일 선택
- 텍스트 마법사 2단계에서 [구분 기호]의 '탭'을 체크 해제하고, '쉼표'를 체크합니다.
- 텍스트 마법사 3단계에서 [열 데이터 서식]은 '일반'으로 체크합니다.

02 문제 **01**의 파일에서 [B] 열에 입력된 주민등록번호에서 생년월일을 분리해 봅니다.

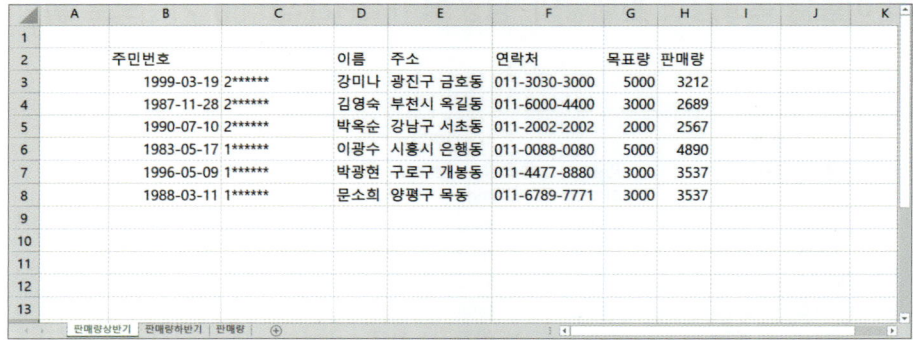

- [C] 열의 머리글을 선택해 열을 추가한 후, [B2:B8] 영역을 선택하여 [데이터] 탭-[데이터 도구] 그룹-[텍스트 나누기]를 실행합니다.
- 텍스트 마법사 2단계에서 [구분 기호]의 '탭'을 체크 해제하고, '기타'를 체크한 후 입력란에 '-'을 입력합니다.
- 텍스트 마법사 3단계에서 [열 데이터 서식]을 '날짜'로 선택합니다.

03 문제 **02**의 파일에서 '판매량' 시트 탭을 선택한 후 '판매량상반기' 시트 탭과 '판매량하반기' 시트 탭에서 이름별 목표량과 판매량의 '합계'를 [B2:D2] 영역을 기준으로 통합해 봅니다.

- [B2:D2] 영역을 드래그하고 [데이터] 탭–[데이터 도구] 그룹–[통합]을 클릭합니다.
- [통합] 대화상자에서 [함수]는 '합계'로 설정하고, [사용할 레이블]은 '첫 행'과 '왼쪽 열'에 체크합니다.

04 문제 **03**의 파일에서 '판매량' 시트 탭을 선택한 후 '판매량상반기' 시트 탭과 '판매량하반기' 시트 탭에서 이름별 목표량과 판매량의 '평균'을 [F2:H2] 영역을 기준으로 통합해 봅니다.

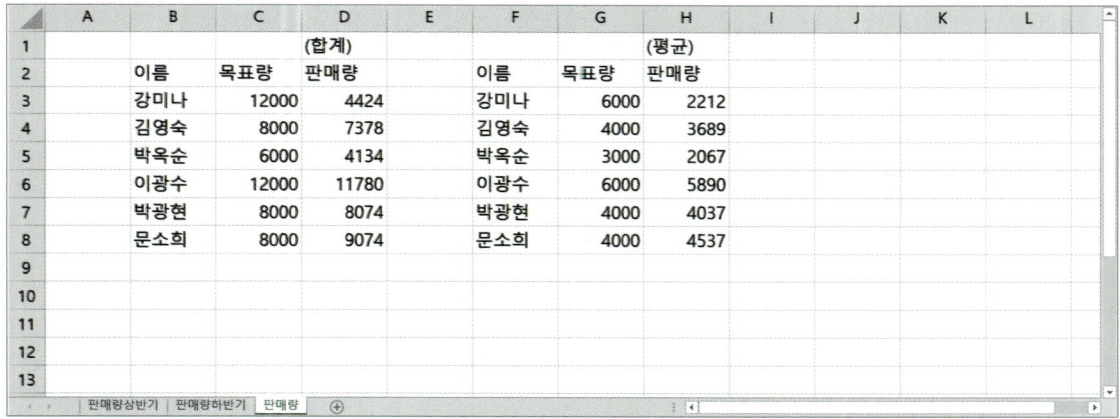

- [F2:H2] 영역을 드래그하고 [데이터] 탭–[데이터 도구] 그룹–[통합]을 클릭합니다.
- [통합] 대화상자에서 [함수]는 '평균'으로 설정하고, [사용할 레이블]은 '첫 행'과 '왼쪽 열'에 체크합니다.

05 비품관리대장에서 데이터 추출하기

- 조건부 서식 : 수식
- 조건부 서식 규칙 관리자
- 고급 필터 : AND 조건
- 고급 필터 : OR 조건

미/리/보/기

📁 준비파일 : 비품관리대장.xlsx
📁 완성파일 : 비품관리대장(완성).xlsx

조건부 서식은 정해진 기준에 맞는 셀에 자동으로 서식을 적용해 중요한 정보를 한눈에 파악할 수 있도록 도와주는 기능입니다. 그리고 필터는 지정한 조건에 따라 필요한 데이터만 선별해 주어 효율적인 데이터 분석이 가능하게 합니다. 이번 장에서는 이 두 가지 기능을 함께 활용해 데이터를 효과적으로 분석하는 방법을 살펴보겠습니다.

103

01 조건부 서식

▶ 조건부 서식이란?

- '조건부 서식'은 지정한 조건을 만족하는 셀에 글꼴색, 배경색, 테두리, 아이콘 등을 자동으로 적용해 중요한 정보를 강조하고 데이터를 한눈에 구분할 수 있는 기능입니다.
- 셀의 값에 따라 서식을 개별적으로 적용하거나, 특정 셀의 조건을 기준으로 행 전체에 서식을 지정하는 수식을 사용할 수 있습니다. 예를 들어 '나이가 20을 초과한 사람을 연한 빨간색으로 표시'와 같이 조건을 만족하는 셀을 강조할 때 활용합니다.

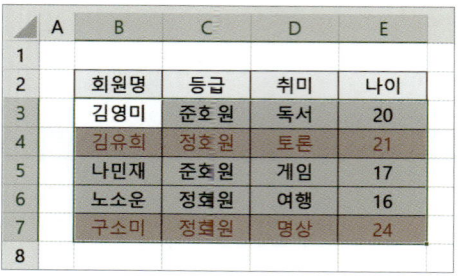

▲ 해당 셀에만 적용　　　　　　▲ 수식 이용 : 행 단위로 적용

▶ 조건부 서식의 종류

[홈] 탭-[스타일] 그룹-[조건부 서식]을 클릭하여 '조건부 서식'을 설정할 수 있습니다.

① **셀 강조 규칙** : 지정한 범위 안에서 특정 값이나 텍스트를 포함한 셀, 날짜가 해당되는 셀, 빈 셀이나 값이 있는 셀, 오류가 있거나 없는 셀, 중복되거나 고유한 셀 등에 조건을 적용해 서식을 지정하는 기능입니다.

② **상위/하위 규칙** : 평균 이상이나 이하의 셀, 상위 또는 하위 10% 또는 상위 10개나 하위 10개의 셀에 서식을 적용하는 기능입니다.

③ **데이터 막대** : 셀 안의 값에 따라 막대그래프 형태로 표시되도록 설정하는 기능입니다.

④ **색조** : 셀 안의 값에 따라 색이 채워지도록 지정하는 기능입니다.

⑤ **아이콘 집합** : 셀 안의 값에 따라 화살표, 깃발 등과 같은 아이콘을 표시하는 기능입니다.

⑥ **새 규칙** : 위 기능들을 포함해 조건을 세부적으로 설정하거나, 수식을 이용한 조건부 서식을 지정할 수 있는 기능입니다.

▶ [새 서식 규칙] 대화상자

[홈] 탭-[스타일] 그룹-[조건부 서식]에서 [새 규칙]을 선택하면 [새 서식 규칙] 대화상자가 나타납니다.

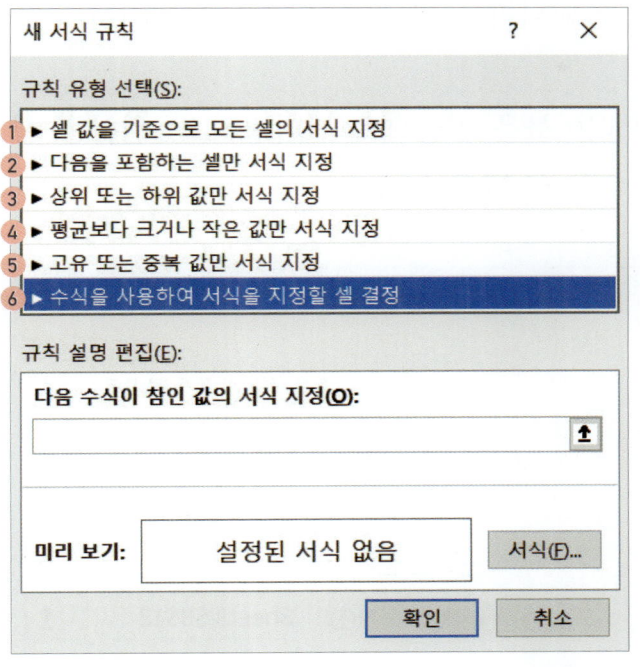

① 셀 값을 기준으로 모든 셀의 서식 지정 : 사용자가 데이터 값의 종류와 범위를 설정하고 데이터 막대, 색조, 아이콘 등으로 서식을 지정할 수 있습니다.

② 다음을 포함하는 셀만 서식 지정 : 기존에 '셀 강조 규칙'에서 제한적으로 적용되던 서식을 사용자가 자유롭게 설정할 수 있습니다.

③ 상위 또는 하위 값만 서식 지정 : '상위/하위 규칙'에서 상위 또는 하위 데이터 범위를 사용자가 직접 설정할 수 있습니다.

④ 평균보다 크거나 작은 값만 서식 지정 : '상위/하위 규칙'에서의 평균 조건을 세부적으로 설정할 수 있습니다.

⑤ 고유 또는 중복 값만 서식 지정 : 셀 값을 비교하여 중복되거나, 고유한 값에 대해 사용자가 원하는 서식을 적용할 수 있습니다.

⑥ 수식을 사용하여 서식을 지정할 셀 결정 : 함수나 수식을 활용해 조건과 서식을 직접 설정하고 원하는 셀에 적용할 수 있습니다.

▶ '필터' 기능

- '필터'는 원하는 조건에 맞는 데이터만 골라서 보여 주는 기능입니다. 단, 원본 테이블이 숨겨져 비교하기 어렵고, 조건을 여러 개 설정했을 때에는 AND(모두 만족)만 가능하며 OR(하나라도 만족)은 적용할 수 없습니다.

- [데이터] 탭-[정렬 및 필터] 그룹-[필터]를 클릭하여 '필터'를 설정할 수 있습니다.

▲ 필터를 실행하면 필드명에 ▼ 생성

▲ 조건이 적용된 필터는 ▼ 모양으로 변경

▶ [고급 필터] 대화상자

- [데이터] 탭-[정렬 및 필터] 그룹-[고급]을 클릭하면 [고급 필터] 대화상자가 나타납니다. 이 기능을 사용하면 원본 테이블이 아닌 새로운 위치에 결과를 추출할 수 있습니다.
- 고급 필터에서 조건 영역을 설정할 때, 조건을 입력하는 행 레이블은 원본 데이터의 행 레이블과 정확히 일치해야 합니다.
- 복사 위치로 하나의 셀만 지정하면 전체 행 레이블을 기준으로 필터링되고, 원하는 행 레이블명을 직접 입력하면 해당 레이블만 추출할 수 있습니다.

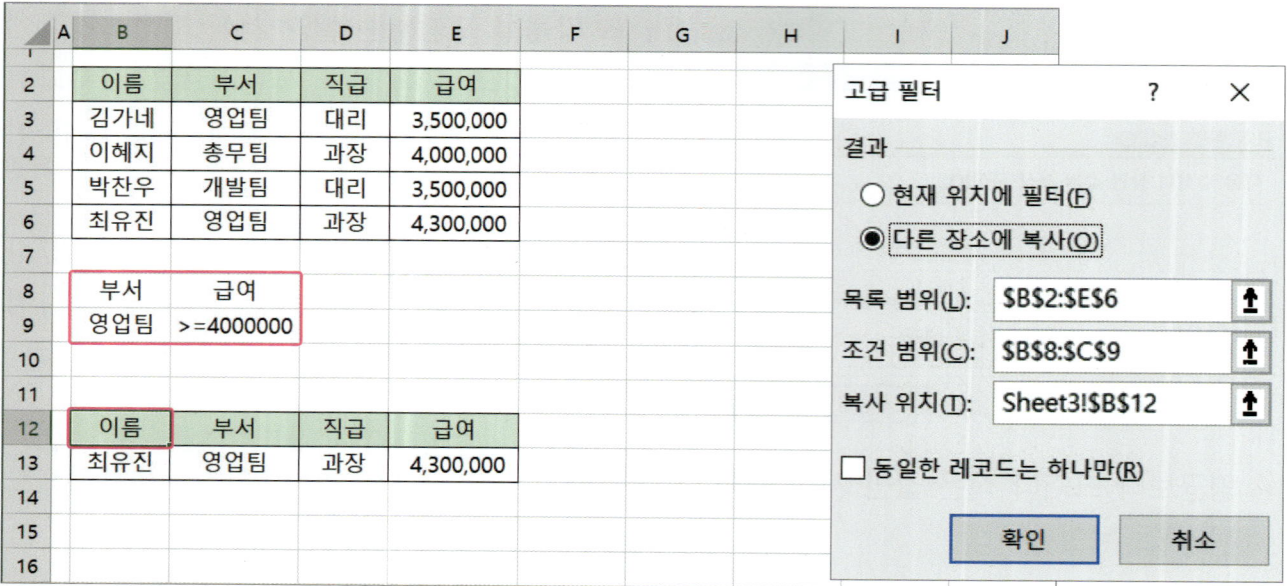

▲ AND 조건, 복사 위치는 하나의 셀 선택 : 부서가 '영업팀'이고, 급여가 '4,000,000원 이상'인 데이터 추출

▲ OR 조건, 복사 위치에 행 레이블(성명, 급여) 입력 : 부서가 '영업팀'이거나, 급여가 '4,000,000원 이상'인 데이터 추출

▶ 고급 필터 조건

- 조건을 같은 행에 입력하면 AND(교집합) 조건이 되고, 행을 다르게 입력하면 OR(합집합) 조건이 됩니다.

– AND 조건 : 조건을 같은 행에 입력합니다.

구분	할인금액
비회원	<=70000

▲ 구분이 '비회원'이면서 할인금액이 '70,000원 이하'

상품명	구분	할인금액
일반	비회원	<=70000

▲ 상품명이 '일반'이고, 구분이 '비회원'이면서 할인금액이 '70,000원 이하'

– OR 조건 : 조건을 다른 행에 입력합니다.

상품명	구분
일반	
	비회원

▲ 상품명이 '일반'이거나, 구분이 '비회원'

상품명	구분	할인금액
일반		
	비회원	
		<=70000

▲ 상품명이 '일반'이거나, 구분이 '비회원'이거나, 할인금액이 '70,000원 이하'

상품명
일반
골드

▲ 상품명이 '일반'이거나 '골드'

– AND와 OR 결합 조건 : 하나의 필드에 여러 가지 조건을 지정할 수 있습니다. AND 조건이 먼저 계산됩니다.

상품명	인원수
일반	<=4
골드	<=4

▲ 상품명이 '일반'이면서 인원수가 '4명 이하'이거나, 상품명이 '골드'이면서 인원수가 '4명 이하'

 ## 조건 기반의 데이터 추출하기

▶ 조건부 서식

01 '비품관리대장.xlsx' 파일을 불러온 후 '조건부서식' 시트 탭에서 [B4:G13] 영역을 드래그합니다. [홈] 탭-[스타일] 그룹-[조건부 서식]-[새 규칙]을 선택합니다.

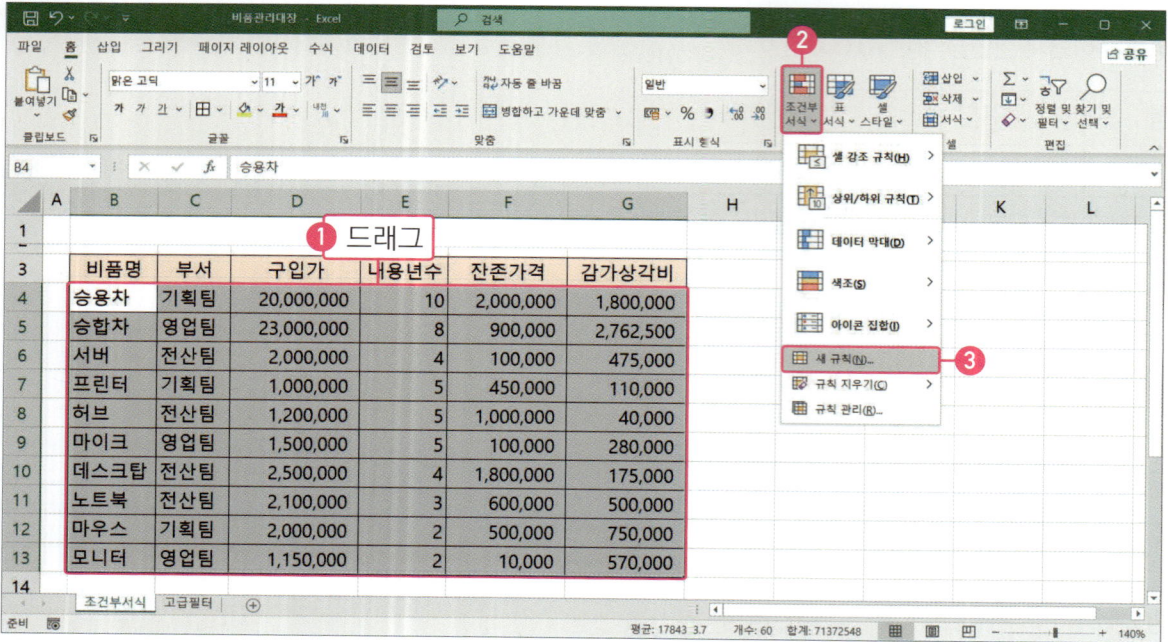

02 [새 서식 규칙] 대화상자에서 [규칙 유형 선택]을 '수식을 사용하여 서식을 지정할 셀 결정'으로 선택합니다. 하단의 입력란을 클릭한 후 '=AND($C4="기획팀",$D4>=2500000)'으로 입력하고 [서식] 버튼을 클릭합니다.

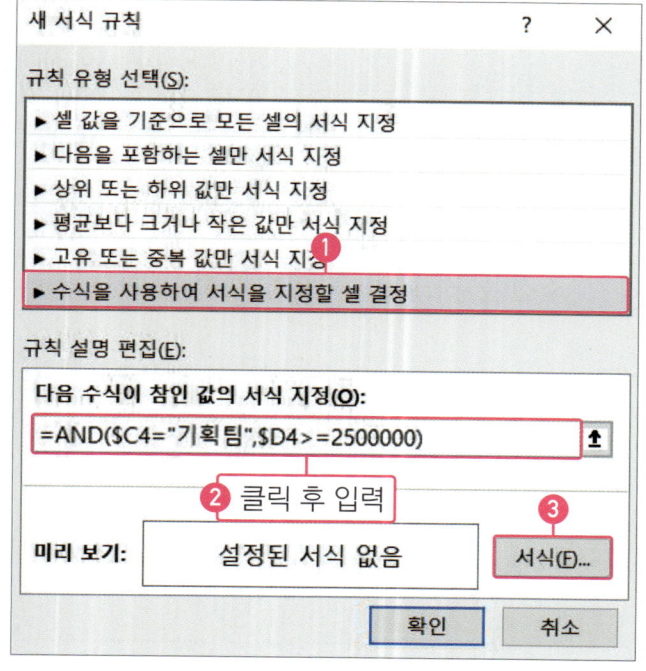

 입력한 수식은 부서가 '기획팀'이면서 구입가가 '2,500,000원 이상'인 데이터를 추출하는 조건입니다.

03 [셀 서식] 대화상자의 [글꼴] 탭에서 [글꼴 스타일]은 '굵게', [색]은 '파랑'을 선택한 후 [확인] 버튼을 클릭합니다.

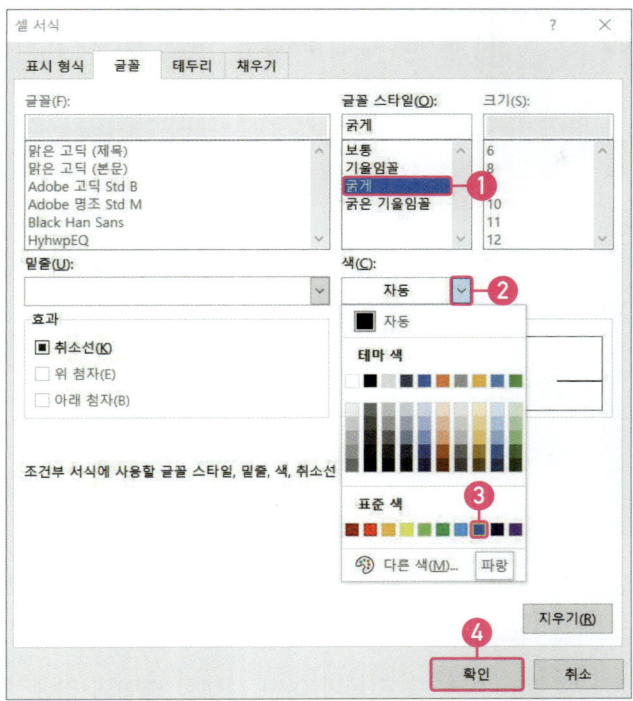

04 다시 [새 서식 규칙] 대화상자로 돌아와 [확인] 버튼을 클릭합니다.

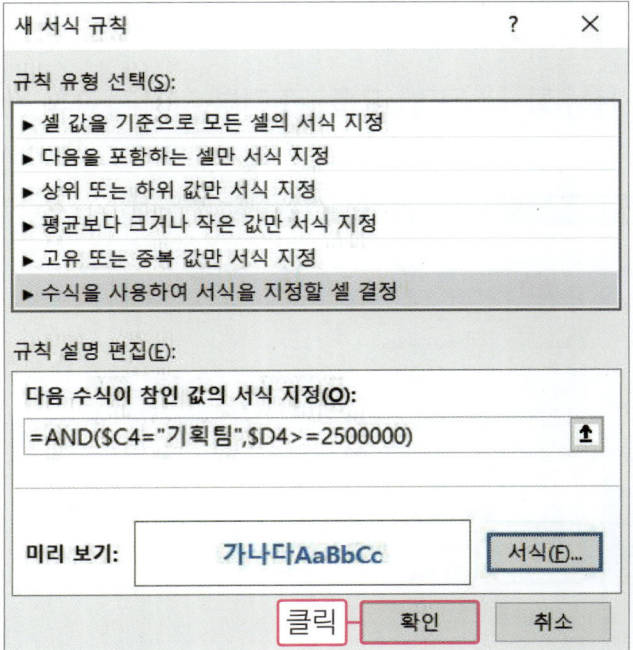

05 조건에 해당하는 데이터의 행 전체가 지정한 서식으로 적용된 것을 확인할 수 있습니다.

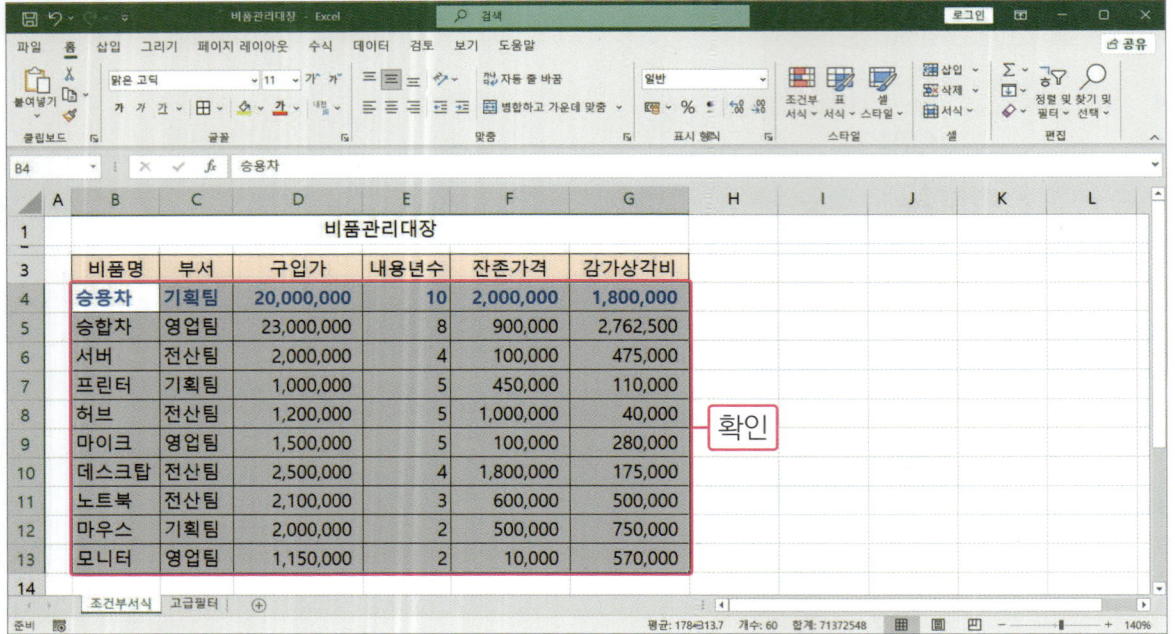

 처음 선택 영역을 [C4:D13]으로 지정하고 조건부 서식을 적용하면, 행 전체가 아닌 선택한 영역의 값에만 서식이 적용됩니다.

▶ 조건부 서식 : 규칙 수정하기

01 [B4:G13] 영역이 선택되어 있는 상태에서 [홈] 탭-[스타일] 그룹-[조건부 서식]-[규칙 관리]를 클릭합니다.

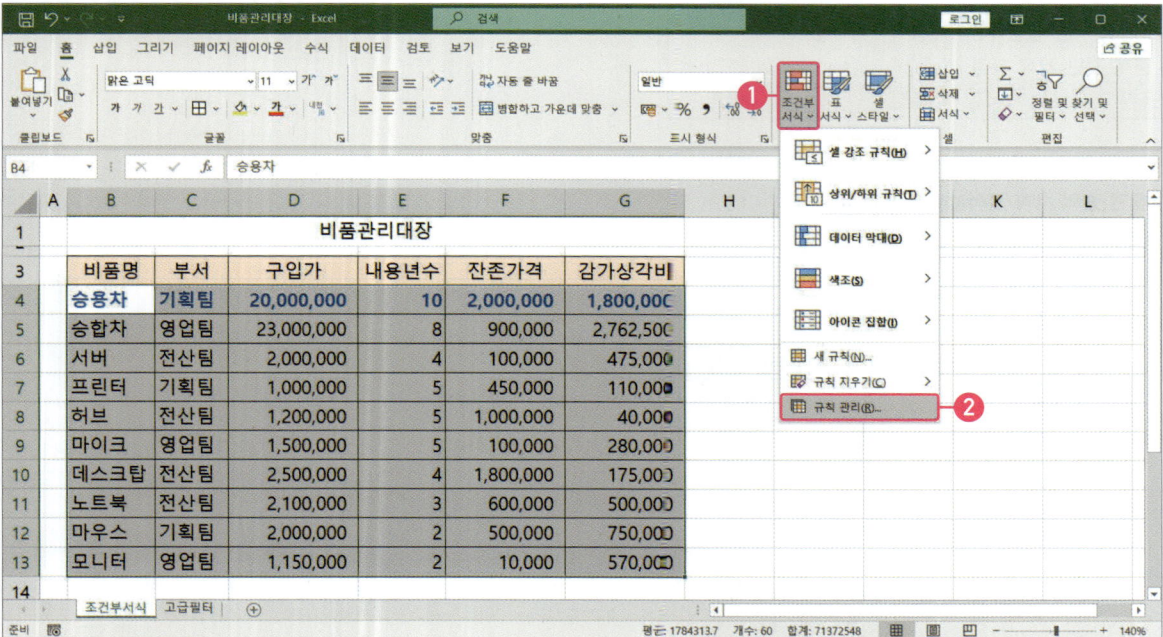

02 [조건부 서식 규칙 관리자] 대화상자에서 **만들어 놓은 규칙을 선택**하고 [규칙 편집] 버튼을 클릭합니다.

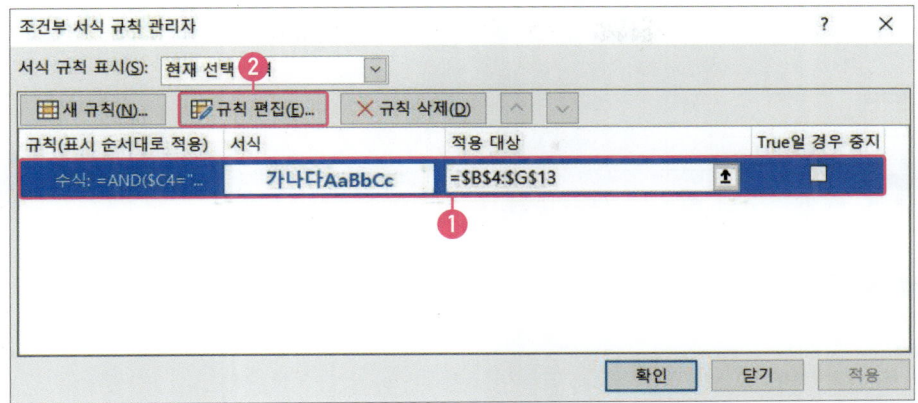

03 OR 함수를 이용하기 위해 **수식을 '=OR($C4="기획팀",$D4>=2500000)'으로 수정**한 후 [서식] 버튼을 클릭합니다.

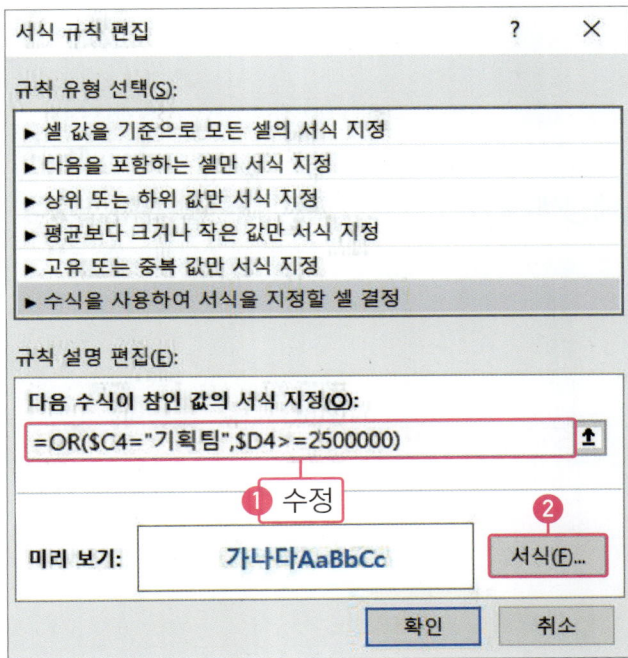

- 부서가 '기획팀'이거나 구입가가 '2,500,000원 이상'인 데이터를 추출하는 수식입니다.
- 단일 조건으로 '기획팀'만 추출하고 싶다면 수식을 '=$C4="기획팀"'으로 입력합니다.
- 2개 이상의 조건은 '괄호( )' 안에 비교식으로 입력하며 조건은 '쉼표(,)'로 구분합니다.
- 문자 조건은 '큰따옴표(" ")'를 사용하고, 숫자 조건은 사용하지 않습니다.

04 [셀 서식] 대화상자의 [글꼴] 탭에서 [글꼴 스타일]이 '굵게'인 상태에서 [색]을 '자주'로 선택합니다.

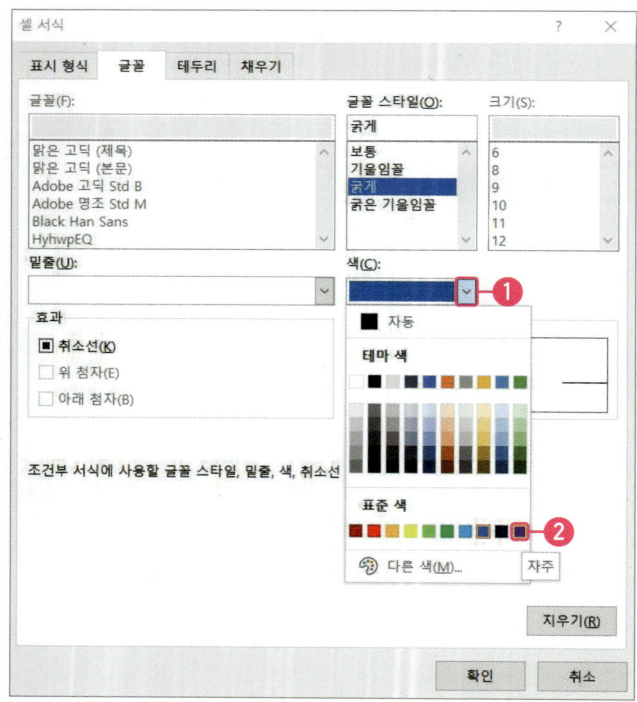

05 이어서 [채우기] 탭을 클릭하고 그림과 같이 [배경색]을 선택한 후 [확인] 버튼을 클릭합니다.

06 [서식 규칙 편집] 대화상자의 **[확인]** 버튼을 클릭합니다.

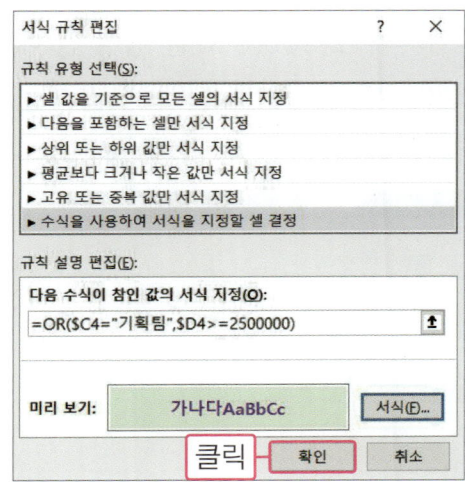

07 [조건부 서식 규칙 관리자] 대화상자로 돌아와 규칙이 수정된 것을 확인한 후 **[확인]** 버튼을 클릭합니다.

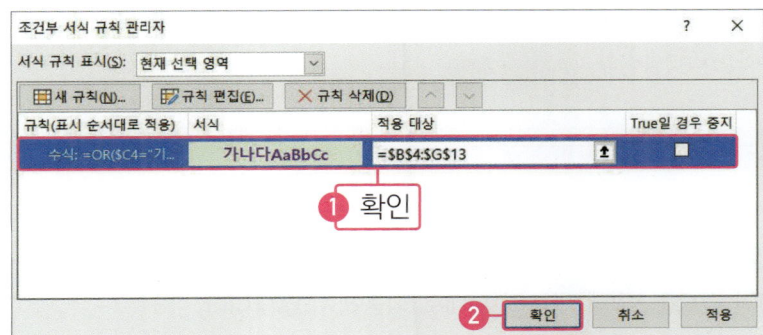

08 부서가 '기획팀'이거나 구입가가 '2,500,000원 이상'인 데이터의 글꼴색과 배경색을 다르게 구분하였습니다.

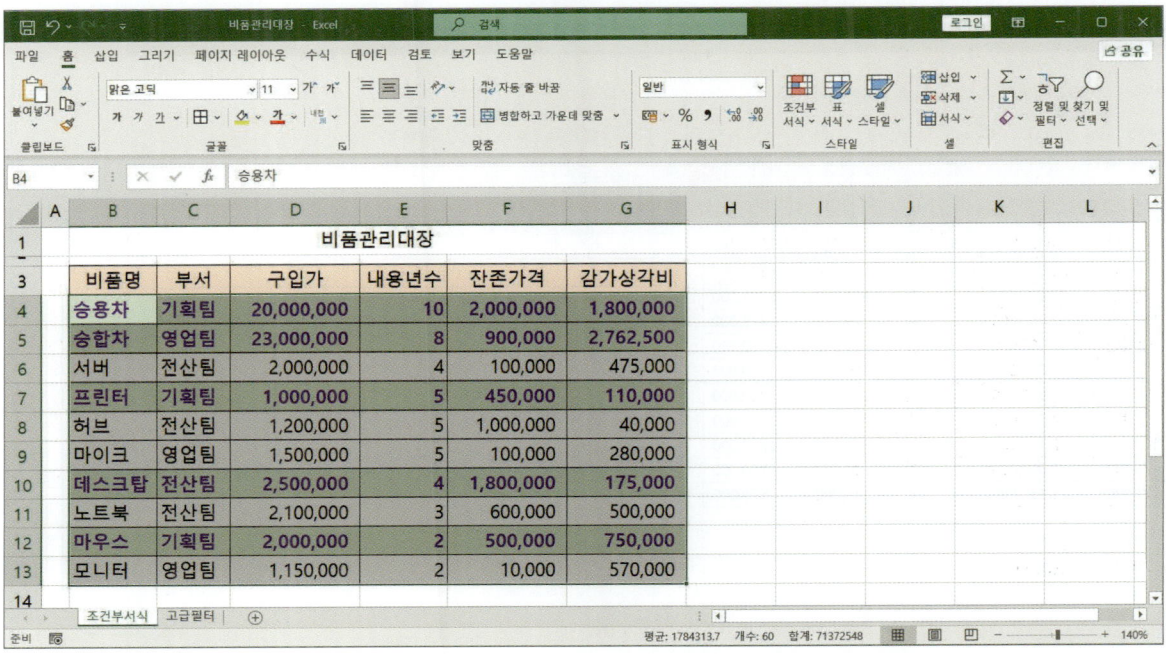

▶ 고급필터: AND(교집합) 조건 필터링하기

01 '고급필터' 시트 탭을 선택합니다. 부서가 '기획팀'이고 구입가가 '2,500,000원 이상'인 데이터를 필터링하여 추출해 보도록 하겠습니다. [C15] 셀에 '부서', [D15] 셀에 '구입가'를 입력합니다. [C16] 셀에 '기획팀', [D16] 셀에 '>=2500000'을 입력합니다.

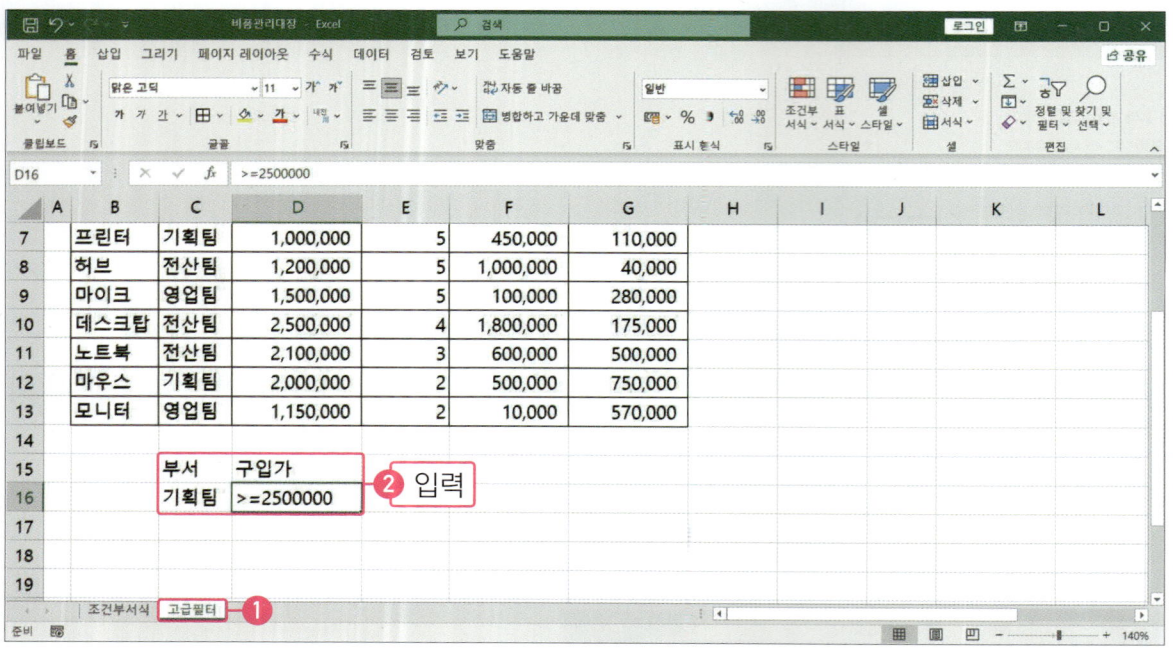

 조건표의 제목은 원본 데이터의 [C3] 셀 값 '부서'와 [C4] 셀 값 '구입가'와 동일해야 합니다. 텍스트 앞이나 뒤에 눈에 보이지 않는 공백(빈칸)이 있으면, 필터 기능이 제대로 작동하지 않습니다.

02 표 안의 임의의 셀(여기서는 [E11] 셀)을 클릭합니다. [데이터] 탭-[정렬 및 필터] 그룹-[고급]을 클릭합니다.

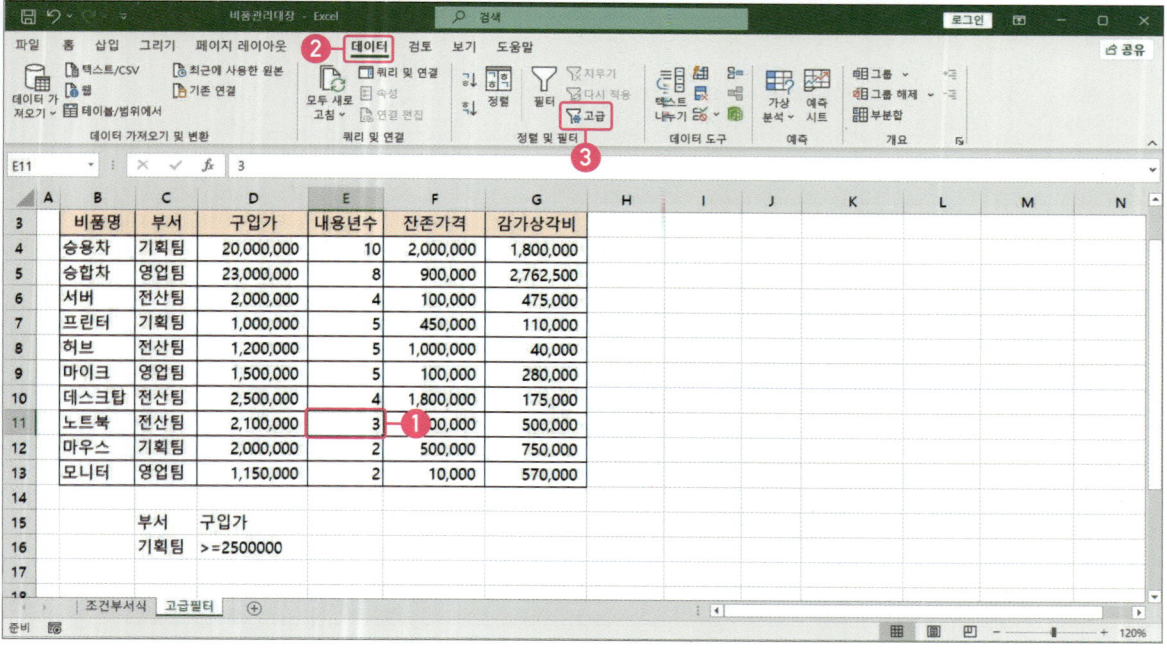

03 [고급 필터] 대화상자에서 [결과]를 '다른 장소에 복사'로 선택하고 [목록 범위]가 '$B$3:$G$13'으로 입력되어 있는지 확인합니다. [조건 범위]의 입력란을 클릭하고 [C15:D16] 영역을 드래그합니다. 이어서 [복사 위치]의 입력란을 클릭하고 [B18] 셀을 선택한 후 [확인] 버튼을 클릭합니다.

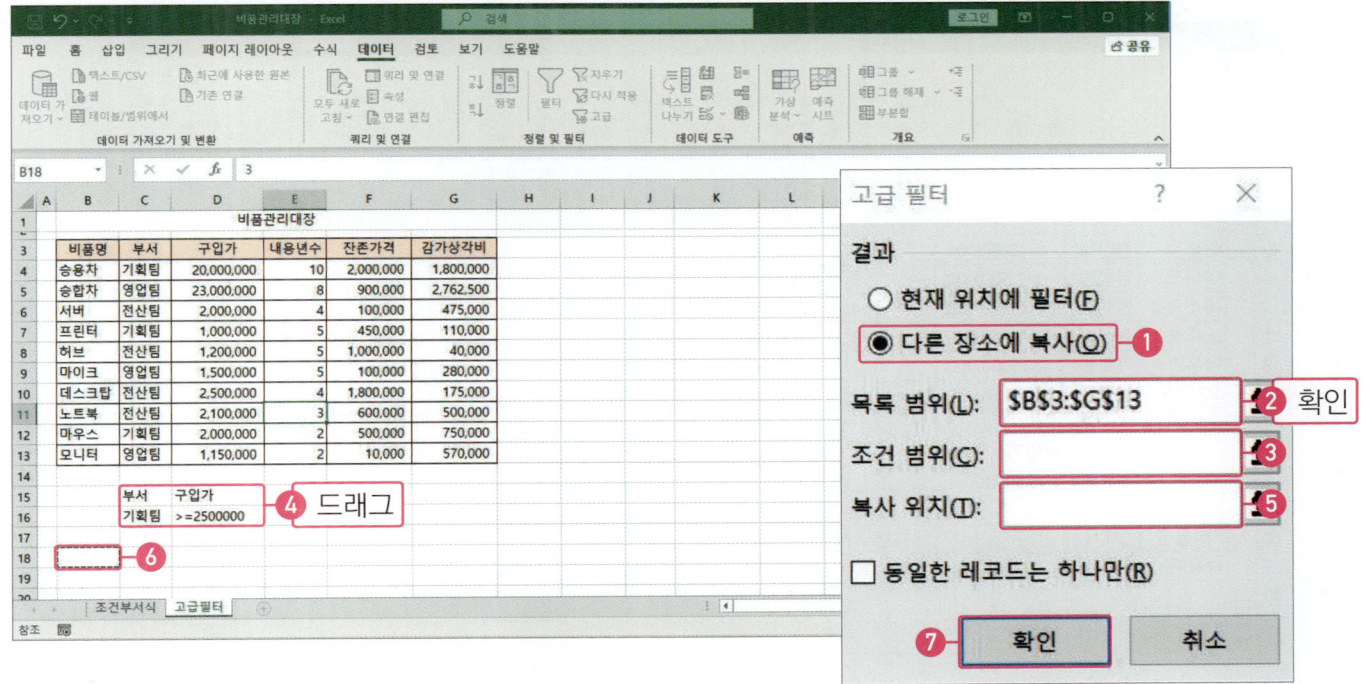

04 [B18] 셀부터 필터링된 데이터가 나타나는 것을 확인할 수 있습니다.

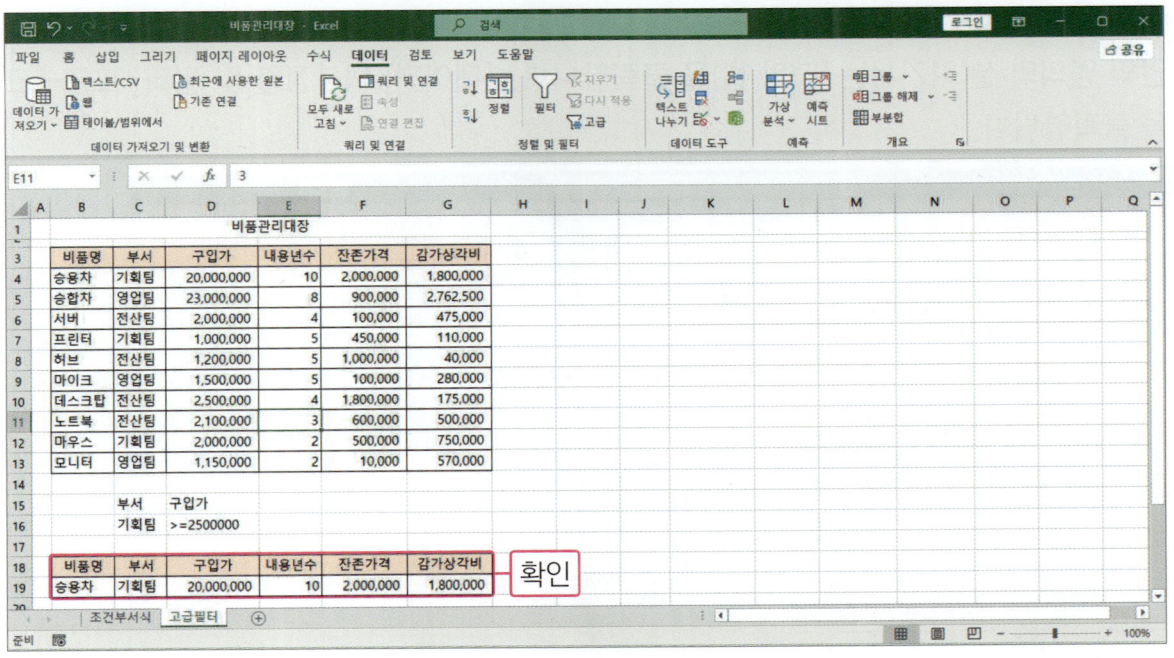

예제와 같이 복사 위치로 하나의 셀만 선택하면, 전체 행 레이블의 제목이 나타나는 테이블을 만들 수 있습니다.

▶ 고급 필터 : OR(합집합) 조건 필터링하기

01 이번에는 부서가 '영업팀'이거나 잔존가격이 '100,000원 이상'인 데이터를 필터링해 보도록 하겠습니다. '고급 필터' 시트 탭에서 [J11:K13] 영역에 '부서', '잔존가격', '영업팀', '<=100000'을 입력합니다.

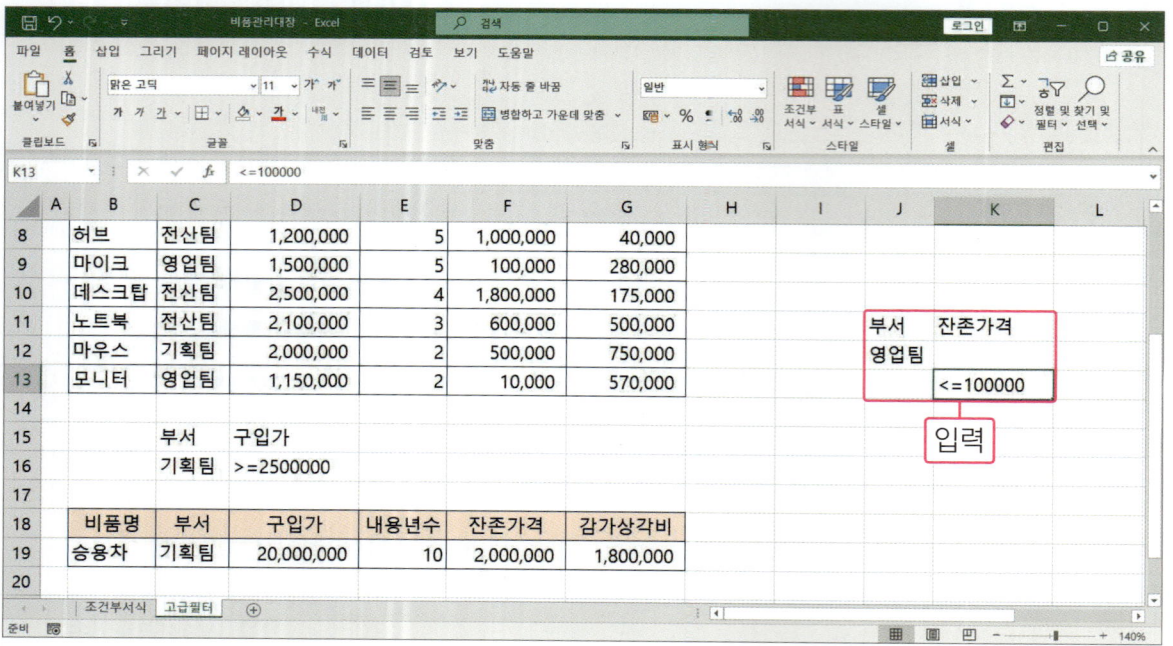

 AND 조건은 같은 행에 조건을 입력하고, OR 조건은 행을 하나 내린 후에 조건을 입력합니다.

02 표 안의 임의의 셀(여기서는 [F12] 셀)을 클릭합니다. [데이터] 탭-[정렬 및 필터] 그룹-[고급]을 클릭합니다.

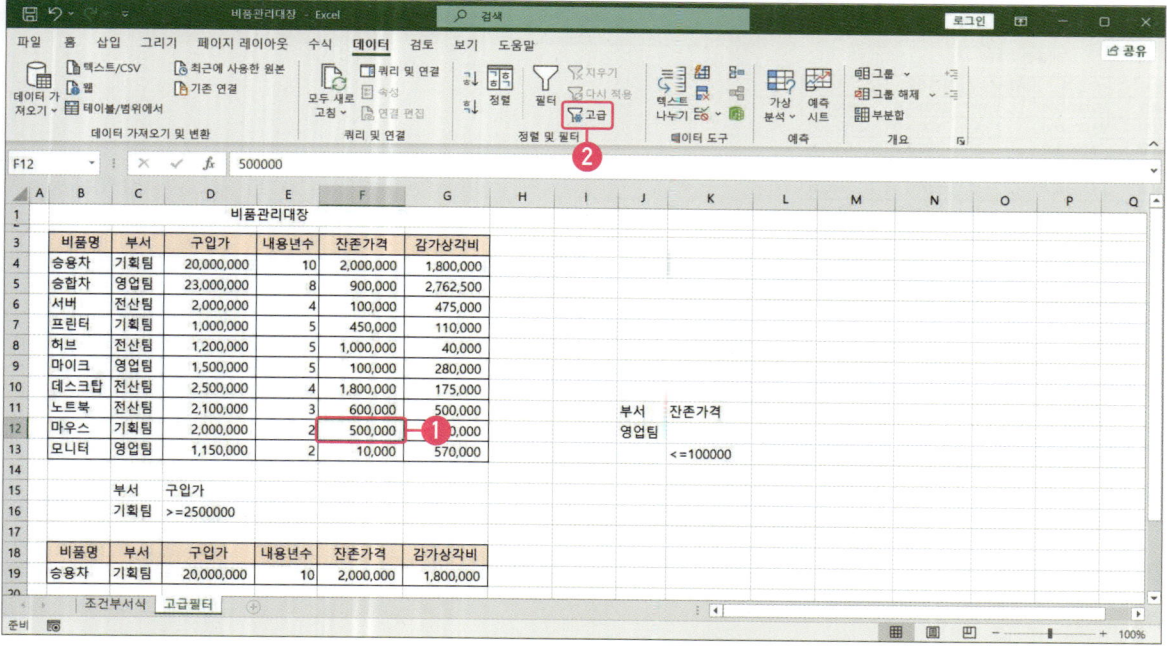

116

03 [고급 필터] 대화상자에서 [결과]를 '다른 장소에 복사'로 선택하고 [목록 범위]가 '$B$3:$G$13'으로 입력되어 있는지 확인합니다. [조건 범위]를 삭제하고 [J11:K13] 영역을 드래그합니다. 이어서 [복사 위치]를 삭제하고 [I15] 셀을 선택한 후 [확인] 버튼을 클릭합니다.

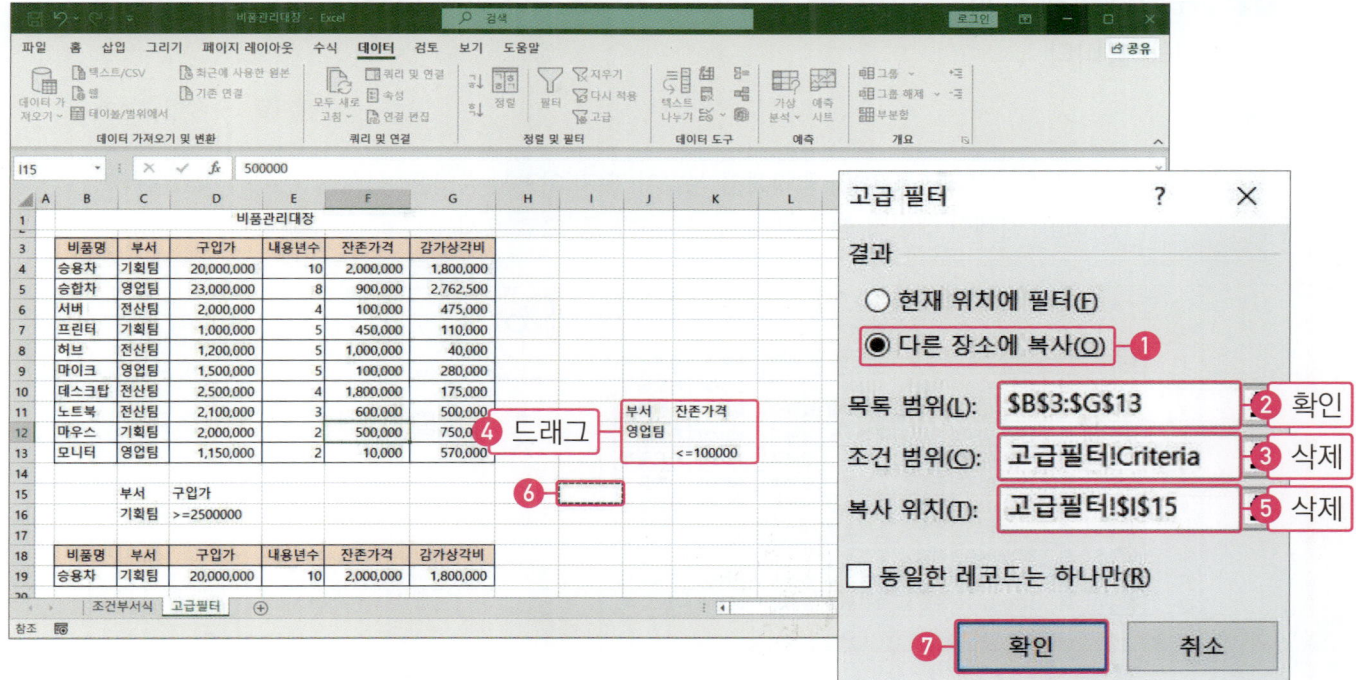

04 [I15] 셀부터 필터링된 데이터가 나타나는 것을 확인할 수 있습니다.

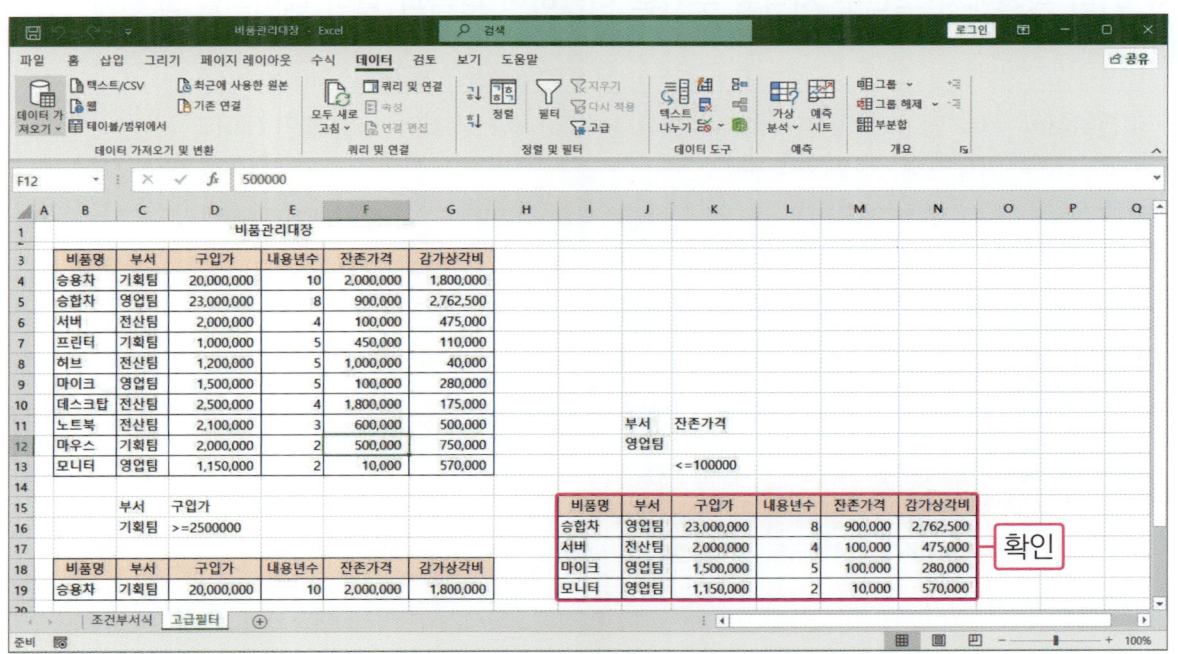

05 빠른 실행 도구 모음에서 🔲(저장)을 클릭하여 파일을 저장합니다.

응용력 키우기

01 '수강현황.xlsx' 파일을 불러온 후 조건부 서식을 이용하여 다음과 같이 데이터를 표시해 봅니다.

준비파일 수강현황.xlsx

- '조건부서식' 시트 탭 [B3:I13] 영역에서 성별이 '여자'이면서 등급은 '정회원'이고, 수강료를 '8만원 이상' 결제한 데이터 행 전체의 배경색을 '노랑'으로 표시

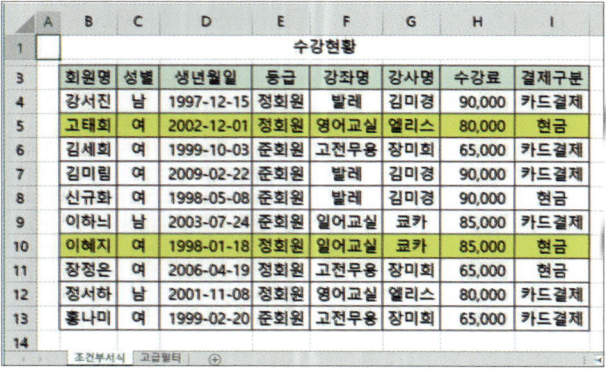

 힌트 '조건부서식' 시트 탭의 [B4:I13] 영역 선택 → [홈] 탭-[스타일] 그룹-[조건부 서식]-[새 규칙] 클릭 → '수식을 사용하여 서식을 지정할 셀 결정' 선택 → '=AND($C4="여",$E4="정회원",$H4>=80000)' 입력 후 [서식] 버튼 → [채우기] 탭-[배경색]을 '노랑'으로 설정

02 문제 **01**의 파일에서 조건부 서식을 추가로 이용하여 다음과 같이 데이터를 표시해 봅니다.

- '조건부서식' 시트 탭 [B3:I13] 영역에서 성별이 '남자'이거나, 강좌명이 '발레'인 데이터 행 전체의 글꼴을 '기울임꼴', '파랑'으로 표시

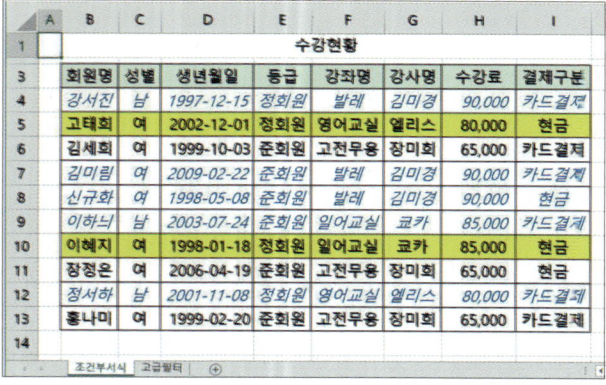

 힌트 '조건부서식' 시트 탭의 [B4:I13] 영역 선택 → [홈] 탭-[스타일] 그룹-[조건부 서식]-[규칙 관리]-[새 규칙] 클릭 → '수식을 사용하여 서식을 지정할 셀 결정' 선택 → '=OR($C4="남",$F4="발레")' 입력 후 [서식] 버튼 → [글꼴] 탭의 [글꼴 스타일]은 '기울임꼴', [색]은 '파랑'으로 설정

03 문제 **02**의 파일에서 '고급필터' 시트 탭을 선택하고 '고급필터' 기능을 사용해 다음과 같이 데이터를 표시해 봅니다.

- '고급필터' 시트 탭 [B3:I13] 영역에서 성별이 '여자'이면서 등급은 '정회원'이고, 수강료를 '8만 원 이상' 결제한 데이터를 [B18] 셀부터 표시
- 조건은 [B15:D16] 영역에 입력

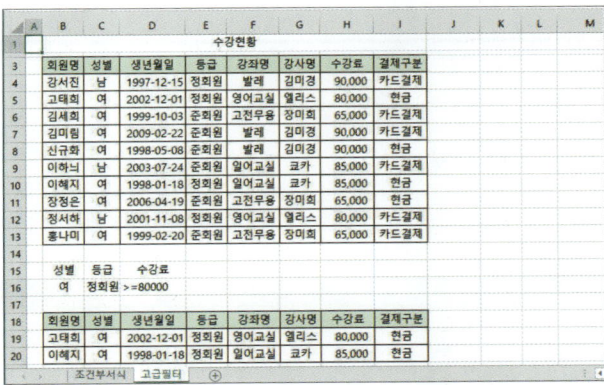

[데이터] 탭–[정렬 및 필터] 그룹–[고급]을 클릭
- 결과 : 다른 장소에 복사
- 목록 범위 : $B$3:$I$13
- 조건 범위 : 고급필터!$B$15:$D$16
- 복사 위치 : 고급필터!$B$18

04 문제 **03**의 파일에서 '고급필터' 기능을 사용해 다음과 같이 데이터를 표시해 봅니다.

- '고급필터' 시트 탭 [B3:I13] 영역에서 회원명이 '김씨'이거나, 성별이 '남자'인 데이터를 [K15] 셀부터 표시
- 조건은 [K11:L13] 영역에 입력

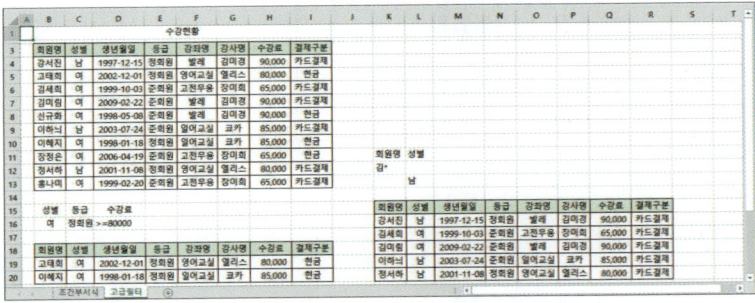

- 결과 : 다른 장소에 복사
- 목록 범위 : $B$3:$I$13
- 조건 범위 : 고급필터!$K$11:$L$13
- 복사 위치 : 고급필터!$K$15
- 와일드 카드 '*' : '*'는 모든 데이터를 포함한다는 뜻입니다. 예를 들어 '김*'는 '김'으로 시작하는 모든 단어나 설명을, '*진'은 '진'으로 끝나는 모든 단어를 의미합니다. '*'에 들어가는 문자의 개수는 상관없습니다.

06 승진 심사 성적 구하기

- IF 함수 : 중첩
- IF 함수 : AND 함수, OR 함수
- COUNTIF 함수
- SUMIF 함수
- AVERAGEIF 함수

미/리/보/기

📁 준비파일 : 사원심사성적.xlsx
📁 완성파일 : 사원심사성적(완성).xlsx

원하는 조건에 따라 값을 구하는 조건 기반 계산은 실제 업무에서 자주 사용하는 유용한 기능입니다. 특히 IF 계열 함수는 특정 조건에 따라 데이터를 분류하거나 계산 결과를 구할 때 효과적으로 사용할 수 있습니다. 이번 장에서는 IF, COUNTIF, SUMIF, AVERAGEIF 함수의 기본 구조와 실전 활용 방법을 살펴보겠습니다.

01 다양한 IF 관련 함수

▶ IF 함수

- IF 함수란 조건에 따라 다른 결과를 보여 주는 논리 함수입니다.
- IF 함수의 기본 구조는 '=IF(조건, 참일 때의 값, 거짓일 때의 값)'입니다.

  예) =IF(A1>0, "양수", "음수") → [A1] 셀의 값이 0보다 크면 '양수', 그렇지 않으면 '음수'를 반환합니다.

- 세 가지 결과가 필요한 경우에는 IF 함수를 두 번 중첩해서 사용하며, 조건도 2개가 필요합니다.

  예) =IF(A1>0, "양수", IF(A1<0, "음수", "0")) → [A1] 셀의 값이 0보다 크면 '양수', 0보다 작으면 '음수', 그렇지 않으면 '0'을 반환합니다.

- 조건식은 '>=(이상), <=(이하), >(초과), <(미만), =(같다), <>(같지 않다)' 등의 비교 연산자를 사용하여 작성합니다. 숫자 비교는 모든 연산자를 사용할 수 있고, 문자 비교는 '=(같다)'와 '<>(같지 않다)'만 사용할 수 있습니다.
- 조건식이나 결과에 문자를 쓸 때는 반드시 '큰따옴표(" ")'로 감싸야 합니다.

– 조건식 1개, 결괏값이 2개인 경우(IF 기본 구조)

함수 형식	설명
=IF(조건, 값1, 값2)	조건이 참이면 값1, 거짓이면 값2를 반환

	A	B	C	D	E	F	G
F2				=IF(D2>90,"합격","불합격")			
1	모델	성능	디자인	평균		평가1	
2	H사_G	97	99	98		합격	
3	K사_B	72	68	70		불합격	
4	B사_C	97	95	96		합격	
5	A사_Q	66	80	73		불합격	
6	S사_A	80	88	84		불합격	
7							

▲ 평균이 90 초과이면 '합격', 아니면 '불합격'

– 조건식 2개, 결괏값이 3개인 경우(IF 중첩)

함수 형식	설명
=IF(조건1, 값1, IF(조건2, 값2, 값3))	조건이 참이면 값1, 거짓이면 값2를 반환

	A	B	C	D	E	F	G
F2				=IF(D2>=90,"최우수",IF(D2>=80,"우수","노력요함"))			
1	모델	성능	디자인	평균		평가2	
2	H사_G	97	99	98		최우수	
3	K사_B	72	68	70		노력요함	
4	B사_C	97	95	96		최우수	
5	A사_Q	66	80	73		노력요함	
6	S사_A	80	88	84		우수	
7							

▲ 평균이 90 이상이면 '최우수', 평균이 80 이상이면 '우수', 나머지는 '노력요함'

'IF 중첩'이란 IF 함수 안에 또 다른 IF 함수를 넣는 것으로 최대 64개까지 이어 붙일 수 있습니다.
예) =IF(A1>90,"A",IF(A1>80,"B",IF(A1>70,"C",IF(A1>60,"D","F"))))
→ [A1] 셀이 90보다 크면 'A', 80보다 크면 'B', 70보다 크면 'C', 60보다 크면 'D', 그 외는 'F'

- 다중 조건의 경우 : 조건들을 모두 만족(IF 함수 AND조건)

함수 형식	설명
=IF(AND(조건1, 조건2...), 값1, 값2)	조건들을 모두 만족하면 값1, 아니면 값2를 반환

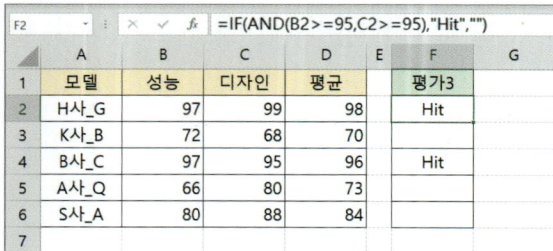

▲ 성능이 95 이상이고, 디자인이 95 이상이면 'Hit' 아니면 공란

- 다중 조건의 경우 : 조건들을 하나라도 만족(IF 함수 OR조건)

함수 형식	설명
=IF(OR(조건1, 조건2...), 값1, 값2)	조건이 하나라도 만족하면 값1, 아니면 값2를 반환

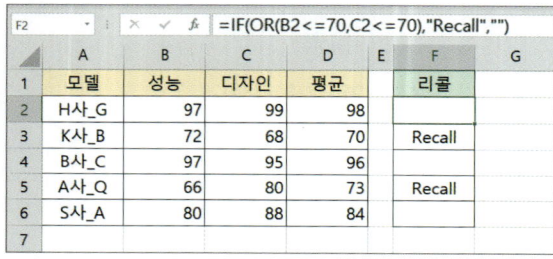

▲ 성능이 70 이하이거나, 디자인이 70 이하이면 'Recall' 아니면 공란

▶ COUNTIF 함수

COUNTIF 함수란 조건을 만족하는 셀이 몇 개인지 '개수'를 세는 함수입니다. 셀 범위와 조건식으로 구성되며, 주어진 조건에 맞는 셀의 개수를 구합니다.

D2			fx	=COUNTIF(A2:A4,"사원")	
	A	B	C	D E	F
1	직급	수당		사원 개수	
2	사원	150000		2	
3	대리	230000			
4	사원	360000			

▲ [A2:A4] 영역에서 '사원'의 개수

▶ SUMIF 함수

SUMIF 함수란 조건을 만족하는 셀 값의 '합계'를 구하는 함수입니다. 조건 범위, 조건식, 합계 범위(선택 사항)로 구성되며 조건에 해당하는 셀의 값을 모두 더해 결과를 계산합니다.

D2			fx	=SUMIF(A2:A4,"사원",B2:B4)	
	A	B	C	D E	F
1	직급	수당		사원 수당의 합계	
2	사원	150000		510000	
3	대리	230000			
4	사원	360000			

▲ [B2:B4] 영역에서 '사원 수당'의 합계

▶ AVERAGEIF 함수

AVERAGEIF 함수란 조건을 만족하는 셀 값의 '평균'을 내는 함수입니다. 조건 범위, 조건식, 평균 범위(선택 사항)로 구성되며 조건에 맞는 값의 평균을 계산합니다.

D2			fx	=AVERAGEIF(A2:A4,"사원",B2:B4)	
	A	B	C	D E	F
1	직급	수당		사원 수당의 평균	
2	사원	150000		255000	
3	대리	230000			
4	사원	360000			

▲ [B2:B4] 영역에서 '사원 수당'의 평균

함수 형식	설명
=COUNTIF(범위, 조건)	범위에서 조건과 일치하는 셀의 개수를 구함
=SUMIF(조건 범위, 조건, 합계를 구할 범위)	셀 범위에서 조건과 일치하는 셀의 합계를 구함
=AVERAGEIF(조건 범위, 조건, 평균을 구할 범위)	셀 범위에서 조건과 일치하는 셀의 평균를 구함

 잠깐 조건 범위와 구할 범위가 서로 같으면, 구할 범위는 생략할 수 있습니다.

 **함수를 활용해 성적 계산하기**

▶ IF 함수

01 '사원심사성적.xlsx' 파일을 불러온 후 [G4] 셀을 클릭합니다.

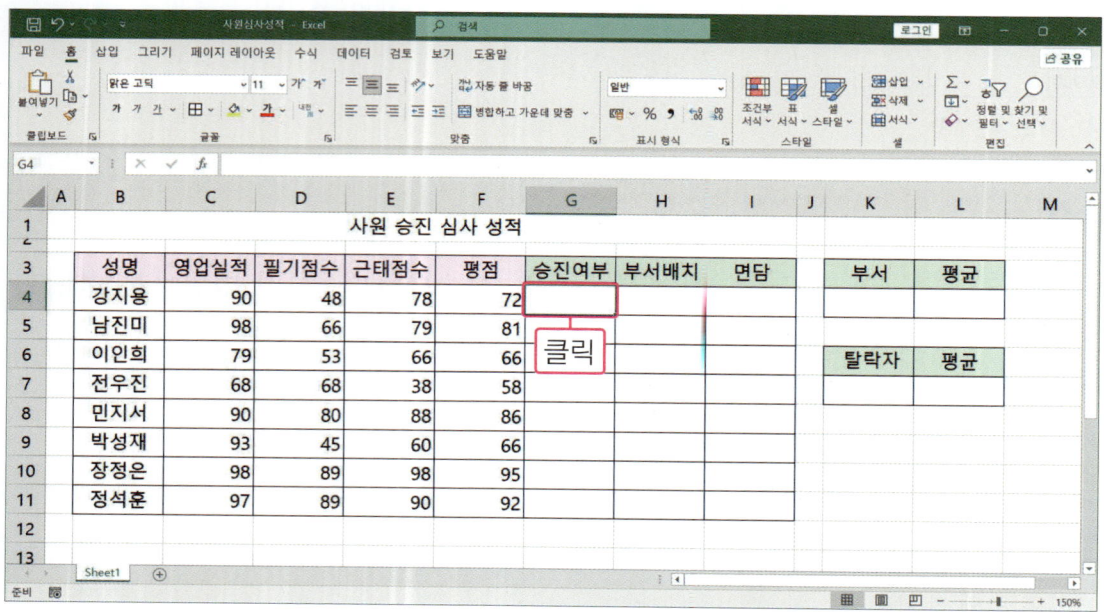

02 IF 함수를 이용하여 평점이 80 이상이면 '승진' 아니면 '탈락'으로 결괏값을 나타내기 위해 '=IF'를 입력합니다. 'IF'로 시작하는 함수 목록이 나타나면 Tab 키를 누릅니다.

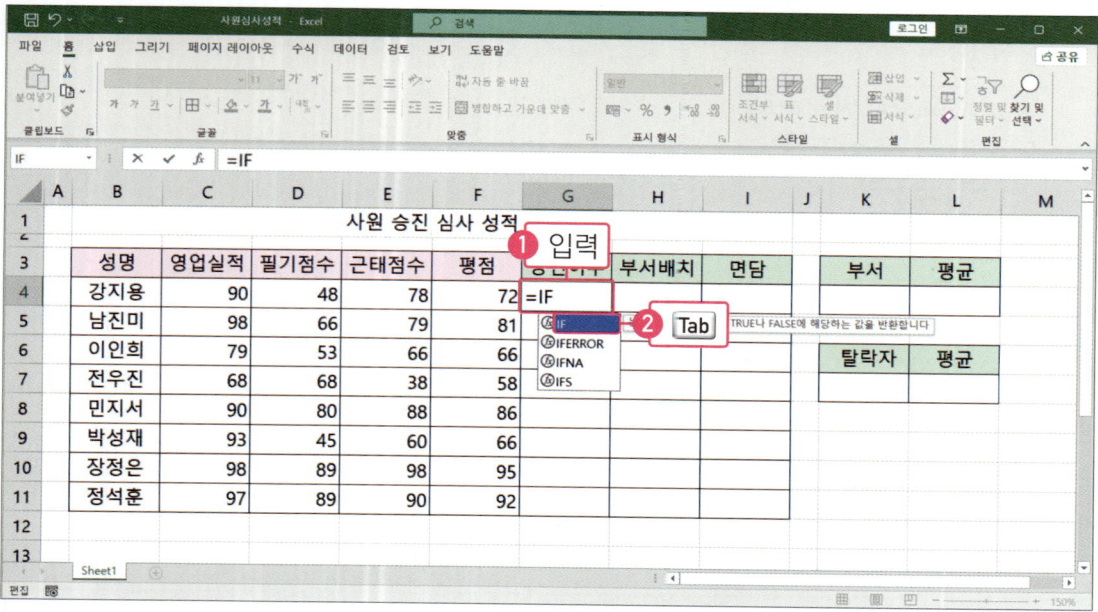

03 함수명이 완성되고 인수를 넣을 수 있도록 괄호가 열리면 Ctrl+A 키를 누릅니다.

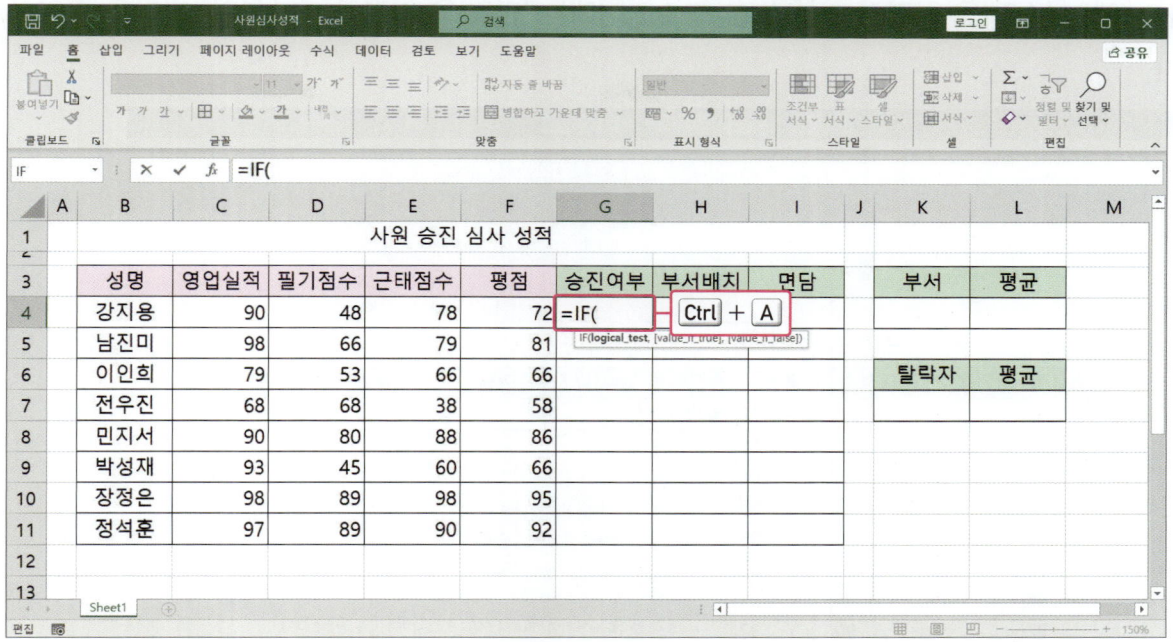

04 [함수 인수] 대화상자가 나타나면 [Logical_test] 입력란에 커서가 들어가 있는 것을 확인합니다.

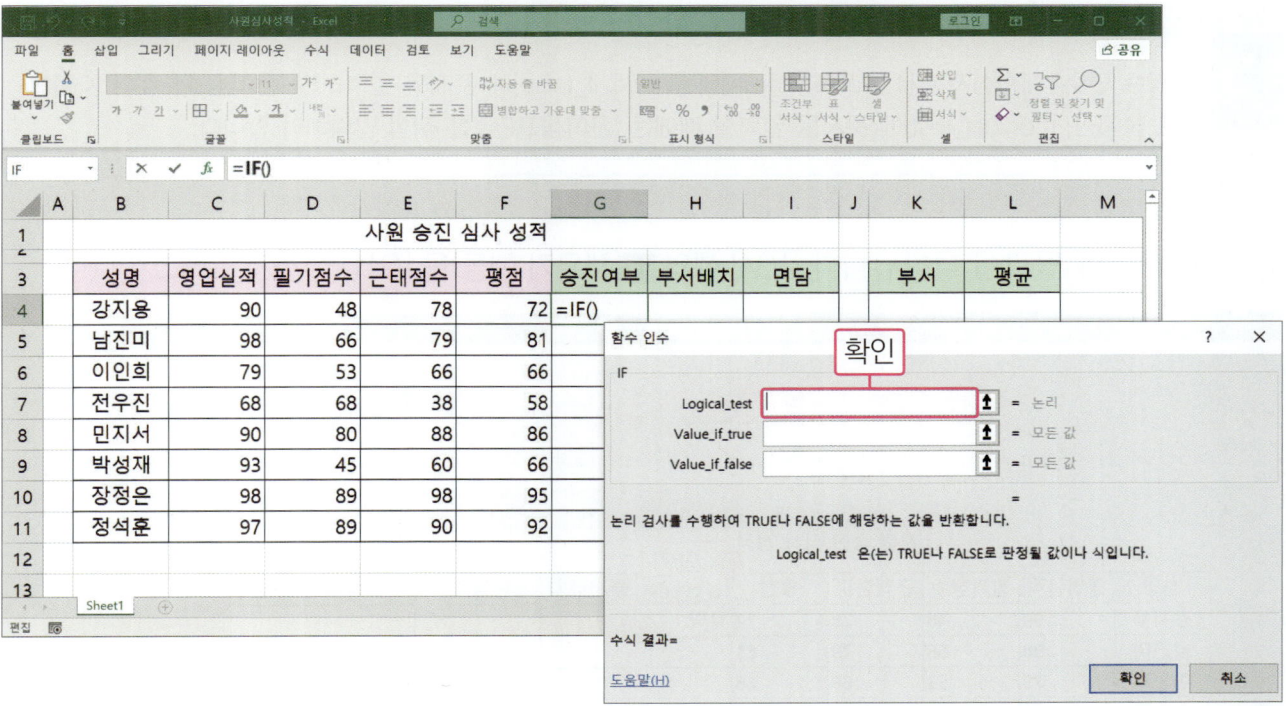

125

05 [F4] 셀을 클릭한 후 이어서 [Logical_test]에 '>=80'을 입력합니다. 참에 해당하는 [Value_if_true]에는 '승진'을 입력하고, [Value_if_false]에는 '탈락'을 입력한 후 [확인] 버튼을 클릭합니다.

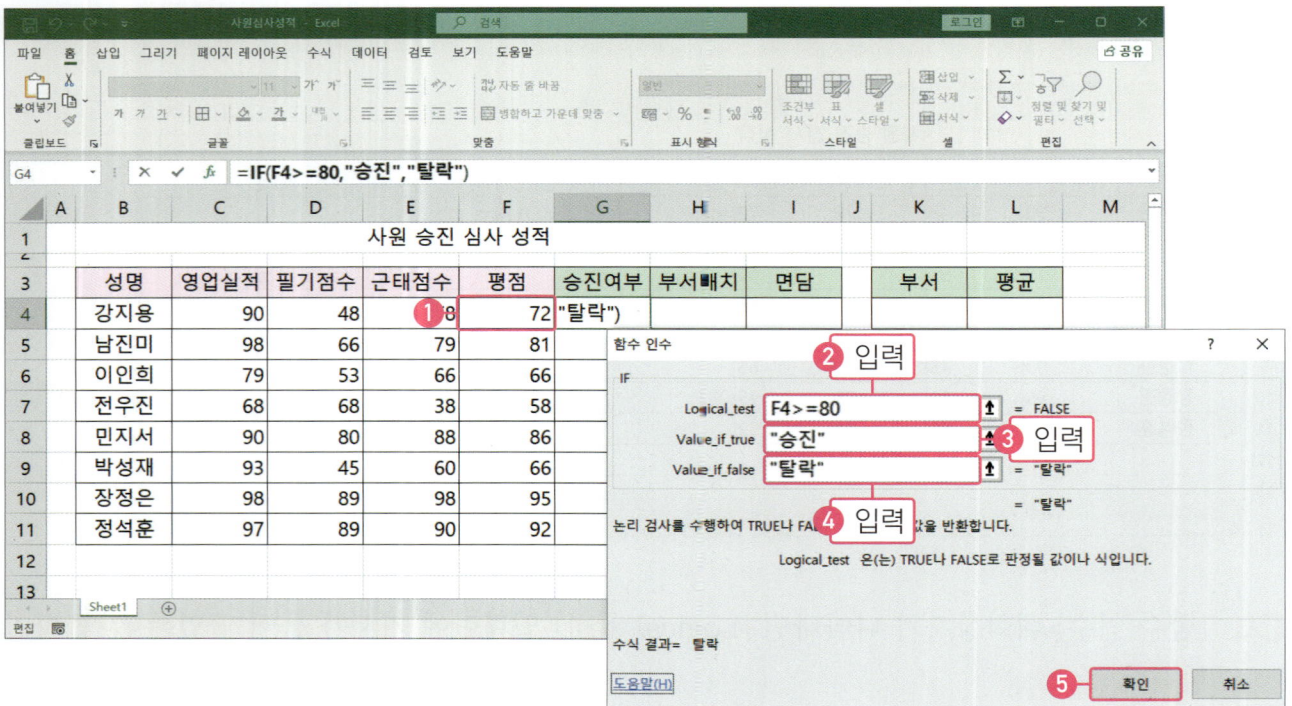

 [함수 인수] 대화상자에서 [Value_if_true]와 [Value_if_false]에 문자를 입력하면 '큰따옴표(" ")'가 자동으로 붙지만, [Logical_test]에 문자를 입력할 때에는 '큰따옴표(" ")'를 직접 입력해야 합니다.

06 [G4] 셀에 탈락이 나타납니다. [G4] 셀의 ■(채우기 핸들)을 [G11] 셀까지 드래그합니다.

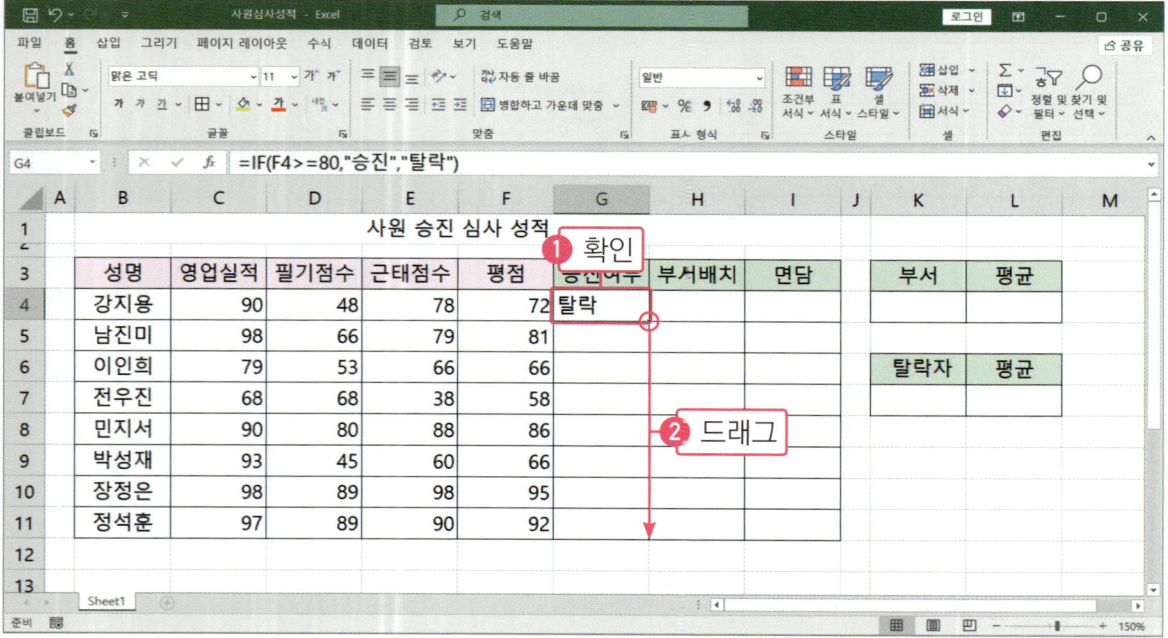

07 [승진여부] 열에 '승진', '탈락' 값이 자동으로 채워진 것을 확인할 수 있습니다.

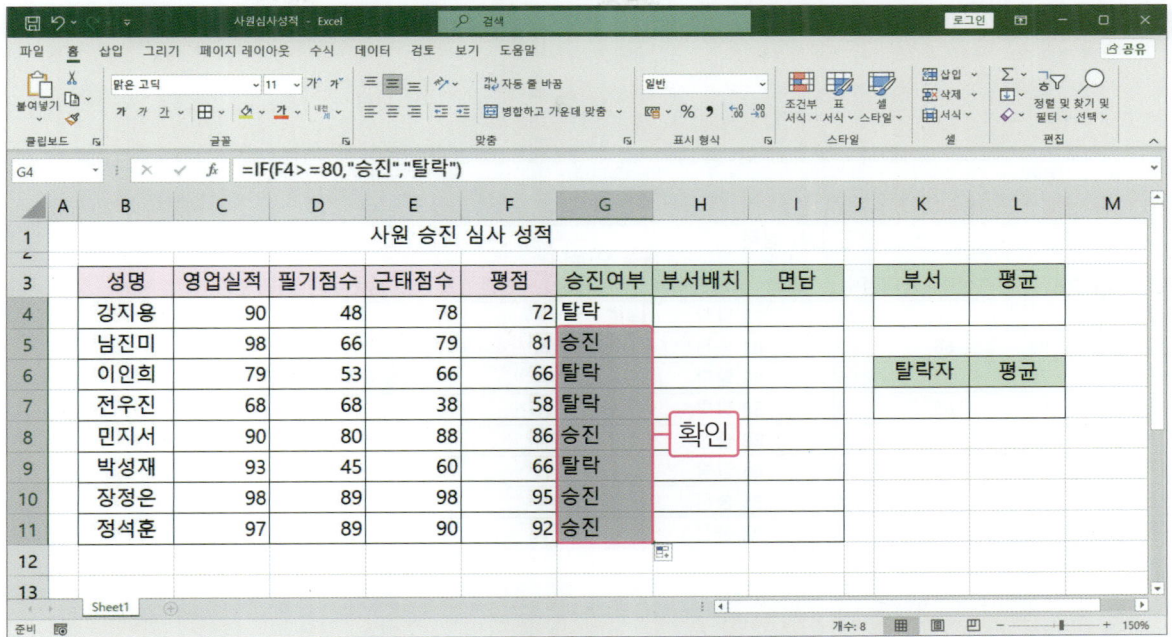

▶ IF 함수 중첩

01 IF 함수를 사용하여 평점이 90 이상이면 '기획팀', 평점이 80 이상이면 '영업팀', 나머지 점수는 '−'으로 값을 나타내 보겠습니다. 먼저 [H4] 셀을 클릭합니다.

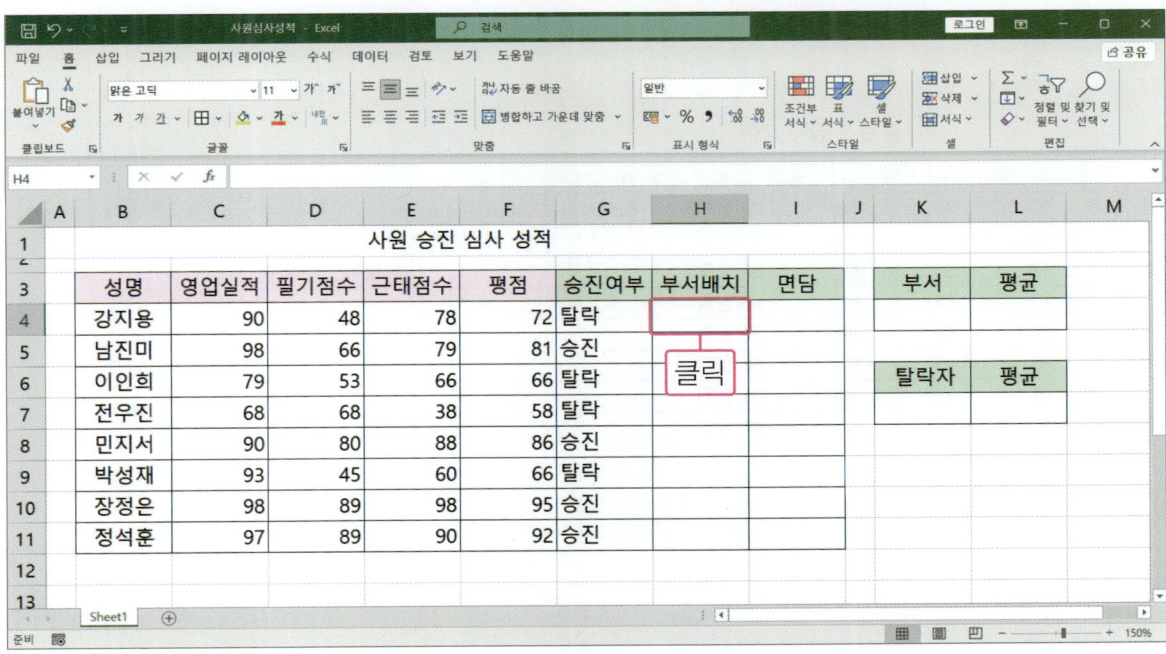

02 '=IF'를 입력한 후 'IF'로 시작하는 함수 목록이 나타나면 Tab 키를 누릅니다.

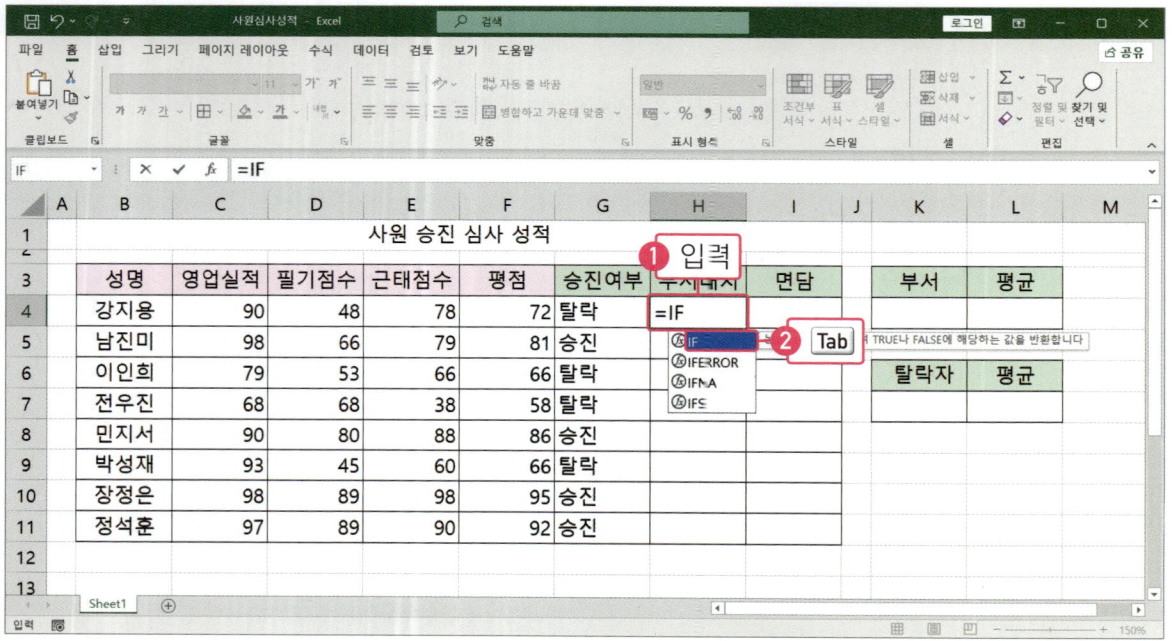

03 함수명이 완성되고 인수를 넣을 수 있도록 끝호가 열리면 Ctrl+A 키를 누릅니다.

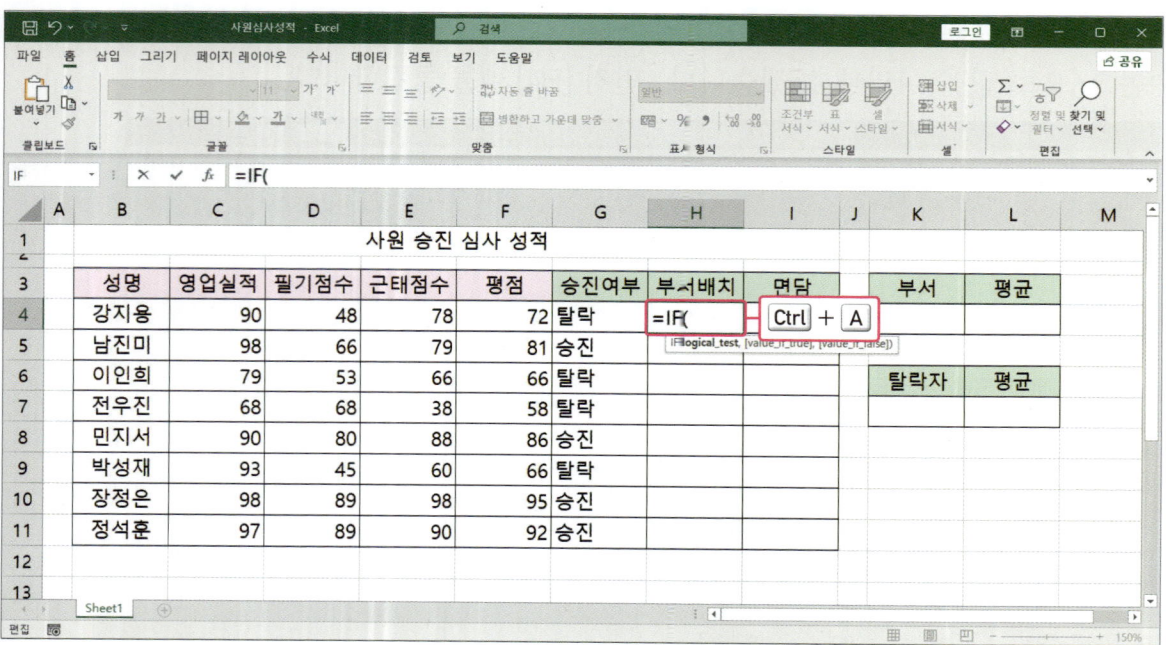

04 [함수 인수] 대화상자가 나타나면 [F4] 셀을 클릭한 후 이어서 [Logical_test]에 '>=90'을 입력합니다. [Value_if_true]에는 '기획팀'을 입력합니다.

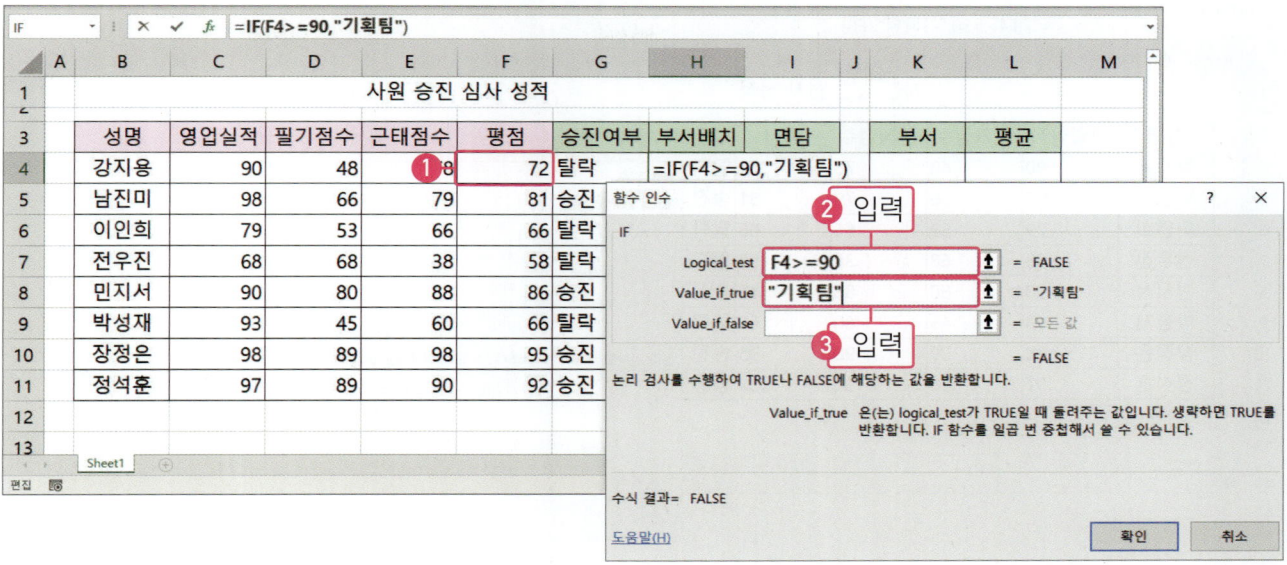

05 [Value_if_false] 입력란을 클릭하고 이름 상자로 마우스 커서를 이동하여 'IF'로 변경될 때 클릭합니다.

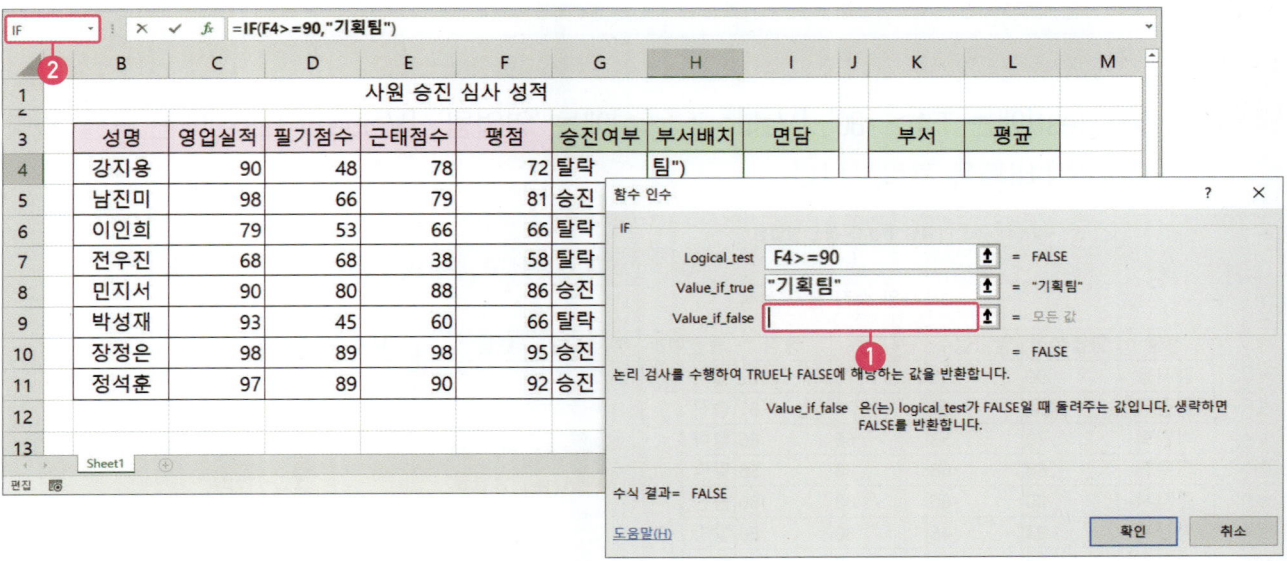

 이름 상자에 'IF'가 표시되지 않는 경우에는 ▼를 클릭한 후 목록에서 'IF'를 선택합니다. 최근 사용한 10개의 함수 목록이 표시되기 때문에 만약 'IF'가 목록에 없다면 '함수 추가'를 선택해 [함수 마법사] 대화상자에서 추가합니다.

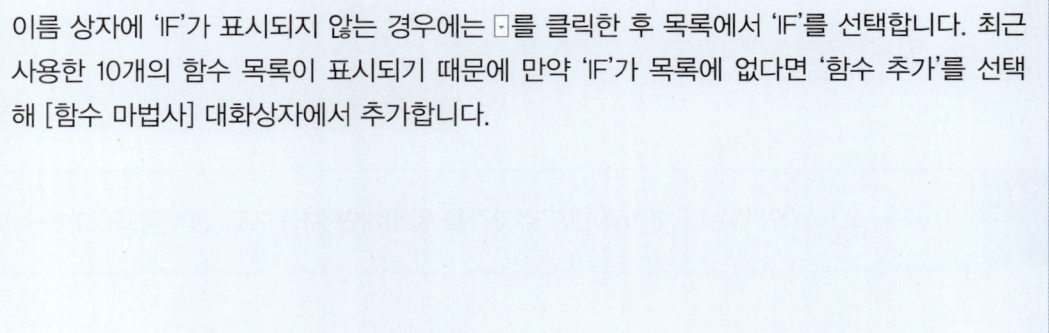

06 새로운 [함수 인수] 대화상자가 나타나고, 수식 입력줄을 보면 IF 함수 안에 새로운 IF 함수식이 들어간 것을 확인할 수 있습니다.

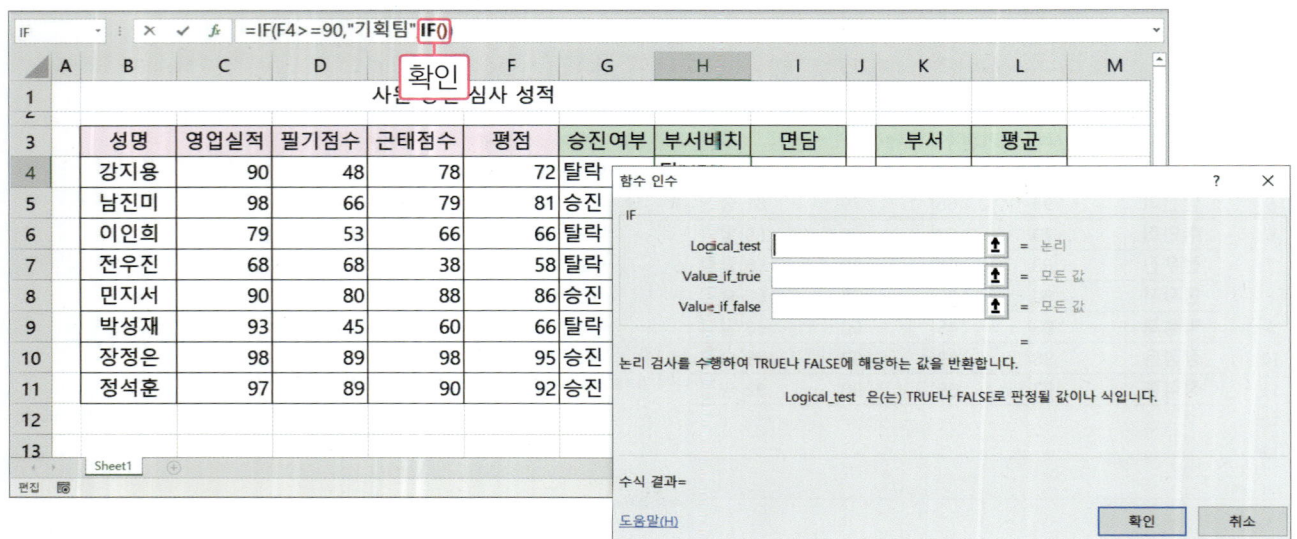

 결괏값이 3개인 경우 '값2' 자리에 새로운 IF 함수식을 작성합니다.
예) =IF(조건1, 값1, 값2)
　　　　　　IF(조건2, 값2, 값3)

07 [Logical_test]에는 'F4>=80', [Value_if_true]에는 '영업팀', [Value_if_false]에는 '-'을 입력한 후 [확인] 버튼을 클릭합니다.

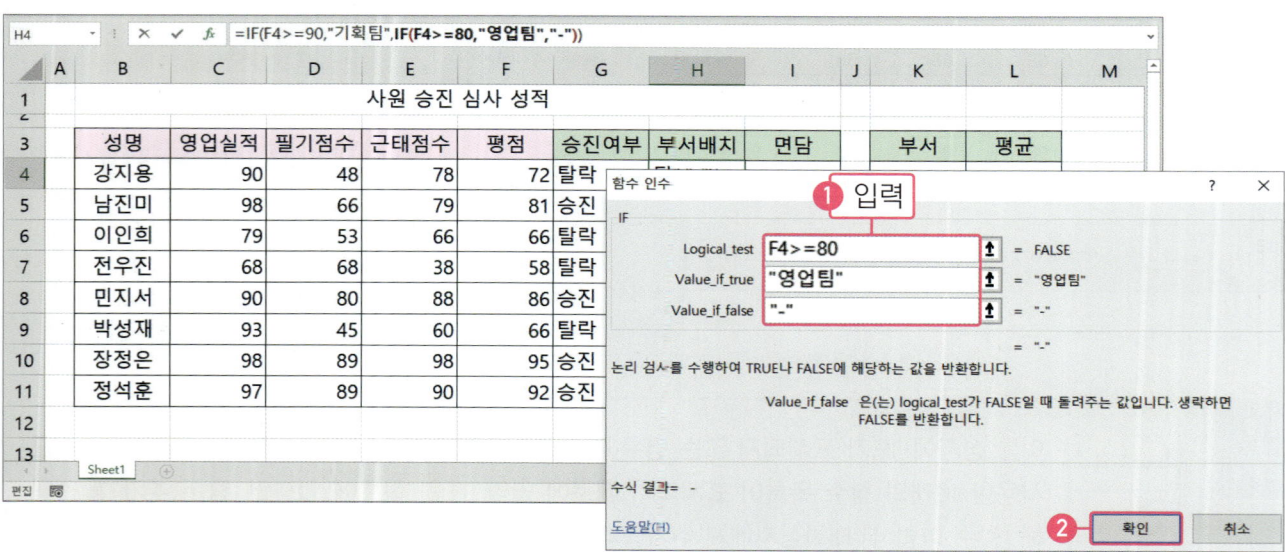

 [Value_if_true]와 [Value_if_false]에 결괏값을 입력하면 자동으로 '큰따옴표(" ")'가 감싸집니다.

08 [H4] 셀의 ■(채우기 핸들)을 [H11] 셀까지 드래그합니다.

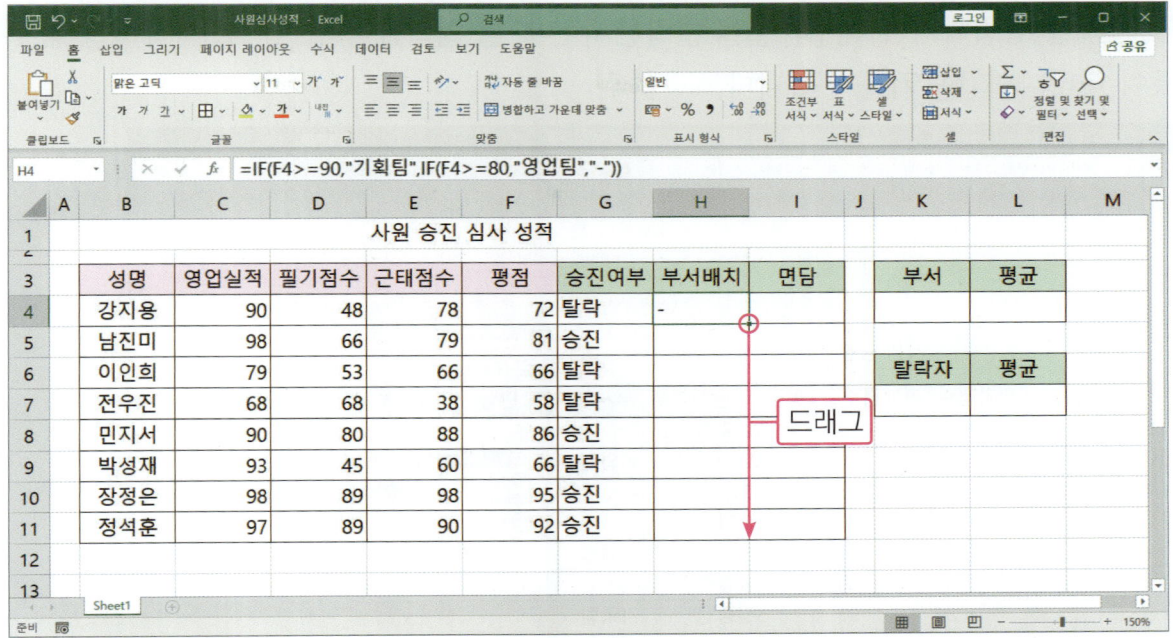

09 [부서배치] 열에 '기획팀', '영업팀', '-' 값이 자동으로 채워진 것을 확인할 수 있습니다.

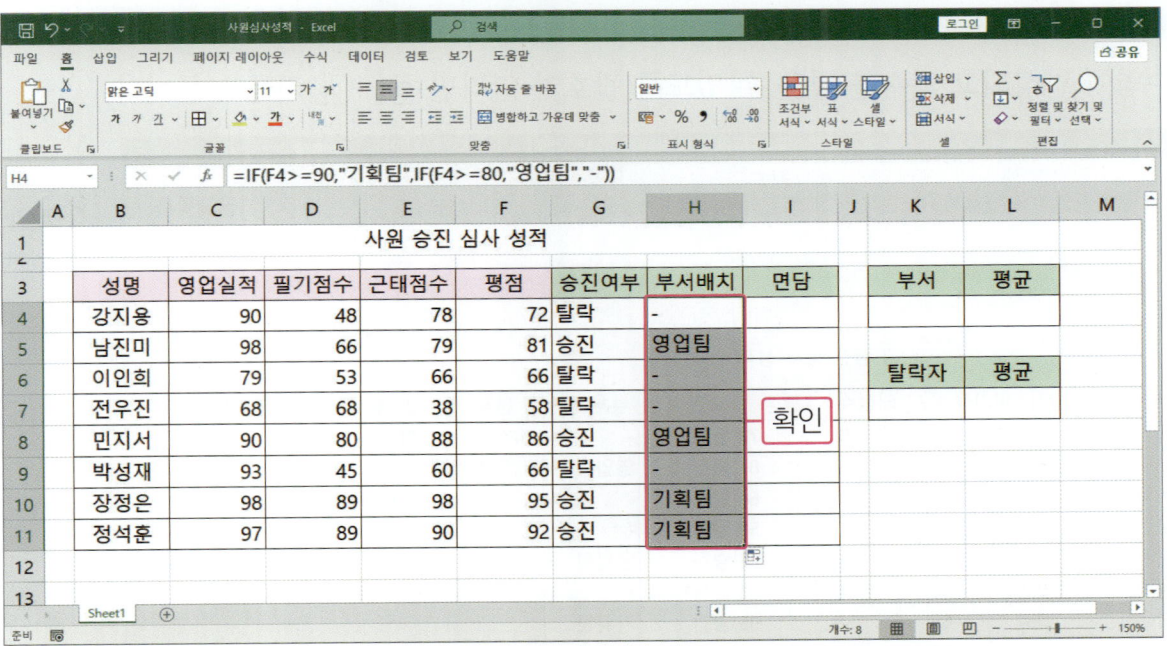

▶ IF 함수와 OR 함수

01 면담 결과를 입력하기 위해 [I4] 셀을 클릭한 후 '=IF'를 입력합니다. 'IF'로 시작하는 함수 목록이 나타나면 Tab 키를 누릅니다.

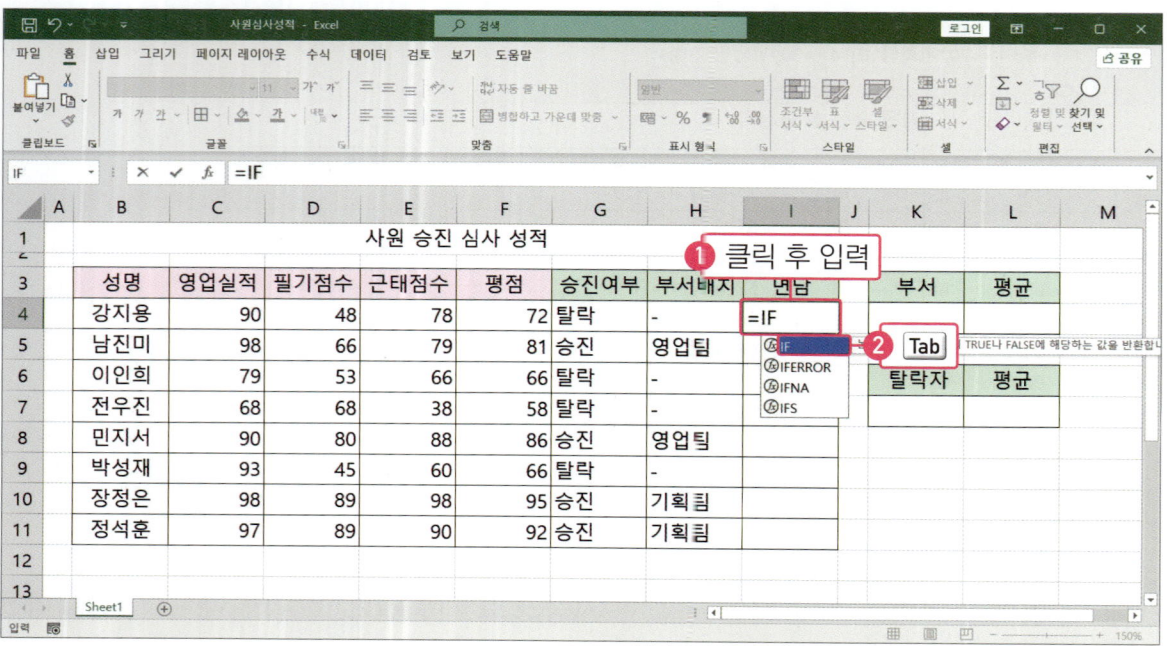

02 함수명이 완성되고 인수를 넣을 수 있도록 괄호가 열리면 Ctrl + A 키를 누릅니다.

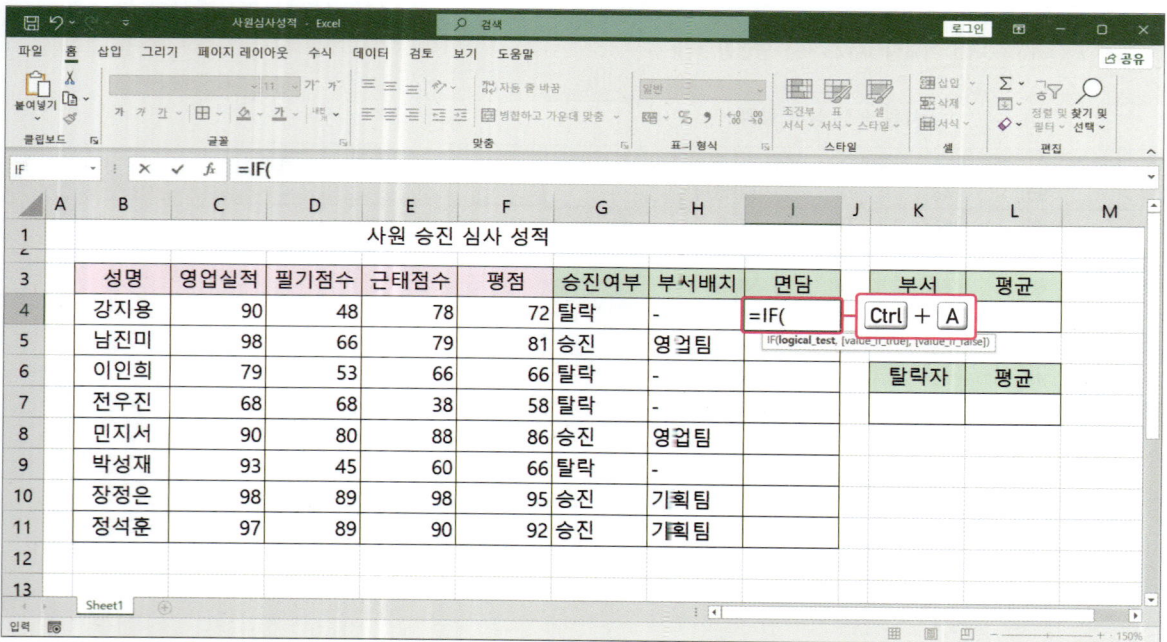

03 [함수 인수] 대화상자가 나타나면 [Logical_test]에 'OR(C4>=95,E4<=40)', [Value_if_true]에 '면담', [Value_if_false]에 '-'을 입력한 후 [확인] 버튼을 클릭합니다.

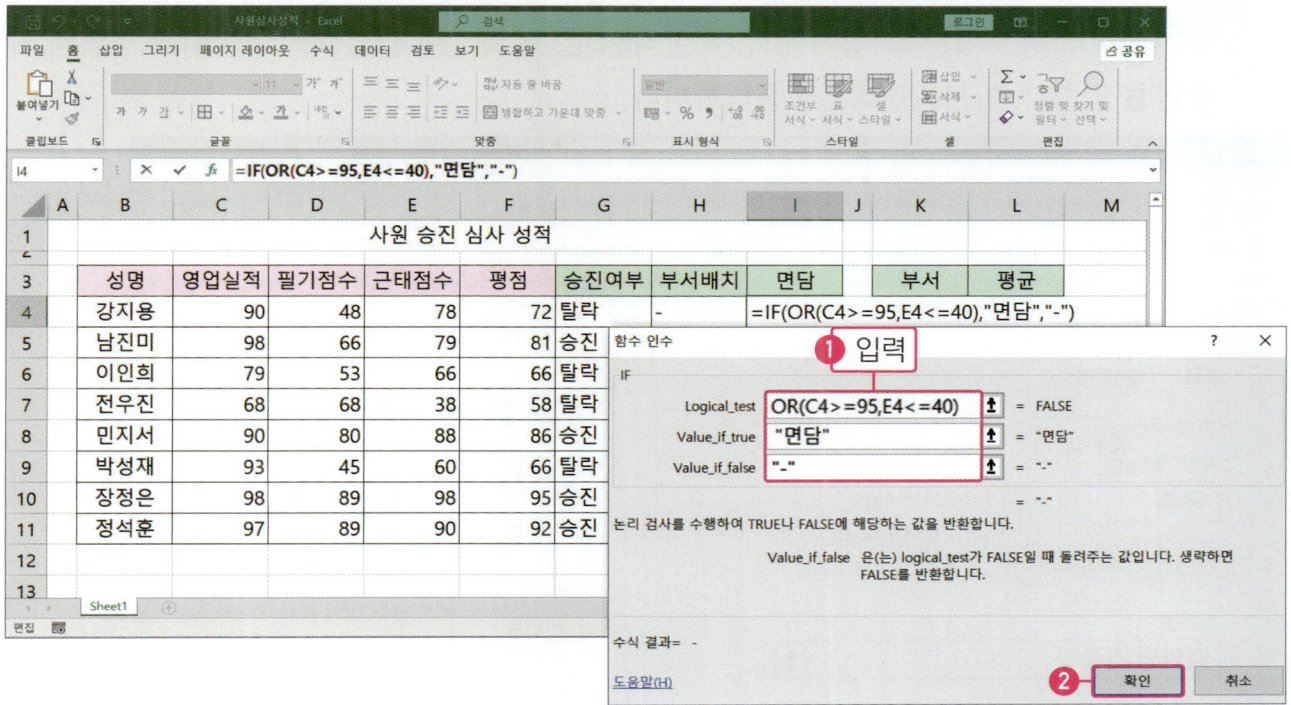

04 [I4] 셀의 ■(채우기 핸들)을 [I11] 셀까지 드래그합니다.

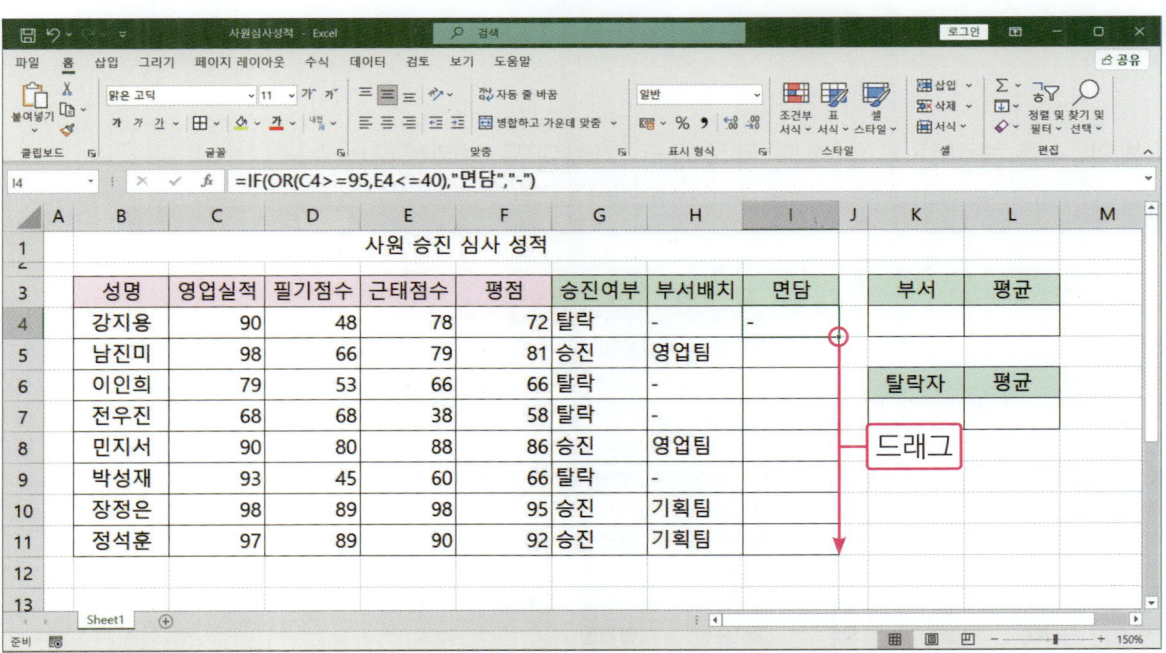

▶ '데이터 유효성 검사' 설정하기

01 [K4] 셀을 클릭하고 [데이터] 탭-[데이터 도구]그룹-[데이터 유효성 검사(📋)]를 클릭합니다. [데이터 유효성] 대화상자에서 [제한 대상]은 '목록'으로 설정하고, [원본]에 '영업팀,기획팀'을 입력한 후 [확인] 버튼을 클릭합니다.

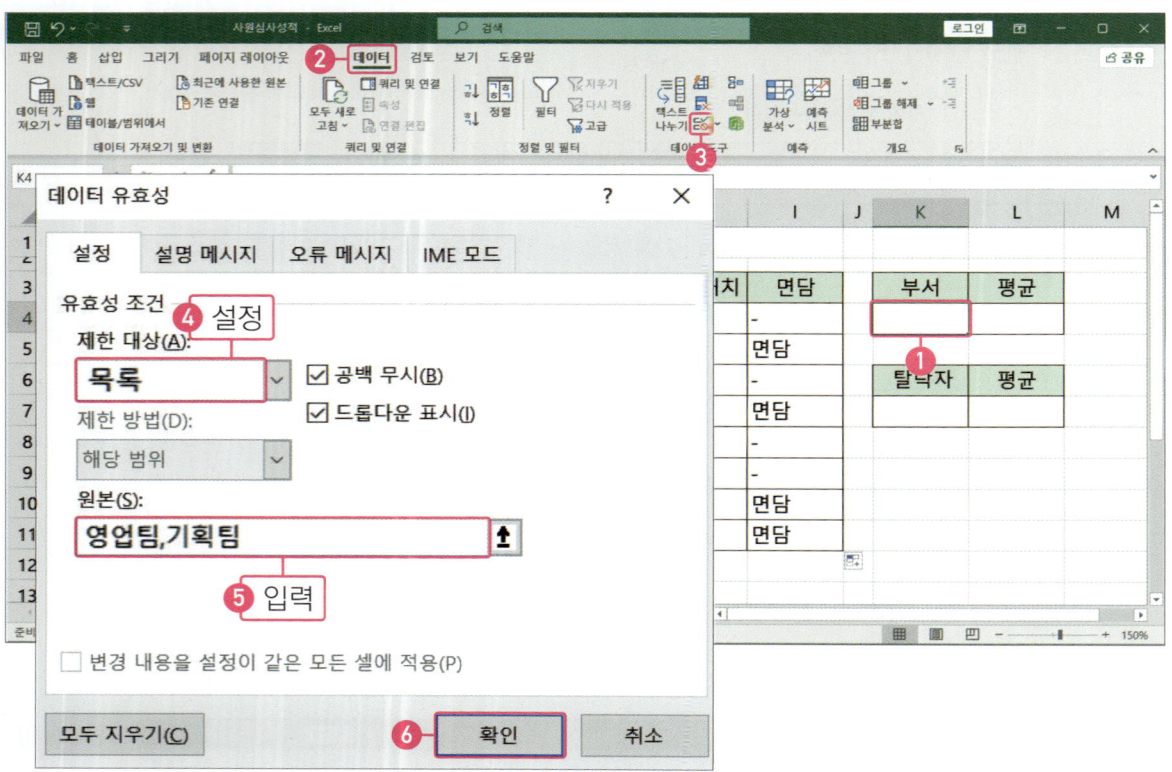

02 [K4] 셀의 ▼를 클릭한 후 설정된 목록에서 '기획팀'을 선택합니다.

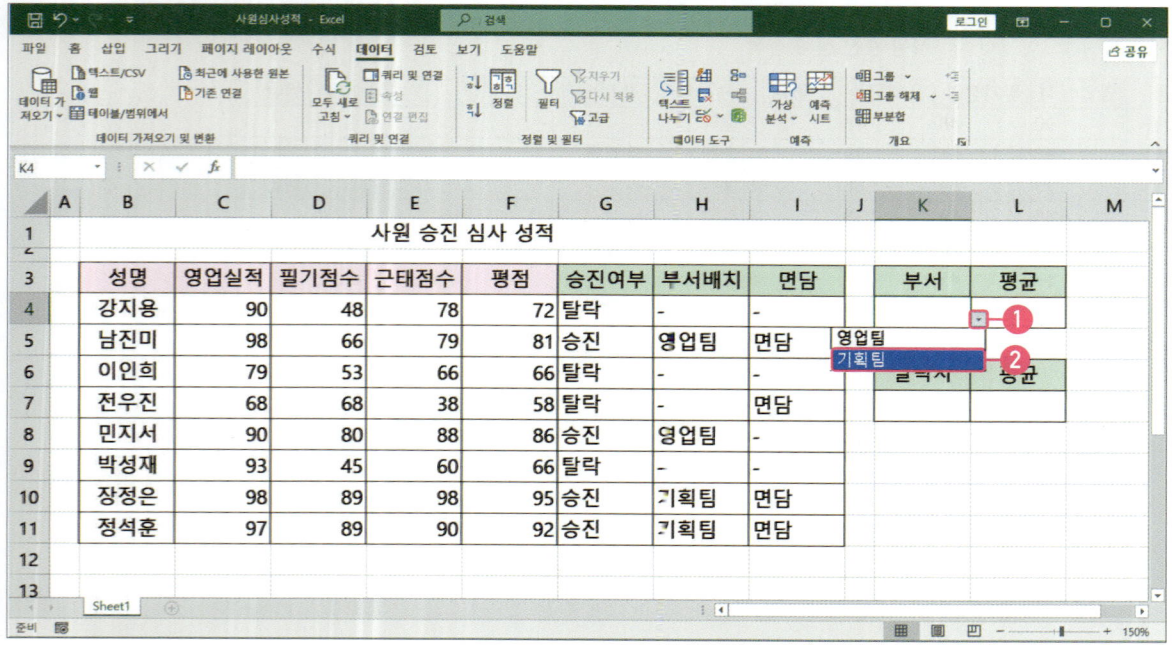

▶ COUNTIF 함수

01 탈락자 수를 구하기 위해 [K7] 셀을 클릭한 후 '=COUN'까지만 입력하고 나타나는 함수 목록에서 'COUNTIF'를 선택합니다. Tab 키를 누른 후 Ctrl+A 키를 누릅니다.

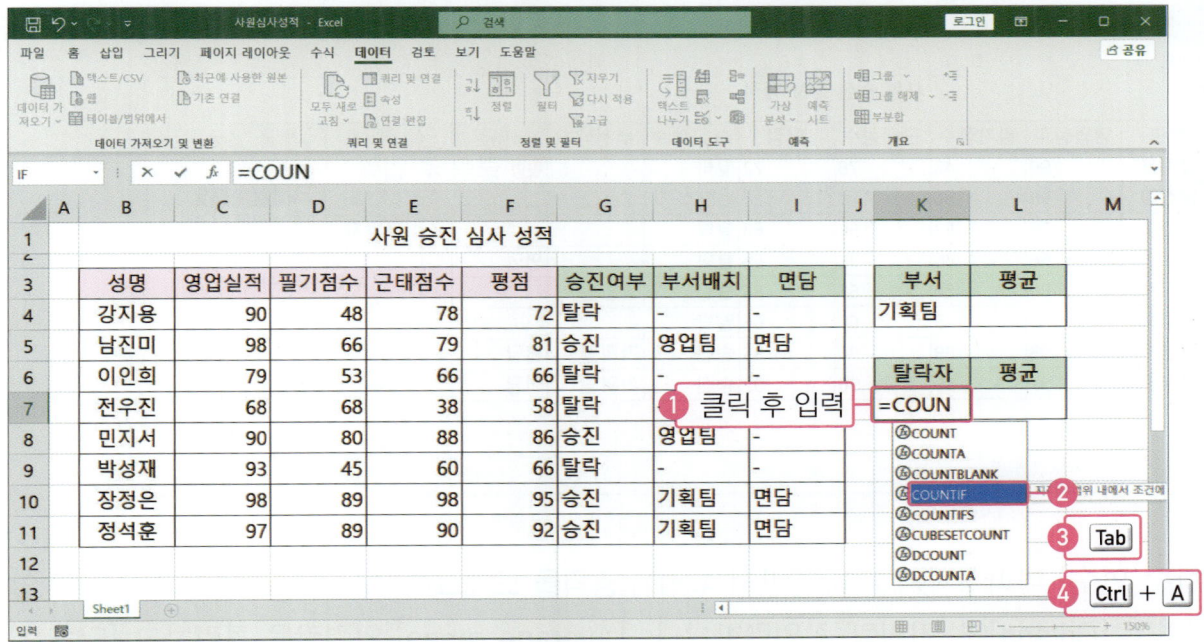

02 [함수 인수] 대화상자가 나타나면 [G4:G11] 영역을 드래그하여 [Range]에 'G4:G11'을 입력하고 [Criteria]에는 '탈락'을 입력한 후 [확인] 버튼을 클릭합니다.

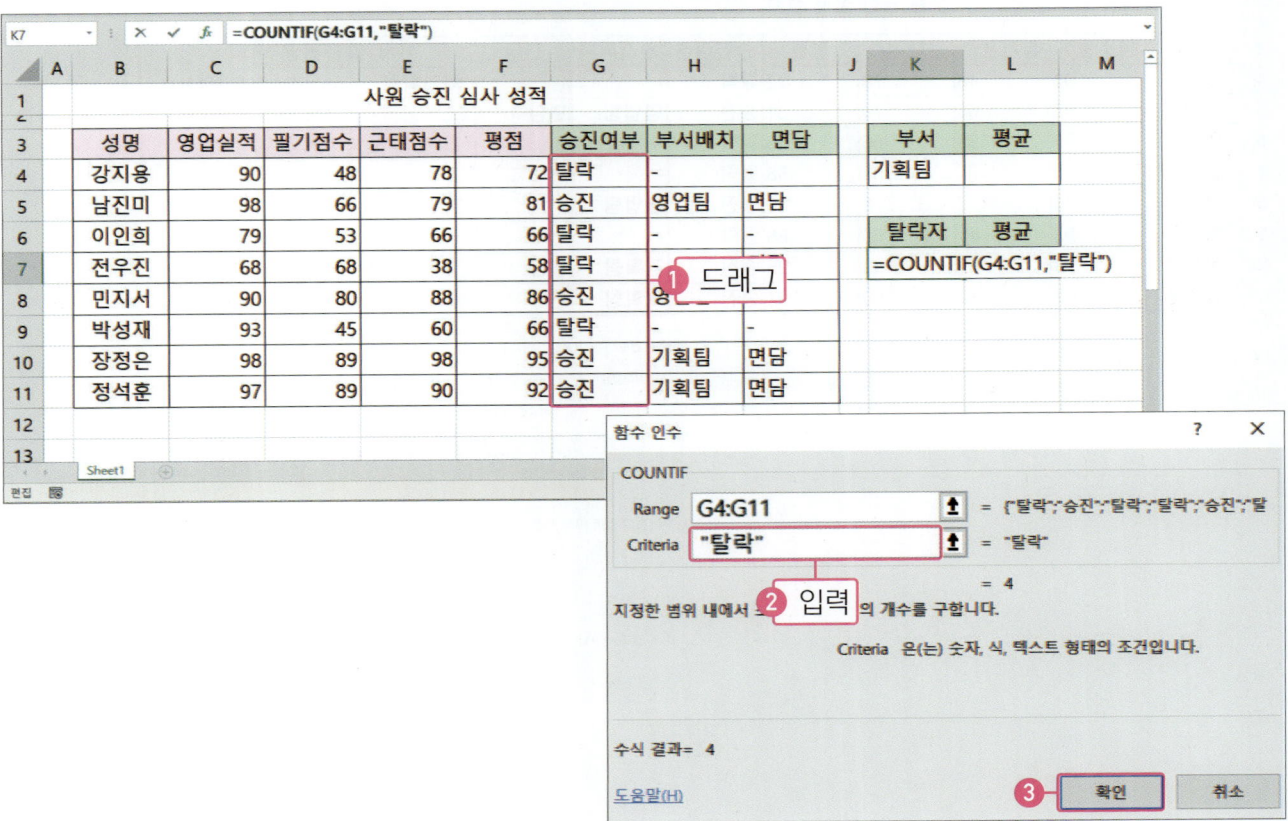

▶ AVERAGEIF 함수

01 기획팀의 평균을 구하기 위해 [L4] 셀을 클릭한 후 '=AV'까지 입력하고 나타나는 함수 목록에서 'AVERAGEIF'를 선택합니다. Tab 키를 누른 후 Ctrl + A 키를 누릅니다.

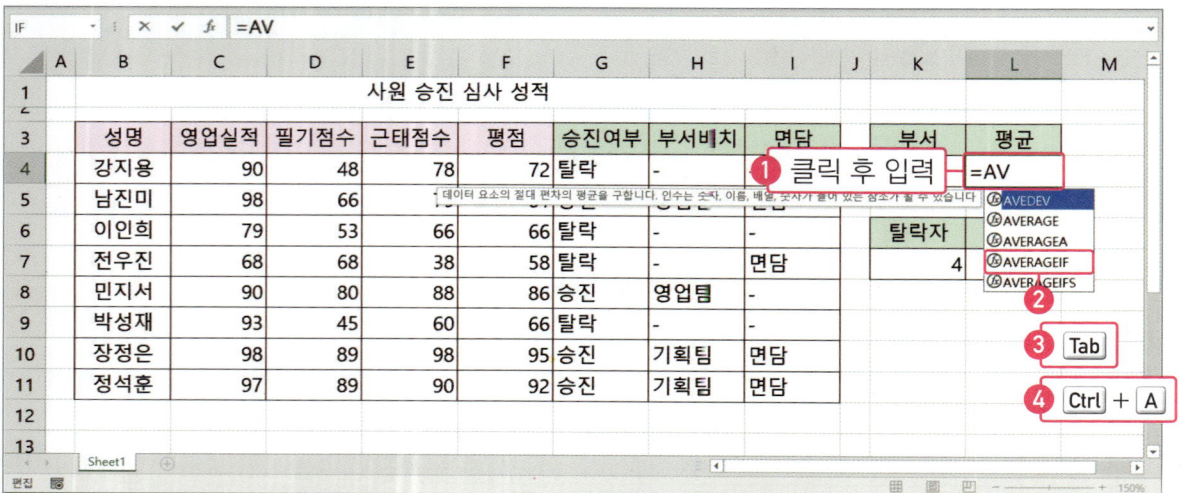

02 [함수 인수] 대화상자가 나타나면 [H4:H11] 영역을 드래그하여 [Range]에 'H4:H11'을 입력하고 [Criteria]에 '기획팀'을 입력합니다. [Average_range] 입력란을 클릭하고 [F4:F11] 영역을 드래그한 후 [확인] 버튼을 클릭합니다.

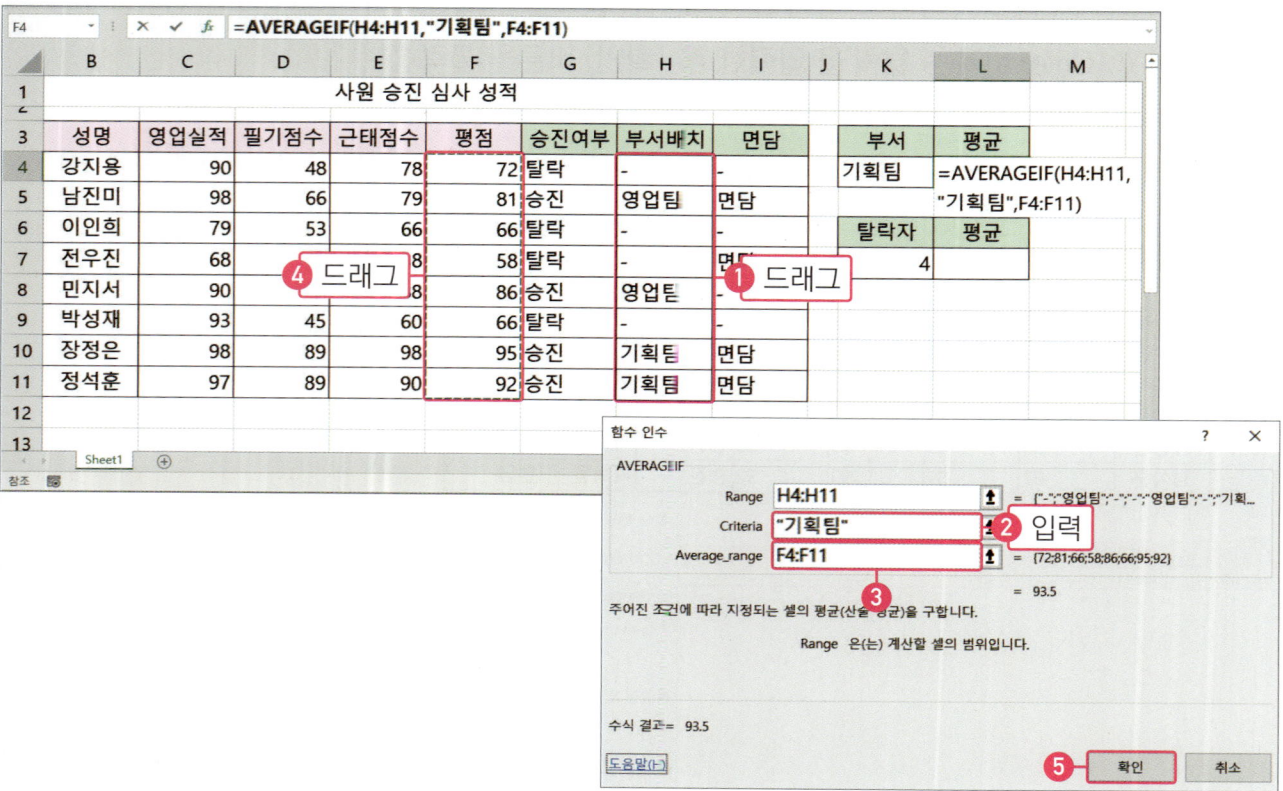

03 기획팀의 평균이 계산된 것을 확인할 수 있습니다.

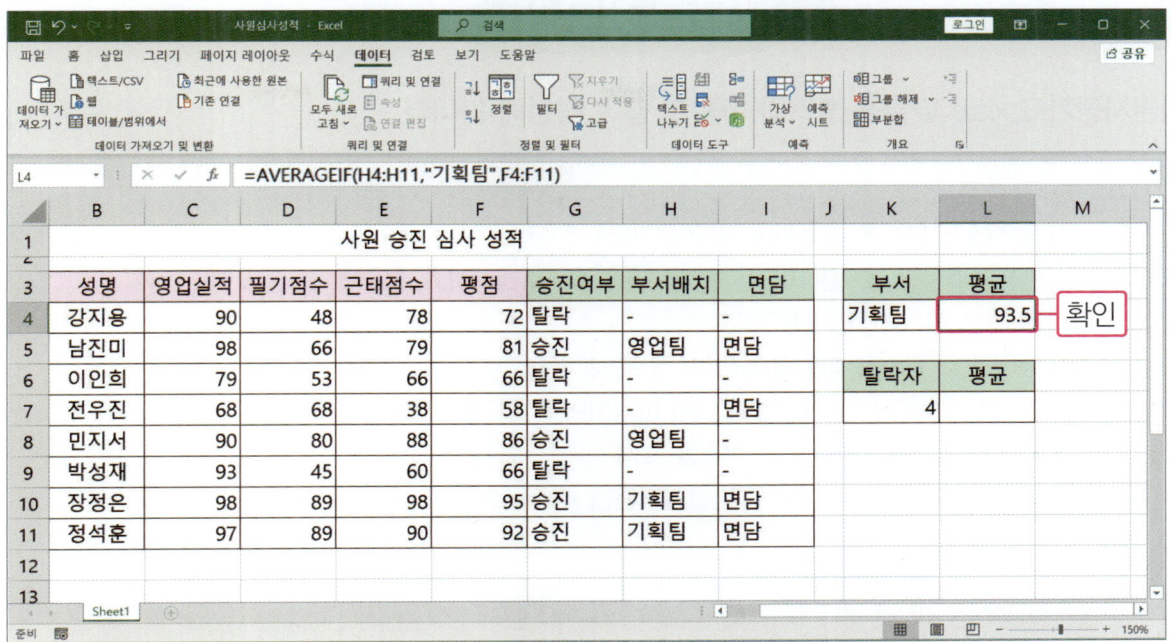

04 같은 방법으로 AVERAGEIF 함수를 사용하여 탈락자의 평균을 계산합니다.

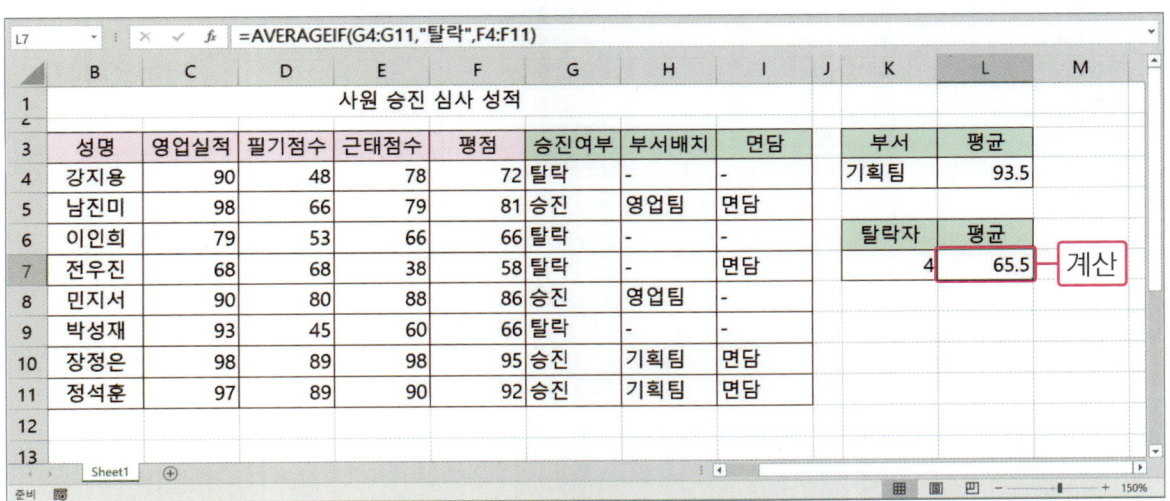

> **잠깐** [L7] 셀을 선택한 후 AVERAGEIF 함수의 [함수 인수] 대화상자를 불러와 다음과 같이 입력합니다.
>
>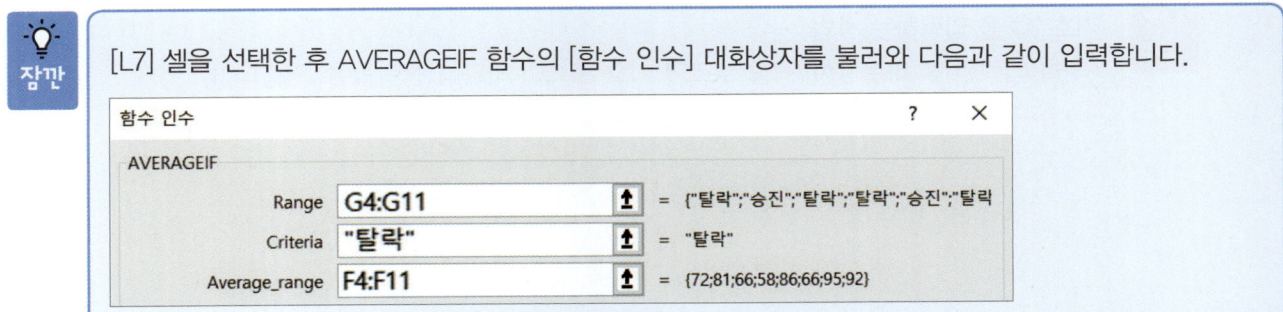

05 빠른 실행 도구 모음에서 🖫(저장)을 클릭하여 파일을 저장합니다.

01 '지원자평가표.xlsx' 파일을 불러와 다음과 같이 작성해 봅니다.

준비파일 지원자평가표.xlsx

- [G4:G11] 영역에 IF 함수를 이용하여 '평균'을 계산
  : 조건은 컴활자격증이 있으면 평균을 '평점+평점*1%'로 계산하고, 없으면 '평점'을 표시(컴활자격증 소지자는 [G4:G11] 영역에 '◎' 표시)
- [H4:H11] 영역에 IF 함수를 이용하여 '부서'를 표시
  : 조건은 평균이 90 이상이면 '영업1팀', 80 이상이면 '영업2팀', 나머지는 '영업3팀'으로 표시
- [I4:I11] 영역에 IF 함수를 이용하여 '면담'을 표시
  : 조건은 필기점수가 90 이상이면서 컴활자격증을 소유하고 있으면 '면담', 아니면 공란으로 표시

	A	B	C	D	E	F	G	H	I	J	K	L	M
1					지원자 평가표								
2													
3		사원번호	필기점수	면접점수	평점	컴활자격증	평균	부서	면담		부서	평균	
4		A-101	91	89	90	◎	90.9	영업1팀	면담				
5		E-102	80	60	70		70	영업3팀					
6		A-103	46	74	60	◎	60.6	영업3팀			면담	평균	
7		B-104	32	98	65		65	영업3팀					
8		C-105	81	79	80		80	영업2팀					
9		B-106	95	45	70	◎	70.7	영업3팀	면담				
10		C-107	94	89	91.5		91.5	영업1팀					
11		B-108	96	90	93		93	영업1팀					

- [G4] 셀 : =IF(F4="◎",E4+E4*1%,E4)
- [H4] 셀 : =IF(G4>=90,"영업1팀",IF(G4>=80,"영업2팀","영업3팀"))
- [I4] 셀 : =IF(AND(C4>=90,F4="◎"),"면담"," ")

기호 '◎'를 입력하는 방법
'ㅁ'을 입력한 후 바로 [한자] 키를 누르면 기호 목록이 나타나 선택할 수 있습니다.

02 문제 01의 파일에서 다음과 같이 데이터를 표시해 봅니다.

- [K4] 셀 : '데이터 유효성 검사' 기능으로 '영업2팀' 설정(원본은 '영업1팀,영업2팀,영업3팀'을 입력)
- [K7] 셀 : COUNTIF 함수를 이용하여 [I4:I11] 영역의 면담 개수, 연결 연산자(&)를 이용하여 맨 뒤에 '명'표시
- [L4] 셀 : AVERAGEIF 함수를 이용하여 [K4] 셀의 조건을 이용
- [L7] 셀 : AVERAGEIF 함수를 이용하여 '면담'의 조건을 이용

	A	B	C	D	E	F	G	H	I	J	K	L	M
1					지원자 평가표								
2													
3		사원번호	필기점수	면접점수	평점	컴활자격증	평균	부서	면담		부서	평균	
4		A-101	91	89	90	◎	90.9	영업1팀	면담		영업2팀	80	
5		E-102	80	60	70		70	영업3팀					
6		A-103	46	74	60	◎	60.6	영업3팀			면담	평균	
7		B-104	32	98	65		65	영업3팀			2명	80.8	
8		C-105	81	79	80		80	영업2팀					
9		B-106	95	45	70	◎	70.7	영업3팀	면담				
10		C-107	94	89	91.5		91.5	영업1팀					
11		B-108	96	90	93		93	영업1팀					
12													
13													

- [K4] 셀 : [데이터] 탭-[데이터 도구] 그룹-[데이터 유효성 검사] 클릭 → [제한 대상]을 '목록'으로 설정 → [원본] 입력란에 '영업1팀,영업2팀,영업3팀'을 입력
- [K7] 셀 : =COUNTIF(I4:I11,"면담")&"명"
- [L4] 셀 : =AVERAGEIF(H4:H11,K4,G4:G11)
- [L7] 셀 : =AVERAGEIF(I4:I11,"면담",G4:G11)

07 진료현황표와 거래내역서 만들기

- VLOOKUP 함수
- HLOOKUP 함수
- IFERROR 함수
- TODAY 함수

미/리/보/기

▶ 준비파일 : 진료현황표.xlsx, 거래내역서.xlsx
▶ 완성파일 : 진료현황표(완성).xlsx, 거래내역서(완성).xlsx

엑셀을 사용하는 가장 큰 이유 중 하나는 문서 작업의 자동화가 가능하기 때문입니다. 복잡한 데이터를 일일이 입력하지 않아도, 함수를 사용하면 필요한 정보를 자동으로 채울 수 있어 편리합니다. 이번 장에서는 찾기/참조 함수로 원하는 데이터를 불러오는 방법과 날짜 함수를 활용해 문서를 스마트하게 작성하는 방법을 알아보겠습니다.

찾기/참조, 오류 처리, 날짜 함수

▶ 찾기/참조 함수

찾기/참조 함수는 데이터를 효율적으로 검색하고 연결할 때 매우 유용하며, 특히 실무에서 자주 사용됩니다. 대표적으로 VLOOKUP과 HLOOKUP 함수가 있습니다.

함수 형식	설명
=VLOOKUP(찾을 값, 표 범위, 열 번호, 찾을 방법)	찾을 값을 전체 표 범위에서 열 번호를 보고 일치하는지 판단
=HLOOKUP(찾을 값, 표 범위, 행 번호, 찾을 방법)	찾을 값을 전체 표 범위에서 행 번호를 보고 일치하는지 판단

− VLOOKUP : VLOOKUP 함수의 'V'는 Vertical(수직)의 약자로, 찾으려는 자료가 세로 방향으로 정리되어 있을 때 사용합니다.

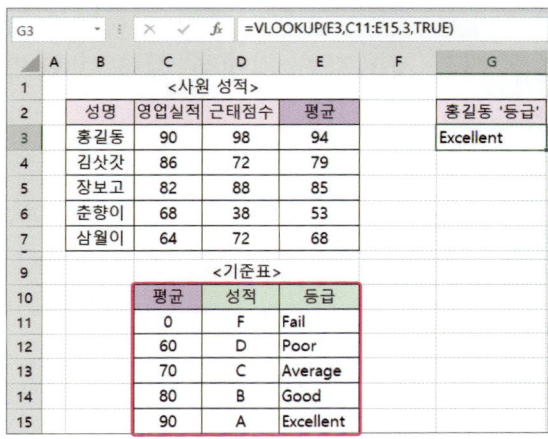

▲ 기준표의 배열이 세로 방향이면 VLOOKUP 함수를 사용

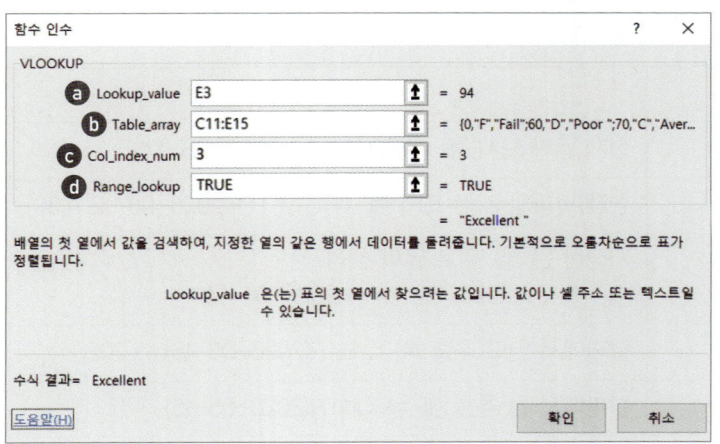

ⓐ Lookup_value : 찾으려는 기준값입니다.

ⓑ Table array : 결괏값이 들어 있는 범위(배열 또는 표)를 선택합니다.

ⓒ Col_index_num : 결괏값을 가져올 열 번호를 입력합니다.

ⓓ Range_lookup : 생략하거나 'TRUE'를 입력하면 근삿값을 찾아주고, 'FALSE'를 입력하면 정확히 일치하는 값만 검색합니다.

– HLOOKUP : HLOOKUP 함수의 'H'는 Horizontal(수평)의 약자로, 찾으려는 자료가 가로 방향으로 정리되어 있을 때 사용합니다. 함수 구조는 VLOOKUP과 같지만, 열 번호 대신 행 번호를 입력합니다.

▲ 기준표의 배열이 가로 방향이면 HLOOKUP 함수를 사용

▶ IFERROR 함수

IFERROR 함수는 수식에서 오류가 발생한 경우에 오류 대신 사용자가 지정한 값을 반환해 주는 유용한 함수입니다.

함수 형식	설명
=IFERROR(수식, 오류일 때 표시할 값)	수식에서 오류가 발생하면 표시할 값 예 =IFERROR(10/값, "계산오류") → 계산오류

▶ 날짜 함수

엑셀은 1900년 1월 1일을 기준으로 날짜를 숫자로 저장합니다. 예를 들어 '46023'은 1900년 1월 1일부터 46,023일째 되는 날인 2026년 1월 1일을 의미합니다.

함수 형식	설명
=TODAY( )	현재 날짜 표시 예 =TODAY( ) → 2026-08-12
=NOW( )	현재 날짜와 시간 표시 예 =NOW( ) → 2026-08-12 11:30
=DATE(년, 월, 일)	지정한 년, 월, 일로 날짜 생성 예 =DATE(2026, 04, 14) → 2026-04-14
=YEAR(날짜)	날짜에서 연도 추출 예 =YEAR(2026-05-15) → 2026
=MONTH(날짜)	날짜에서 월 추출 예 =MONTH(2026-05-15) → 5
=DAY(날짜)	날짜에서 일 추출 예 =DAY(2026-05-15) → 15
=DAYS360(시작일, 종료일)	종료일에서 시작일을 뺀, 경과된 날짜 수 예 =DAYS360("2026-1-1","2026-12-31") → 360

 DAYS360 함수는 1년을 360일(12개월×30일)로 가정하여 계산합니다. 이자나 급여, 퇴직금과 같은 금융 계산에 자주 활용됩니다.

 ## 진료현황표에서 데이터 값 찾기

▶ VLOOKUP 함수

01 '진료현황표.xlsx' 파일을 불러온 후 '진료현황1' 시트 탭에서 [F3] 셀을 클릭합니다.

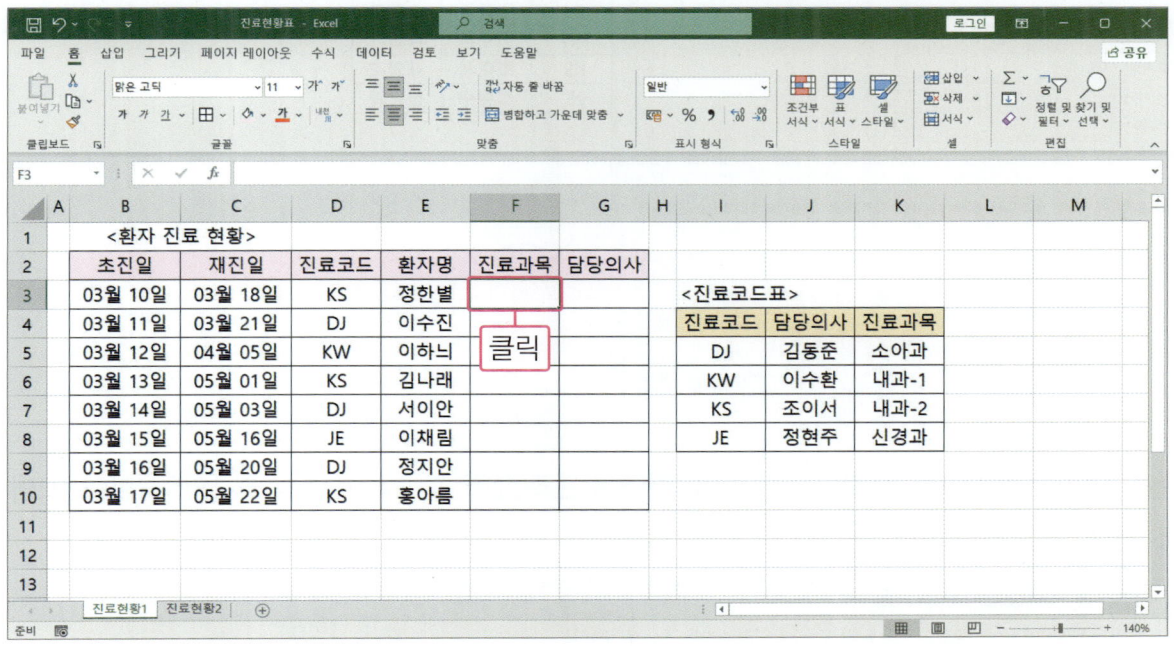

02 VLOOKUP 함수를 이용해 환자의 진료코드를 토대로 〈진료코드표〉에서 '진료과목'을 찾기 위해 '=VL'을 입력합니다. Tab 키를 누른 후 Ctrl + A 키를 누릅니다.

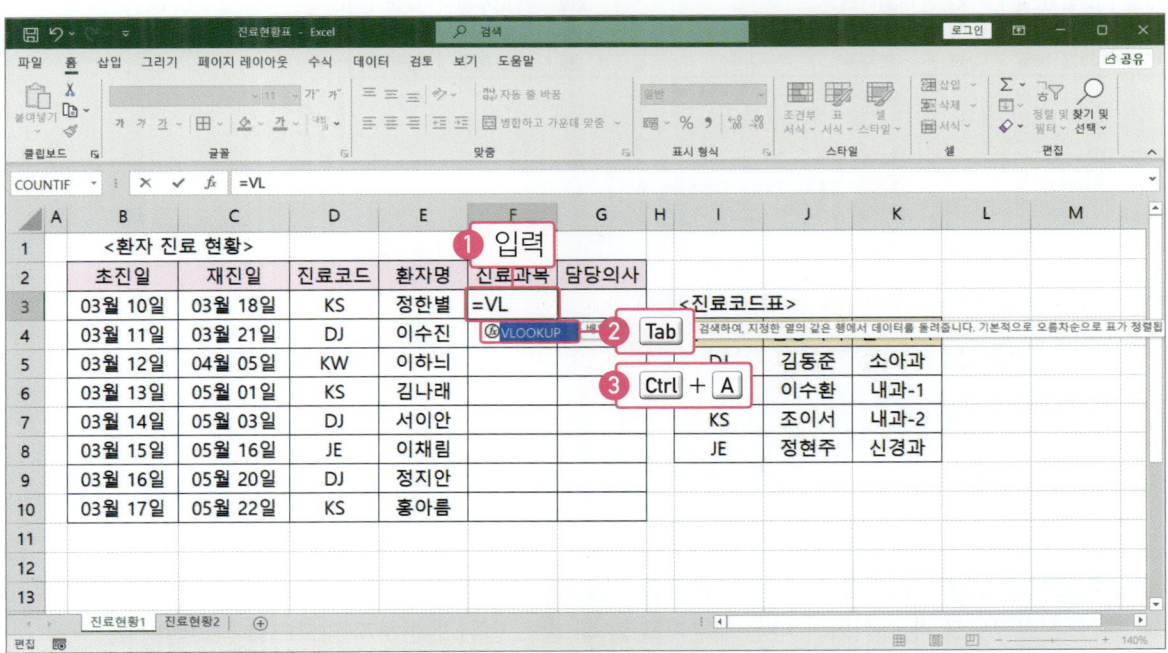

03 [함수 인수] 대화상자가 나타나면 [D3] 셀을 클릭해 [Lookup_value]에 'D3'을 입력합니다.

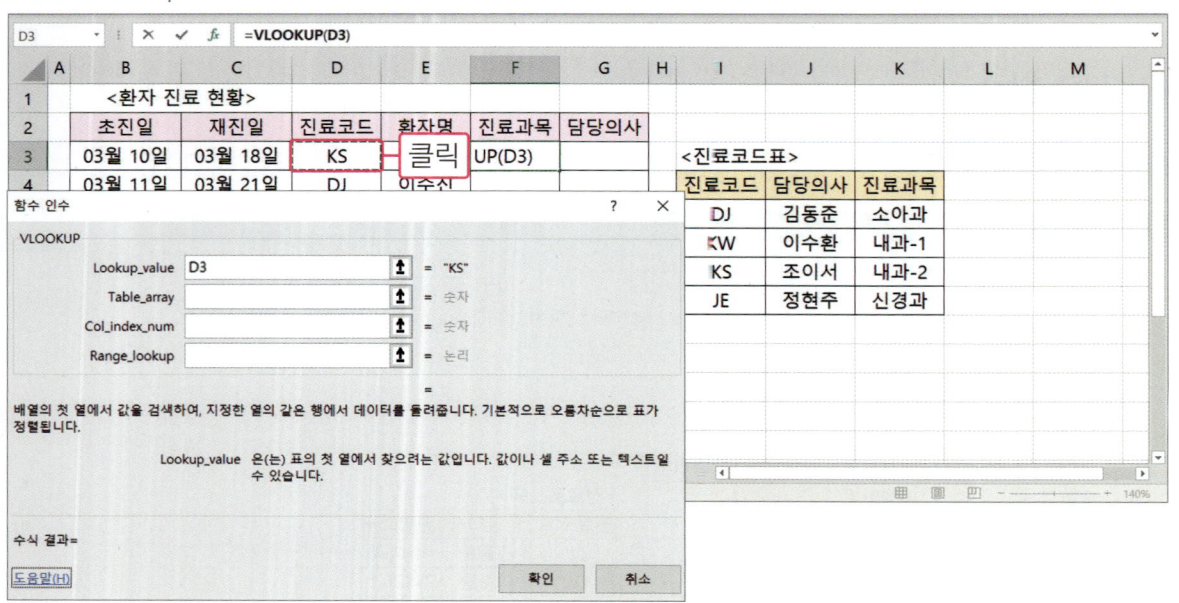

04 [Table_array] 입력란을 클릭하고 [I4:K8] 영역을 드래그한 후 F4 키를 눌러 [$I$4:$K$8] 영역을 절대 참조합니다.

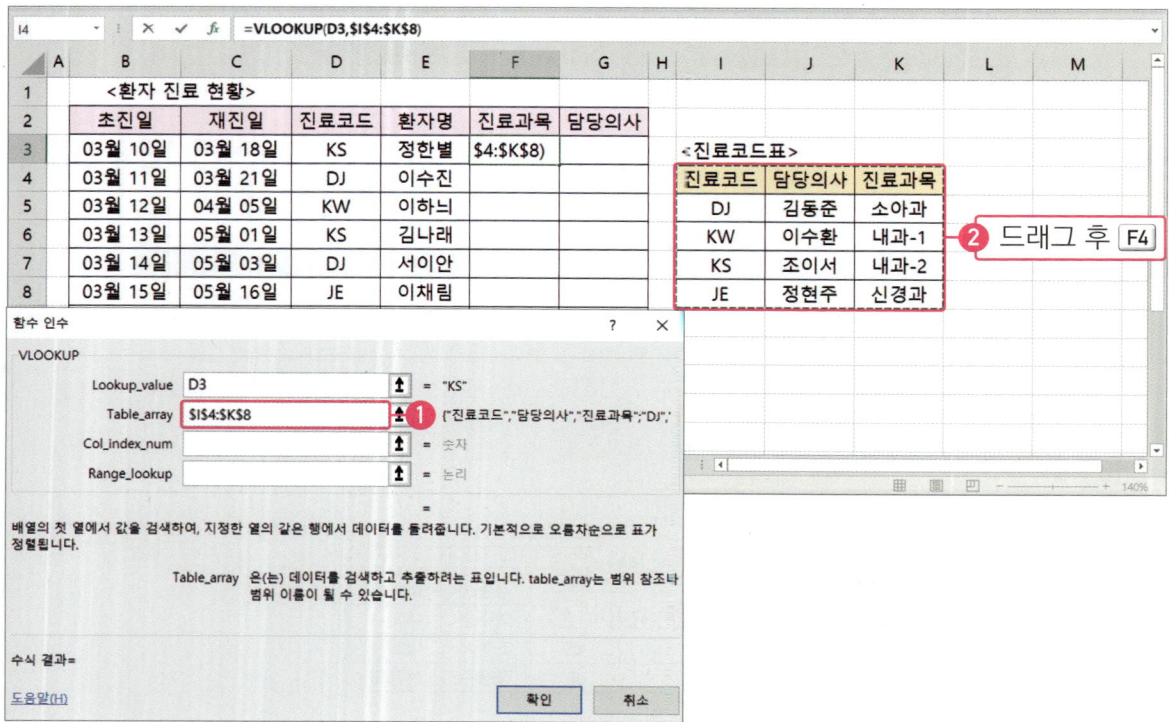

 엑셀은 기본적으로 상대 참조를 사용하기 때문에 수식을 복사하면 참조 범위도 함께 이동됩니다. 절대 참조를 해야 '진료코드표'가 고정되어 자동 채우기를 할 때 참조 범위가 변하지 않으므로 참고합니다.

05 '진료과목'은 〈진료코드표〉의 세 번째 열에 있으므로, [Col_index_num]에 '3'을 입력합니다. [Range_lookup]에는 'FALSE'를 입력한 후 [확인] 버튼을 클릭합니다.

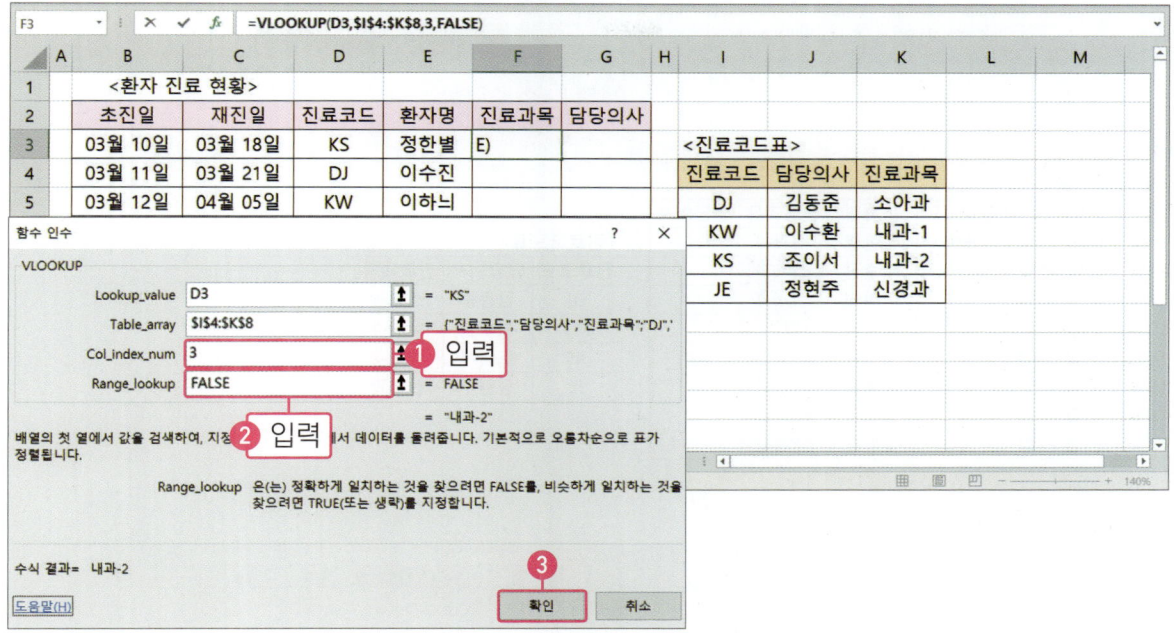

06 [F3] 셀에 '진료과목'이 입력된 것을 확인할 수 있습니다. [F3] 셀의 ■(채우기 핸들)을 [F10] 셀까지 드래그합니다.

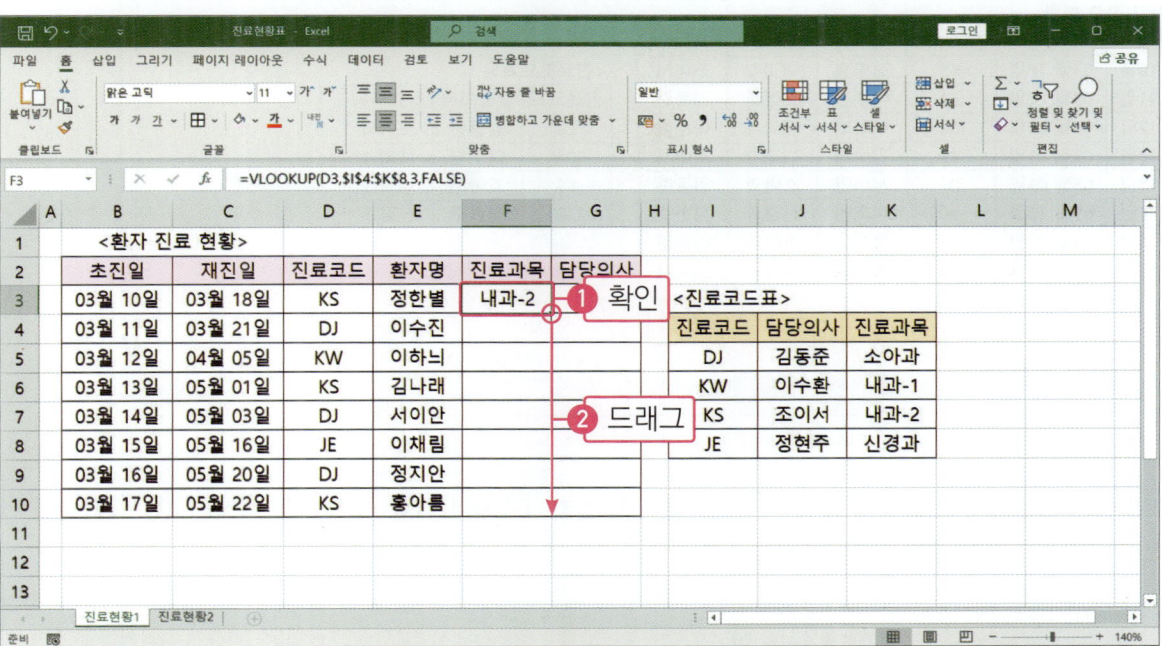

07 '진료과목'이 모두 입력되었습니다.

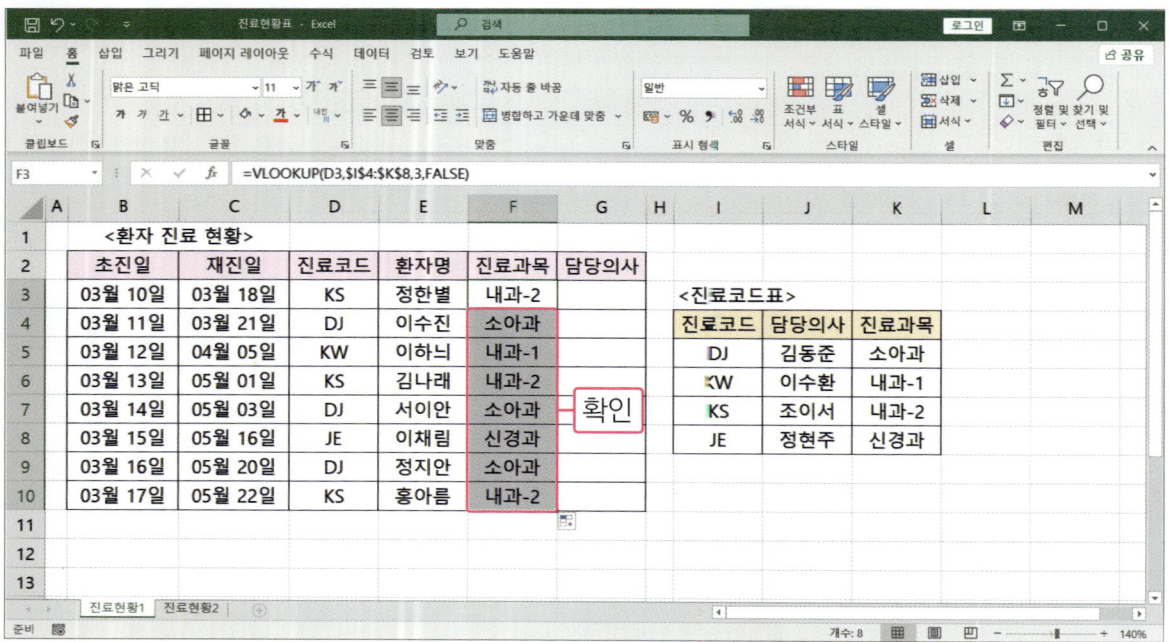

08 같은 방법으로 〈진료코드표〉를 활용해 **[G3:G10]** 영역에 '담당의사'를 각각 입력합니다.

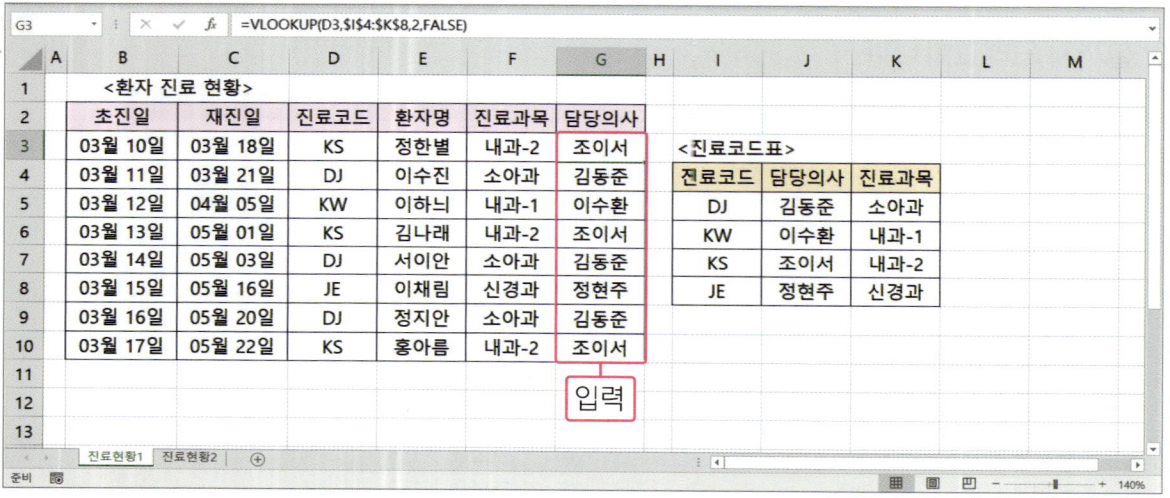

 [D3] 셀에 있는 진료코드 'KS'를 [I4:K8] 영역의 〈진료코드표〉에서 찾을 수 있도록 설정한 후, '담당의사' 정보가 있는 두 번째 열의 값을 가져옵니다.

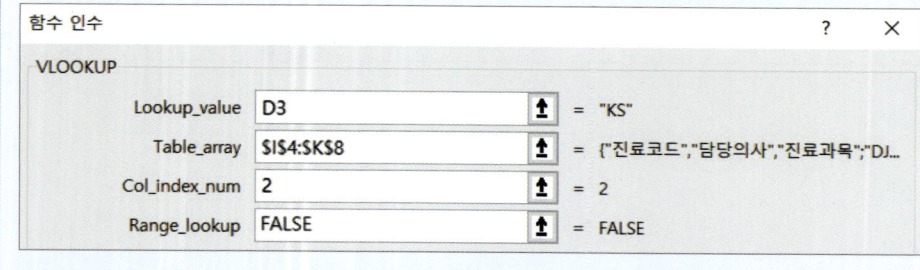

▶ HLOOKUP 함수

01 '진료현황2' 시트 탭을 선택한 후 [F3] 셀을 클릭합니다.

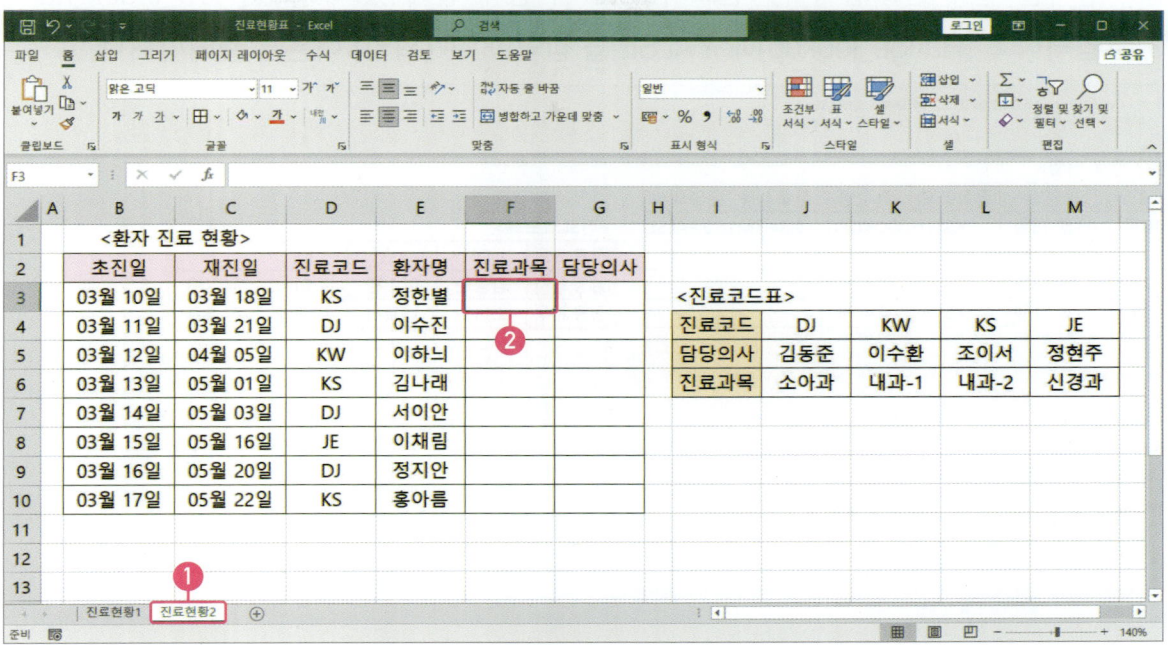

02 HLOOKUP 함수를 이용해 환자의 진료코드를 토대로 〈진료코드표〉에서 '진료과목'을 찾기 위해 '=HL'을 입력합니다. Tab 키를 누른 후 Ctrl + A 키를 누릅니다.

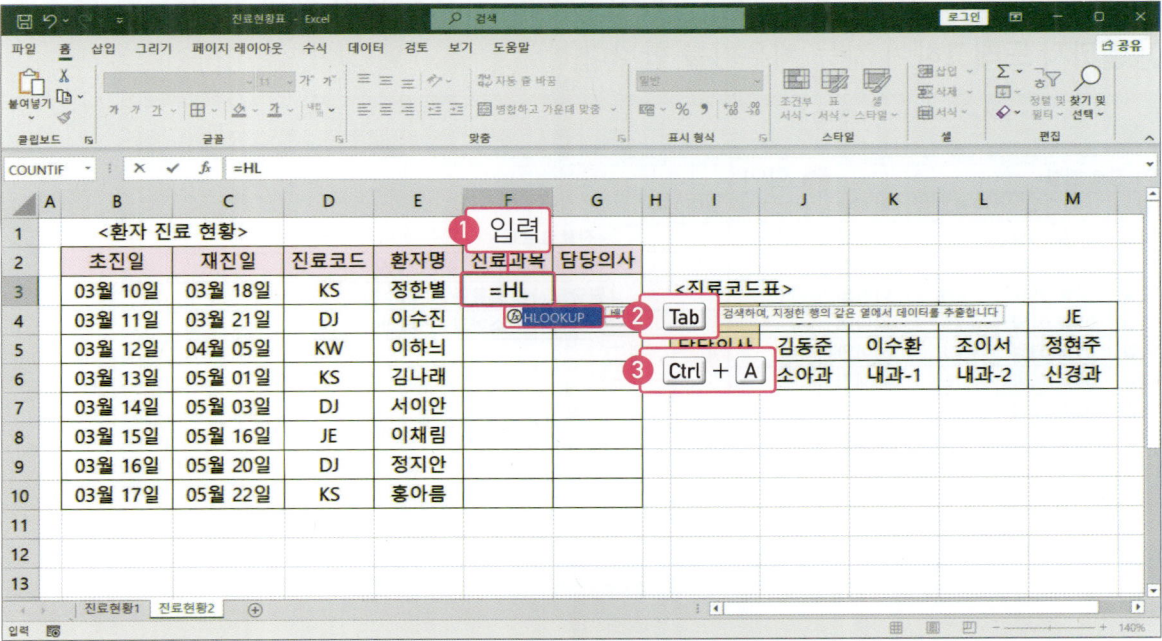

03 [함수 인수] 대화상자가 나타나면 [D3] 셀을 클릭하여 [Lookup_value]에 'D3'을 입력합니다. [Table_array] 입력란을 클릭하고 [I4:M6] 영역을 드래그한 후 F4 키를 눌러 [$I$4:$M$6] 영역을 절대 참조합니다. '진료과목'이 세 번째 열에 있으므로, [Row_index_num]에 '3'을 입력하고 [Range_lookup]에 'FALSE'를 입력한 후 [확인] 버튼을 클릭합니다.

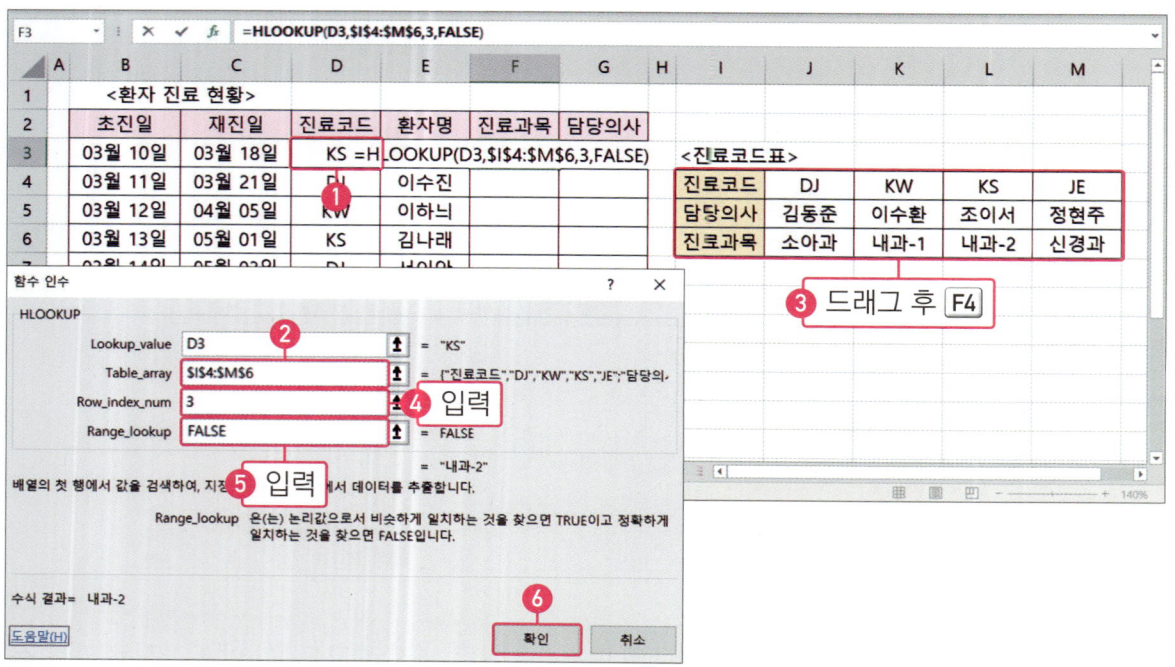

04 [F3] 셀에 '진료과목'이 입력된 것을 확인할 수 있습니다. [F3] 셀의 ■(채우기 핸들)을 [F10] 셀까지 드래그하여 자동 채우기를 합니다.

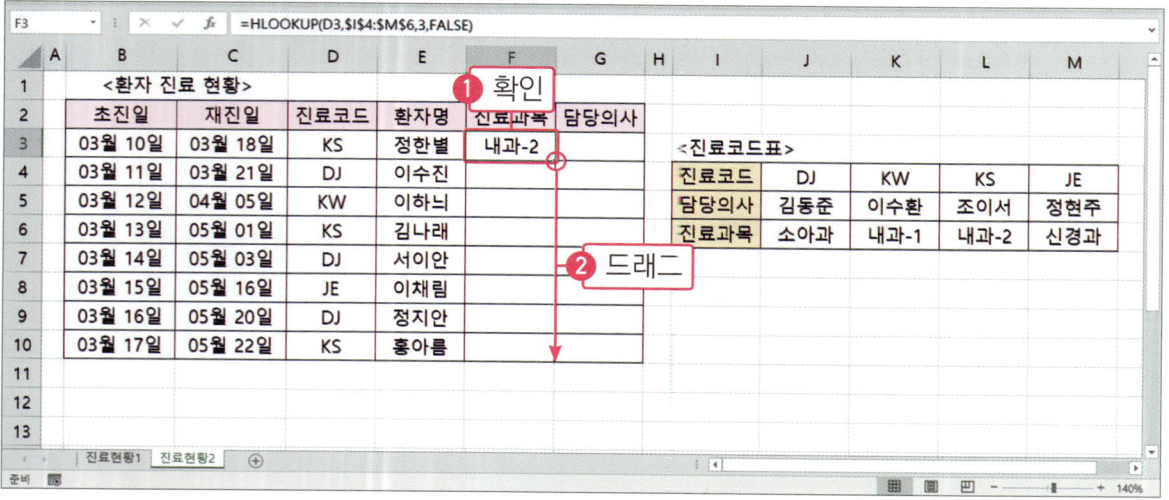

▶ IFERROR 함수

01 [F6] 셀에 오류 표시(#N/A)가 나타났기 때문에 IFERROR 함수를 이용해 '코드없음'을 표시하겠습니다. [F3] 셀을 선택하고 수식 입력줄에서 '='을 제외한 'HLOOKUP(D3,$I$4:$M$6,3,FALSE)'를 드래그한 후 Ctrl+X 키를 누릅니다.

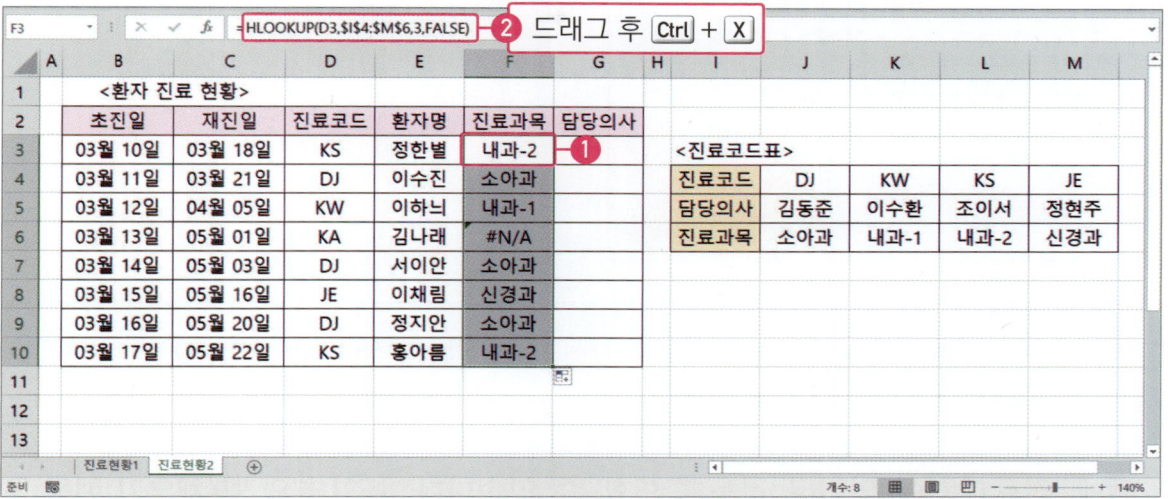

 '#N/A'는 찾을 수 없다는 오류 표시입니다. 예제에서는 [D6] 셀의 진료코드 'KA'가 〈진료코드표〉에 존재하지 않기 때문에 나타났습니다.

02 [F3] 셀에 'IF'를 입력합니다. 'IFERROR'를 선택하고 Tab 키를 누른 후 Ctrl+A 키를 누릅니다.

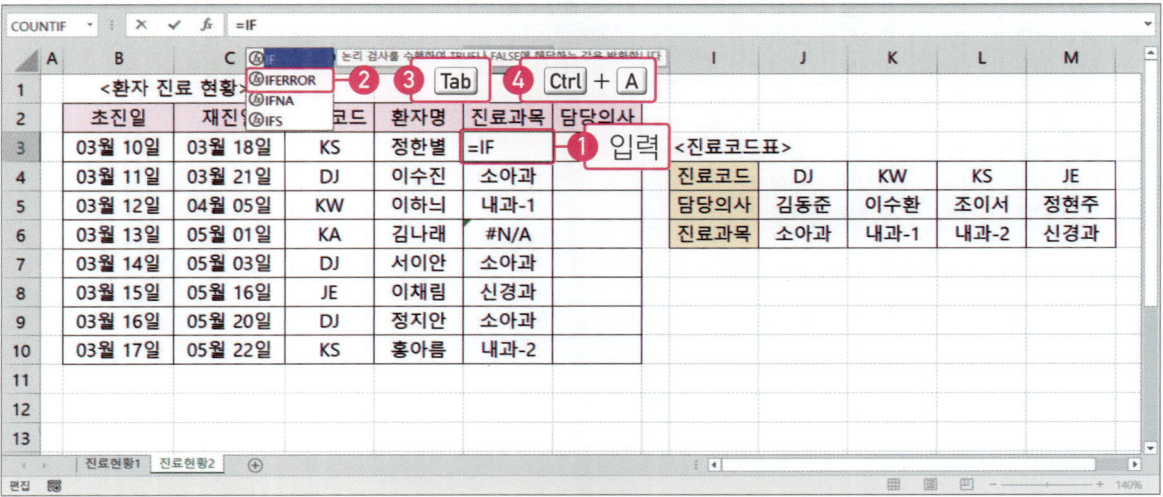

03 [함수 인수] 대화상자가 나타나면 Ctrl+V 키를 눌러 [Value]에 수식을 붙여넣습니다. [Value_if_error]에는 '코드없음'을 입력하고 [확인] 버튼을 클릭합니다.

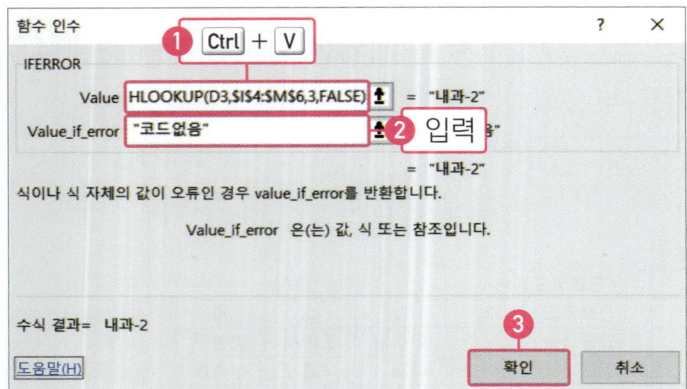

 IFERROR 함수는 엑셀에서 수식이 오류가 난 경우, 다신 표시할 값을 지정할 때 사용합니다.

04 [F3] 셀에 '진료과목'이 입력된 것을 확인할 수 있습니다. [F3] 셀의 ■(채우기 핸들)을 [F10] 셀까지 드래그합니다.

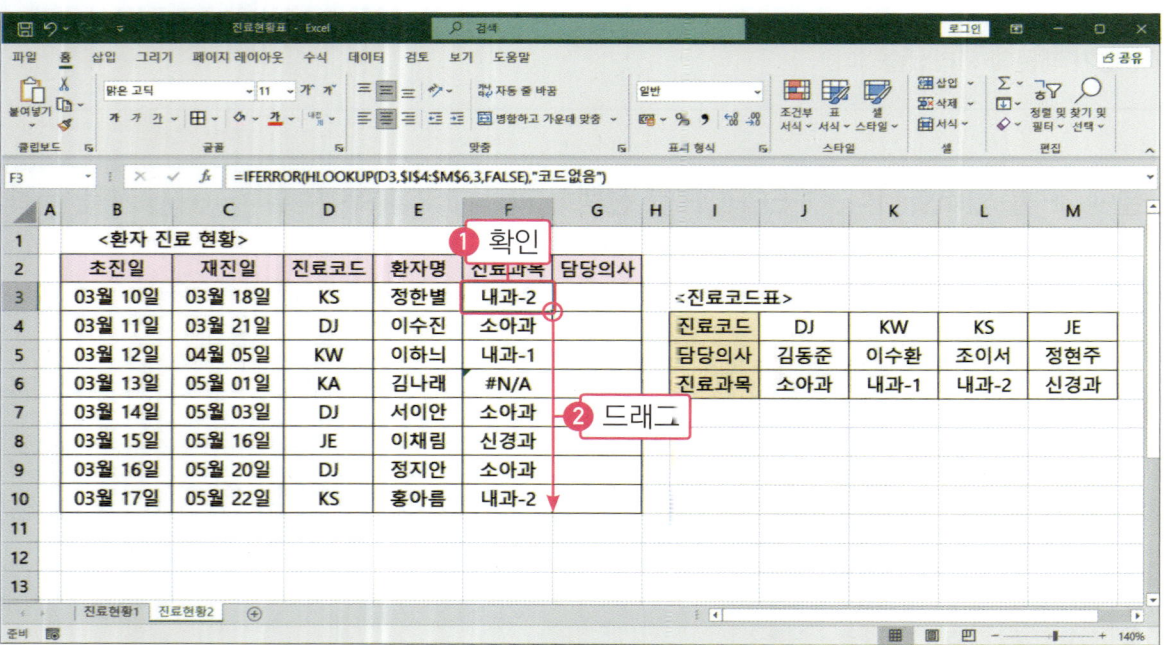

05 [F6] 셀이 '코드없음'으로 표시되는 것을 확인할 수 있습니다.

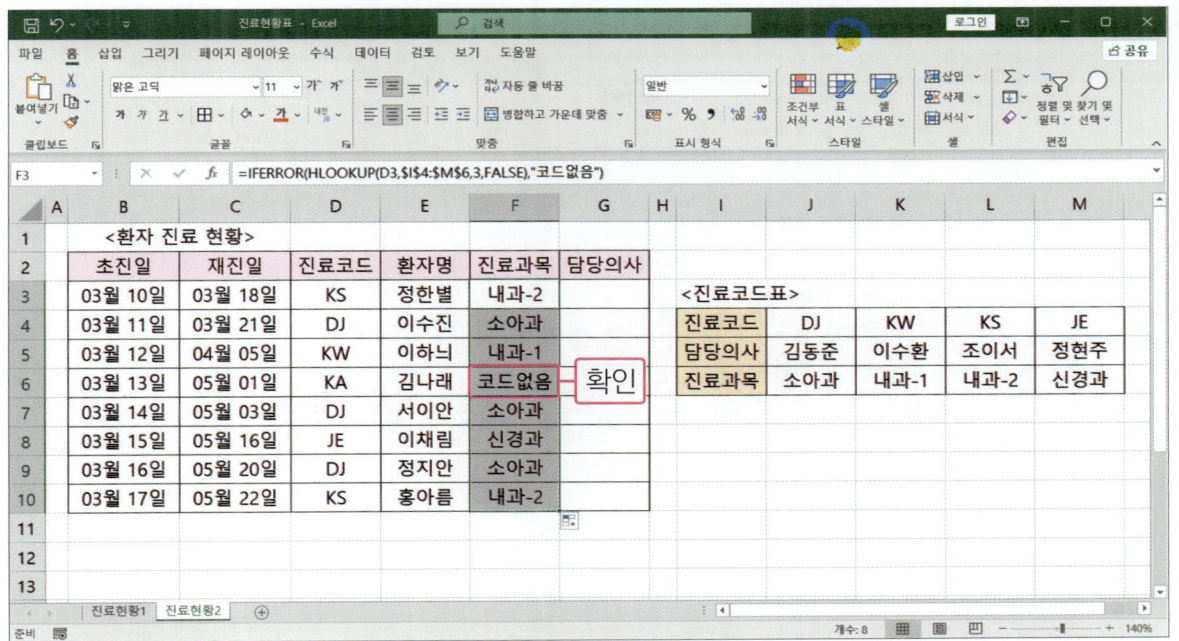

06 [F3] 셀을 선택합니다. 수식 입력줄에서 **수식을 드래그한 후** Ctrl + C 키를 누르고, Enter 키를 누릅니다. 복사한 수식은 '=IFERROR(HLOOKUP(D3,$I$4:$M$6,3,FALSE),"코드없음")'입니다.

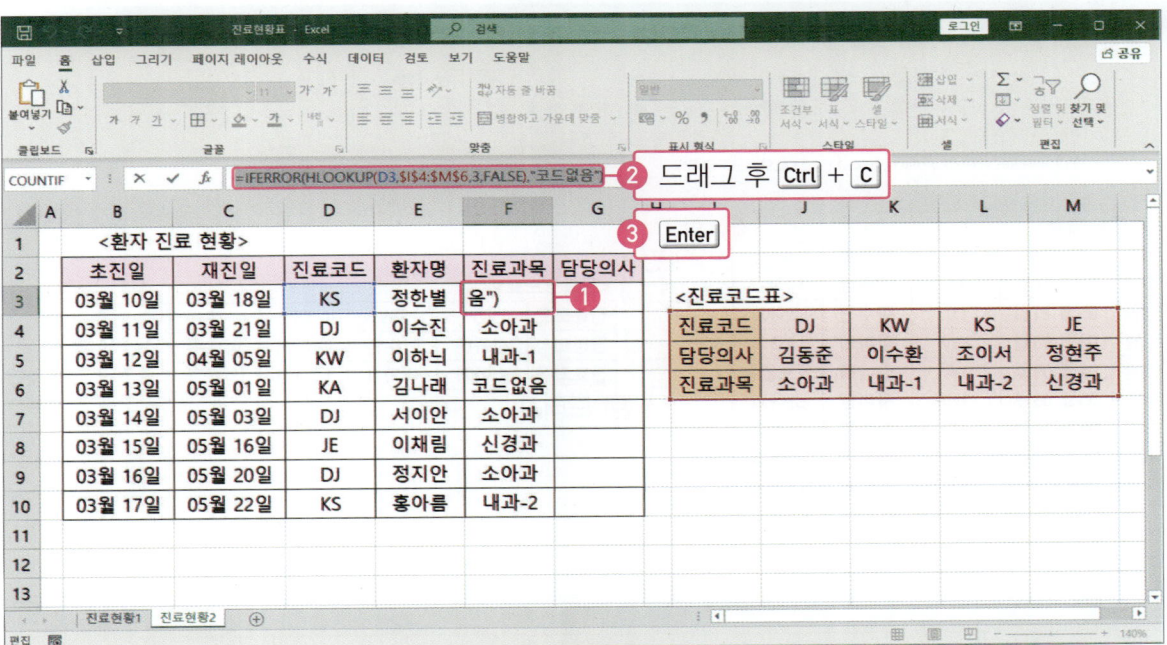

07 [G3] 셀을 클릭한 후 Ctrl+V 키를 누릅니다. 수식 입력줄에서 **수식의 행 번호 '3'을 '2'로 변경**하고 Enter 키를 누릅니다.

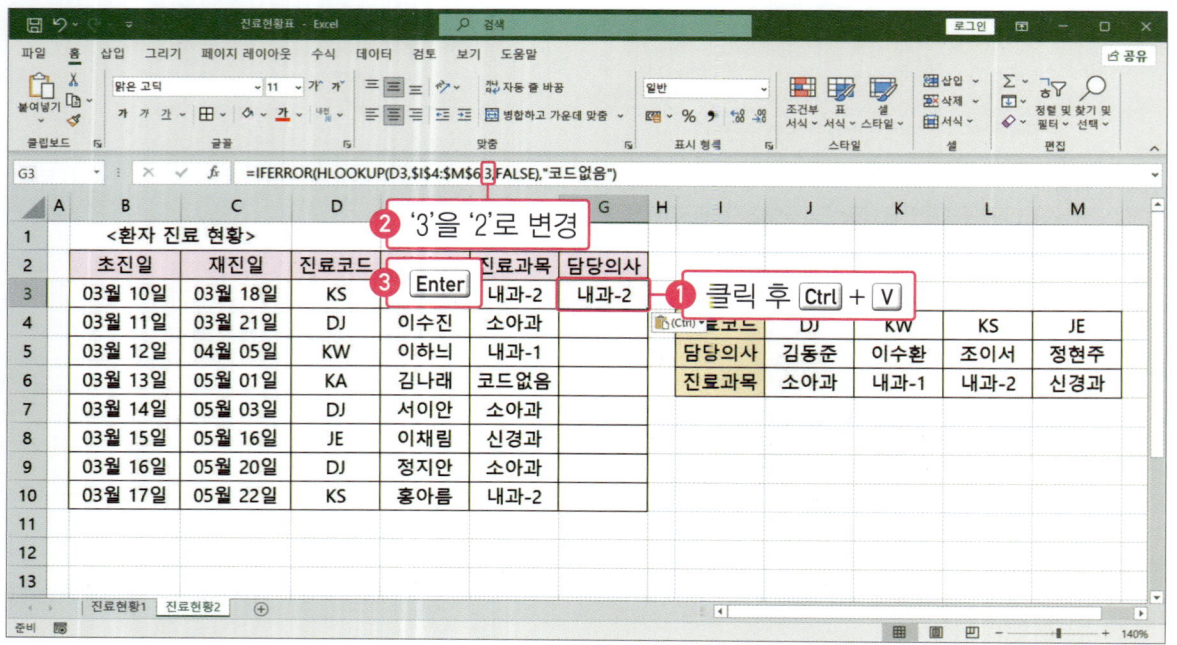

08 [G3] 셀에 '담당의사'가 입력된 것을 확인할 수 있습니다. [G3] 셀의 ■(채우기 핸들)을 [G10] 셀까지 드래그합니다.

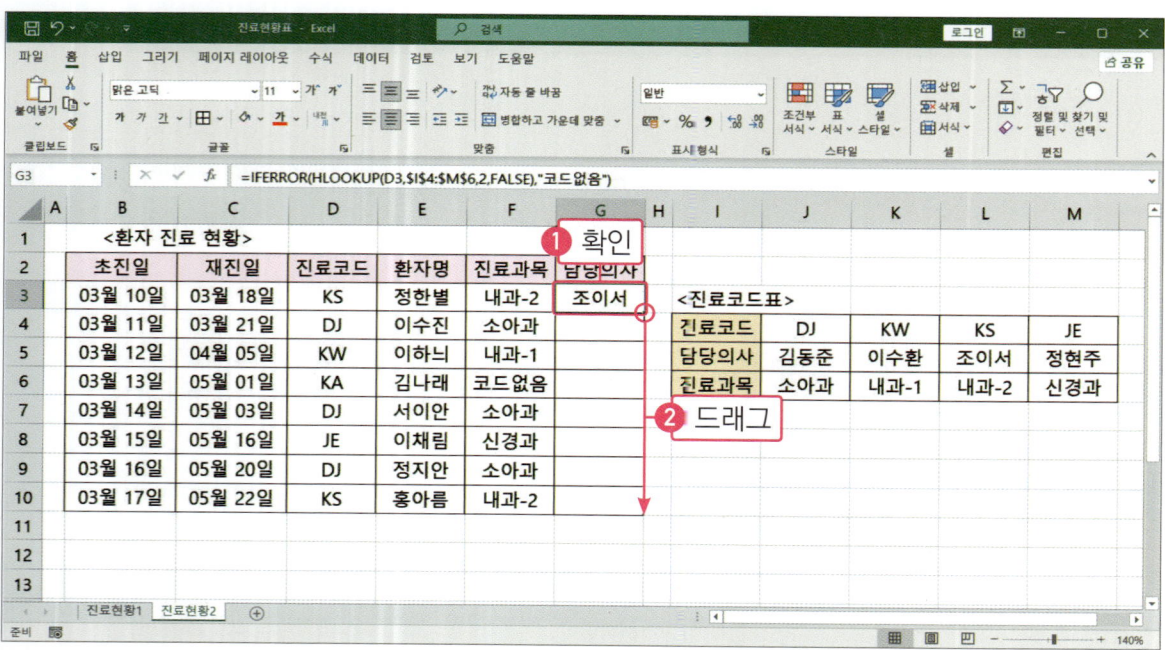

 ## 거래내역서 작성하기

▶ '품목단가' 시트 탭의 데이터 가져오기

01 '거래내역서.xlsx' 파일을 불러온 후 '품목단가' 시트 탭을 클릭하고 [B2:B9] 영역을 드래그합니다. [수식] 탭-[정의된 이름] 그룹-[선택 영역에서 만들기]를 클릭합니다. '첫 행'이 체크된 상태에서 [확인] 버튼을 클릭합니다.

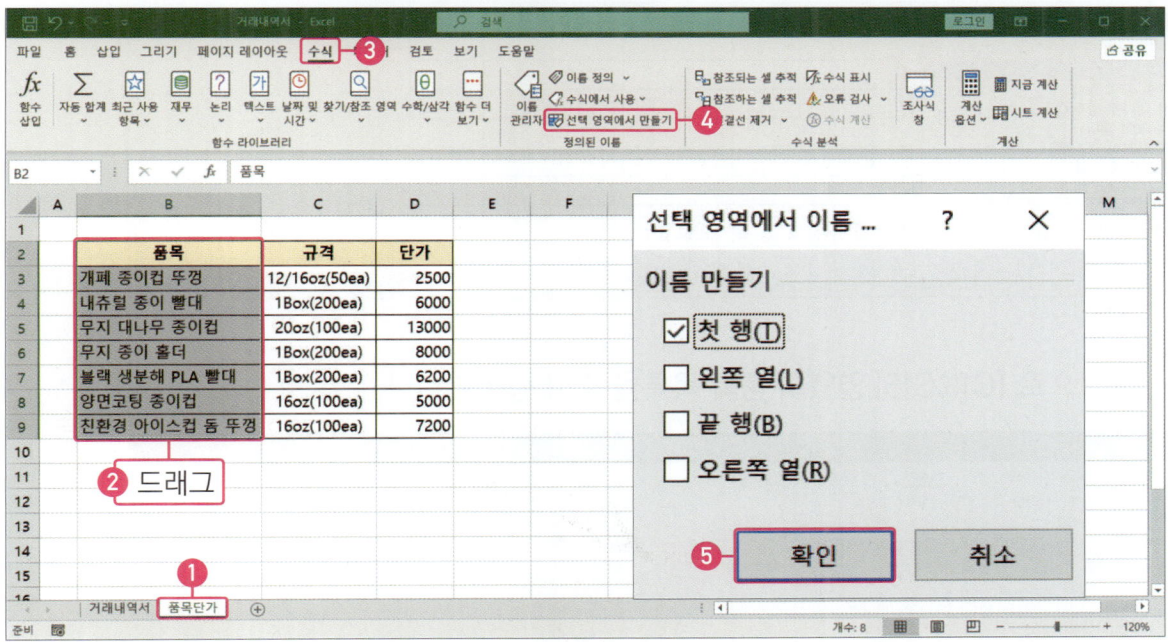

02 '거래내역서' 시트 탭을 클릭하고 [C12:C16] 영역을 드래그한 후 [데이터] 탭-[데이터 도구] 그룹-[데이터 유효성 검사(🔲)]를 클릭합니다. [제한 대상]을 '목록'으로 설정하고 [원본]에 '=품목'을 입력한 후 [확인] 버튼을 클릭합니다.

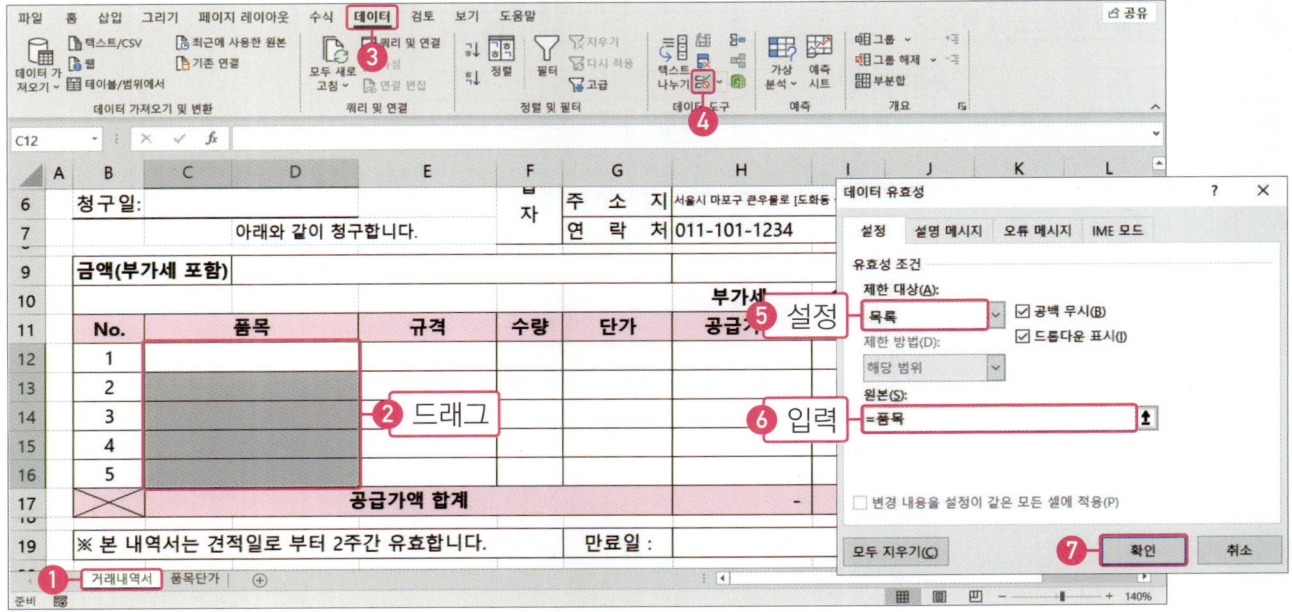

153

03 [C12] 셀의 ▼를 클릭한 후 품목 목록 중 '개폐 종이컵 뚜껑'을 선택합니다.

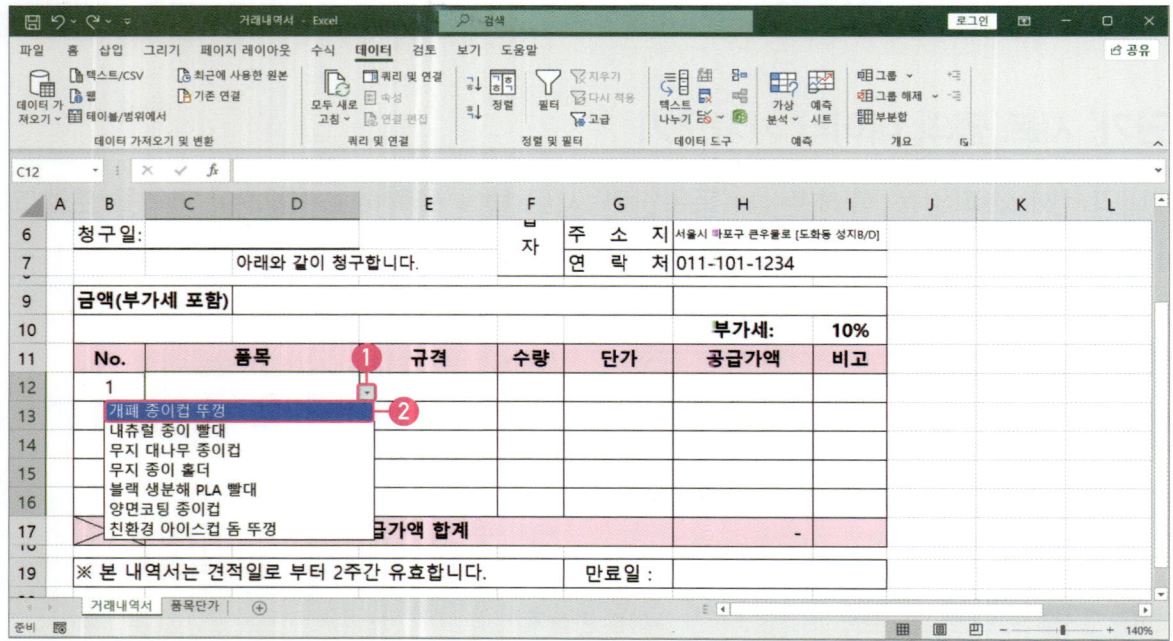

04 같은 방법으로 [C13:C15] 영역의 품목 목록을 각각 설정합니다.

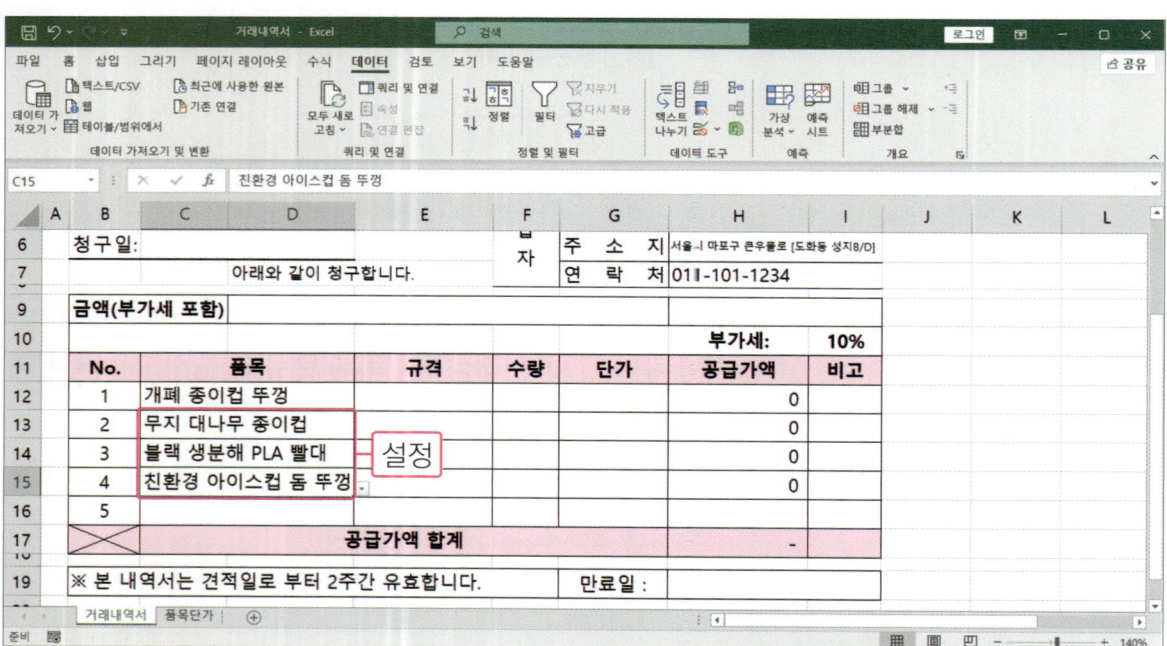

05 [E12] 셀을 클릭한 후 '=VL'을 입력합니다. Tab 키를 누르고 Ctrl + A 키를 누릅니다.

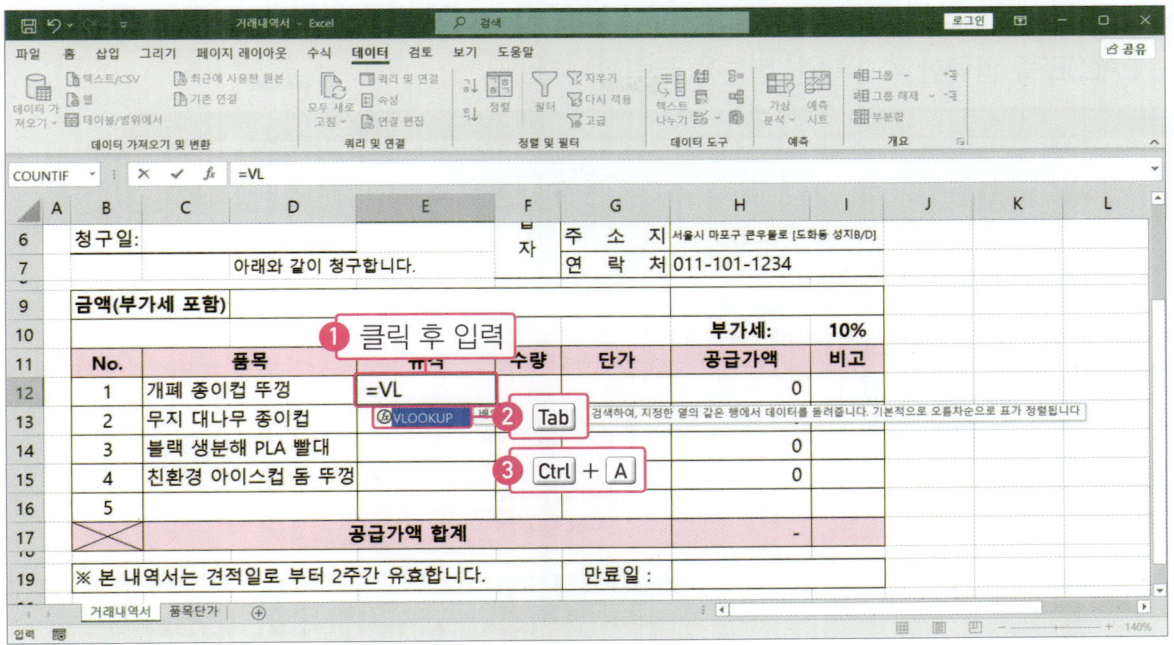

06 [함수 인수] 대화상자가 나타나면 [C12] 셀을 클릭해 [Lookup_value]에 'C12'를 입력한 후 [Table_array] 입력란을 클릭하고 '품목단가' 시트 탭을 선택합니다.

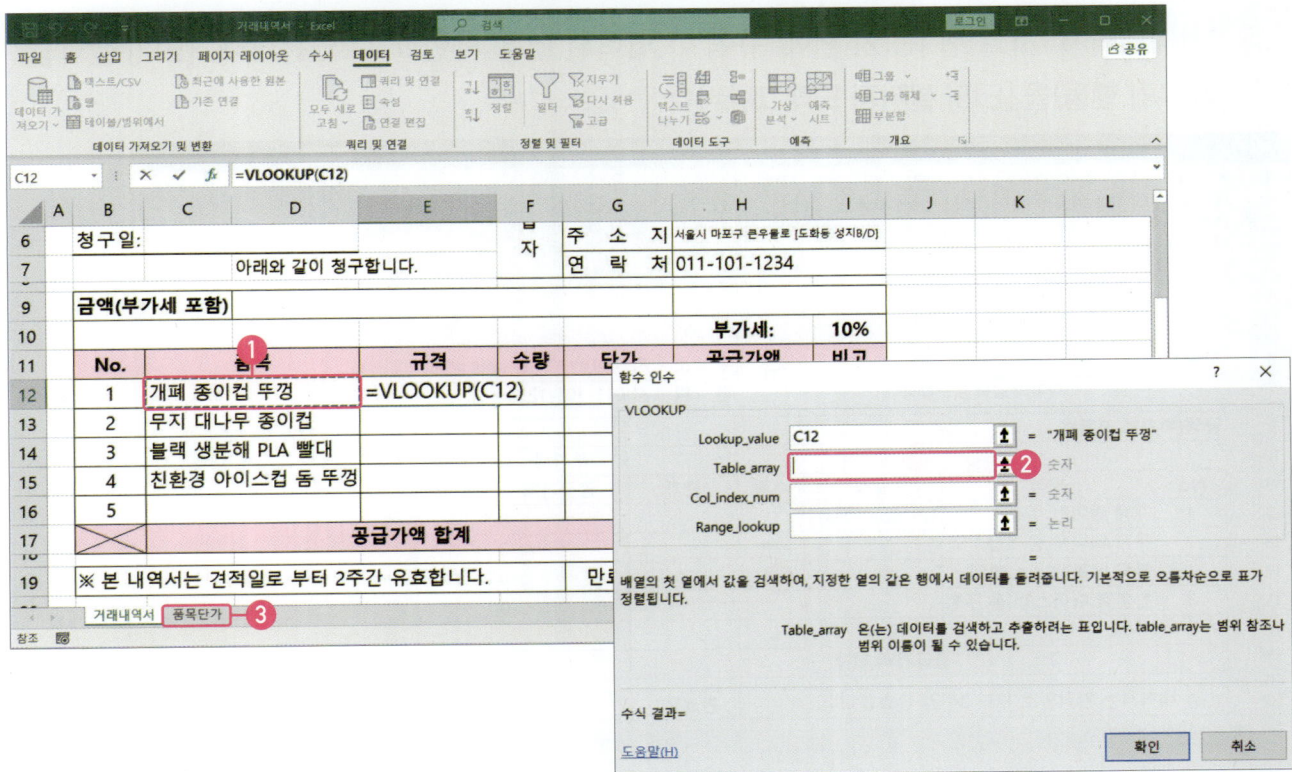

155

07 [B2:D9] 영역을 드래그한 후 F4 키를 눌러 [$B$2:$D$9] 영역을 절대 참조합니다. '규격'은 선택한 범위의 두 번째 열에 있으므로, [Col_index_num]에 '2'를 입력하고 [Range_lookup]에는 'FALSE'를 입력한 후 [확인] 버튼을 클릭합니다.

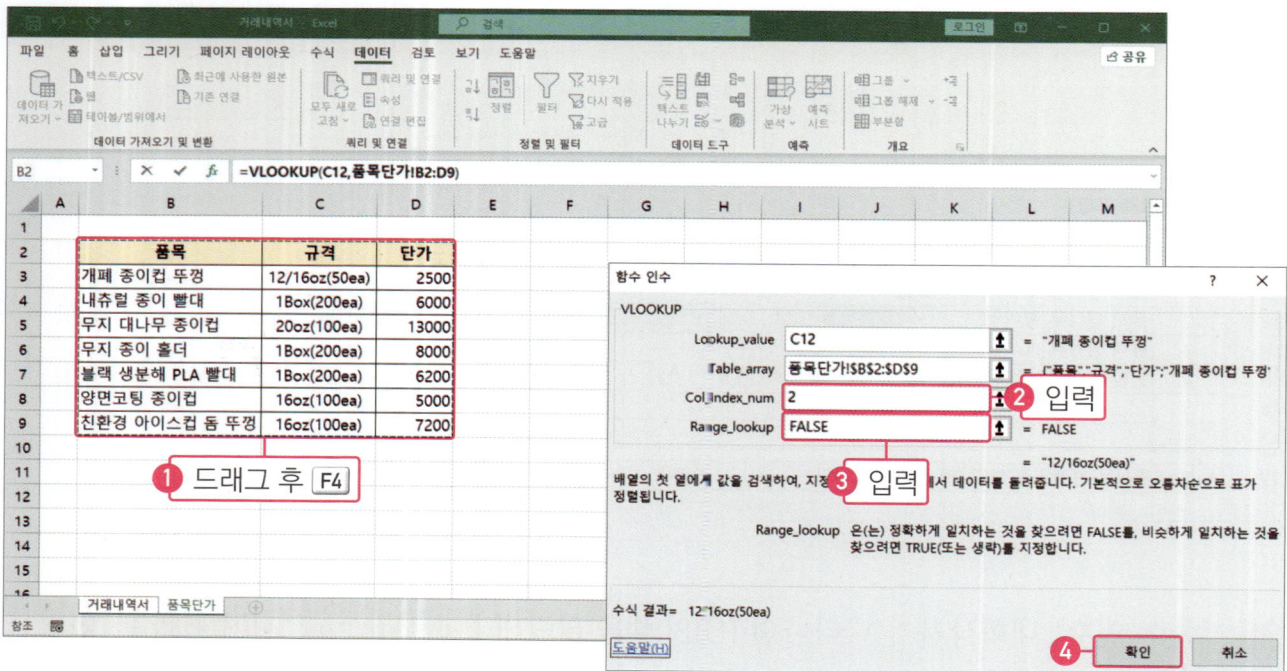

08 '거래내역서' 시트 탭 [E12] 셀에 '규격'이 입력된 것을 확인할 수 있습니다. [E12] 셀의 ■(채우기 핸들)을 [E15] 셀까지 드래그합니다.

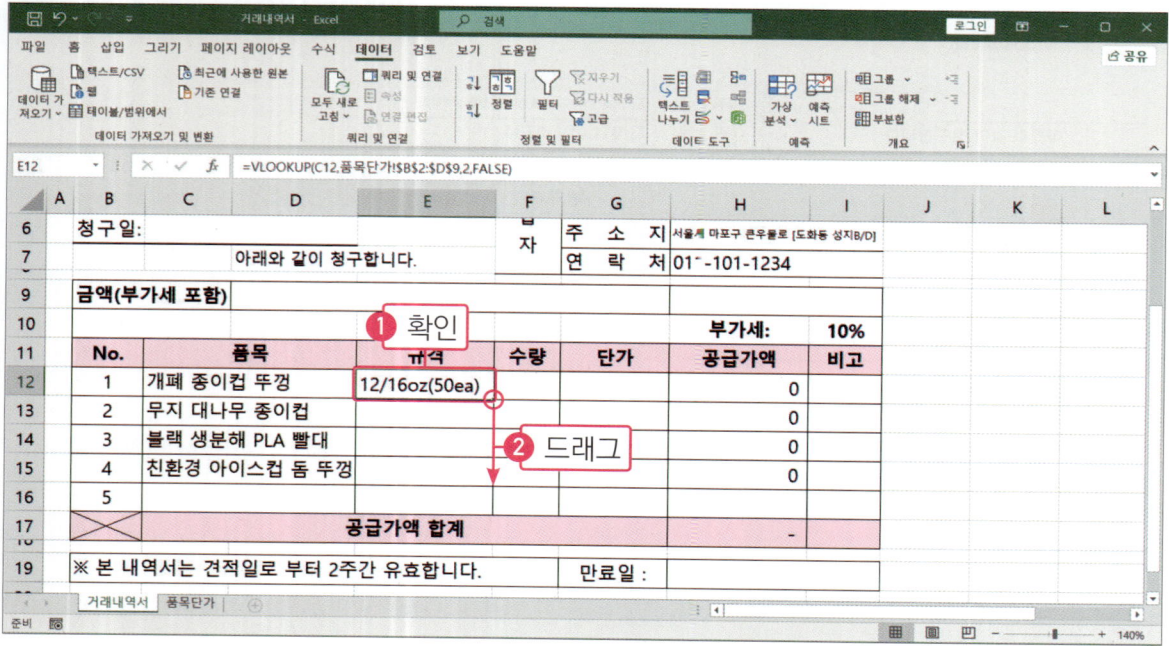

09 [E12] 셀을 클릭합니다. 수식 입력줄에서 **수식을 드래그**한 후 Ctrl+C 키를 누르고, Enter 키를 누릅니다. [G12] 셀을 클릭한 후 Ctrl+V 키를 누릅니다. 수식 입력줄에서 **수식의 행 번호 '2'를 '3'으로 변경**하고 Enter 키를 누릅니다.

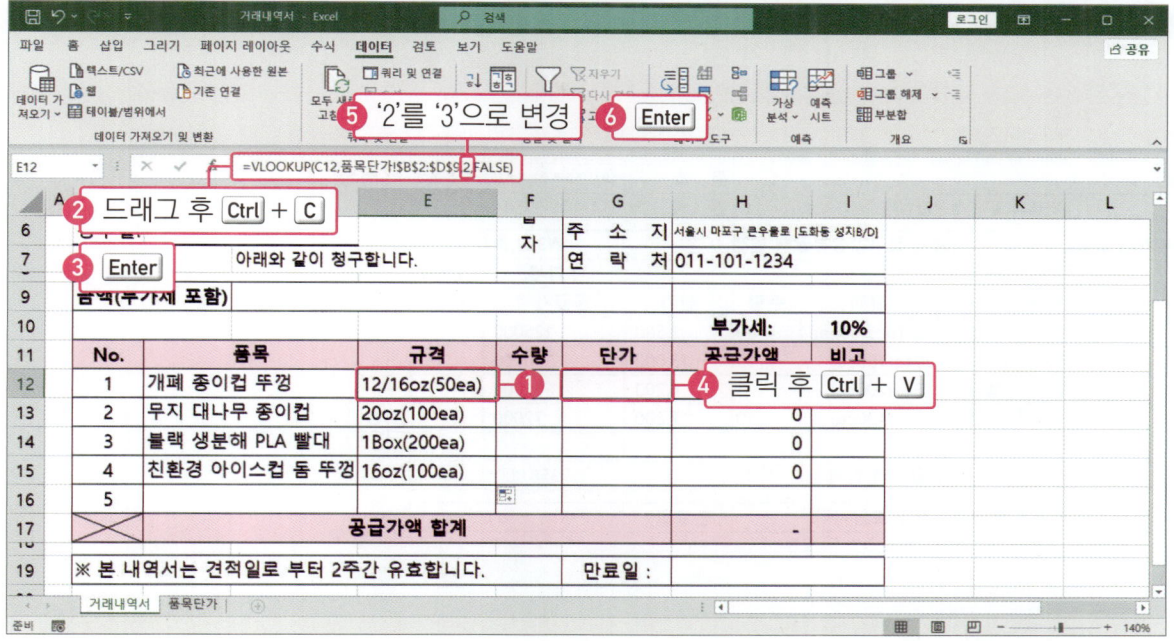

10 [G12] 셀에 '단가'가 입력된 것을 확인할 수 있습니다. [G12] 셀의 ■(채우기 핸들)을 [G15] 셀까지 드래그합니다.

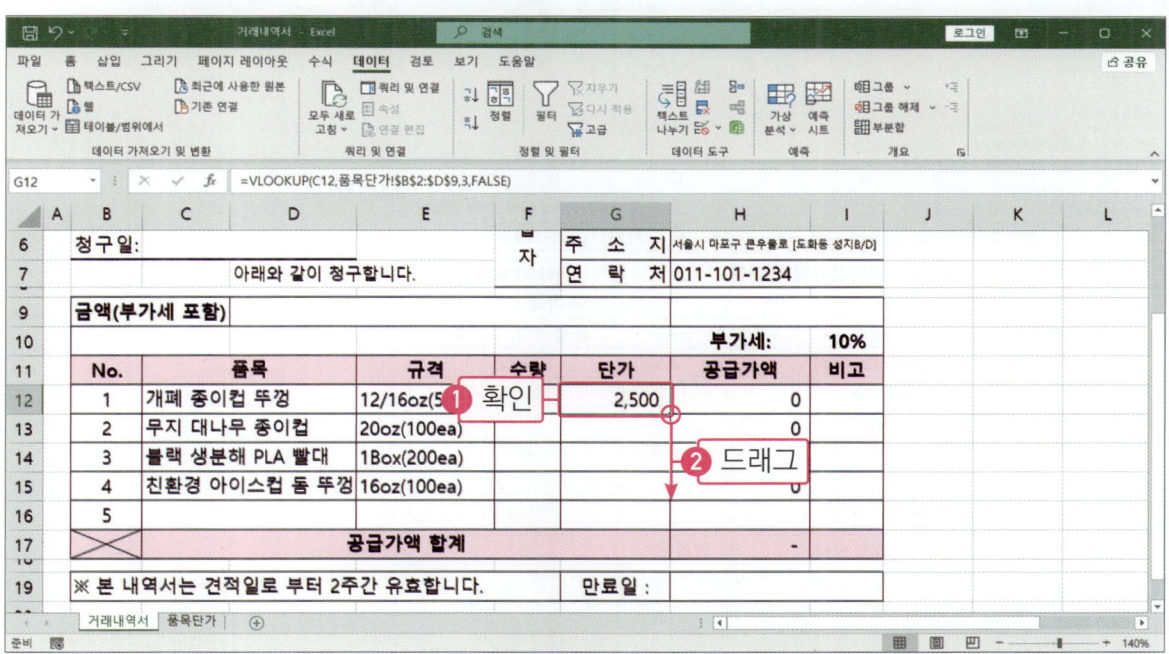

11 [F12:F15] 영역에 '수량'을 입력하면 미리 입력하 놓은 수식으로 '공급가액'과 '공급가액 합계'가 계산됩니다.

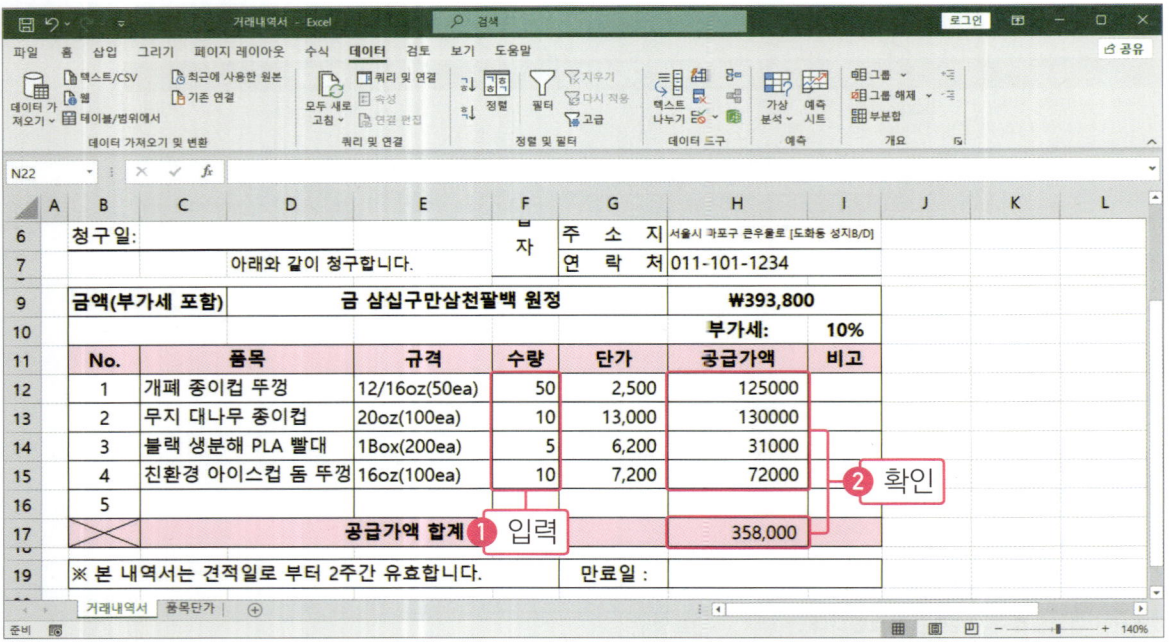

▶ 날짜 입력하기

01 [C6] 셀을 클릭한 후 '=TODAY()'를 입력하고 Enter 키를 누릅니다.

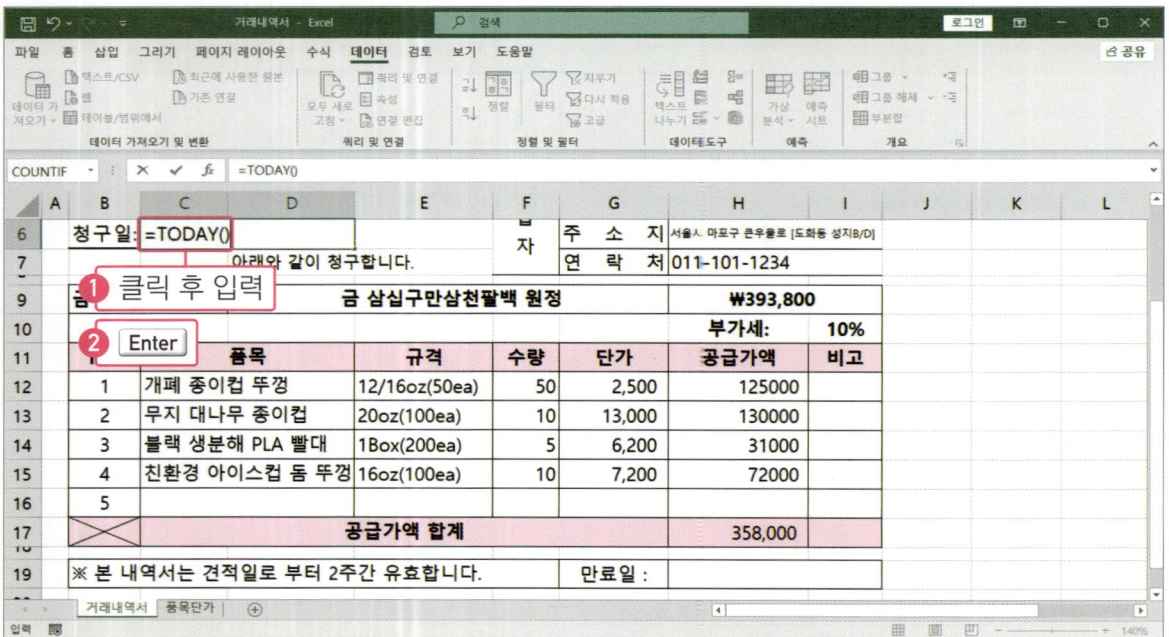

02 [C6] 셀에 오늘의 날짜가 나타납니다. [H19] 셀을 클릭한 후 '=TODAY()+14'를 입력하고 Enter 키를 누릅니다.

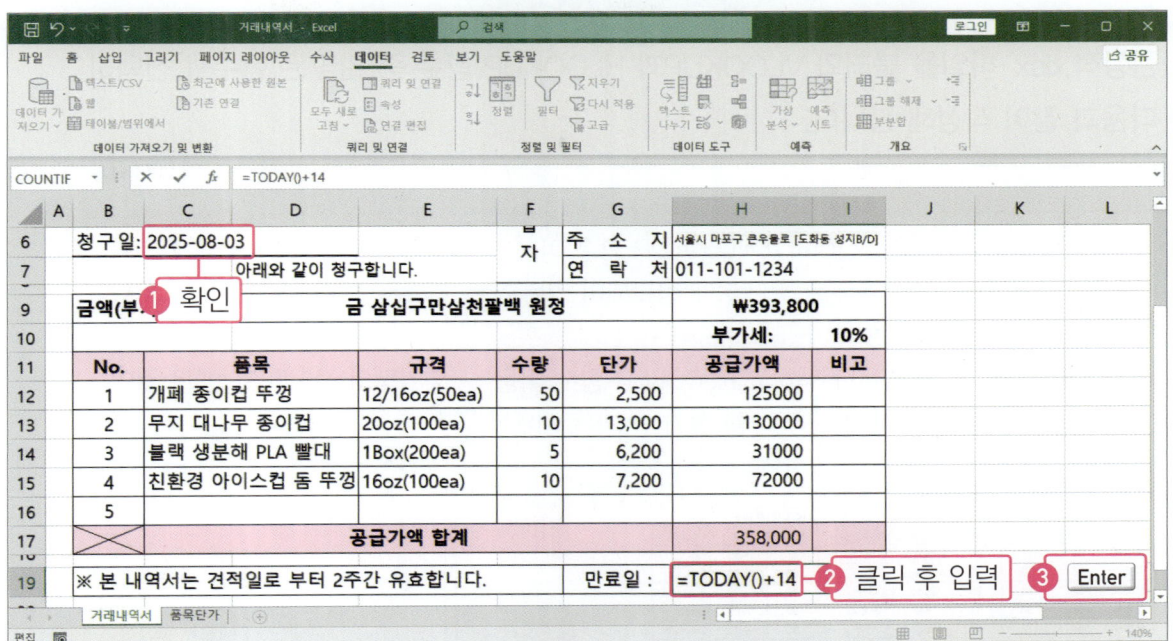

 TODAY() 함수는 괄호 안에 아무것도 입력하지 않고 사용하며, 컴퓨터의 시스템 날짜를 기준으로 오늘 날짜를 표시합니다. 이 값은 문서를 열 때마다 자동으로 갱신됩니다.

03 [H19] 셀에 14일 후의 날짜가 입력되는 것을 확인할 수 있습니다.

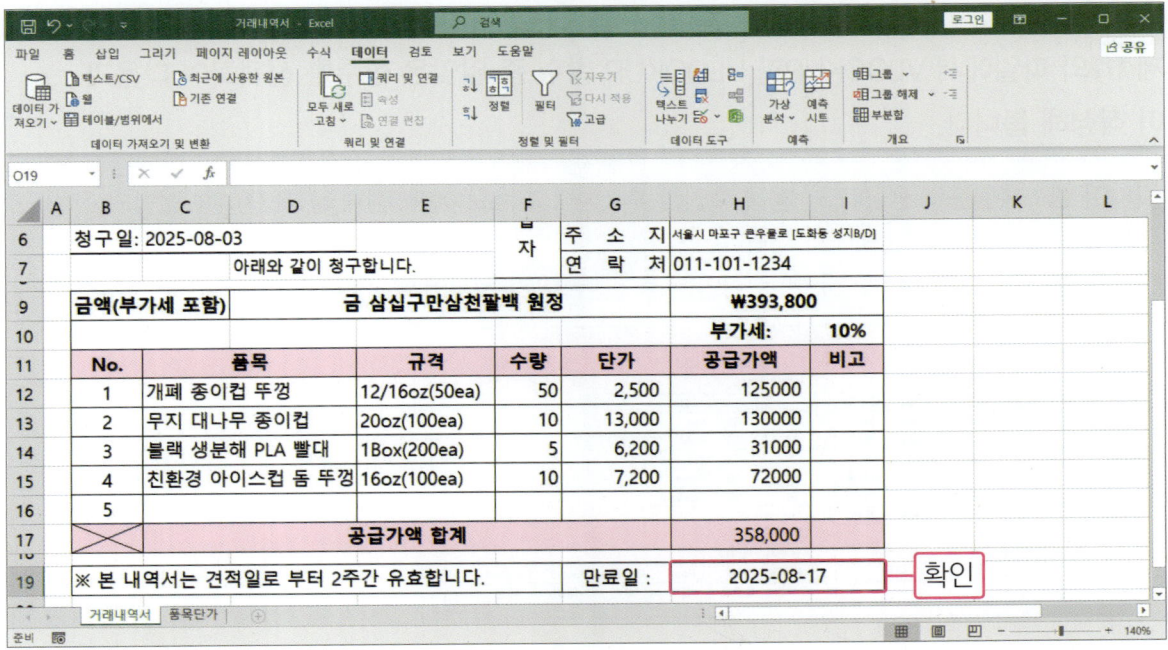

응용력 키우기

01 '사원성적.xlsx' 파일을 불러와 VLOOKUP과 HLOOKUP 함수 중 알맞은 함수를 선택하여 다음과 같이 작성해 봅니다.

준비파일 사원성적.xlsx

- [F3:F8] 영역 : [F3] 셀을 선택하고 VLOOKUP 함수 이용 → 홍길동의 평균([E3] 셀)을 확인한 후 〈성적 기준표〉에서 '성적'을 찾기(이때 병합되어 있는 제목 필드는 선택에서 제외) → 자동 채우기
- [G3:G8] 영역 : [G3] 셀을 선택하고 HLOOKUP 함수 이용 → 홍길동의 성적([F3] 셀)을 확인한 후 〈근무지 기준표〉에서 '근무지'를 찾기 → 자동 채우기

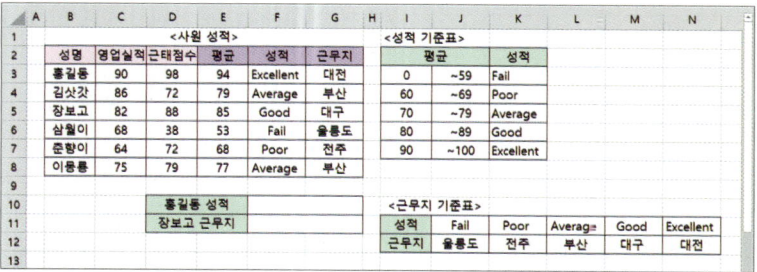

 힌트
- [F3] 셀 : =VLOOKUP(E3,$I$3:$K$7,3,TRUE)
- [G3] 셀 : =HLOOKUP(F3,$I$11:$N$12,2,FALSE)

02 문제 **01**의 파일에서 VLOOKUP과 HLOOKUP 함수 중 알맞은 함수를 선택하여 다음과 같이 작성해 봅니다.

- [F10] 셀 : 홍길동의 평균([E3] 셀)을 확인한 후 〈성적 기준표〉에서 '성적'을 찾기(이때 병합되어 있는 제목 필드는 선택에서 제외)
- [F11] 셀 : 장보고의 성적([F5] 셀)을 확인한 후 〈근무지 기준표〉에서 '근무지'를 찾기

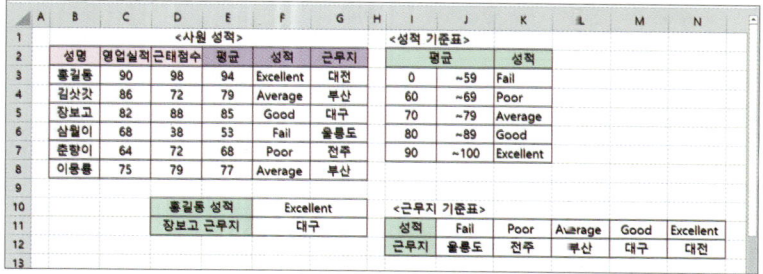

 힌트
- [F10] 셀 : =VLOOKUP(E3,I3:K7,3,TRUE)
- [F11] 셀 : =HLOOKUP(F5,I11:N12,2,FALSE)

03 '카페부자재.xlsx' 파일을 불러와 다음과 같이 작성해 봅니다.

준비파일 카페부자재.xlsx

- '품목단가' 시트 탭의 [B2:B9] 영역 : '항목'으로 이름 정의
- '내역서' 시트 탭의 [C12:C15] 영역 : '데이터 유효성 검사' 기능 이용 입력 → 이름 정의한 '항목' 이용 → '내역서' 시트 탭의 [C12:C15] 영역에 개별 항목 데이터를 선택
- [E12:E15] 영역, [G12:G15] 영역 : VLOOKUP 함수를 이용 후 자동 채우기
- [F12:F15] 영역 : 수량 직접 입력

- [E12] 셀 : =VLOOKUP(C12,품목단가!$B$2:$D$9,2,FALSE)
- [G12] 셀 : =VLOOKUP(C12,품목단가!$B$2:$D$9,3,FALSE)

04 문제 03의 파일에서 다음과 같이 작성해 봅니다.

- [C6] 셀 : 오늘 날짜 자동 입력 → TODAY( ) 함수 이용
- [H19] 셀 : [C6] 셀의 7일 뒤의 날짜 입력 → TODAY( ) 함수 이용

- [C6] 셀 : =TODAY()
- [H19] 셀 : =TODAY()+7

08 고객 사은품 보고서 만들기

- LEFT 함수
- RIGHT 함수
- MID 함수

미/리/보/기

▶ 준비파일 : 고객관리.xlsx
▶ 완성파일 : 고객관리(완성).xlsx

데이터 작업을 하다 보면 외부에 공개되면 안 되는 개인 정보를 다루기도 합니다. 이번 장에서는 LEFT, RIGHT, MID와 같은 텍스트 함수를 활용해 이름이나 주민등록번호를 안전하게 비식별화하는 방법과 개인 정보를 보호하기 위한 실무적인 처리 방식을 살펴보겠습니다.

01 텍스트 함수

▶ LEFT, RIGHT, MID 함수

LEFT, RIGHT, MID 함수는 텍스트 함수 중 가장 자주 사용되는 기본 함수입니다. 각각 '왼쪽', '오른쪽', '중간'을 의미하며, 셀에 입력된 문자열에서 지정한 위치의 문자를 원하는 개수만큼 추출할 수 있습니다. 이때 띄어쓰기도 문자에 포함되니 참고합니다.

- LEFT

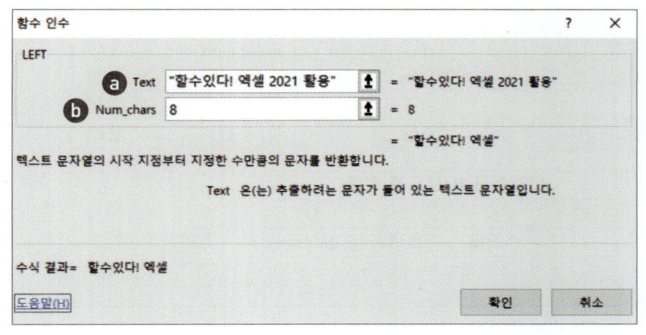

ⓐ Text : 문자를 직접 입력하거나, 문자가 있는 셀을 선택합니다.

ⓑ Num_chars : 문자의 가장 왼쪽부터 입력되는 수만큼 추출합니다.

▲ 왼쪽에서 8글자 추출 → '할수있다! 엑셀'

- RIGHT

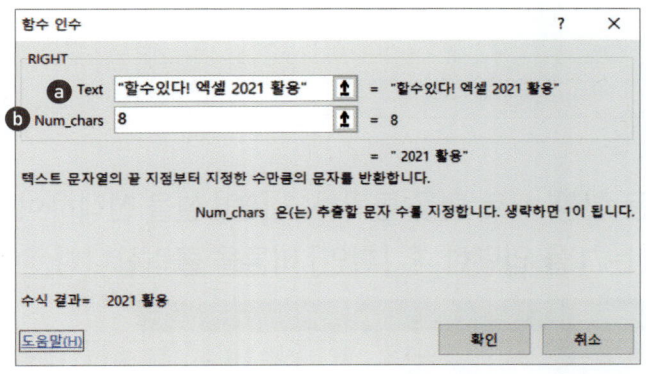

ⓐ Text : 문자를 직접 입력하거나, 문자가 있는 셀을 선택합니다.

ⓑ Num_chars : 문자의 가장 오른쪽부터 입력되는 수만큼 추출합니다.

▲ 오른쪽에서 8글자 추출 → ' 2021 활용'

- MID

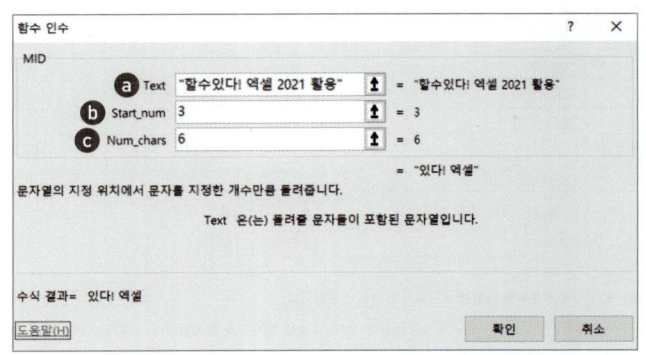

ⓐ Text : 문자를 직접 입력하거나, 문자가 있는 셀을 선택합니다.

ⓑ Start_num : 중간에서 몇 번째 글자부터 셀지 시작 위치를 정합니다.

ⓒ Num_chars : 지정한 위치에서부터 입력되는 수만큼 추출합니다.

▲ 세 번째 글자부터 6글자 추출 → '있다! 엑셀'

 **고객 정보 가리기**

▶ **고객명 가운데 글자 가리기**

01 '고객관리.xlsx' 파일을 불러옵니다. [고객명] 열의 가운데 글자를 가리기 위해 '보고서' 시트 탭에서 [B3] 셀을 클릭한 후 '=LE'를 입력하고 Tab 키와 Ctrl+A 키를 순서대로 누릅니다.

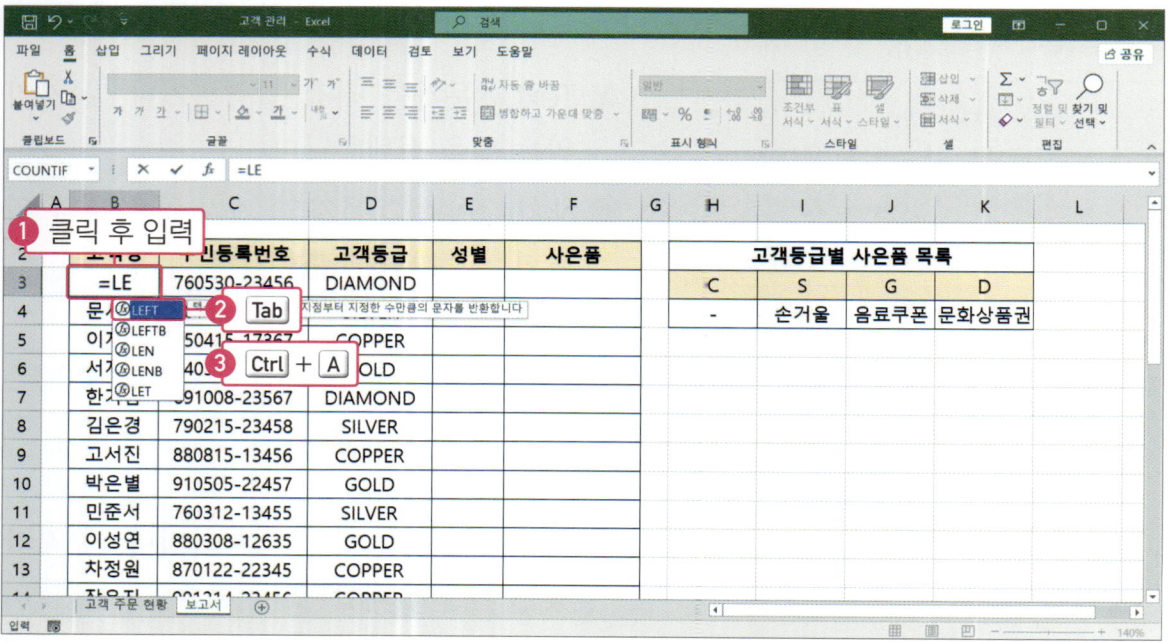

02 [함수 인수] 대화상자가 나타나면 '고객 주문 현황' 시트 탭을 클릭하고 [B3] 셀을 선택하여 [Text]에 값을 입력합니다. [Num_chars]에는 '1'을 입력한 후 [확인] 버튼을 클릭합니다.

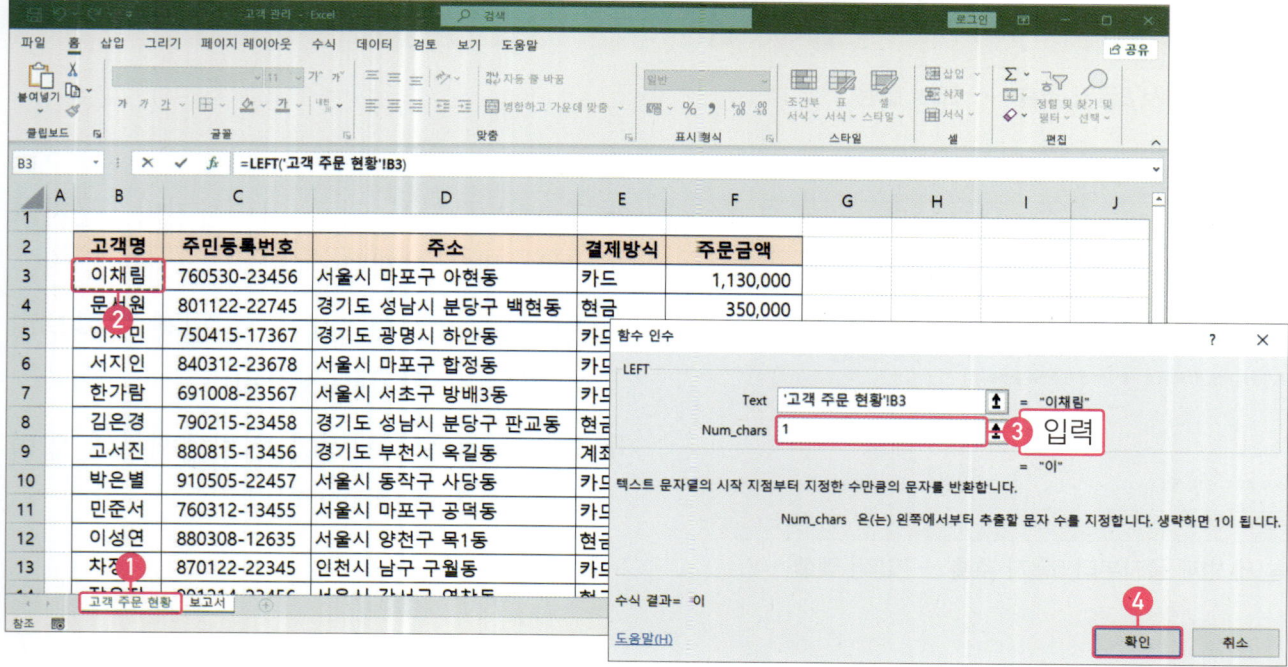

03 '보고서' 시트 탭의 [B3] 셀을 보면 입력되어 있던 '이채림'이란 이름에서 왼쪽 글자 '이'만 표시되는 것을 확인할 수 있습니다.

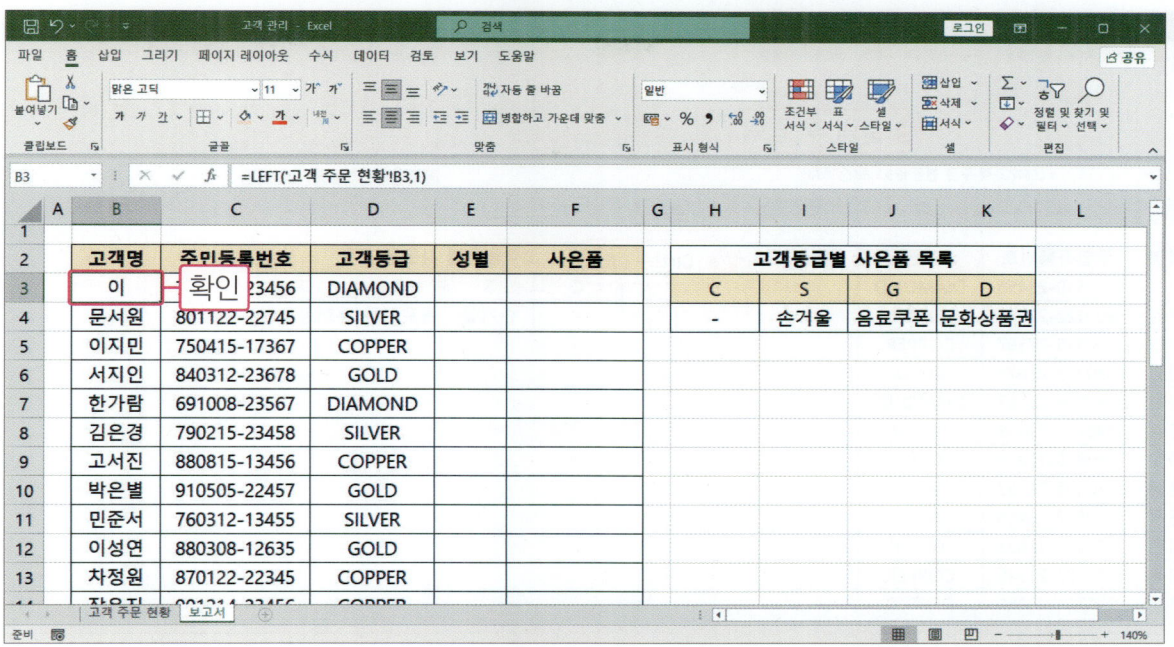

04 수식 입력줄에서 LEFT 함수식 뒤를 클릭한 후 '&"○"'를 입력하고 Enter 키를 누릅니다.

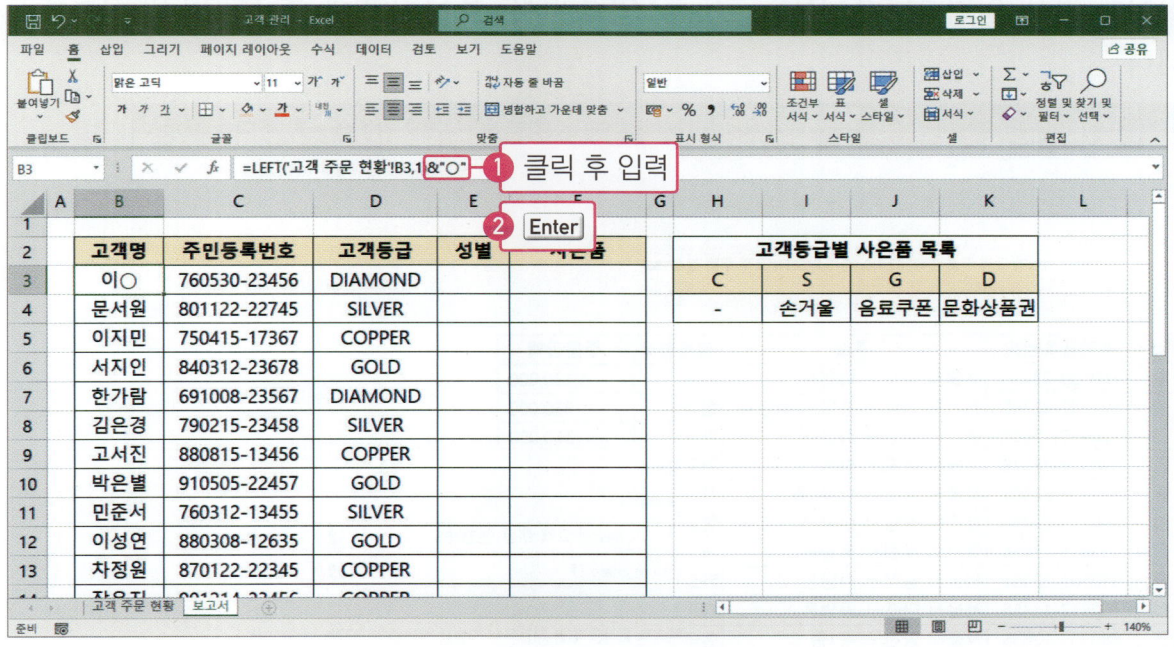

 기호 '○'를 입력하는 방법
'ㅁ'을 입력한 후 바로 한자 키를 누르면 기호 목록이 나타나 선택할 수 있습니다.

05 다시 [B3] 셀을 선택해 수식 입력줄을 클릭하고 '&RI'를 입력한 후 Tab 키와 Ctrl+A 키를 순서대로 눌러 줍니다.

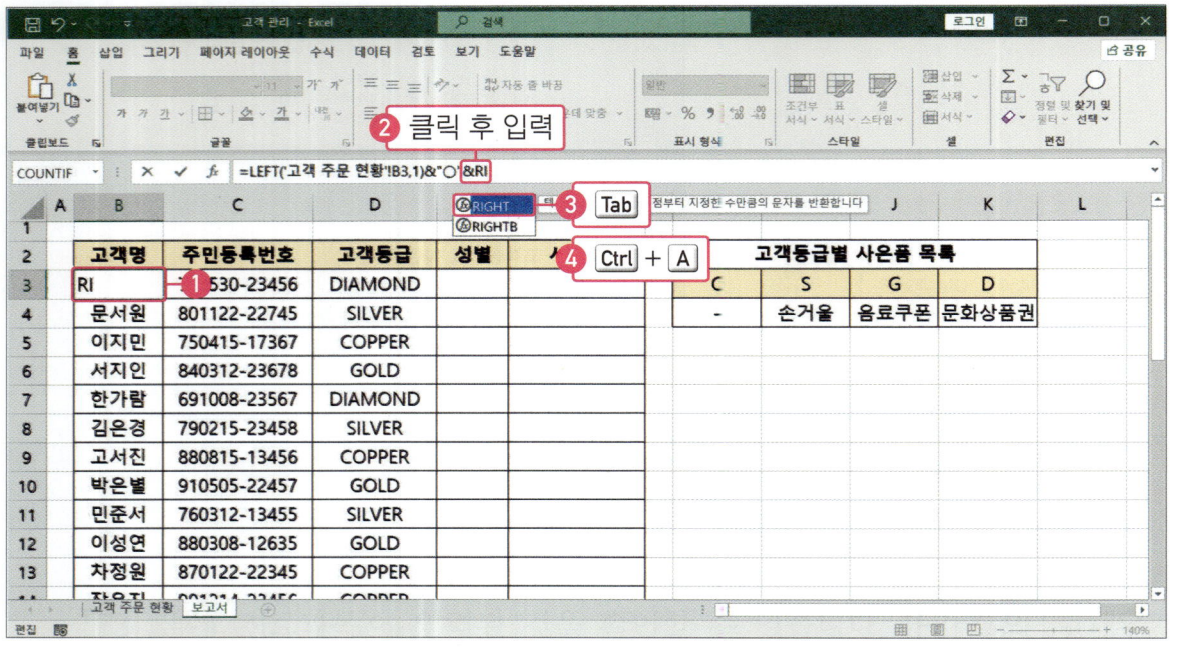

06 [함수 인수] 대화상자가 나타나면 '고객 주문 현황' 시트 탭을 클릭하고 [B3] 셀을 클릭해 [Text]에 값을 입력합니다. [Num_chars] 입력란에는 '1'을 입력한 후 [확인] 버튼을 클릭합니다.

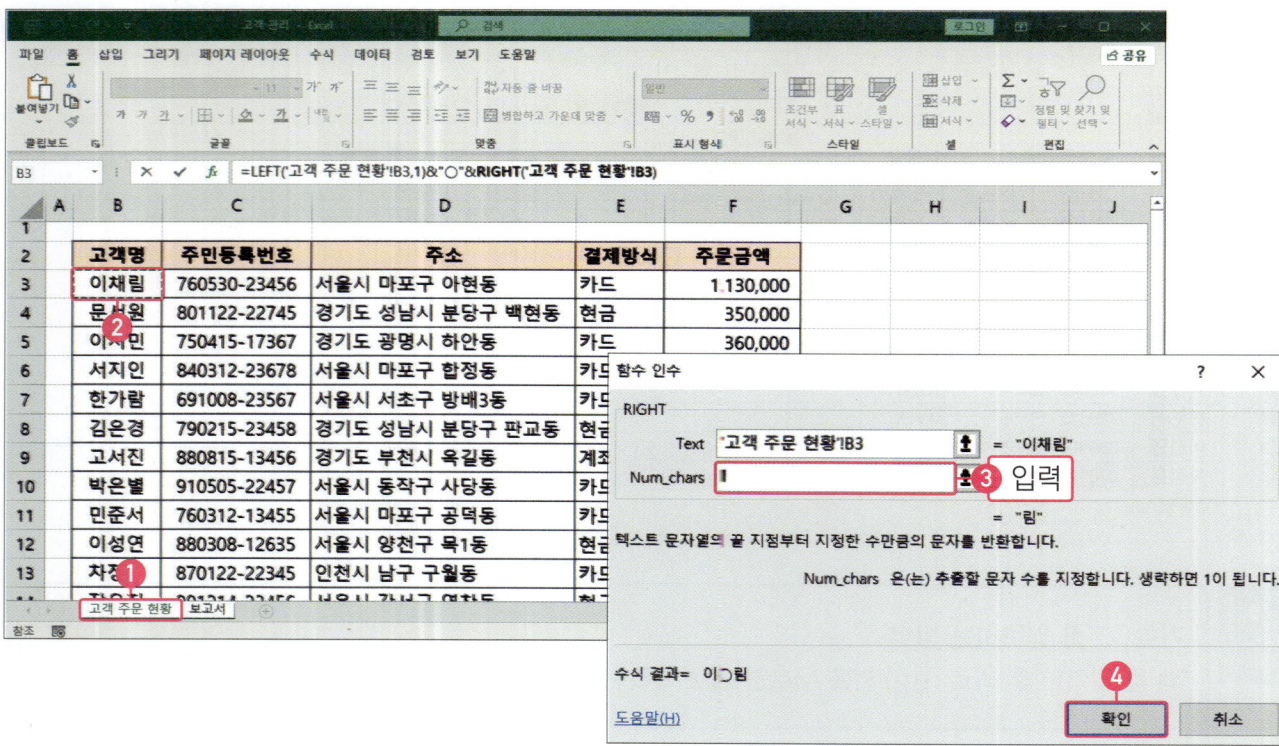

07 '보고서' 시트 탭의 [B3] 셀을 보면 '이채림'의 가운데 글자가 'O'로 표시되는 것을 확인할 수 있습니다. [B3] 셀의 ■(채우기 핸들)을 더블 클릭하여 자동 채우기를 합니다.

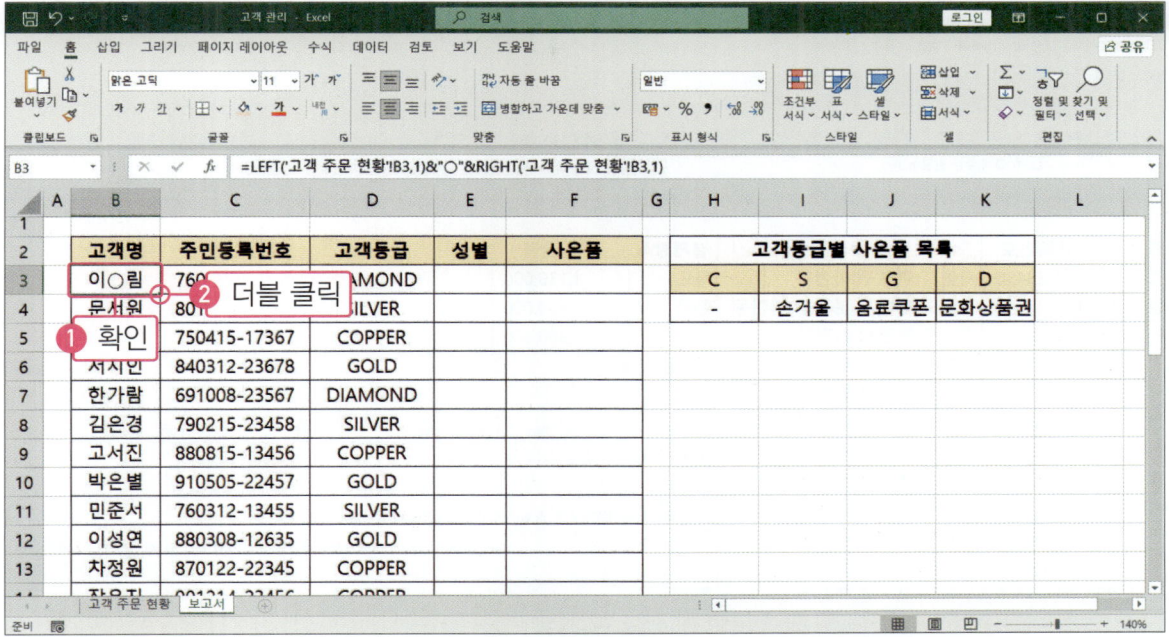

▶ 주민등록번호 뒷자리 가리기

01 [주민등록번호] 열의 뒷자리를 가리기 위해 [C3] 셀을 클릭한 후 '=LE'를 입력합니다. Tab 키와 Ctrl + A 키를 순서대로 눌러 줍니다.

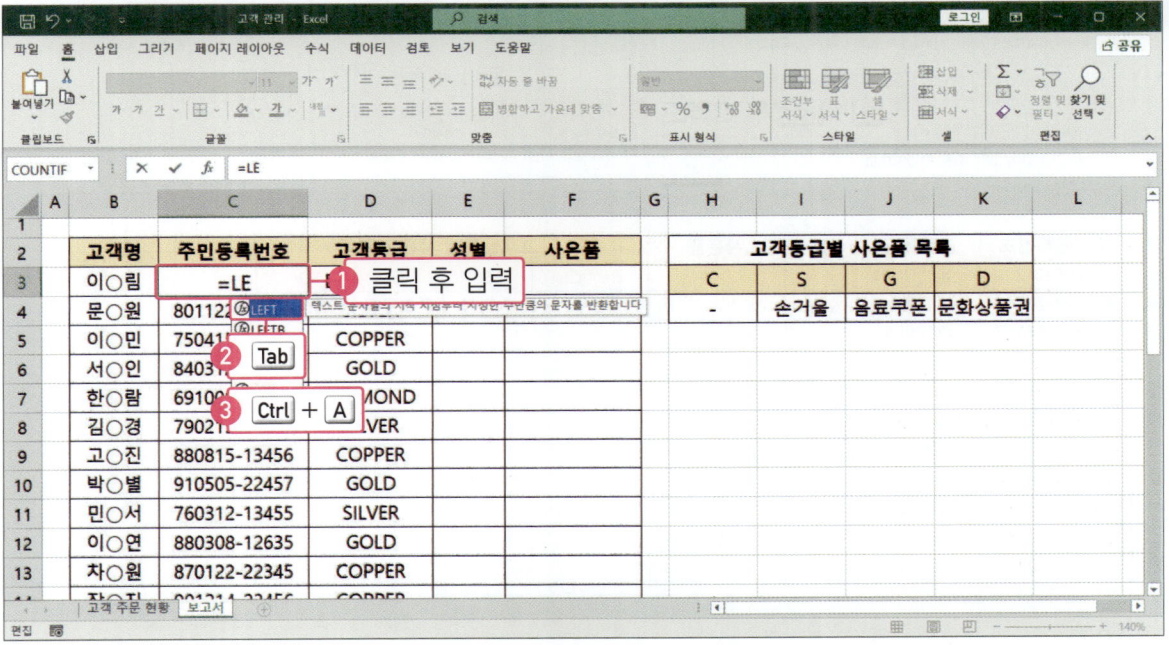

02 [함수 인수] 대화상자가 나타나면 '고객 주문 현황' 시트 탭을 클릭하고 [C3] 셀을 클릭해 [Text]에 값을 입력합니다. [Num_chars]에는 '8'을 입력한 후 [확인] 버튼을 클릭합니다.

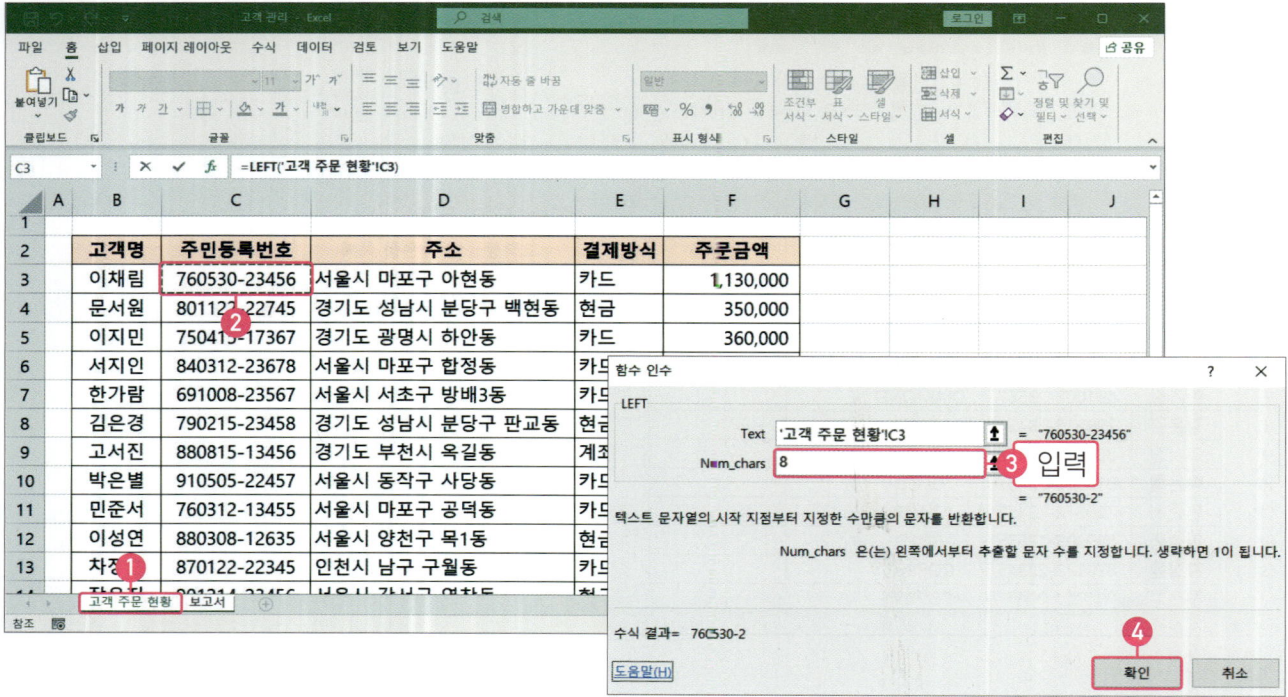

03 '보고서' 시트 탭의 [C3] 셀을 보면 주민등록번호의 왼쪽 여덟 글자만 표시되는 것을 확인할 수 있습니다.

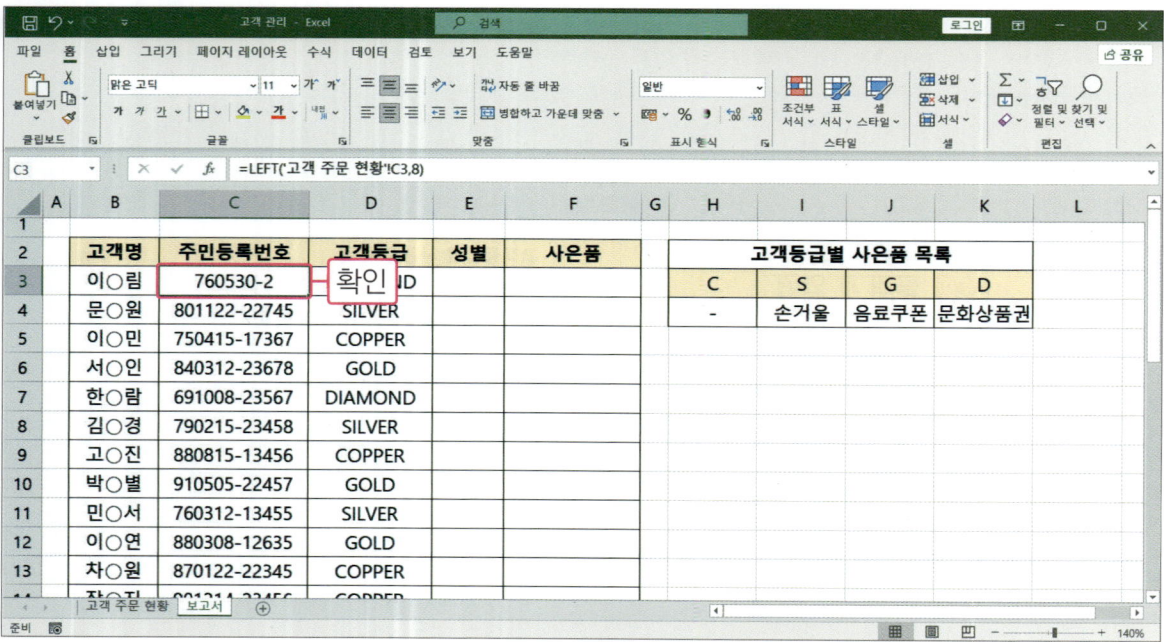

04 수식 입력줄에서 LEFT 함수식 뒤를 클릭한 후 '&"****"'를 입력하고 Enter 키를 누릅니다. 주민등록번호 뒷자리가 "*"로 가려지면 [C3] 셀의 ■(채우기 핸들)을 더블 클릭하여 자동 채우기를 합니다.

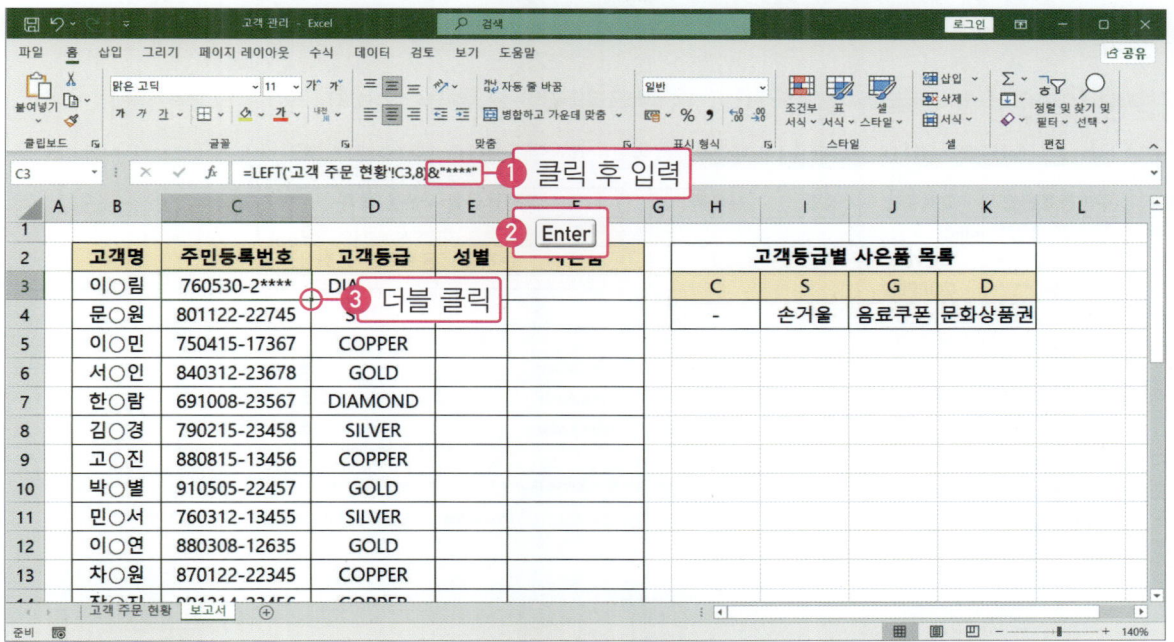

▶ 주민등록번호에서 성별 추출하기

01 [E3] 셀을 클릭한 후 '=IF'를 입력하고 Tab 키와 Ctrl + A 키를 순서대로 눌러 줍니다.

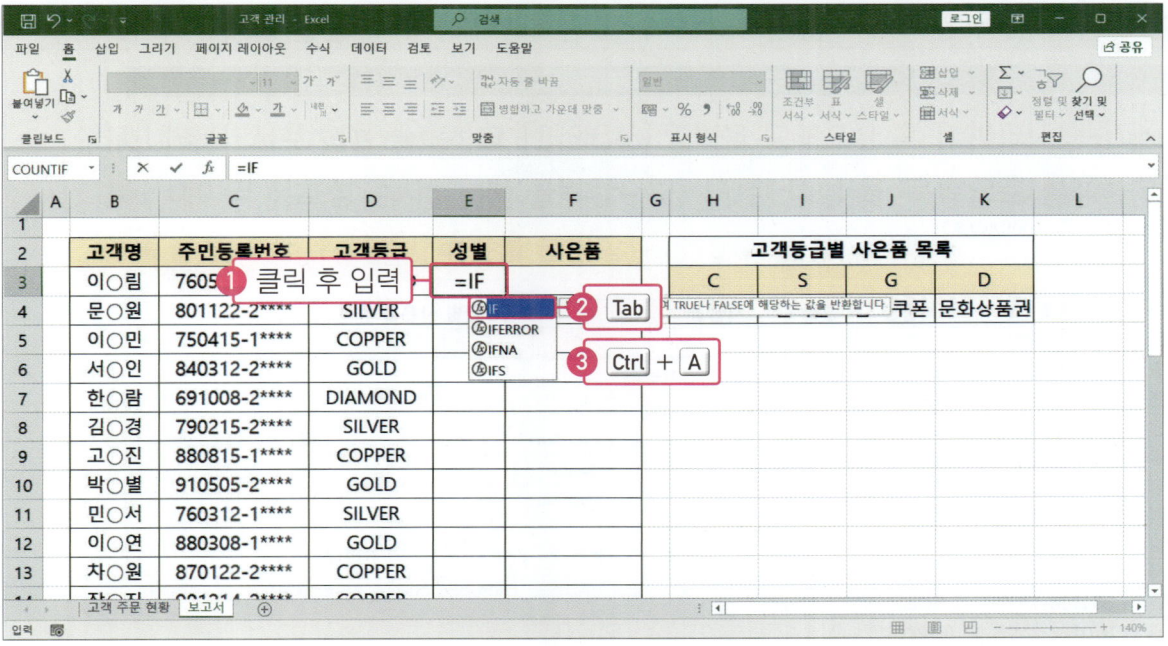

02 [함수 인수] 대화상자가 나타나면 [Logical_test]에 커서가 있는 상태에서 **이름 상자의 ▼를 클릭**한 후 목록에서 **'MID'를 선택**합니다.

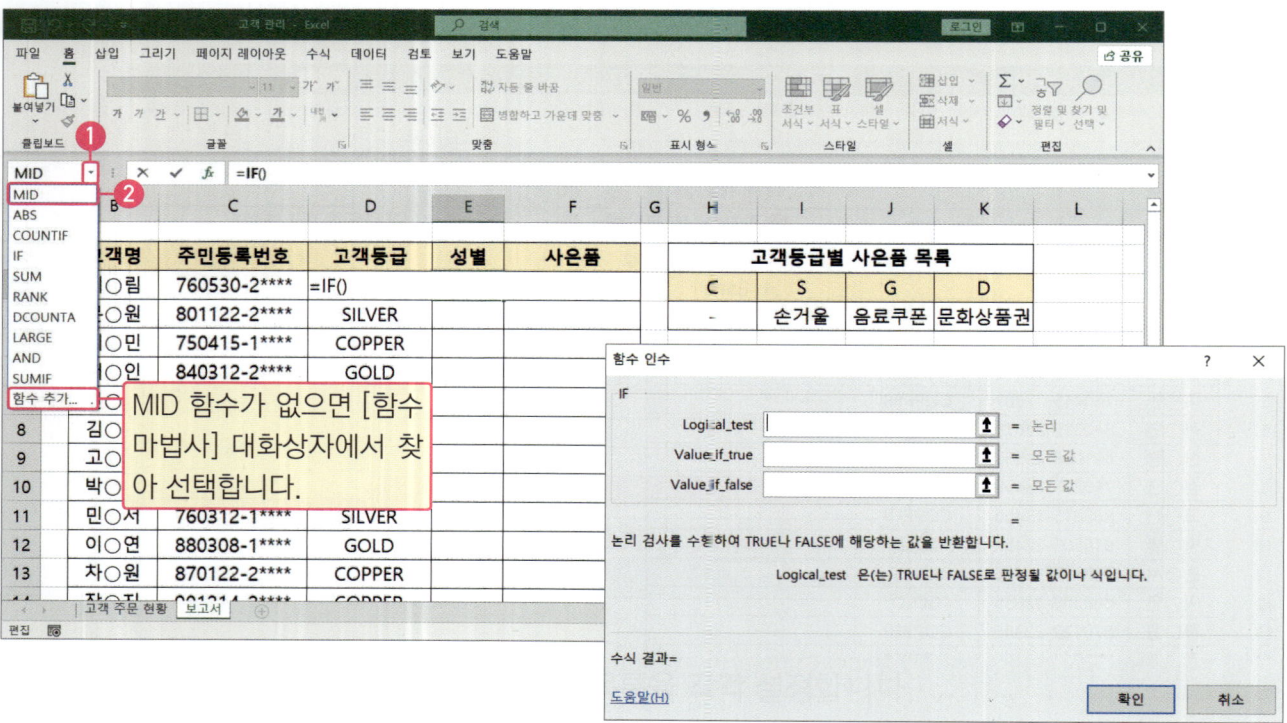

03 MID 함수의 [함수 인수] 대화상자가 나타나면 '보고서' 시트 탭의 [C3] 셀을 클릭하여 [Text]에 'C3'을 입력하고 [Start_num]에는 '8', [Num_chars]에는 '1'을 입력합니다. 아직 IF 함수의 수식이 완료되지 않았으므로 수식 입력줄에서 'IF' 부분을 클릭합니다.

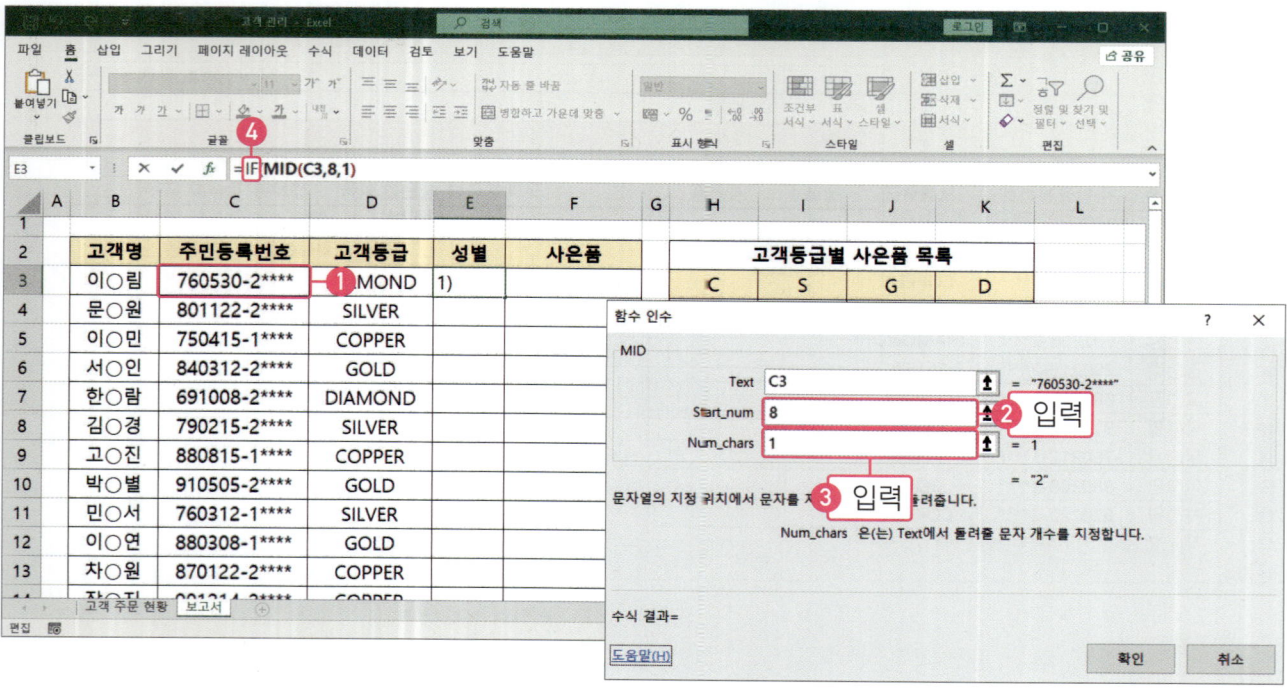

170

04 IF 함수의 [함수 인수] 대화상자로 바뀌면 [Logical_test] 입력란에서 'MID(C3,8,1)' 뒤에 '="1"'을 입력합니다. [Value_if_true]에는 '남', [Value_if_false]에는 '여'를 입력한 후 [확인] 버튼을 클릭합니다.

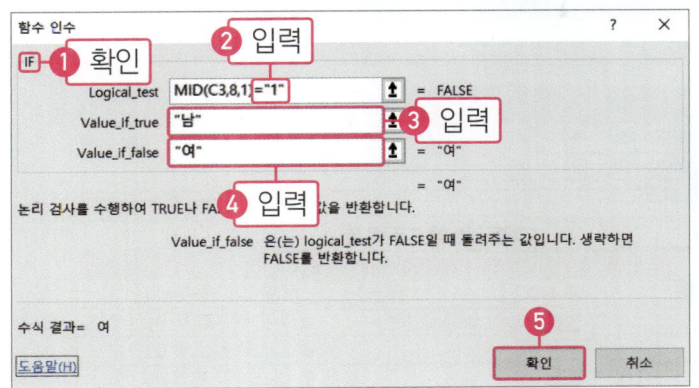

 잠깐 텍스트 함수로 얻은 결과는 겉보기에는 숫자처럼 보여도 실제로는 텍스트 형식으로 저장됩니다. 숫자 '1'을 입력할 때 '큰따옴표(" ")'로 감싸야 올바르게 인식되니 참고합니다.

05 '보고서' 시트 탭의 [E3] 셀을 보면 주민등록번호의 여덟 번째 글자에 따라 성별이 표시되는 것을 확인할 수 있습니다. [E3] 셀의 ■(채우기 핸들)을 더블 클릭하여 자동 채우기를 합니다.

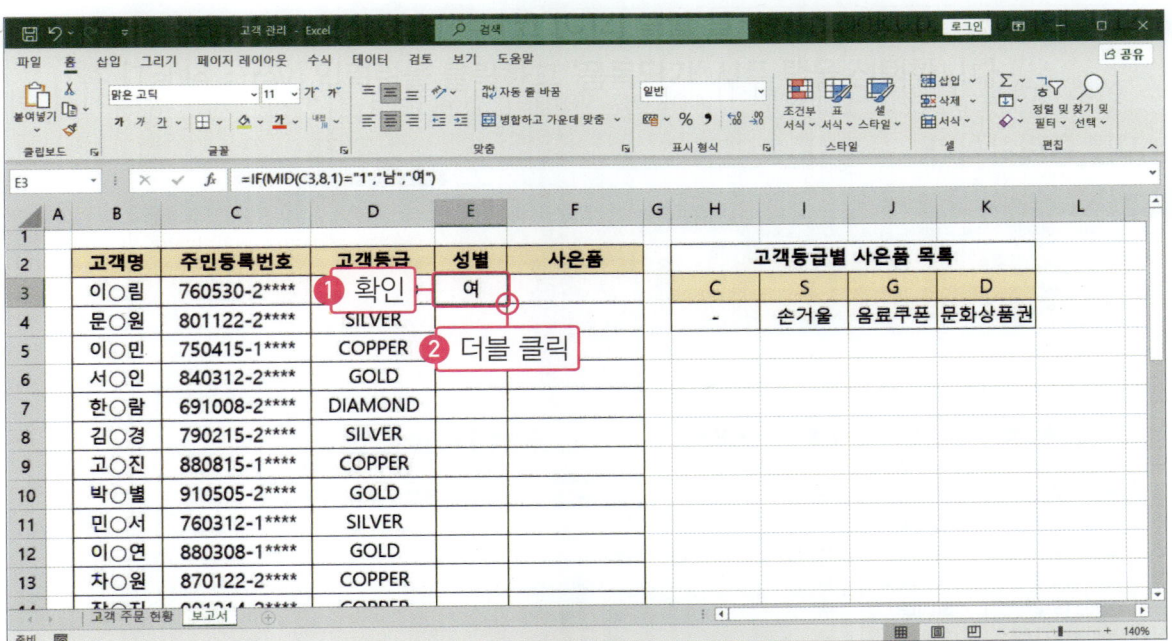

 잠깐 **2000년생 이후 출생자를 포함하여 성별을 나누려면?**
2000년 이후 출생자는 주민등록번호 여덟 번째 자리가 3과 4로 시작하기 때문에 OR 함수를 추가하고 MID 함수를 하나 더 입력합니다.
예) =IF(OR((MID,A1,8,1)="1", MID(A1,8,1)="3"), "남", "여")

▶ 사은품 추출하기

01 [F3] 셀을 클릭한 후 '=HL'을 입력하고, Tab 키와 Ctrl+A 키를 순서대로 눌러 줍니다.

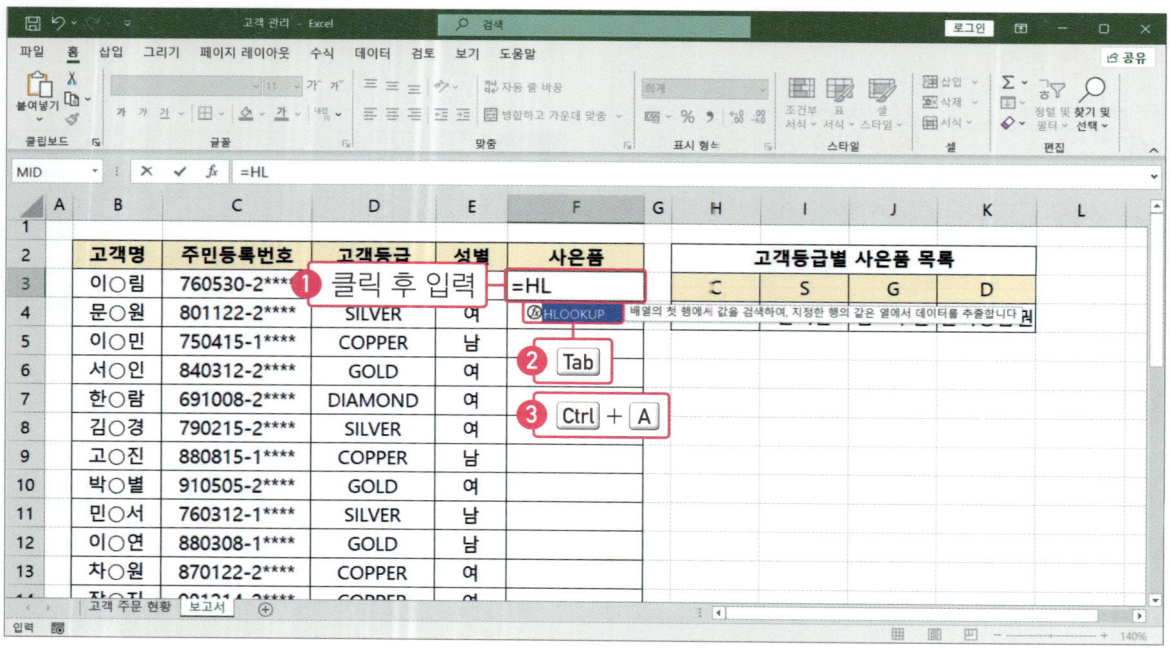

02 [함수 인수] 대화상자가 나타나면 [Lookup_value] 입력란에 커서가 있는 상태에서 이름 상자를 클릭합니다.

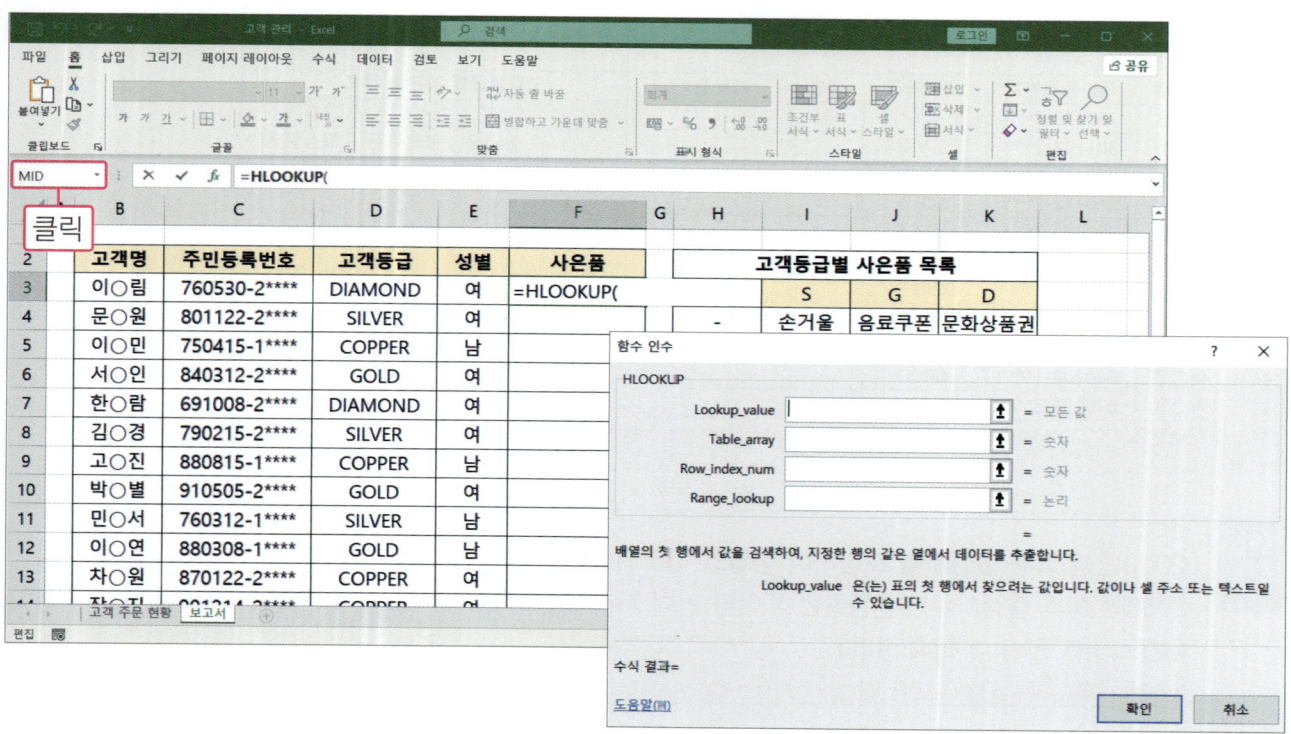

 최근에 사용한 함수가 이름 상자에 표시되기 때문에 MID 함수가 보입니다.

03 MID 함수의 [함수 인수] 대화상자가 나타나면 [D3] 셀을 클릭해 [Text]에 'D3'을 입력하고 [Start_num]과 [Num_chars]에 각각 '1'을 입력합니다. 아직 HLOOKUP 함수의 수식이 완료되지 않았으므로 수식 입력줄에서 'HLOOKUP' 부분의 아무곳이나 클릭합니다.

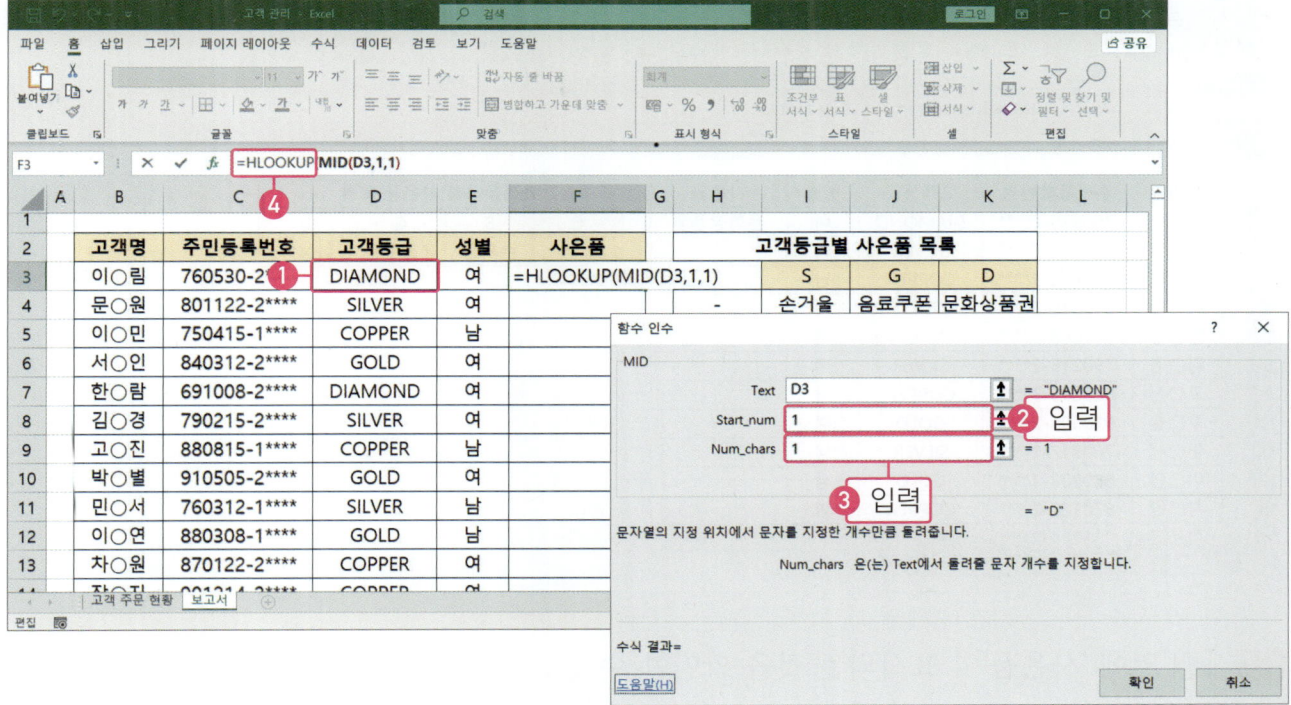

04 HLOOKUP 함수의 [함수 인수] 대화상자로 바뀌면 [Table_array] 입력란을 클릭하고 [H3:K4] 영역을 드래그한 후 F4 키를 눌러 절대 참조 값을 입력합니다. 찾아야 할 '사은품' 목록이 두 번째 행에 있으므로 [Row_index_num]에는 '2', [Range_lookup]에는 'FALSE'를 입력하고 [확인] 버튼을 클릭합니다.

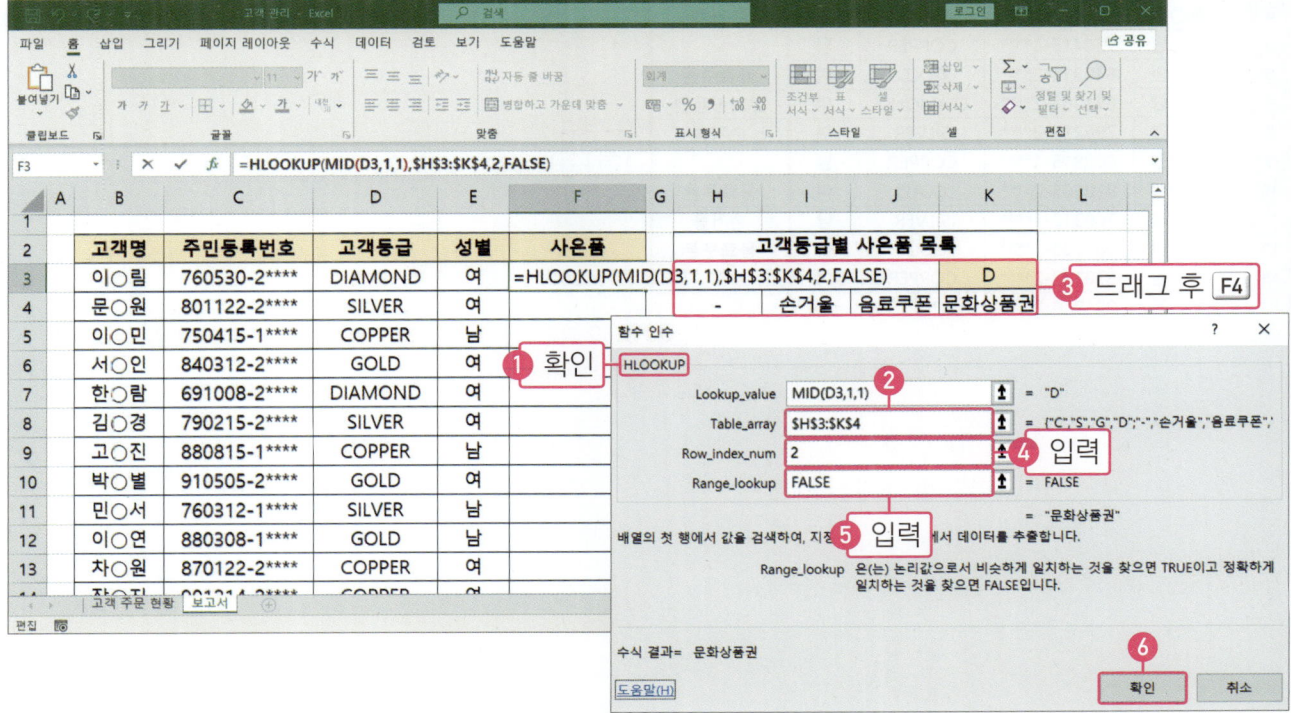

05 [F3] 셀에 '문화상품권'이 표시되면 [F3] 셀의 ■(채우기 핸들)을 더블 클릭하여 자동 채우기를 합니다.

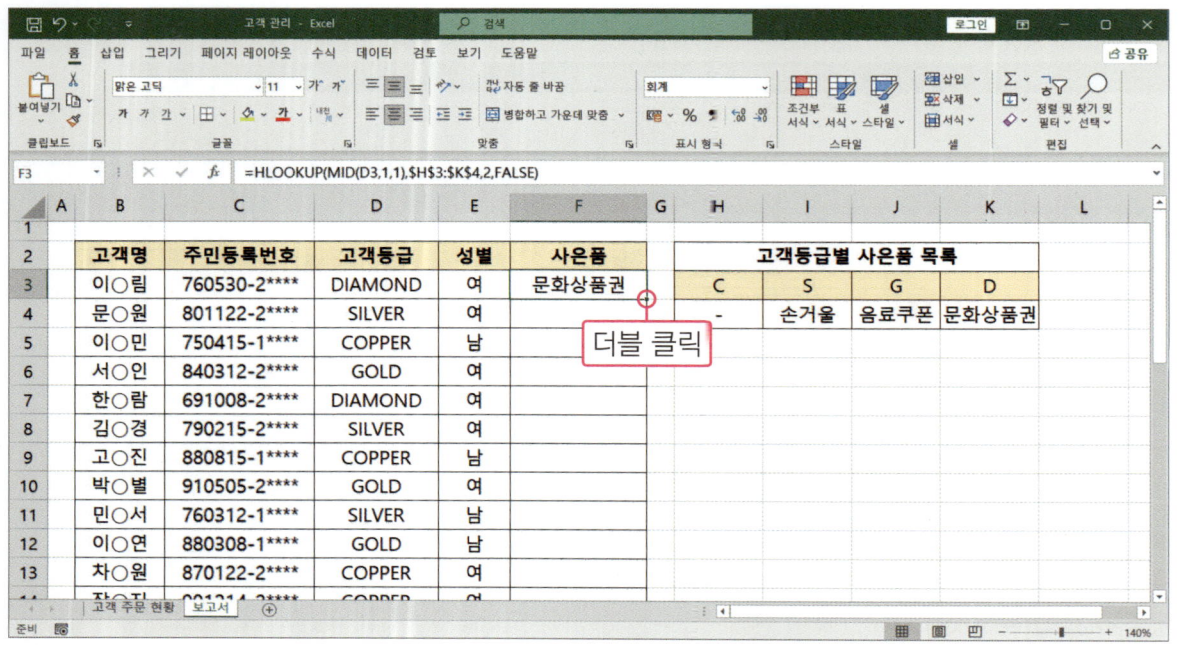

06 [F] 열에 '사은품'이 표시되는 것을 확인할 수 있습니다.

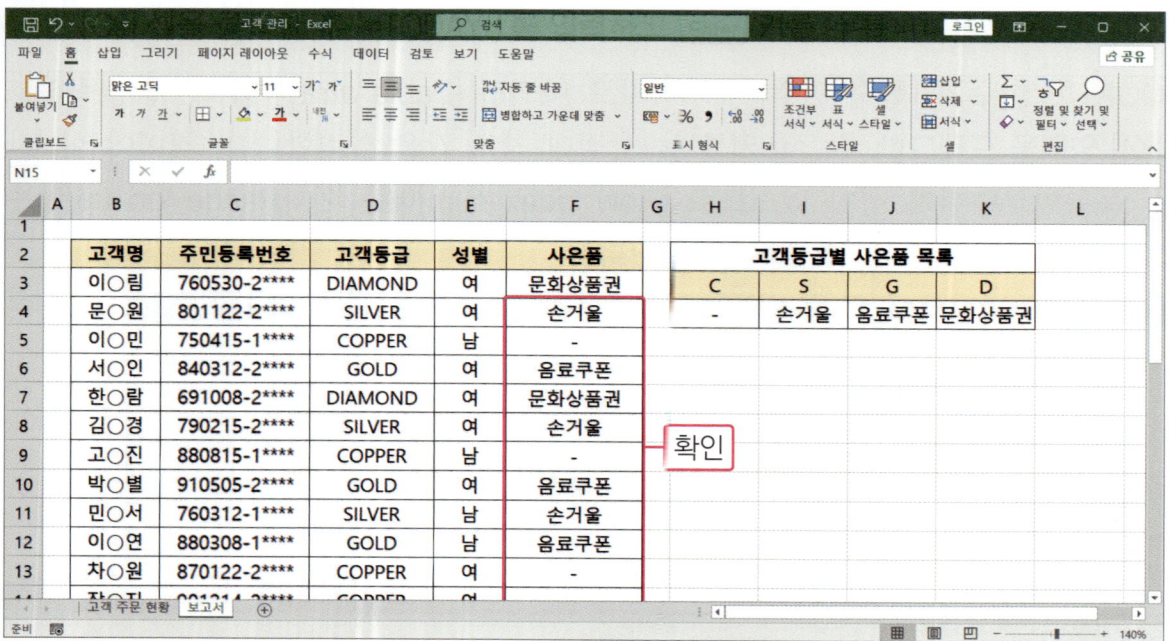

01 '상품권보고서.xlsx' 파일을 불러와 '상품권보고서' 시트 탭을 다음과 같이 작성해 봅니다.

준비파일 상품권보고서.xlsx

- [B3:B12] 영역은 고객명의 중간 글자를 '☆'로 표시
- [C3:C12] 영역은 주민등록번호의 여덟 번째 자리까지 표시하고 나머지는 '****'로 표시
- [D3:D12] 영역은 주민등록번호의 여덟 번째 자리가 '1'이나 '3'은 '남', '2'나 '4'는 '여'로 표시

	A	B	C	D
1				
2		고객명	주민등록번호	성별
3		김현경	010319-42345	
4		이은주	971214-23456	
5		전서윤	041216-42345	
6		이정우	990728-16456	
7		오태희	080830-33678	
8		한가람	991008-23567	
9		김은경	990215-23458	
10		차정원	980815-13456	
11		김하원	050505-32457	
12		민준서	960312-13455	

▷

	A	B	C	D
1				
2		고객명	주민등록번호	성별
3		김☆경	010319-4****	여
4		이☆주	971214-2****	여
5		전☆윤	041216-4****	여
6		이☆우	990728-1****	남
7		오☆희	080830-3****	남
8		한☆람	991008-2****	여
9		김☆경	990215-2****	여
10		차☆원	980815-1****	남
11		김☆원	050505-3****	남
12		민☆서	960312-1****	남

 힌트

- [B3] 셀 : =LEFT(고객포인트현황!B3,1)&"☆"&RIGHT(고객포인트현황!B3,1)
  [B3:B12] 영역은 [B3] 셀을 선택하고 LEFT 함수 이용 → '고객포인트현황' 시트 탭에서 [B3] 셀의 첫 글자 추출 → 연결 연산자(&)를 이용하여 '☆' 표시 → 연결 연산자(&)와 RIGHT 함수 이용하여 '고객포인트현황' 시트 탭 [B3] 셀의 끝 글자 추출

- [C3] 셀 : =LEFT(고객포인트현황!C3,8)&"****"
  [C3:C12] 영역은 [C3] 셀을 선택하고 LEFT 함수 이용 → '고객포인트현황' 시트 탭에서 [C3] 셀의 여덟 글자 추출 → 연결 연산자(&)를 이용하여 '****' 표시

- [D3] 셀 : =IF(OR(MID(C3,8,1)="1",MID(C3,8,1)="3"),"남","여")
  [D3:D12] 영역은 [D3] 셀을 선택하고 IF 함수 이용 → 이름 상자에서 OR 함수 선택 → 이름 상자에서 MID 함수 선택 → [C3] 셀의 여덟 번째 자리 추출 → 수식 입력줄에서 'OR' 부분 선택하고 [Logical1]에 이어서 '="1"' 입력 → [Logical2]에 'MID(C3,8,1)="3"' 입력 → 수식 입력줄에서 'IF' 부분 선택하고 [Value_if_true]에 '남', [Value_if_false]에 '여' 입력

175

02 문제 01의 파일에서 다음과 같이 작성해 봅니다.

- [E3:E12] 영역 : '고객포인트현황' 시트 탭의 전반기 포인트와 후반기 포인트의 '평균'
- [F3:F12] 영역 : [E3:E12] 영역의 포인트 점수를 보고 〈등급 기준표〉의 '등급'을 표시(VLOOK-UP 함수 이용)
- [G3:G12] 영역 : [F3:F12] 영역의 등급 표시를 보고 첫 글자가 'V'이면 '상품권', 아니면 공란 표시(IF, LEFT 함수 이용)

	A	B	C	D	E	F	G	H	I	J	K	L
1												
2		고객명	주민등록번호	성별	포인트	등급	상품권		<등급 기준표>			
3		김☆경	010319-4****	여	9,100	VIP	상품권		포인트		등급	
4		이☆주	971214-2****	여	6,500	SIVER			0	~4999	일반	
5		전☆윤	041216-4****	여	9,100	VIP	상품권		5000	~6999	SIVER	
6		이☆우	990728-1****	남	1,300	일반			7000	~8999	GOLD	
7		오☆희	080830-3****	남	7,800	GOLD			9000	~10000	VIP	
8		한☆람	991008-2****	여	8,000	GOLD						
9		김☆경	990215-2****	여	5,000	SIVER						
10		차☆원	980815-1****	남	9,000	VIP	상품권					
11		김☆원	050505-3****	남	8,000	GOLD						
12		민☆서	960312-1****	남	8,500	GOLD						
13												

고객포인트현황 / 상품권보고서

힌트

- [E3] 셀 : =AVERAGE(고객포인트현황!E3:F3)
  [E3:E12] 영역은 [E3] 셀을 선택하고 AVERAGE 함수 이용 → '고객포인트현황' 시트 탭의 [E3:F3] 셀 선택

- [F3] 셀 : =VLOOKUP(E3,$I$4:$K$7,3,1)
  [F3:F12] 영역은 [F3] 셀을 선택하고 VLOOKUP 함수 이용 → 포인트 점수를 〈등급 기준표〉를 선택하고 절대 참조(이때 병합되어 있는 제목 필드는 선택에서 제외)

- [G3] 셀 : =IF(LEFT(F3,1)="V","상품권","")
  [G3:G12] 영역은 [G3] 셀을 선택하고 IF 함수 이용 → 이름 상자에서 LEFT 함수 선택 → [F3] 셀의 첫 글자 추출 → 수식 입력줄에서 'IF' 부분 선택하고 [Logical_test]에 이어서 '="V"' 입력 → [Value_if_true]에 '상품권', [Value_if_false]에 " " 입력

176

09 시나리오 관리자와 목표값 찾기

- 시나리오 관리자
- 목표값 찾기
- 피벗 테이블
- 데이터 표

미/리/보/기

준비파일 : 수익현황.xlsx
완성파일 : 수익현황(완성).xlsx

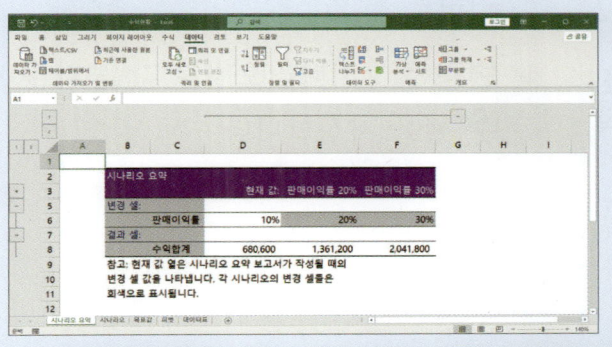
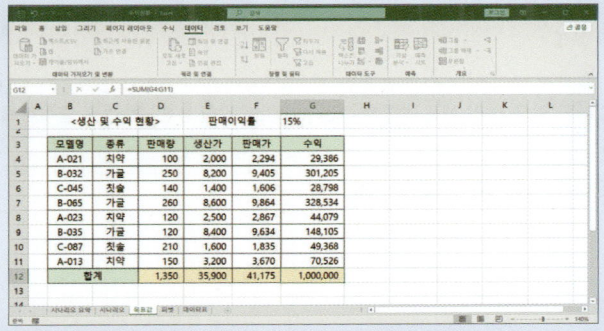
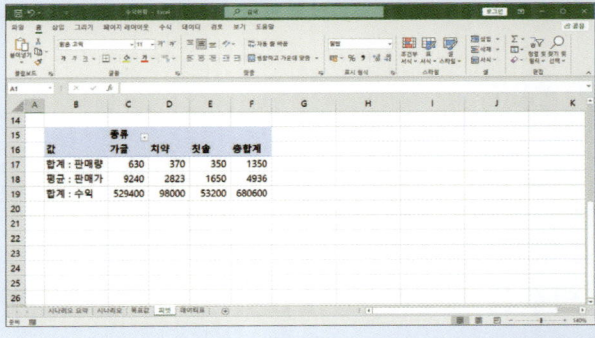
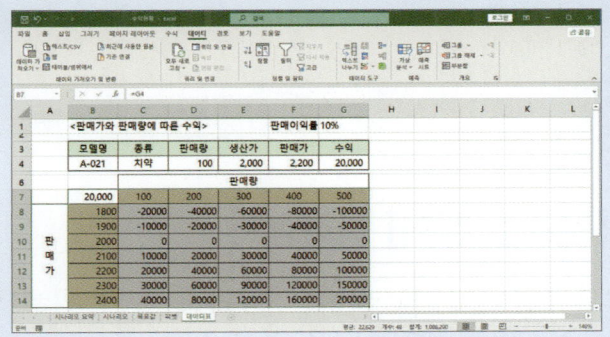

이번 장에서는 시나리오 관리자를 통해 총수익을 예측하는 방법과, 목표 총수익을 달성하기 위한 판매이익률의 계산 방법을 알아보겠습니다. 또한 피벗 테이블을 사용해 품목별 판매가·판매량·수익률을 비교하고, 데이터 표를 통해 판매가와 판매량 변화에 따른 수익의 흐름을 분석하는 과정도 함께 학습합니다.

데이터 분석 도구 이용하기

▶ '시나리오 관리자' 기능

- '시나리오 관리자'는 다양한 조건을 설정하여 여러 상황을 비교하고, 그 결과를 요약 보고서 형태로 보여 주는 가상 분석 도구입니다.
- '시나리오 관리자'를 사용하기 전에 변수 셀과 결과 셀의 이름을 지정해 두면, 보고서에서 셀 주소 대신 이름이 표시되어 조건을 쉽게 이해할 수 있습니다. 예를 들어 판매이익률을 '20%'와 '30%'로 설정해 각각의 수익을 비교·예측할 수 있습니다.

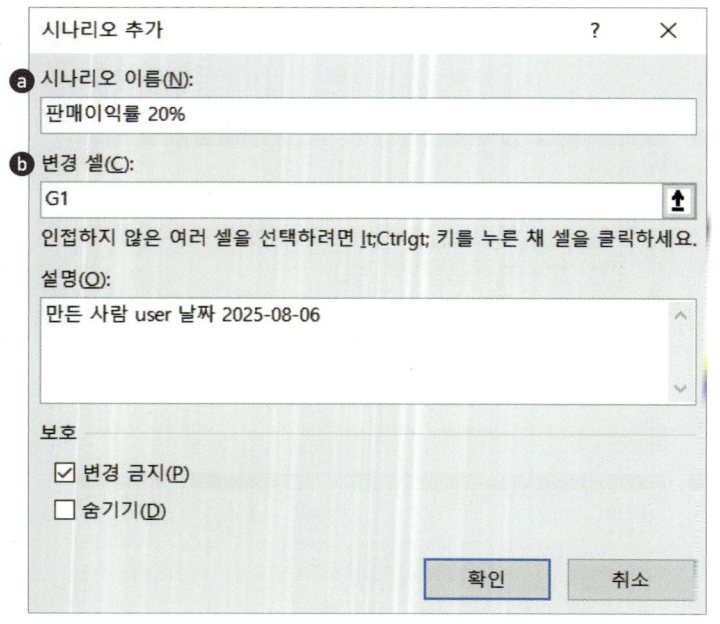

ⓐ 시나리오 이름 : 분석할 조건이나 상황을 구분하기 위한 제목을 입력합니다.

ⓑ 변경 셀 : 시나리오별로 값을 바꿀 변수 셀을 지정합니다.

▶ [목표값 찾기] 대화상자

- '목표값 찾기'는 원하는 결과를 얻기 위해 입력값을 자동으로 계산해 주는 기능입니다. 예를 들어 수익 합계를 '1,000,000원'으로 만들고 싶을 때 수익률을 얼마로 해야 하는지 엑셀이 자동으로 계산해 줍니다.

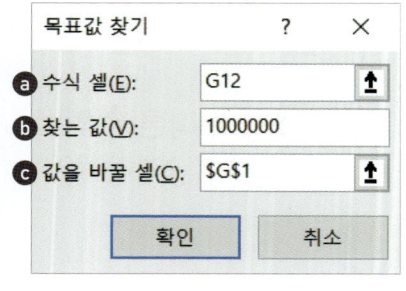

ⓐ 수식 셀 : 변경 결과를 계산하는 셀로, 반드시 수식이나 함수가 입력되어 있어야 합니다.

ⓑ 찾는 값 : 사용자가 목표로 하는 결괏값을 입력합니다.

ⓒ 값을 바꿀 셀 : 목푯값을 달성하기 위해 조정할 입력값이 있는 셀을 지정합니다.

▶ '피벗 테이블' 기능

- '피벗 테이블'은 대량의 데이터를 쉽고 빠르게 요약·분류할 수 있는 도구로, 복잡한 정보를 한눈에 파악할 수 있게 도와줍니다.
- 사용자는 행, 열, 값 필드를 자유롭게 설정하여 데이터를 재구성할 수 있으며 합계, 평균, 개수 등 다양한 방식으로 결과를 도출할 수 있습니다. 예를 들어 판매 데이터를 제품 종류별로 나누고 각 제품의 '총 판매량', '총 판매가', '총 수익'을 요약하면 가장 수익성이 높은 제품군의 파악이 가능합니다.

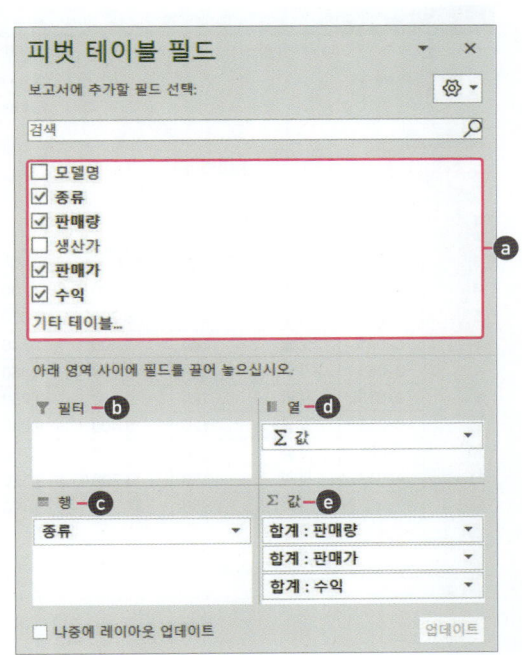

- a 필드 목록 : 분석에 사용할 필드를 체크하거나, 원하는 위치로 드래그하여 배치합니다.
- b 필터 : 특정 조건에 따라 데이터를 선택적으로 표시하도록 설정합니다.
- c 행 : 데이터를 세로 방향으로 분류하는 기준입니다.
- d 열 : 데이터를 가로 방향으로 분류하는 기준입니다.
- e 값 : 선택한 필드의 합계, 평균, 개수 등 요약값을 계산하여 표시합니다.

▶ '데이터 표' 기능

- '데이터 표'는 한 가지 또는 두 가지 변수의 변화에 따라 수식 결과가 어떻게 달라지는지 표 형태로 계산해 주는 기능입니다.
- 사용자는 특정 수식을 기준으로 변수의 변화에 따른 결과를 빠르게 시뮬레이션할 수 있습니다. 예를 들어 '데이터 표'를 활용해 판매가와 판매량에 따른 수익의 흐름을 분석할 수 있습니다.

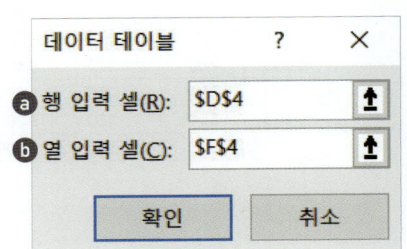

- a 행 입력 셀 : 데이터 표의 가로줄에 있는 값들이 수식 속 어떤 변수에 들어갈지 지정합니다.
- b 열 입력 셀 : 데이터 표의 세로줄에 있는 값들이 수식 속 어떤 변수에 들어갈지 지정합니다.

 ## 수익현황을 활용한 데이터 분석하기

▶ '시나리오 관리자' 사용하기

01 '수익현황.xlsx' 파일을 불러옵니다. 현재 판매이익률은 '10%' 기준이므로, 판매이익률을 '20%'와 '30%'로 변경했을 때의 수익의 합계를 예측해 보겠습니다. '시나리오' 시트 탭의 [G12] 셀을 클릭하고 이름 상자에 '수익합계'를 입력한 후 Enter 키를 누릅니다.

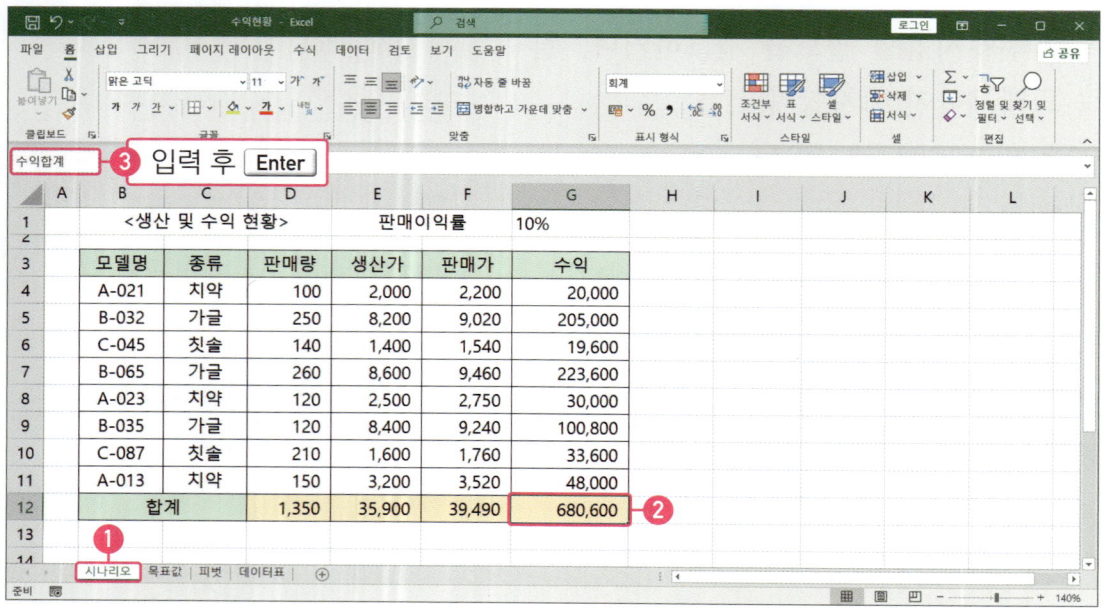

02 [G1] 셀을 클릭하고 이름 상자에 '판매이익률'을 입력한 후 Enter 키를 누릅니다.

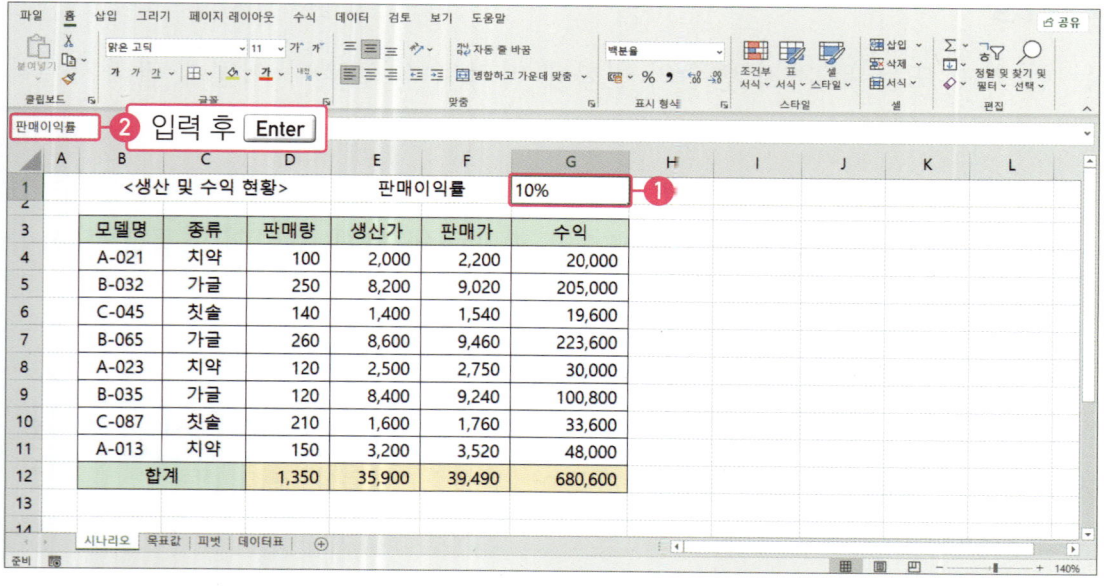

 이름을 정의하지 않으면 시나리오 요약 보고서에 셀 주소(A1, B2 등)로 표시되어 조건의 의미를 바로 알기 어렵습니다.

03 [G1] 셀이 선택된 상태에서 **[데이터] 탭-[예측] 그룹-[가상 분석]의 [시나리오 관리자]**를 선택합니다.

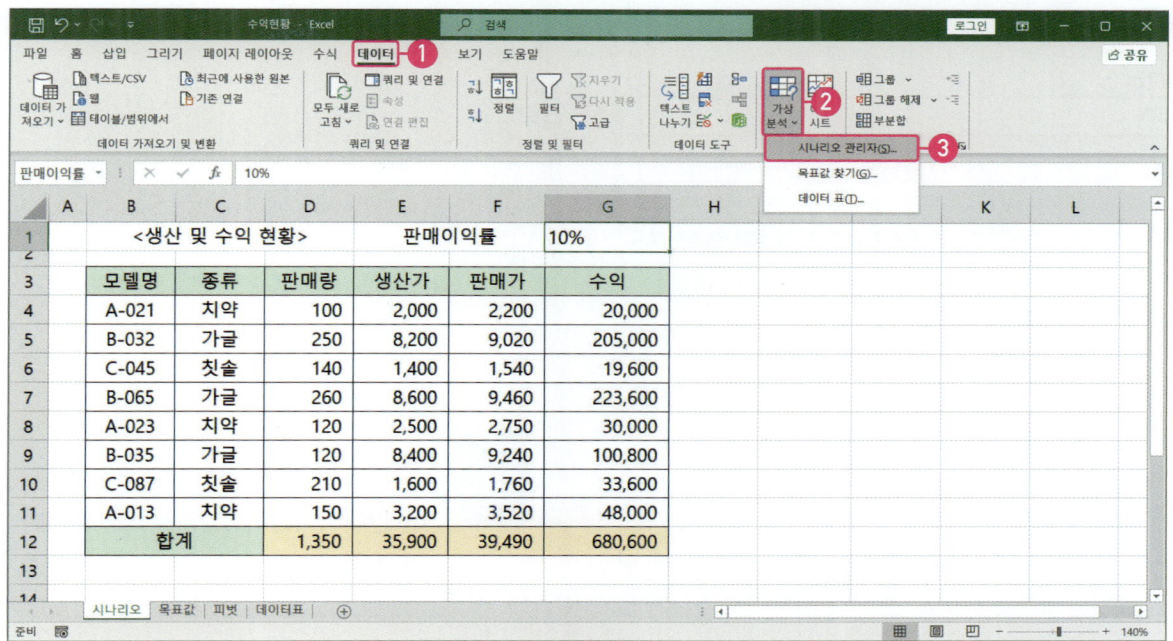

04 [시나리오 관리자] 대화상자가 나타나면 **[추가]** 버튼을 클릭합니다.

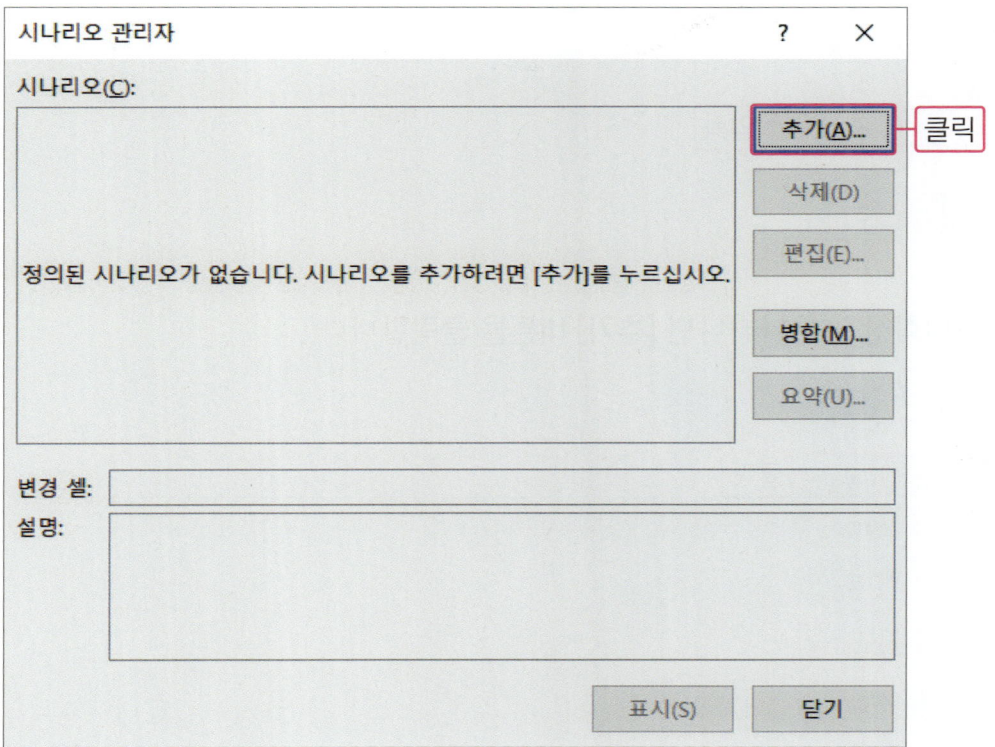

05 [시나리오 추가] 대화상자가 나타나면 [시나리오 이름]에 '판매이익률 20%'를 입력합니다. [변경 셀]에 'G1'이 입력되어 있는 것을 확인하고 [확인] 버튼을 클릭합니다.

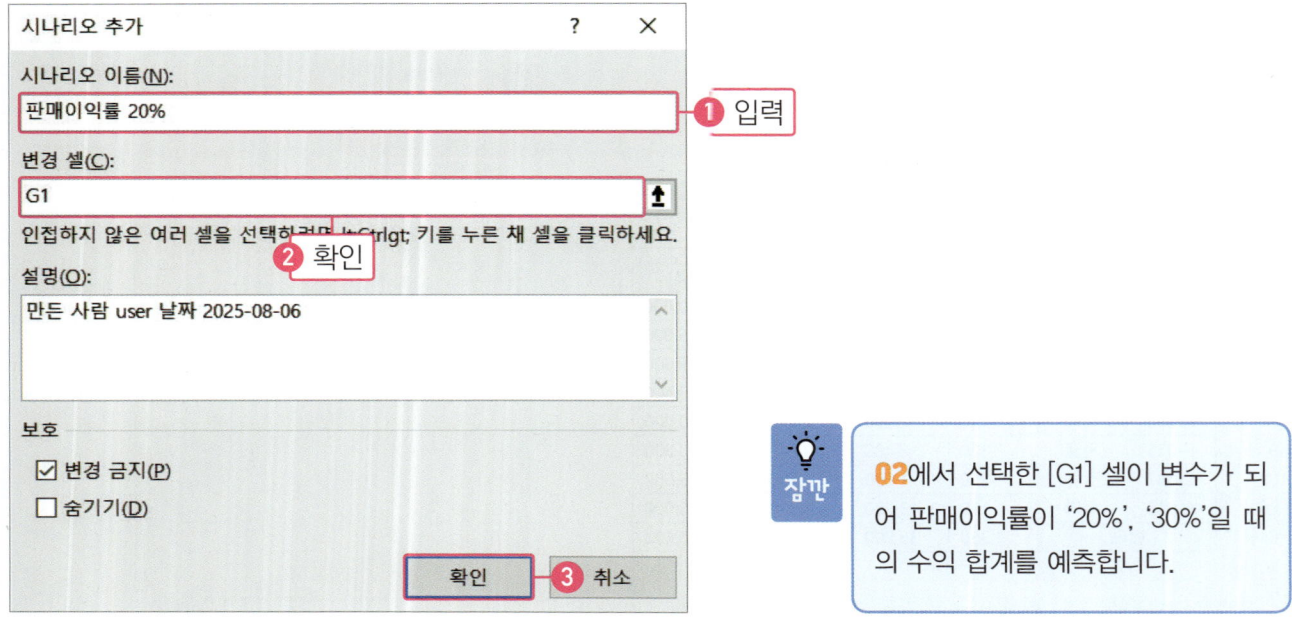

> **잠깐** 02에서 선택한 [G1] 셀이 변수가 되어 판매이익률이 '20%', '30%'일 때의 수익 합계를 예측합니다.

06 [시나리오 값] 대화상자가 나타나면 [판매이익률]에 '0.2' 또는 '20%'를 입력하고 [확인] 버튼을 클릭합니다.

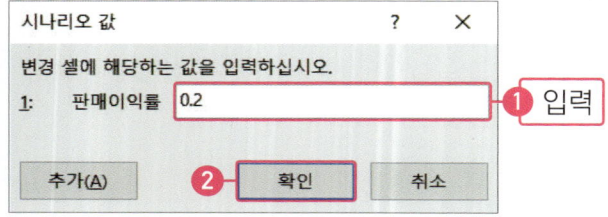

07 [시나리오 관리자] 대화상자가 나타나면 [추가] 버튼을 클릭합니다.

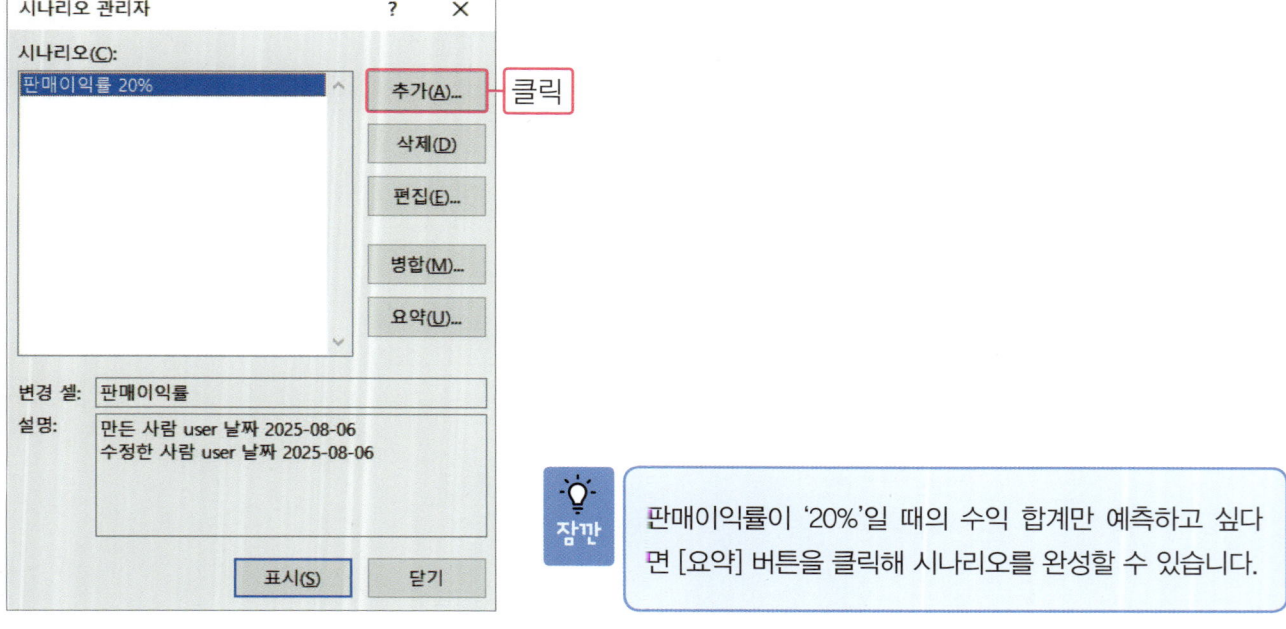

> **잠깐** 판매이익률이 '20%'일 때의 수익 합계만 예측하고 싶다면 [요약] 버튼을 클릭해 시나리오를 완성할 수 있습니다.

08 [시나리오 추가] 대화상자가 나타나면 [시나리오 이름]에 '판매이익률 30%'를 입력합니다. [변경 셀]에 'G1'이 입력되어 있는 것을 확인하고 [확인] 버튼을 클릭합니다.

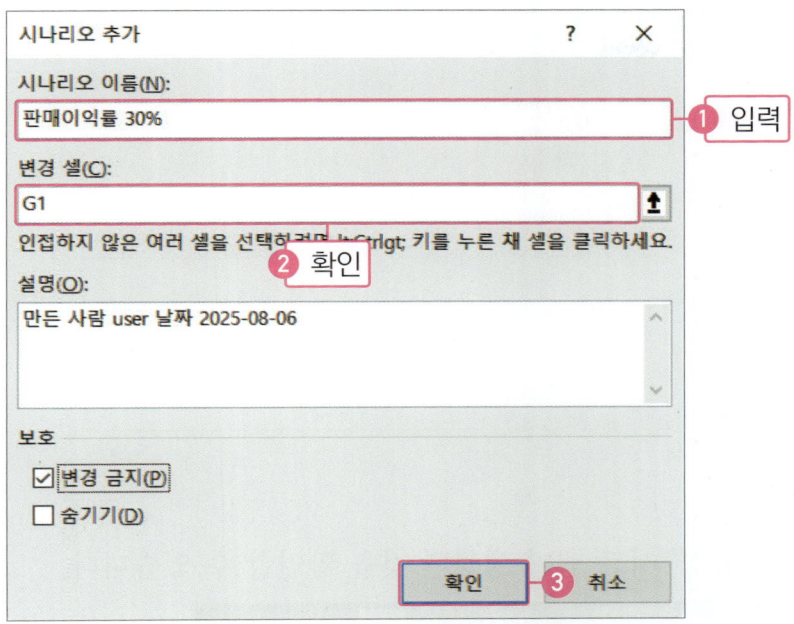

09 [시나리오 값] 대화상자가 나타나면 [판매이익률]에 '0.3' 또는 '30%'를 입력하고 [확인] 버튼을 클릭합니다.

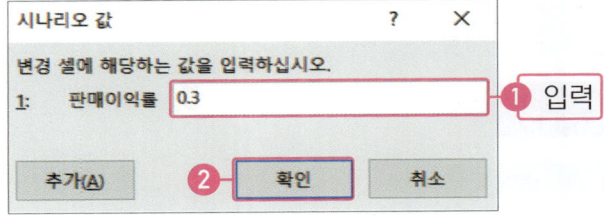

10 [시나리오 관리자] 대화상자에서 두 가지 시나리오를 확인하고 [요약] 버튼을 클릭합니다.

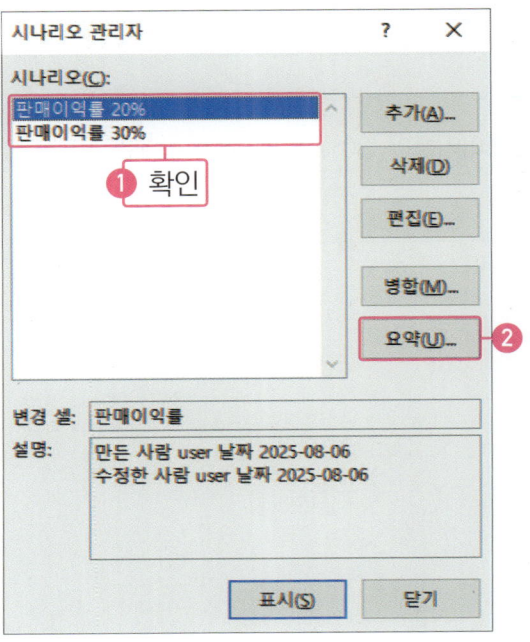

11 [시나리오 요약] 대화상자에서 [보고서 종류]가 '시나리오 요약'으로 선택되어 있는지와 [결과 셀]에 계산할 수익 합계가 있는 'G12'가 입력되어 있는지 확인한 후 [확인] 버튼을 클릭합니다.

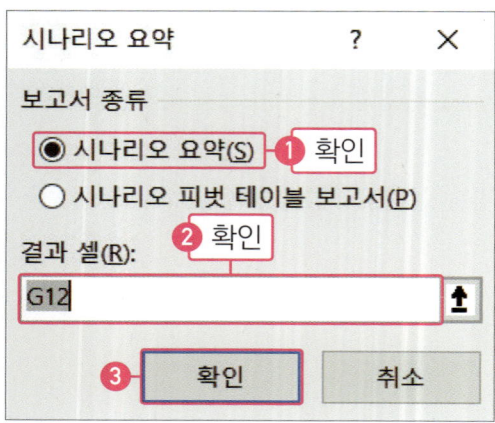

12 '시나리오' 시트 탭 앞에 '시나리오 요약' 시트 탭이 생성된 것을 확인할 수 있습니다.

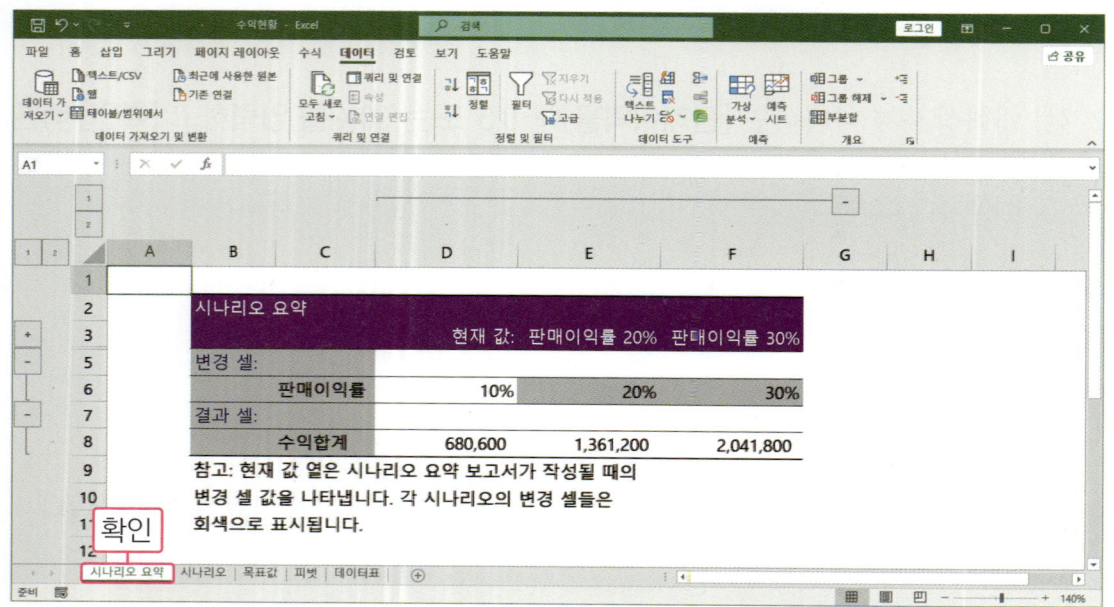

 판매이익률이 '20%'일 때 수익 합계는 '1,361,200원'이고, 판매이익률이 '30%'일 때 수익 합계는 '2,041,800원'인 것을 예측할 수 있습니다.

▶ '목표값 찾기' 사용하기

01 수익 합계가 '1,000,000원'을 달성했을 때 판매이익률이 얼마인지 알아보겠습니다. '목표값' 시트 탭을 클릭합니다. [G12] 셀을 클릭하고 [데이터] 탭-[예측] 그룹-[가상 분석]의 [목표값 찾기]를 선택합니다.

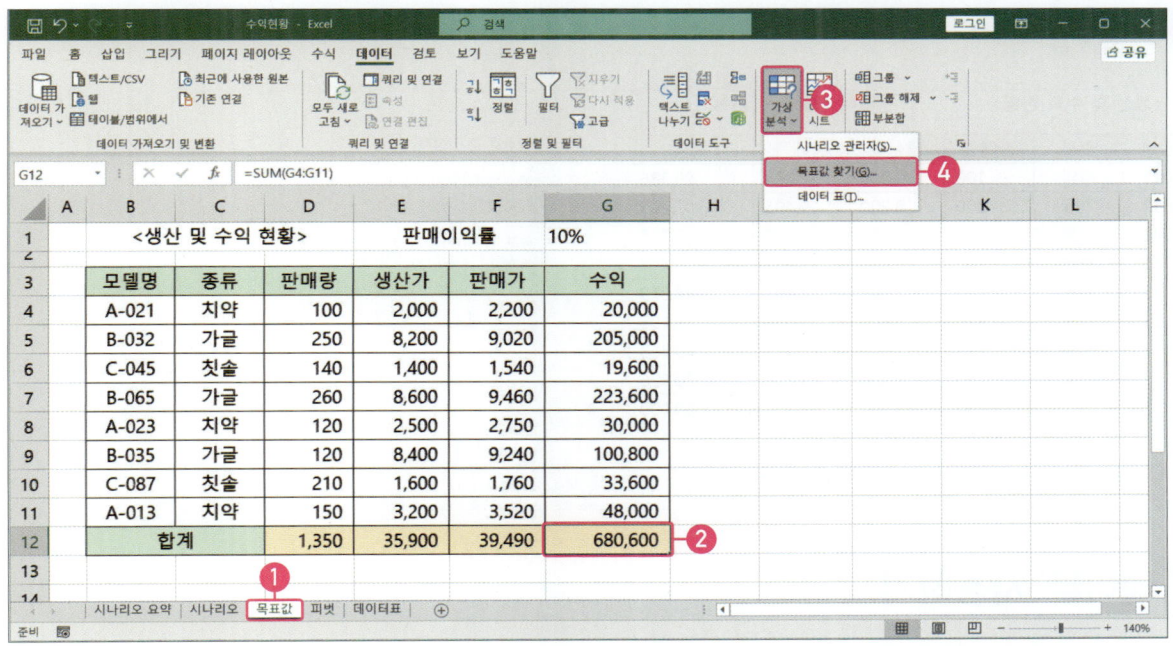

02 [목표값 찾기] 대화상자가 나타나면 [수식 셀]에 'G12'가 입력되어 있는 것을 확인하고 [찾는 값]에 '1000000'을 입력합니다. 판매이익률을 구하기 위해 [값을 바꿀 셀]의 입력란을 클릭한 후 [G1] 셀을 클릭하여 '$G$1'을 입력하고 [확인] 버튼을 클릭합니다.

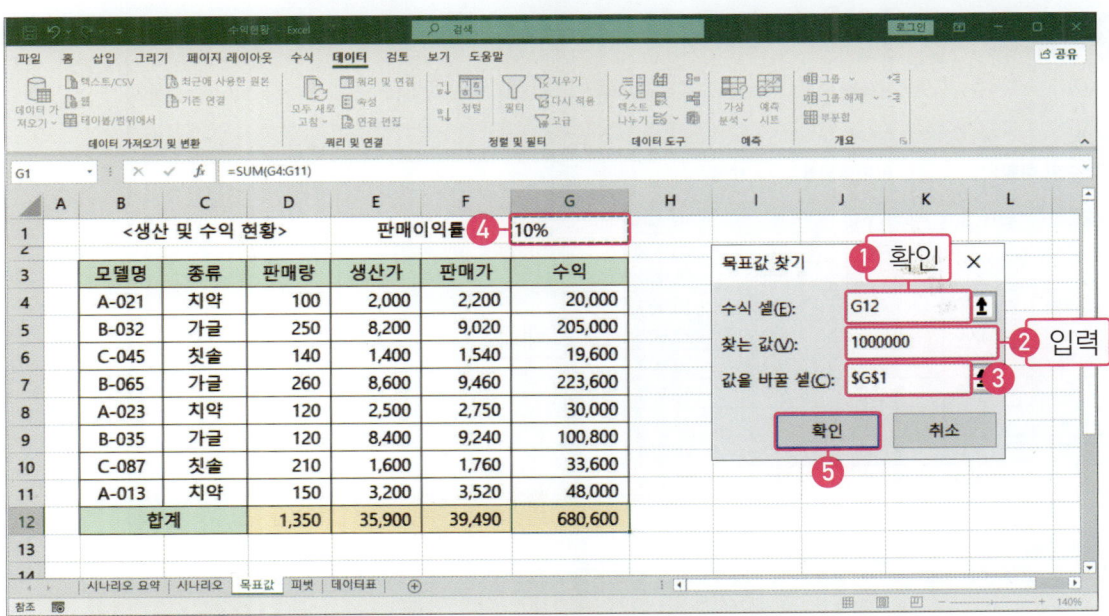

185

03 [목표값 찾기 상태] 대화상자의 [확인] 버튼을 클릭합니다. 총 수익을 '1,000,000원'으로 조정했을 때 판매이익률은 '15%'인 것을 확인할 수 있습니다.

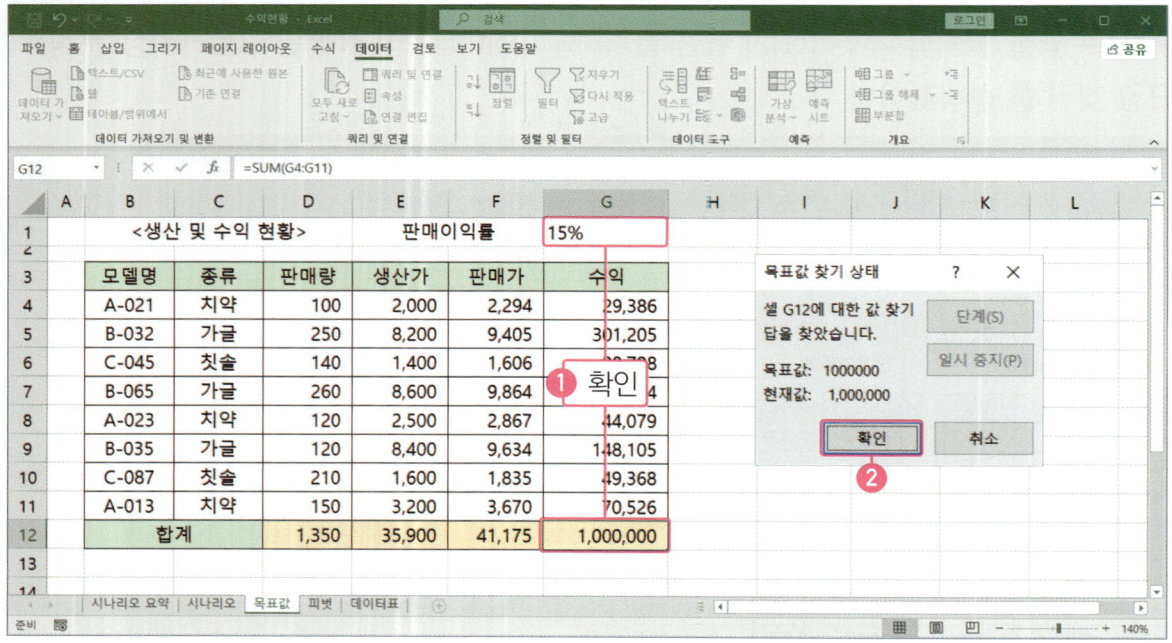

▶ '피벗 테이블' 사용하기

01 피벗 테이블을 이용해 가글, 치약, 칫솔로 분류한 후 각 제품의 판매량, 판매가, 수익을 요약하여 분석해 보겠습니다. '피벗' 시트 탭을 클릭한 후 [B3:G11] 영역을 드래그하고 [삽입] 탭-[표] 그룹-[피벗 테이블(□)]을 선택합니다.

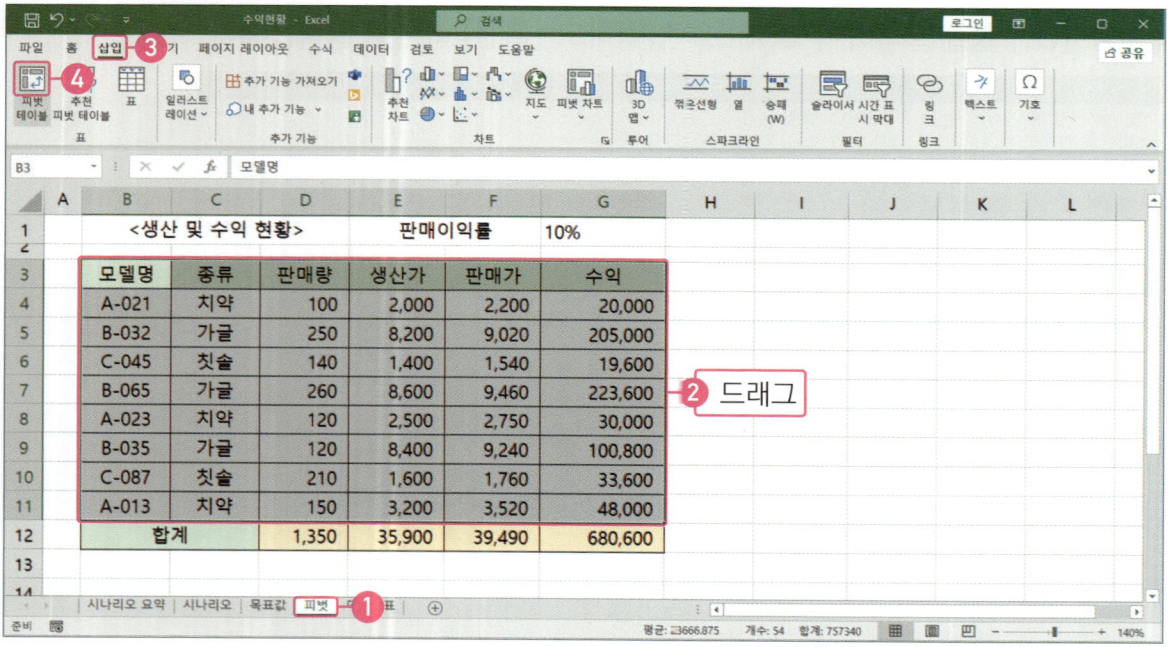

 '합계' 행은 병합되어 있어 피벗 테이블 명령을 실행할 수 없기 때문에 선택 영역에서 제외합니다.

02 [피벗 테이블 만들기] 대화상자가 나타나면 '**기존 워크시트**'를 선택합니다. [B15] 셀을 클릭해 [위치]에 '피벗!$B$15'를 입력하고 [**확인**] 버튼을 클릭합니다.

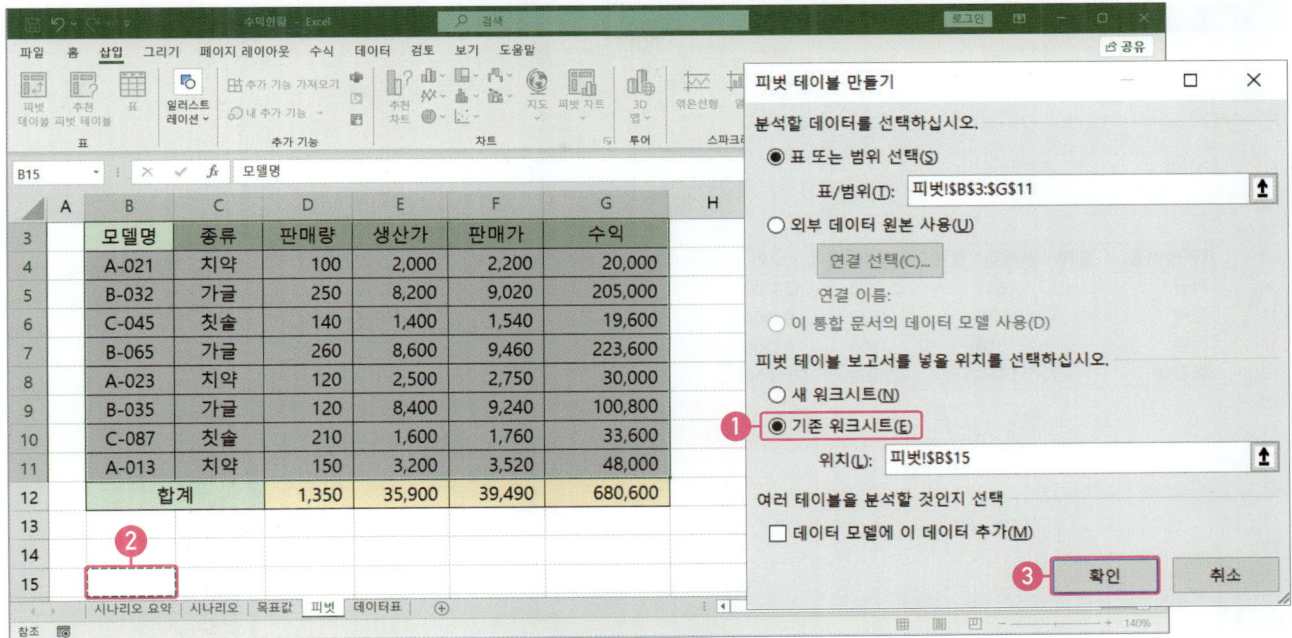

03 '피벗 테이블 필드' 옵션 창이 나타나면 창을 크게 보기 위해 '**피벗 테이블 필드**' 제목 부분을 중앙으로 드래그합니다.

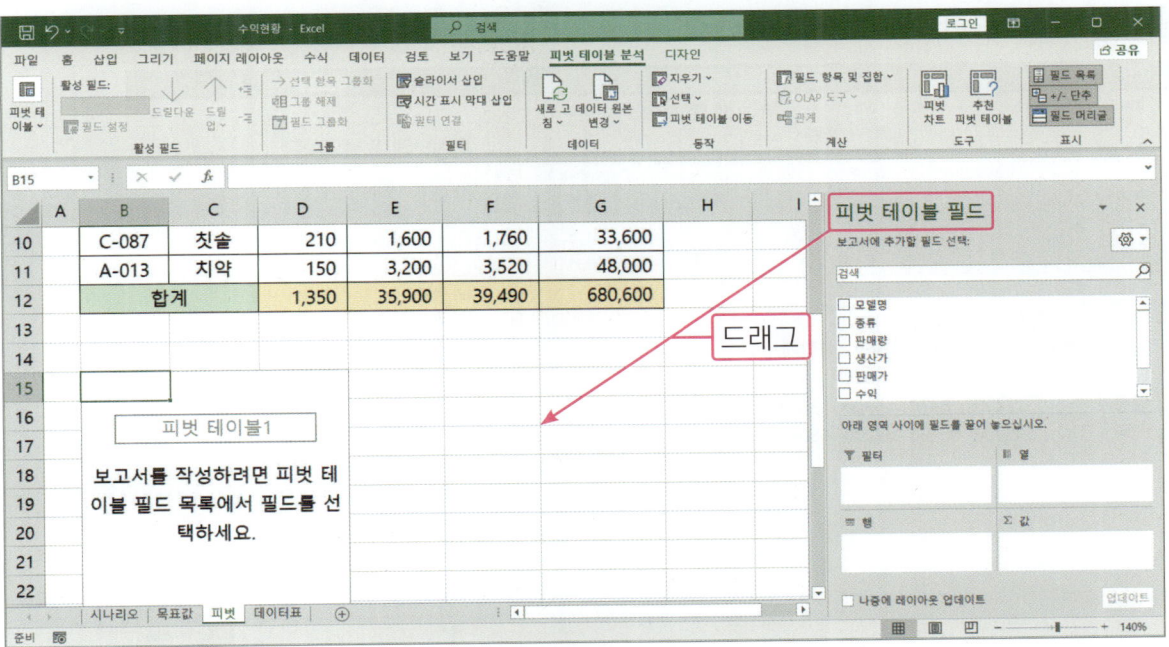

- '피벗 테이블 필드' 제목 부분을 더블 클릭하면 원래 자리로 돌아갑니다.
- [피벗 테이블 분석] 탭–[표시] 그룹–[필드 목록]을 클릭하면 '피벗 테이블 필드' 옵션 창을 숨기거나 나타낼 수 있습니다.

04 '피벗 테이블 필드' 옵션 창의 목록에서 '**종류**', '**판매량**', '**판매가**', '**수익**'을 차례대로 클릭하면 피벗 테이블에 요소가 만들어지는 것을 확인할 수 있습니다.

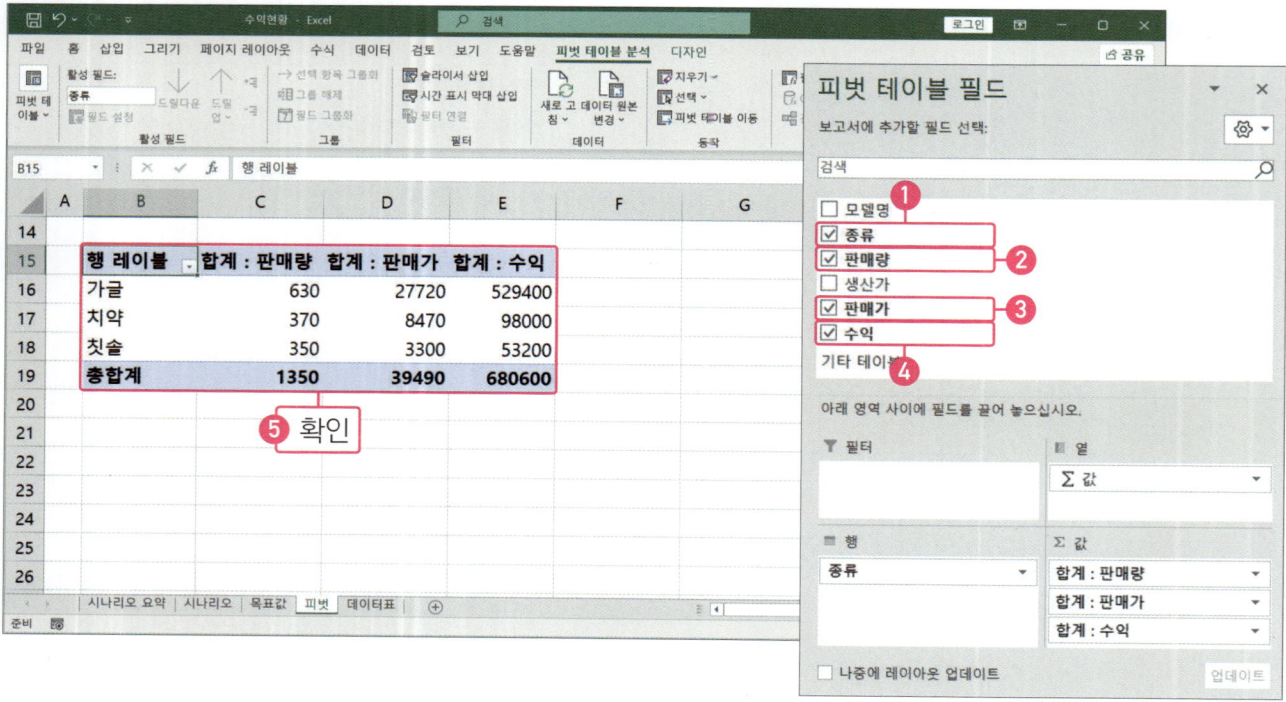

05 행과 열을 변경하기 위해 [열]에 있는 'Σ 값'을 [행]으로 드래그하고 [행]에 있는 '종류'를 [열]로 드래그합니다.

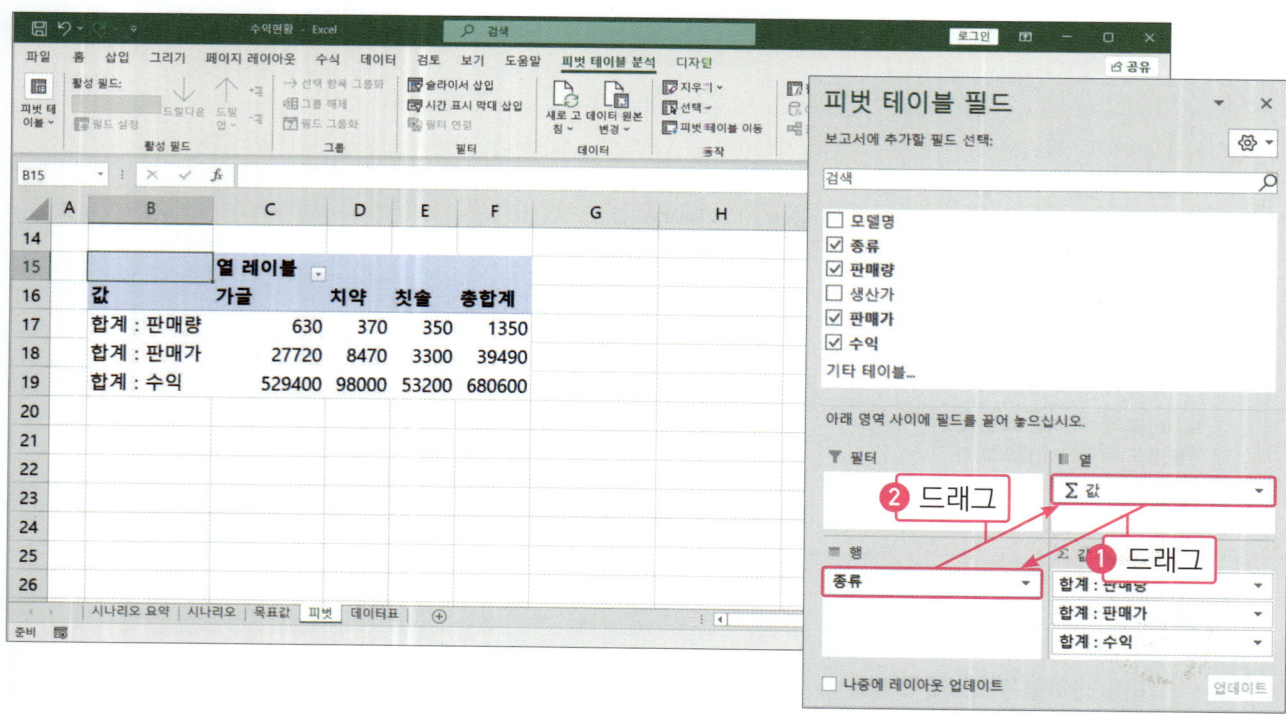

06 [합계 : 판매가 ▼]를 클릭하여 '값 필드 설정'을 클릭합니다. [값 필드 설정] 대화상자가 나타나면 '평균'을 선택하고 [확인] 버튼을 클릭합니다.

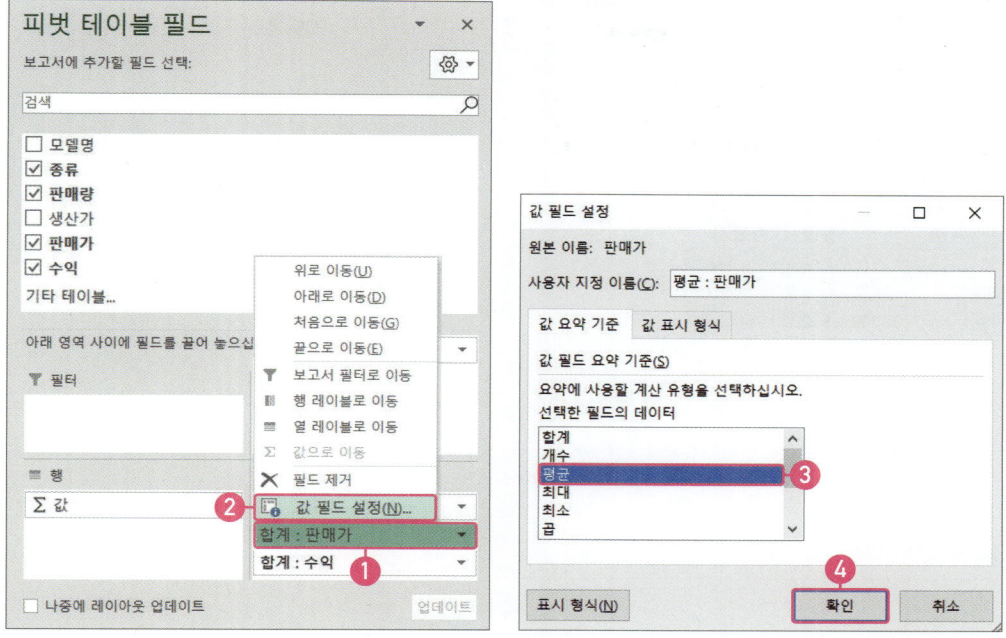

07 '피벗 테이블 필드' 옵션 창의 [Σ 값] 목록이 '평균 : 판매가'로 변경된 것과 [B18] 셀이 '평균 : 판매가'로 변경된 것을 확인할 수 있습니다. ⊠를 클릭해 '피벗 테이블 필드' 옵션 창을 닫아 줍니다. 소수 자리를 정수로 변경하기 위해 [C17:F19] 영역을 드래그하여 선택하고 [홈] 탭-[표시 형식] 그룹- 회계 의 ▼를 클릭해 '숫자'를 선택합니다.

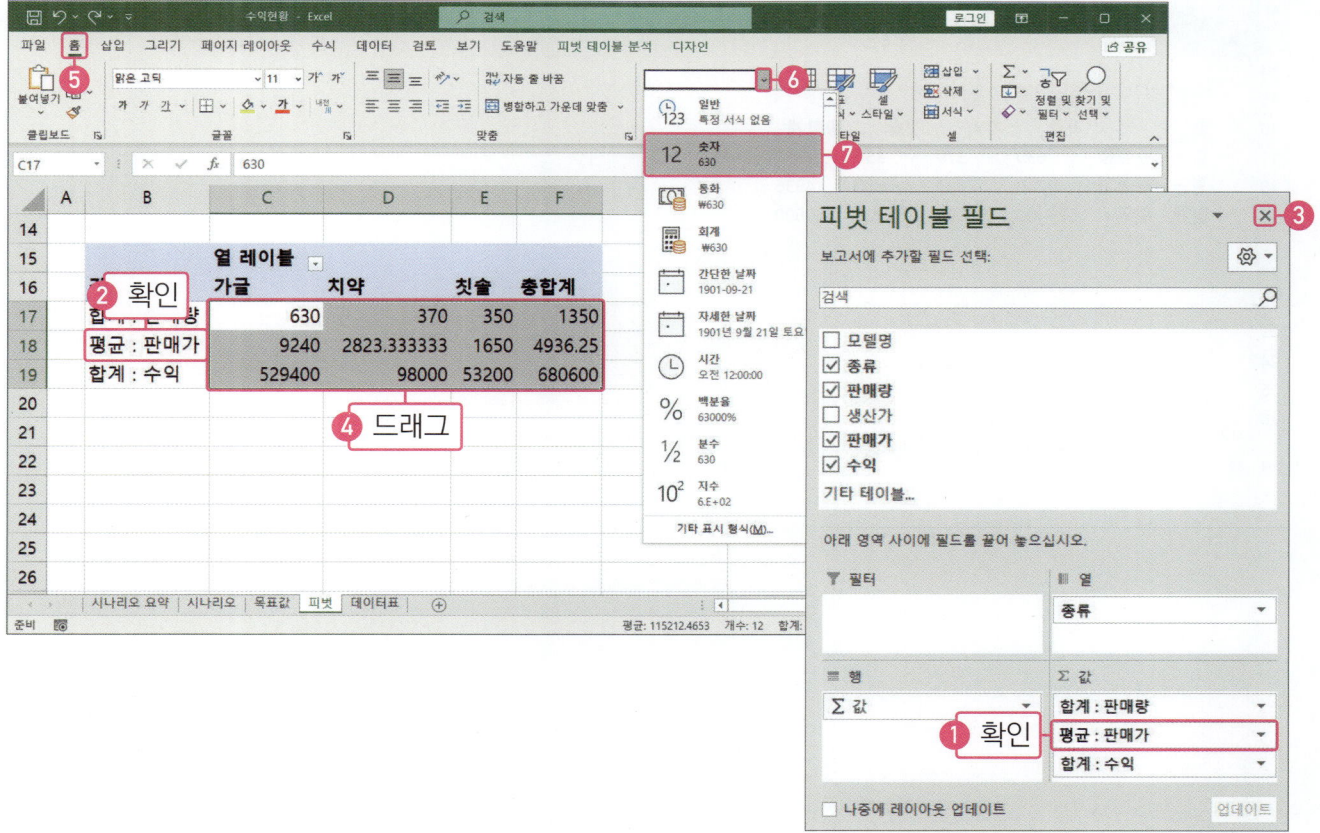

08 [디자인] 탭-[레이아웃] 그룹-[보고서 레이아웃]-[테이블 형식으로 표시]를 선택합니다.

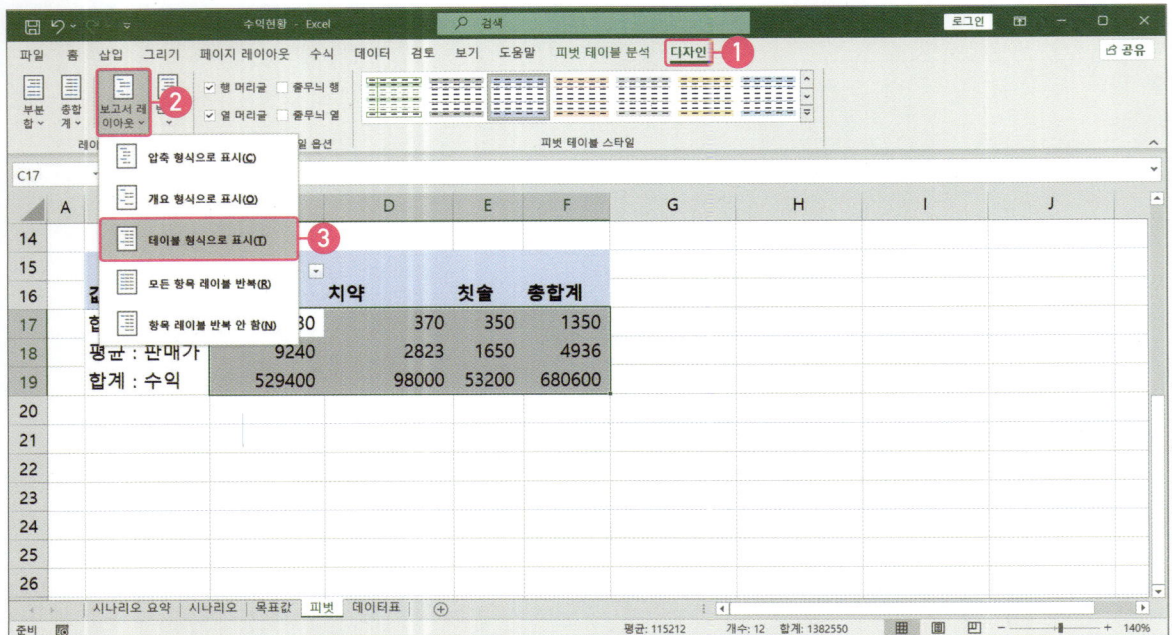

09 [C15] 셀의 '열 레이블'이 '종류'로 변경된 것을 확인할 수 있습니다. 피벗 테이블로 각 제품의 '판매량', '판매가', '수익'을 요약하여 분석해 보았습니다.

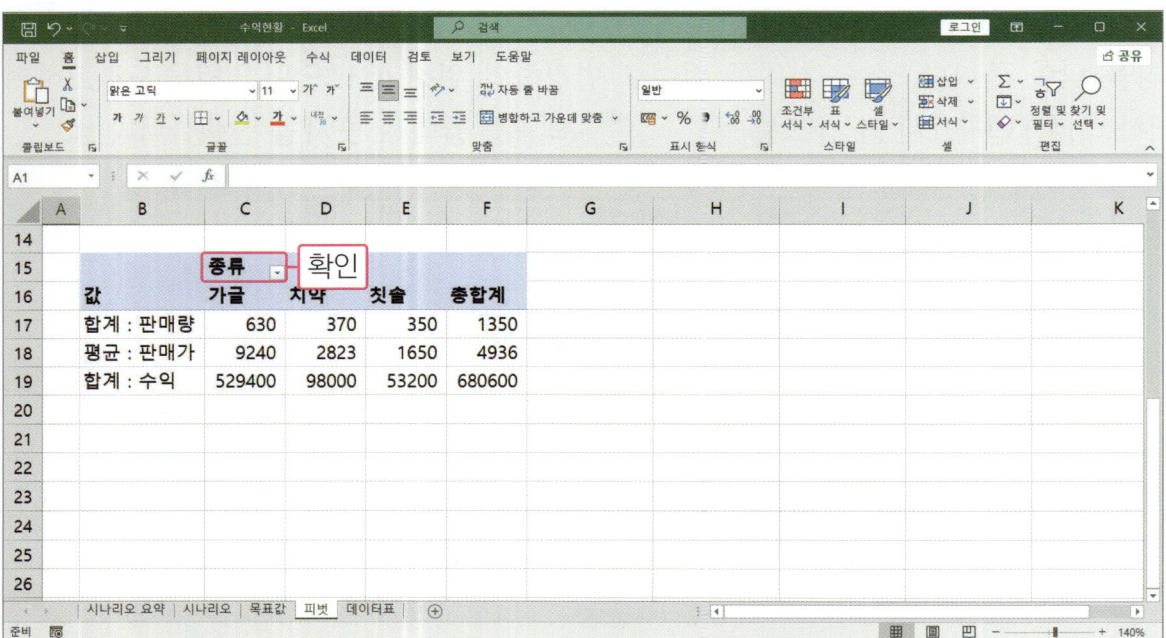

▶ '데이터 표' 사용하기

01 이어서 판매이익률이 '10%'일 때, 판매가와 판매량 변화에 따른 수익의 흐름을 살펴보겠습니다. '데이터표' 시트 탭을 클릭합니다. [B7] 셀을 클릭한 후 '='을 입력합니다. [G4] 셀을 클릭한 후 Enter 키를 눌러 수식이 있는 결괏값을 가져옵니다.

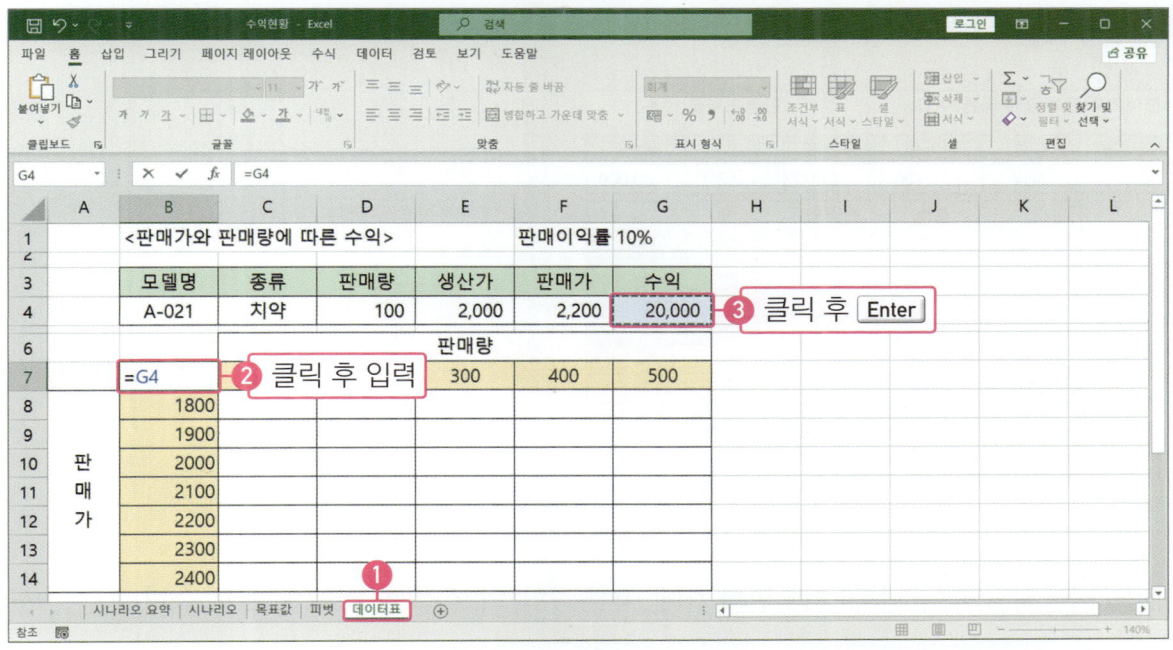

 잠깐 | 수익을 계산하는 [G4] 셀의 수식은 '수익=(판매가-생산가)*판매량'이며, 실제 수식은 '=(F4-E4)*D4'입니다.

02 [B7] 셀에 '20,000'이 표시되는 것을 확인합니다. [B7:G14] 영역을 드래그하고 [데이터] 탭-[예측] 그룹-[가상 분석]-[데이터 표]를 클릭합니다.

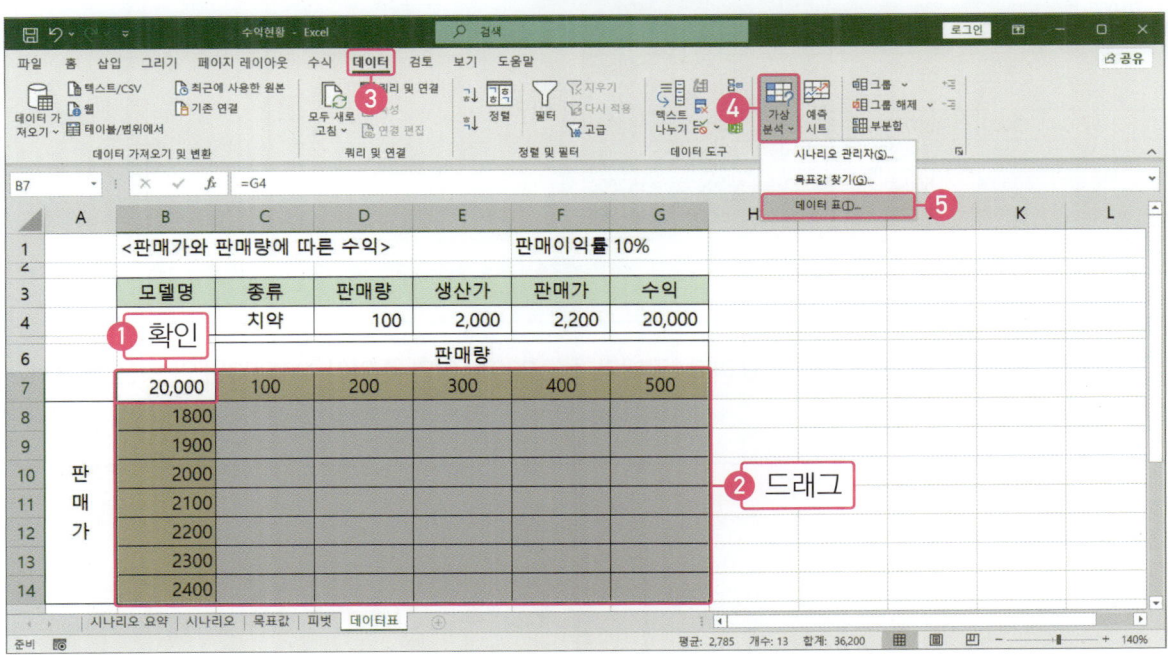

191

03 [데이터 테이블] 대화상자가 나타나면 [D4] 셀을 클릭해 [행 입력 셀]에 '$D$4'를 입력하고, [열 입력 셀]의 입력란을 클릭한 후 [F4] 셀을 선택하고 [확인] 버튼을 클릭합니다.

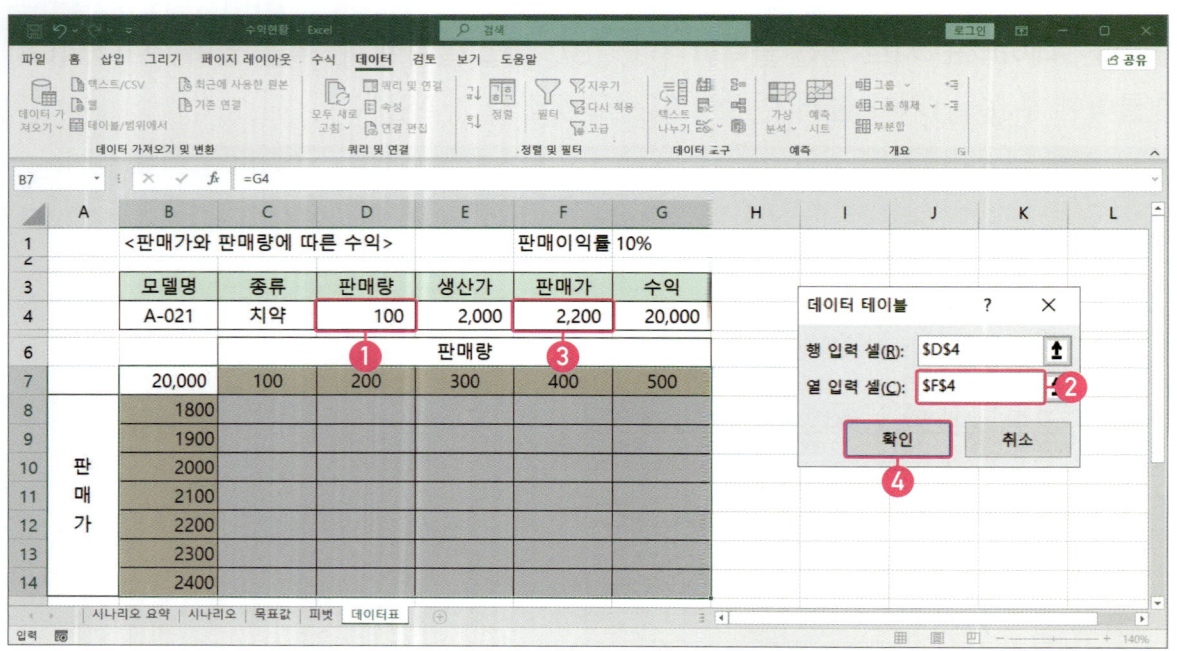

04 데이터 표를 사용하여 판매량과 판매가에 따른 수익의 흐름을 비교해 보았습니다.

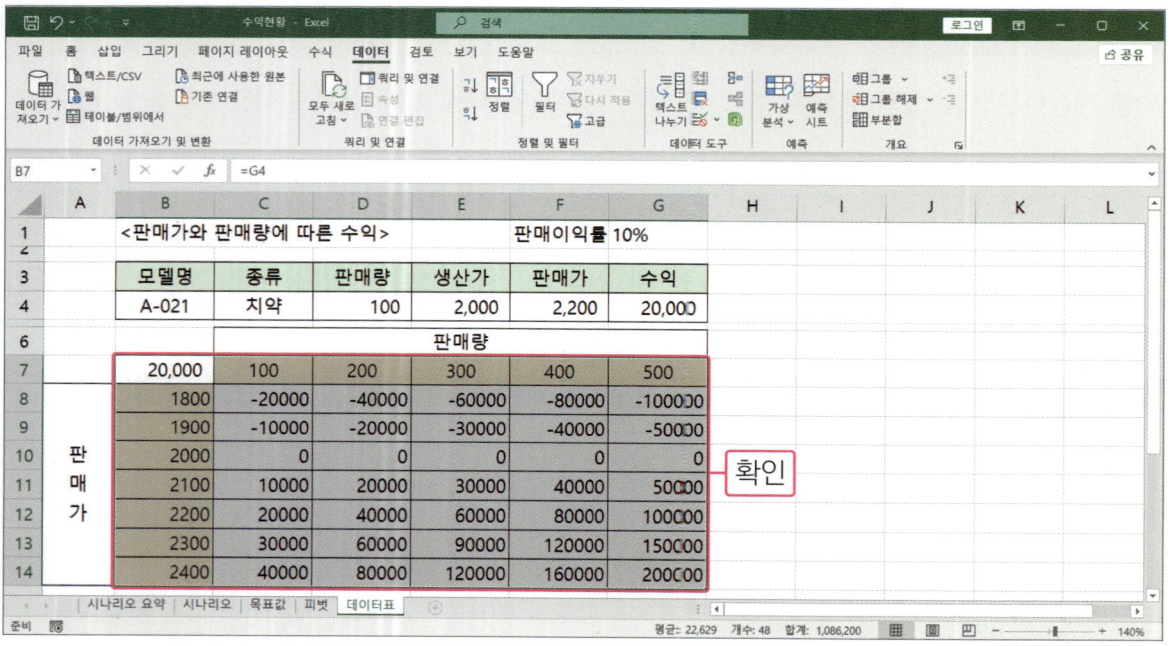

 처음 수식을 적용했을 때 판매량이 '100'이고, 판매가가 '2,200원'이면 수익이 '20,000원'인 것을 표에서도 확인할 수 있습니다.

응용력 키우기

01 '과일판매현황.xlsx' 파일을 불러와 '시나리오' 시트 탭의 판매이익률([H1] 셀)이 다음과 같이 변동하는 경우 판매가의 합계([F13] 셀)와 판매이익금의 합계([H13] 셀) 시나리오를 작성해 봅니다.

준비파일 과일판매현황.xlsx

- 이름 정의 : [H1] 셀은 '판매이익률', [F13] 셀은 '판매가합계', [H13] 셀은 '판매이익금합계'
- 시나리오1 : [시나리오 이름]은 '판매이익률20%', [변경 셀]은 'H1', [판매이익률]은 '20%'로 설정
- 시나리오2 : [시나리오 이름]은 '판매이익률30%', [변경 셀]은 'H1', [판매이익률]은 '30%'로 설정

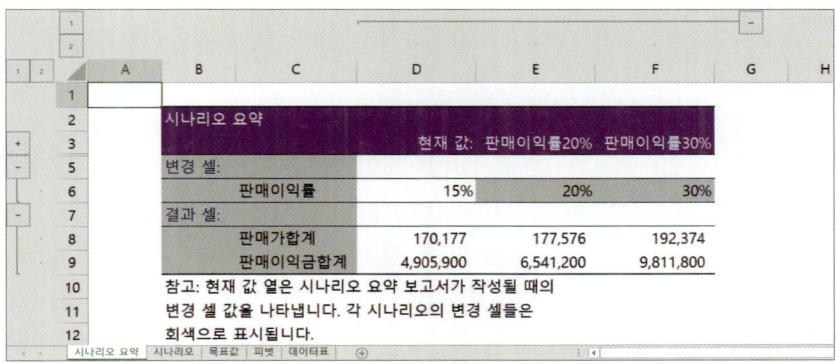

- [시나리오 요약] 대화상자 : 결과 셀 입력란 → [F13] 셀을 클릭한 후 Ctrl 키를 누른 채 [H13] 셀을 클릭하여 다중 선택 → '=$F$13,$H$13' 입력

02 '목표값' 시트 탭에서 판매이익금의 합계([H13] 셀)가 '8,000,000'이 되면 판매이익률 ([H1] 셀)은 몇 %가 되는지 '목표값 찾기' 기능을 이용하여 분석해 봅니다.

- 수식 셀 : H13
- 찾는 값 : 8000000
- 값을 바꿀 셀 : $H$1

03 '피벗' 시트 탭에서 '피벗 테이블' 기능을 이용하여 다음과 같이 분석해 봅니다.

- '점포명'은 [필터]에, '품목'은 [행]에 배치하고, 판매량의 '합계'와 판매이익금의 '평균'을 계산하도록 설정('열'은 [∑ 값]에 배치)
- 피벗 테이블의 보고서는 동일 시트의 [B17] 셀에서 시작
- 보고서 레이아웃은 개요 형식으로 표시

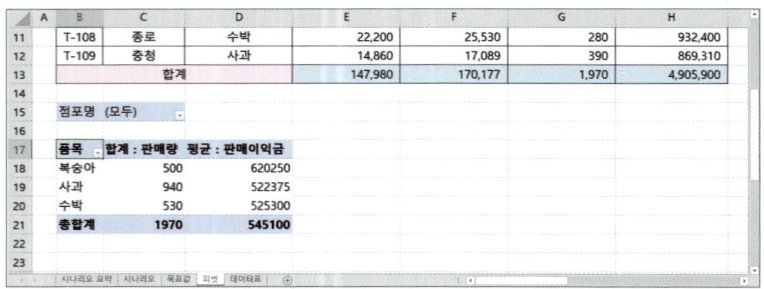

 [B3:H12] 영역 선택 → [삽입] 탭-[표] 그룹-[피벗 테이블] 클릭 → '기존 워크시트' 선택, 위치는 [B17] 셀 클릭 → '피벗 테이블 필드' 옵션 창의 목록에서 '점포명', '품목', '판매량', '판매이익금' 선택 → [행]에 있는 '점포명'을 [필터]로 드래그 → [∑ 값]의 '합계 : 판매이익금' 목록을 '평균 : 판매이익금'으로 변경 → [C18:D21] 영역을 드래그하고 [홈] 탭-[표시 형식] 그룹-회계 의 ▼를 클릭 후 '숫자' 선택 → [디자인] 탭-[레이아웃] 그룹-[보고서 레이아웃]-[개요 형식으로 표시] 선택

04 '데이터표' 시트 탭에 '데이터 표' 기능을 이용하여 다음과 같이 분석해 봅니다.

- 매입가([E4] 셀)와 판매량([G4] 셀)에 따른 판매이익금의 흐름을 [C8:H14] 영역에 작성
- [C8:H14] 영역은 쉼표 스타일로 표시

 [B7] 셀을 클릭한 후 '=H4'를 입력 → [B7:H14] 영역을 선택하고 [데이터] 탭-[예측] 그룹-[가상 분석]-[데이터 표] 선택 → [행 입력 셀]은 [G4] 셀 클릭, [열 입력 셀]은 [E4] 셀 클릭 → [C8:H14] 영역은 [홈] 탭-[표시형식] 그룹-[쉼표 스타일] 선택

10 차트 시각화하기

- 혼합 차트
- 축 단위 변경
- 차트 요소 변경

■ 준비파일 : 사업보고서.xlsx
■ 완성파일 : 사업보고서(완성).xlsx

미/리/보/기

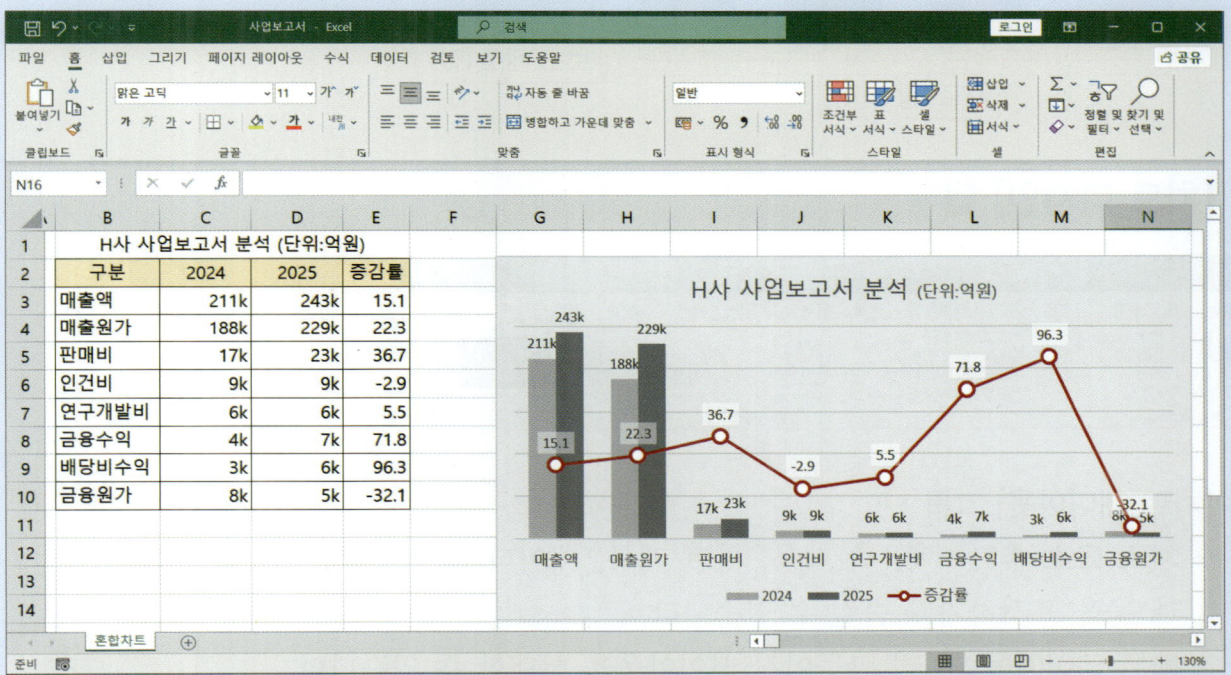

이번 장에서는 사업보고서 분석표를 기반으로 차트를 만들어 보고, 데이터의 증감률을 시각적으로 표현하는 방법에 대해 알아보겠습니다. 세로 축 단위 조정, 차트 요소 추가 및 설정, 배경·제목 디자인 변경 등 실무에서 자주 쓰는 기능들도 함께 살펴봅니다.

01 차트 관련 기능 살펴보기

▶ **차트의 구성**

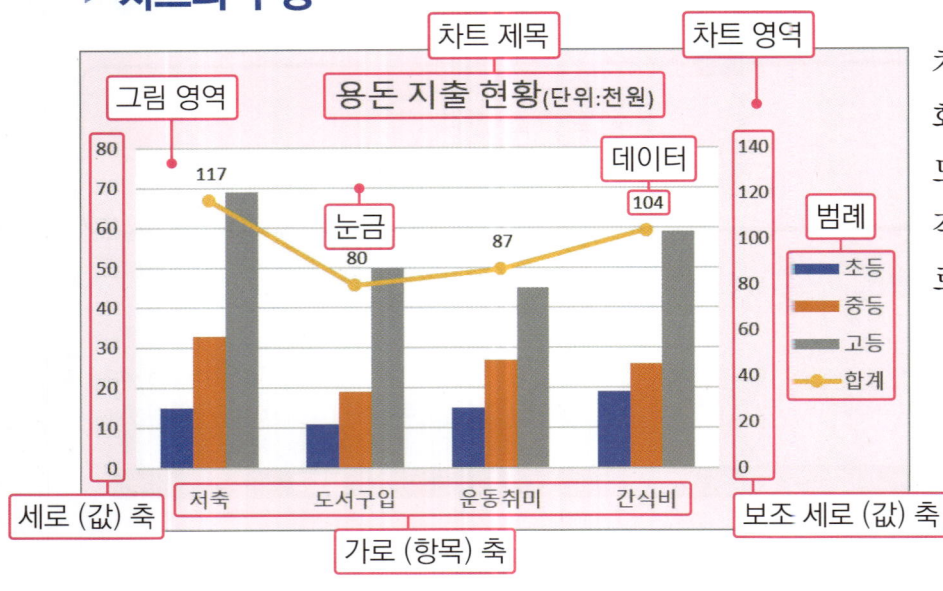

차트는 수치 데이터의 관계와 변화를 한눈에 보기 쉽게 시각화한 도구입니다. 여러 종류의 차트를 각각의 특징에 따라 다양한 용도로 활용할 수 있습니다.

▶ **[차트 디자인] 탭**

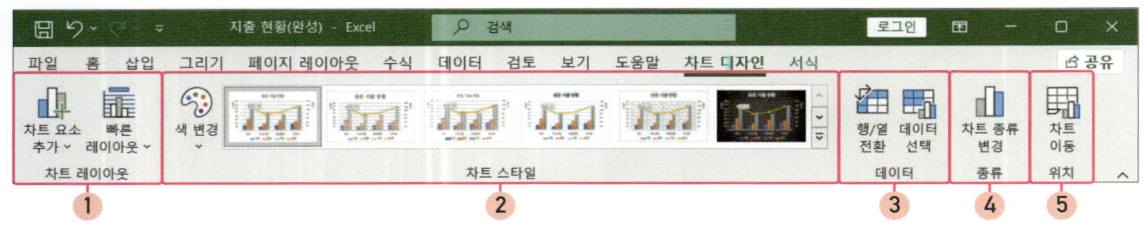

① **[차트 레이아웃] 그룹**
  • **차트 요소 추가** : 축, 축 제목, 차트 제목, 데이터 레이블, 데이터 테이블, 눈금선, 범례 등을 표시하거나 숨길 수 있습니다.
  • **빠른 레이아웃** : 미리 만들어진 레이아웃을 선택할 수 있습니다.

② **[차트 스타일] 그룹**
  • **색 변경** : 차트의 전체 색상을 변경할 수 있습니다.
  • **빠른 스타일** : 스타일 갤러리에서 차트 스타일을 선택할 수 있습니다.

③ **[데이터] 그룹**
  • **행/열 전환** : 행과 열을 바꿔 축 데이터를 변경할 수 있습니다.
  • **데이터 선택** : [데이터 원본 선택] 대화상자에서 데이터의 범위를 변경할 수 있습니다.

④ **[종류] 그룹** : 차트의 종류를 변경할 수 있습니다.

⑤ **[위치] 그룹** : 차트를 새 시트나 다른 워크시트로 이동할 수 있습니다.

▶ 차트 요소 살펴보기

차트는 [삽입] 탭-[차트] 그룹에서 선택할 수 있습니다. 차트를 삽입한 후 [차트 디자인] 탭-[차트 레이아웃] 그룹-[차트 요소 추가]에서 축 제목, 범례, 데이터 레이블, 색상, 눈금선 등의 차트 구성 요소를 편집하여 시각적으로 더 명확하고 이해하기 쉬운 차트를 만들 수 있습니다.

ⓐ 가로(X) 축과 세로(Y) 축을 차트에 추가하거나 삭제합니다.
ⓑ 가로 축과 세로 축의 제목을 차트에 추가하거나 삭제합니다.
ⓒ 차트 전체 제목을 추가하거나 삭제하고, 위치를 설정할 수 있습니다.
ⓓ 데이터 레이블을 숫자로 표시합니다.
ⓔ 차트 아래에 데이터 테이블을 표시합니다.
ⓕ 데이터 계열의 오차 범위를 오차 막대로 시각화합니다.
ⓖ 데이터 계열의 간격을 눈금선으로 표시합니다.
ⓗ 계열의 이름을 차트에 표시합니다.
ⓘ 데이터 점 사이에 수직선(하강선, Drop Lines)을 표시합니다.
ⓙ 추세선을 추가하여 데이터의 흐름을 보여 줍니다.
ⓚ 업다운 바(Up/Down Bars)를 사용해 데이터 요소 간의 차이를 표시합니다.

▶ 차트 요소 설정 팁

- **차트 요소 더블 클릭** : 차트 요소를 더블 클릭하면 오른쪽에 서식 옵션 창이 바로 열려 빠르게 수정할 수 있습니다.
- **마우스 오른쪽 클릭** : 요소를 마우스 오른쪽 버튼으로 클릭하고 '서식'을 선택하면 원하는 설정에 접근할 수 있습니다.
- **차트 서식 옵션 창 이동** : 서식 옵션 창의 제목 부분을 Ctrl 키를 누른 채 드래그하면 팝업 형태로 배치할 수 있고, 제목 부분을 더블 클릭하면 오른쪽에 다시 고정됩니다.

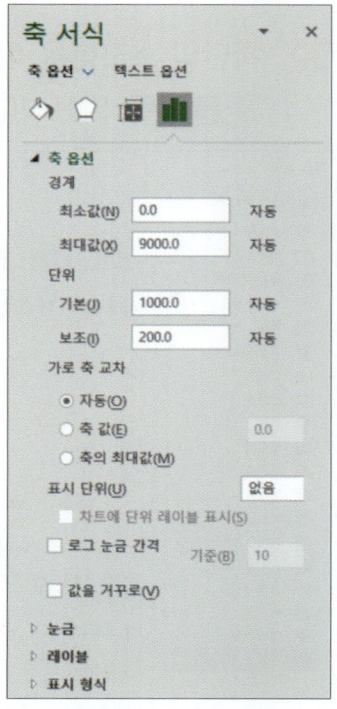

▲ [축 서식] 옵션 창

차트 삽입 및 편집하기

▶ 차트 삽입하기

01 '사업보고서.xlsx' 파일을 불러온 후 [B2:E10] 영역을 드래그하고 [삽입] 탭-[차트] 그룹-[추천 차트]를 클릭합니다. [차트 삽입] 대화상자가 나타나면 [모든 차트] 탭을 클릭하고 '혼합' 범주를 선택합니다.

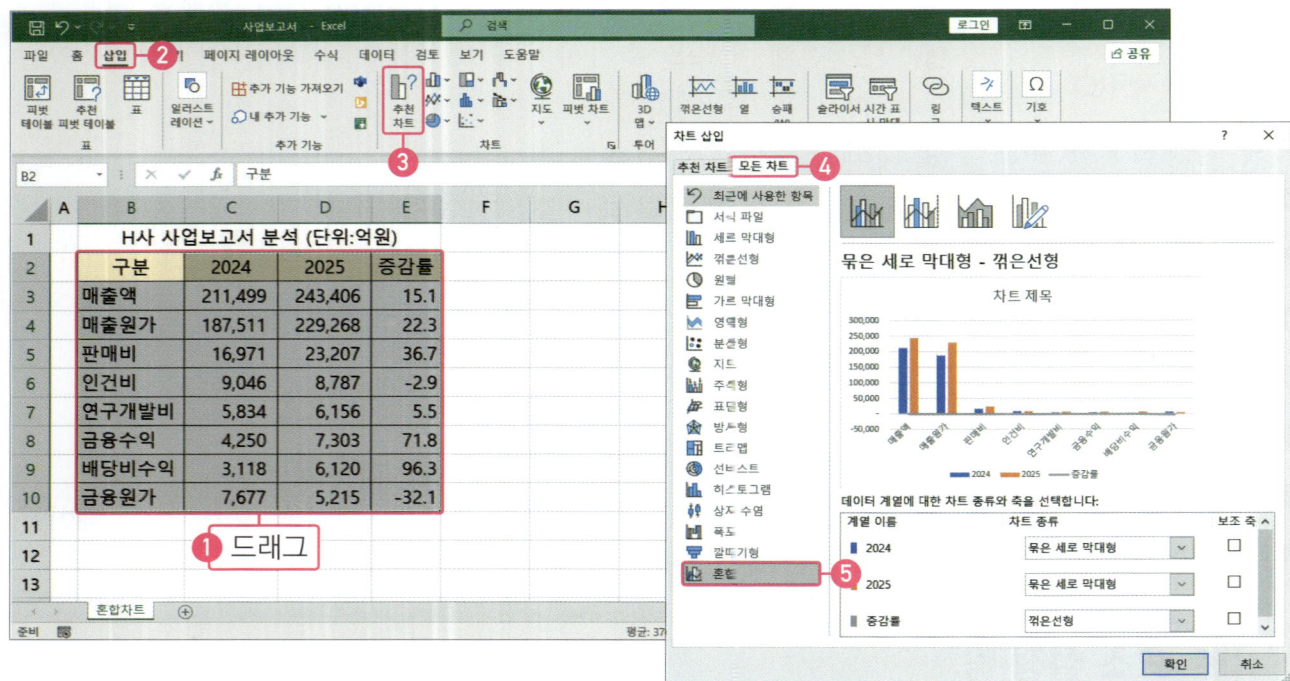

02 하단의 스크롤을 아래로 드래그한 후 [증감률]의 '보조 축'을 체크합니다. [차트 종류]의 ⌄를 클릭해 '표식이 있는 꺾은선형'을 선택하고 [확인] 버튼을 클릭합니다.

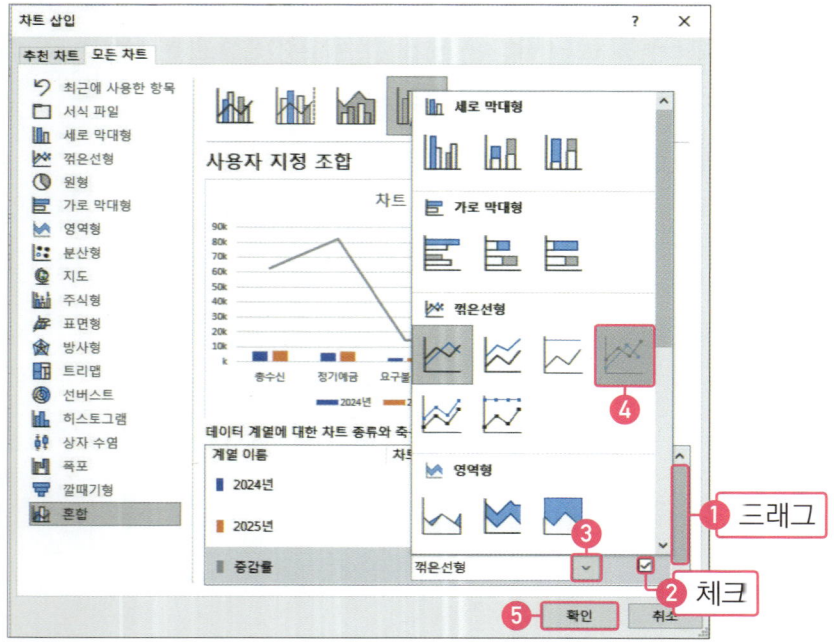

▶ 세로 (값) 축 단위 변경하기

01 세로 (값) 축을 클릭하고 [서식] 탭-[현재 선택 영역] 그룹-[선택 영역 서식]을 클릭합니다. '축 서식' 옵션 창이 나타나면 [축 옵션]의 [최대값(X)]을 '250000'으로 변경합니다.

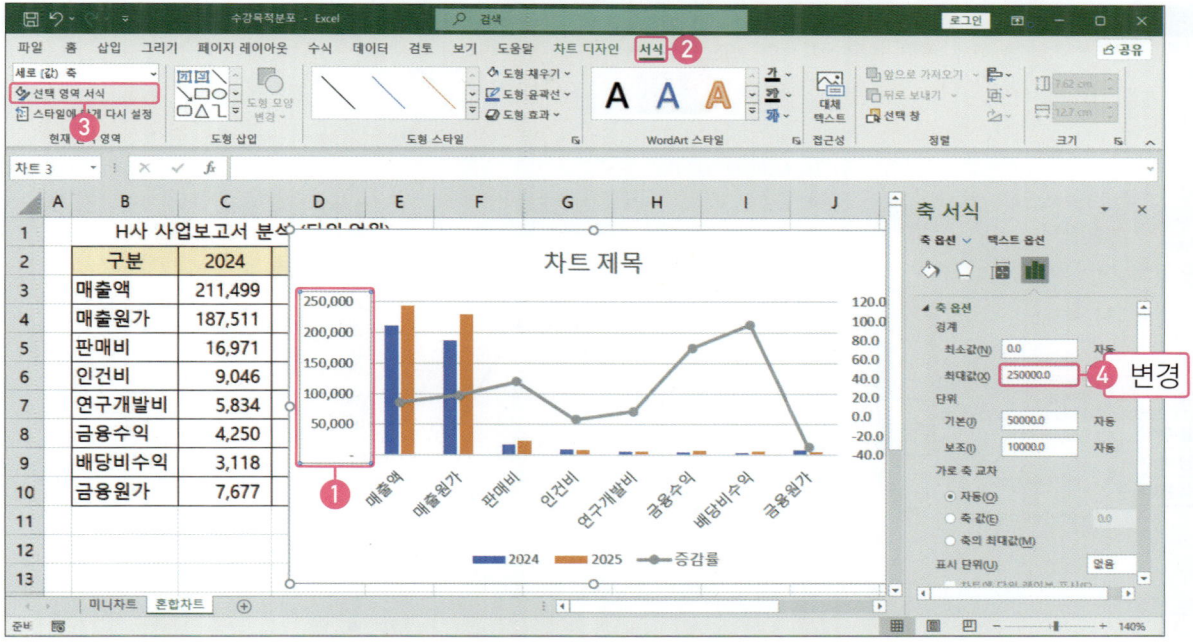

02 [축 옵션]을 클릭해 목록을 닫은 후 닫혀 있는 [레이블]을 클릭해 확장하고, [레이블 위치]의 ▼를 클릭해 '없음'을 선택합니다. 같은 방법으로 보조 세로 (값) 축의 [레이블 위치]를 '없음'으로 설정합니다.

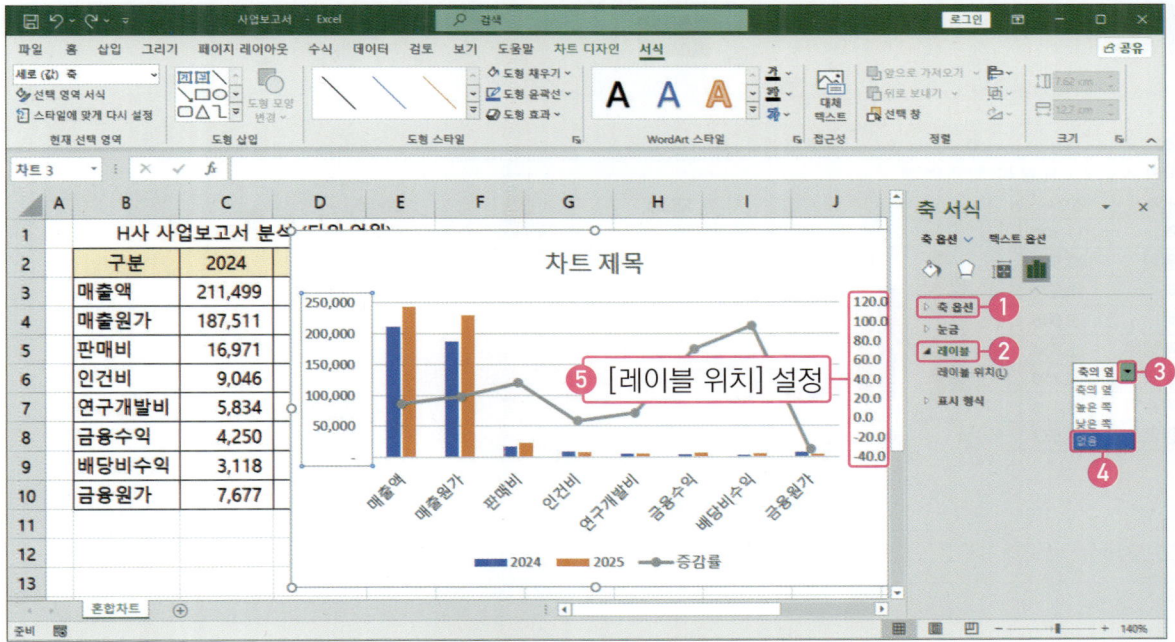

 [레이블 위치]를 '없음'으로 설정하면 레이블이 화면에서만 숨겨지고, 데이터 자체는 삭제되지 않습니다.

▶ '증감률' 계열의 차트 요소 설정하기

01 '증감률' 계열을 선택하고 [차트 디자인] 탭-[차트 레이아웃] 그룹-[차트 요소 추가]의 [데이터 레이블]-[위쪽]을 선택합니다.

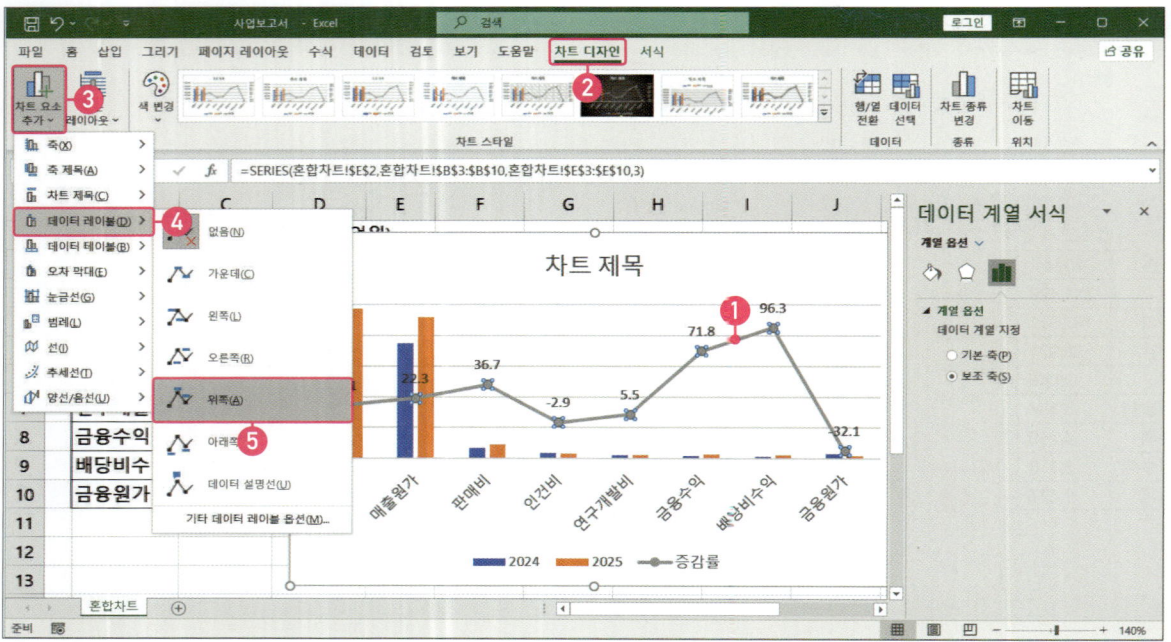

02 '증감률' 계열의 데이터 레이블을 선택하고 [채우기 및 선( )]-[채우기]의 '단색 채우기'를 선택합니다. [채우기 색( )]을 '흰색, 배경1'로 설정하고 [투명도]는 '50%'로 설정합니다.

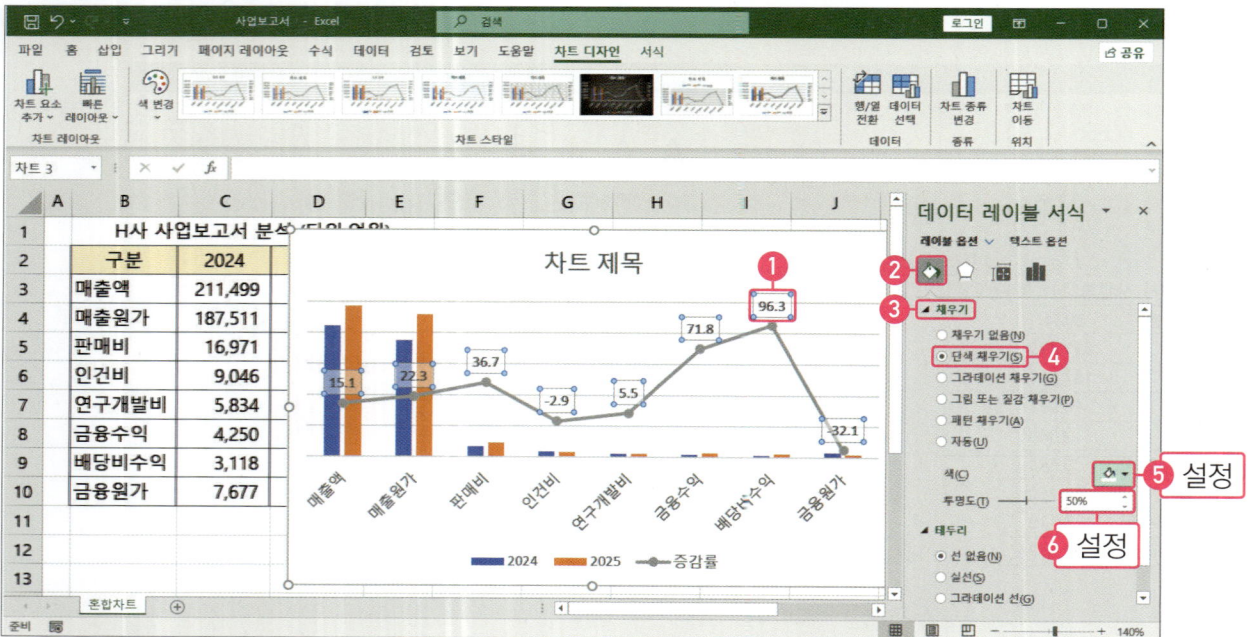

03 '증감률' 계열을 선택하고 [윤곽선 색(🎨)]은 '진한 빨강', [너비]는 '2pt'로 설정합니다. [선]을 클릭하여 목록을 닫아 줍니다.

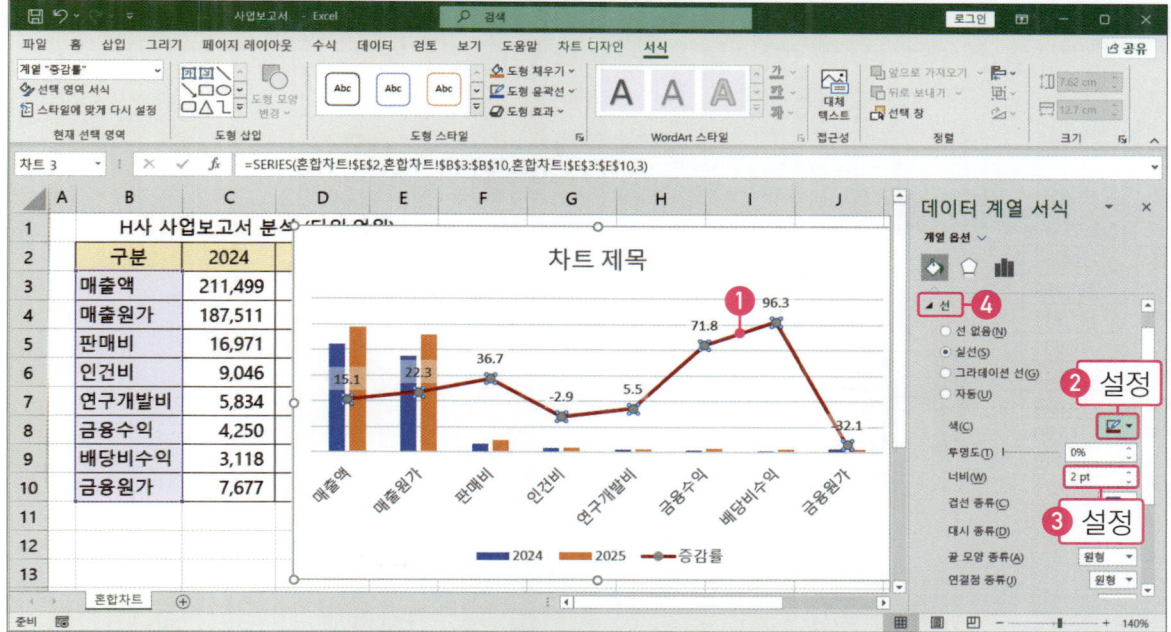

04 [표식]-[표식 옵션]을 클릭한 후 '기본 제공'을 선택하고 크기를 '9'로 설정합니다. [표식 옵션]을 클릭하여 목록을 닫아 줍니다.

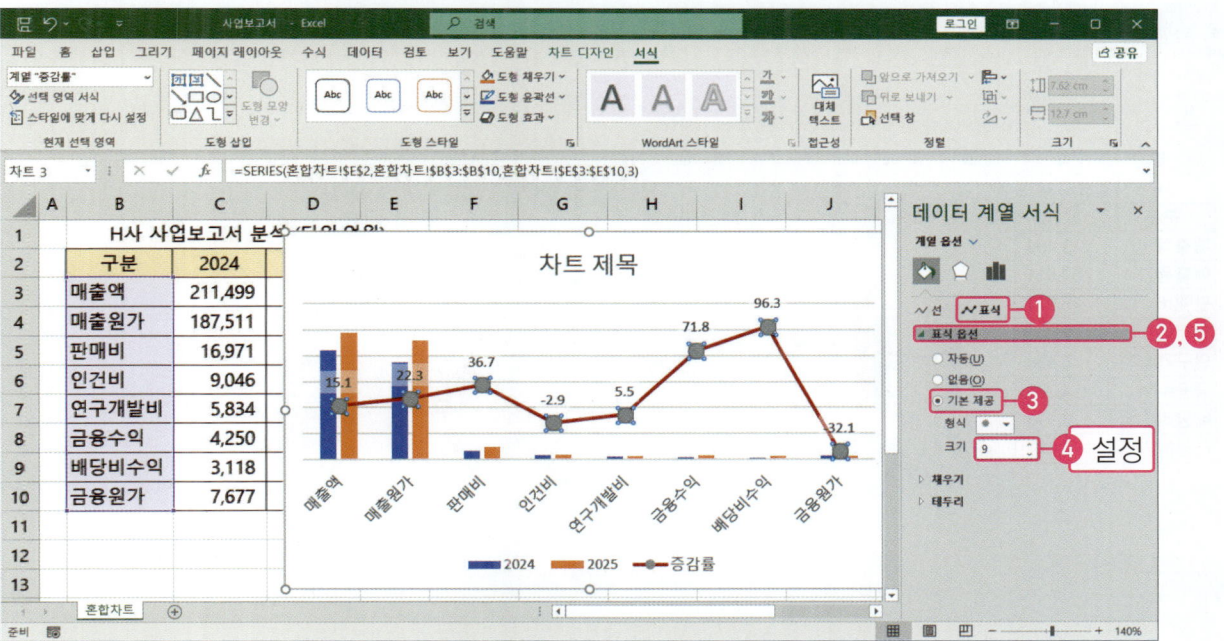

> 전체 화면에서 작업하고 있다면 펼친 목록을 반드시 닫을 필요는 없습니다.

05 [채우기]를 클릭하고 [채우기 색( )]을 '흰색, 배경1'로 설정한 후 [채우기]를 다시 클릭해 목록을 닫아 줍니다.

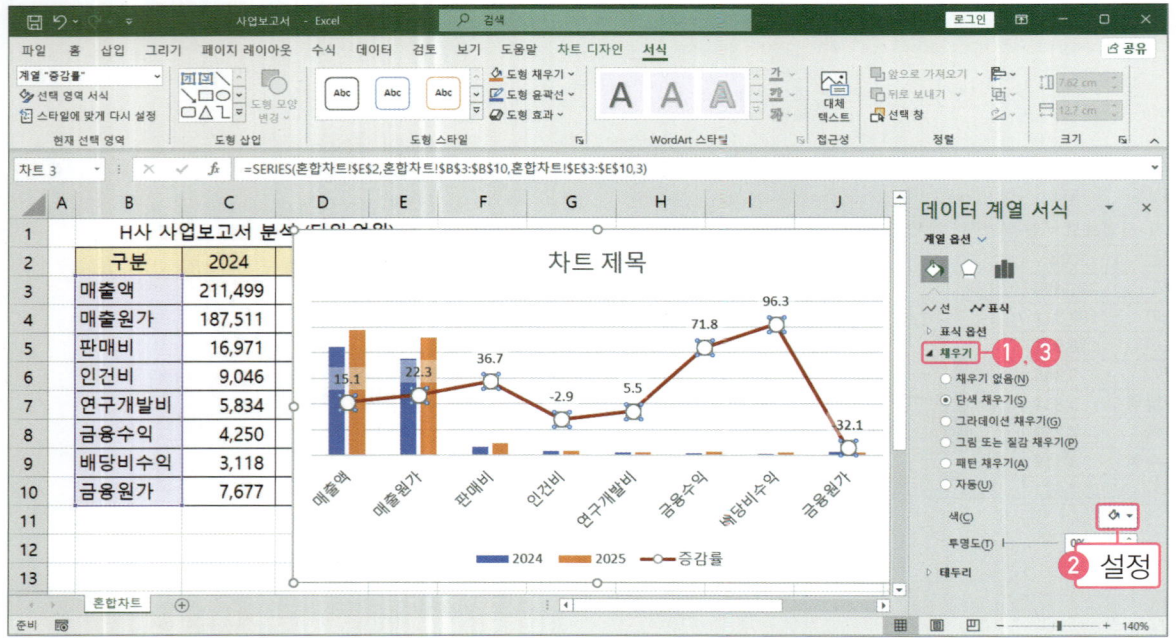

06 [테두리]를 클릭하고 [윤곽선 색( )]은 '진한 빨강', [너비]는 '2pt'로 설정합니다.

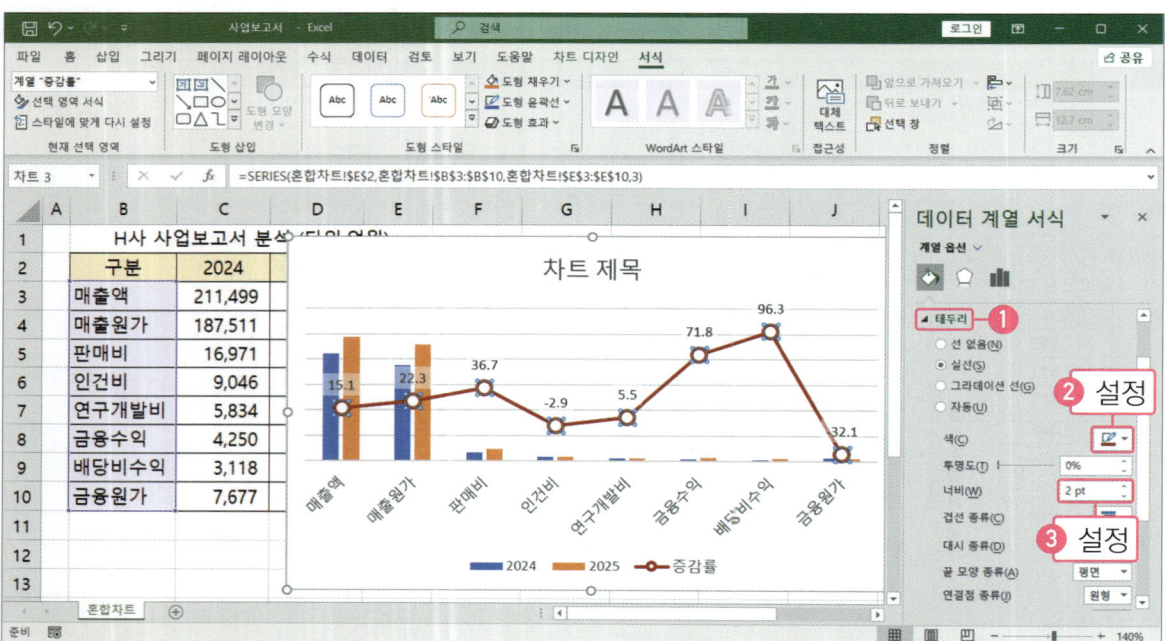

▶ '2024', '2025' 계열의 차트 요소 설정하기

01 '2025' 계열을 선택하고 [차트 디자인] 탭-[차트 레이아웃] 그룹-[차트 요소 추가]의 [데이터 레이블]-[바깥쪽 끝에]를 선택합니다. 같은 방법으로 '2024' 계열도 [데이터 레이블]을 추가합니다.

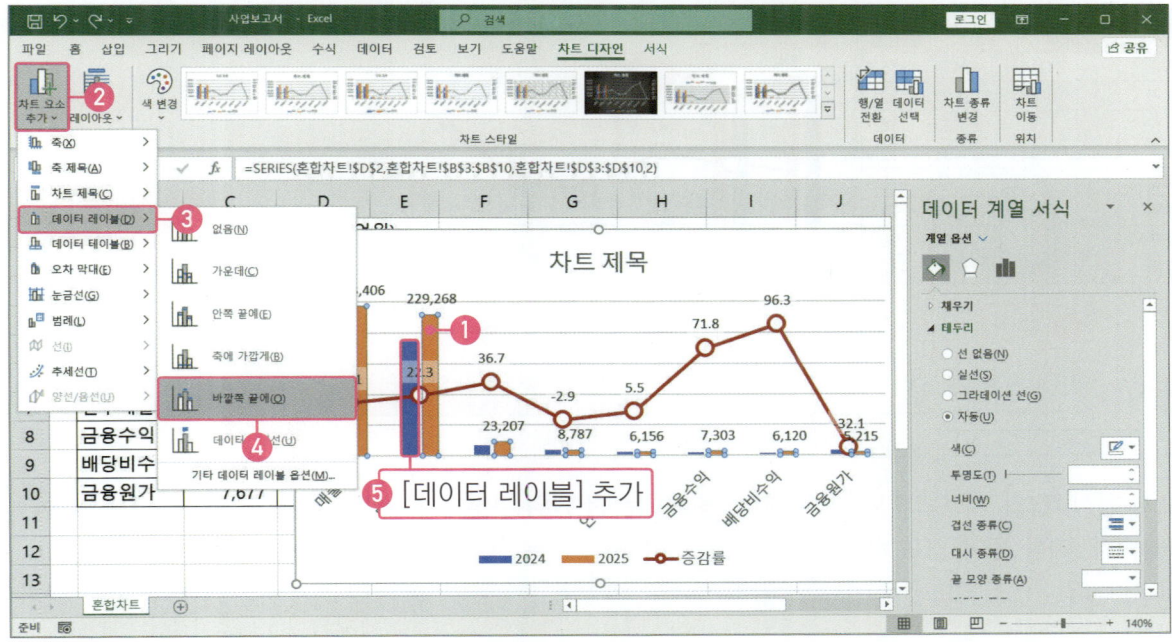

02 데이터 레이블의 단위를 축약하기 위해 [C3:D10] 영역을 드래그하고 [홈] 탭-[표시 형식] 그룹-회계 의 ▼를 클릭해 '기타 표시 형식'을 선택합니다. [셀 서식] 대화상자가 나타나면 '사용자 지정' 범주를 클릭하고 [형식]에 '#,k'를 입력한 후 [확인] 버튼을 클릭합니다.

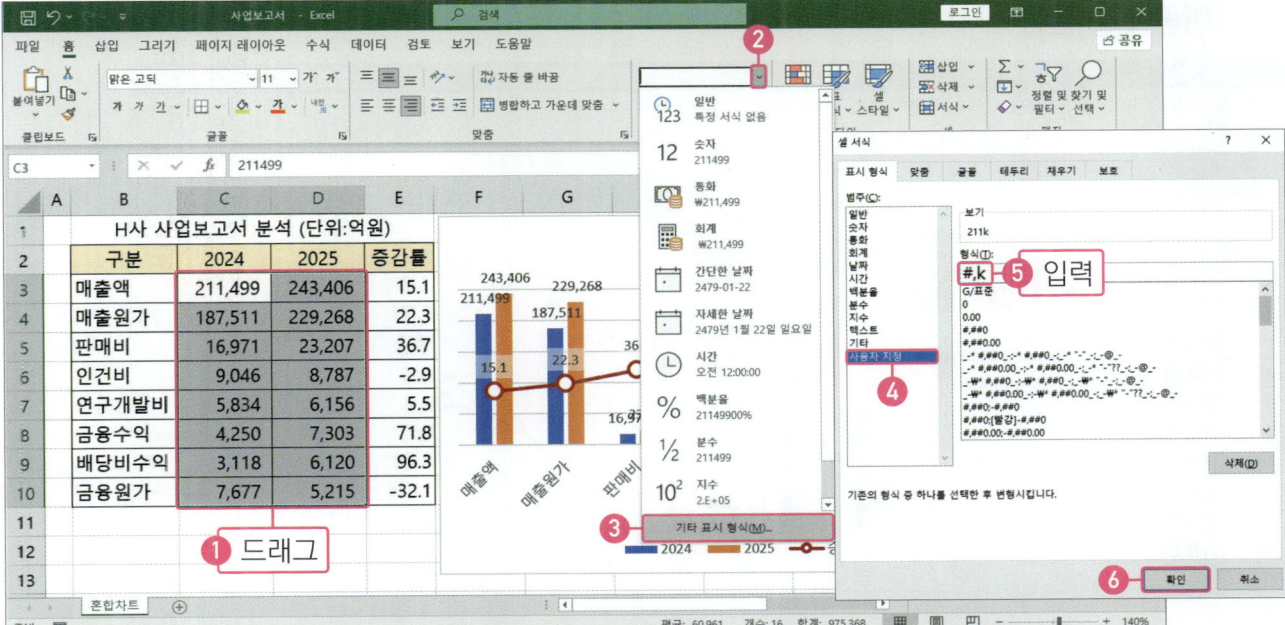

03 '쉼표(,)'를 사용해 [C3:D10] 영역의 천 단위를 축약하고, 뒤에 'k' 단위를 표시하였습니다. '2024'와 '2025' 계열 막대 그래프의 데이터 레이블도 축약된 것을 확인할 수 있습니다.

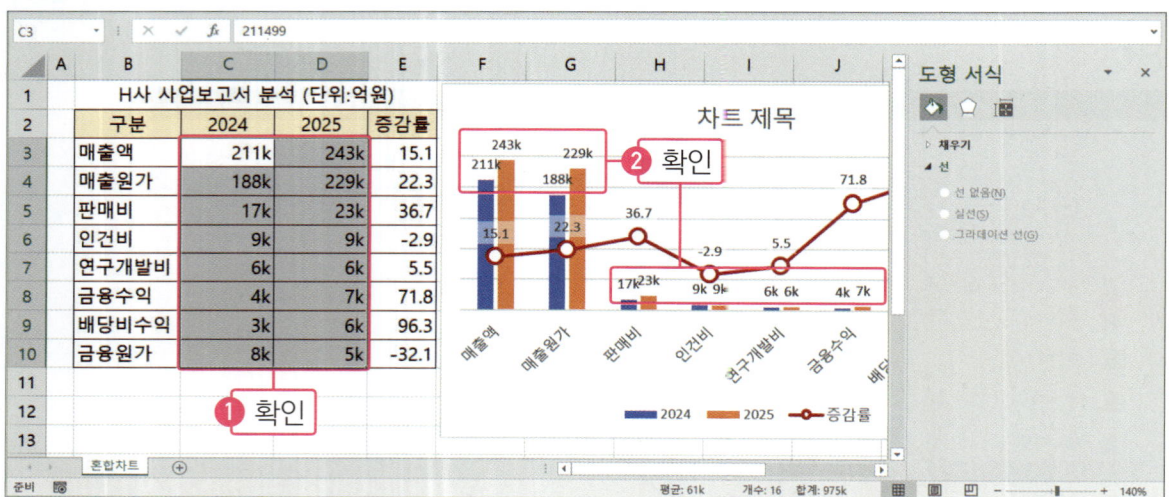

 [표시 형식] 탭의 '사용자 지정' 범주에서 '쉼표(,)'는 천 단위 구분자나 숫자 단위를 줄이는 데 사용할 수 있습니다. 예를 들어 쉼표 하나는 '1,000'을 의미하며, 'k'는 단위를 표시하기 위해 문자 그대로 화면에 나타납니다.

04 '2025' 계열을 선택하고 [계열 옵션]에서 [계열 겹치기]를 '0%', [간격 너비]를 '100%'로 설정합니다. [홈] 탭-[글꼴] 그룹에서 [채우기 색]을 '검정, 텍스트1, 50% 더 밝게'로 선택합니다. 같은 방법으로 '2024' 계열을 선택하고 [채우기 색]을 '흰색, 배경 1, 25% 더 어둡게'로 설정합니다.

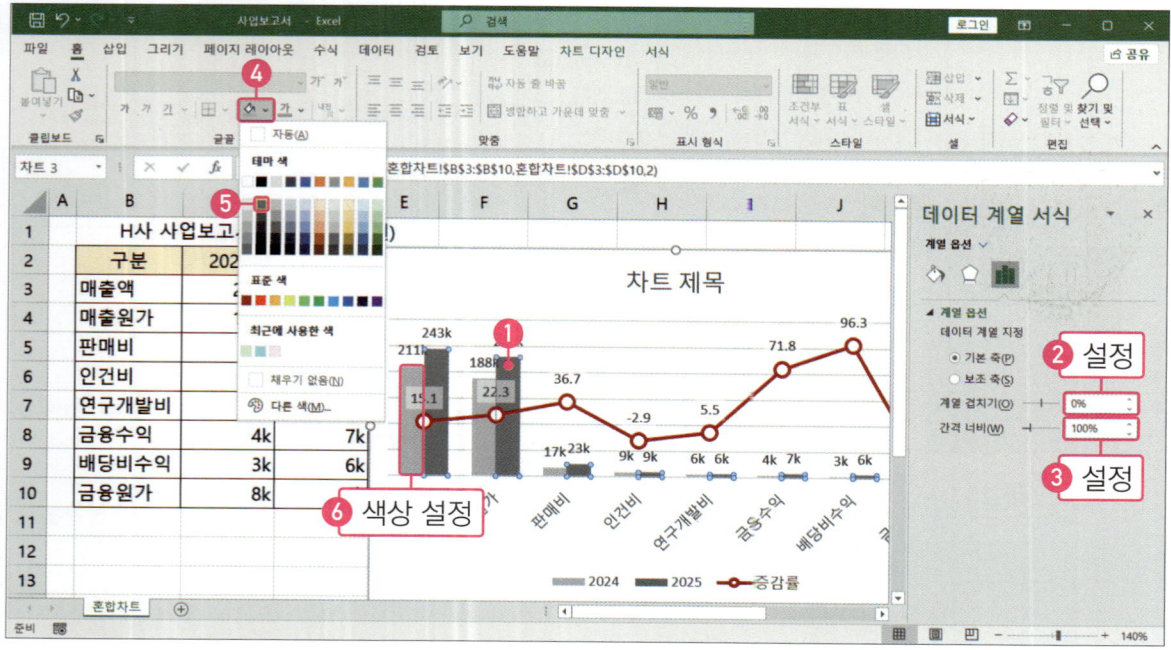

▶ 차트 배경과 제목 설정하기

01 '차트 영역'을 클릭하고 [채우기 색( )]을 '흰색, 배경 1, 5% 더 어둡게'로 선택합니다.

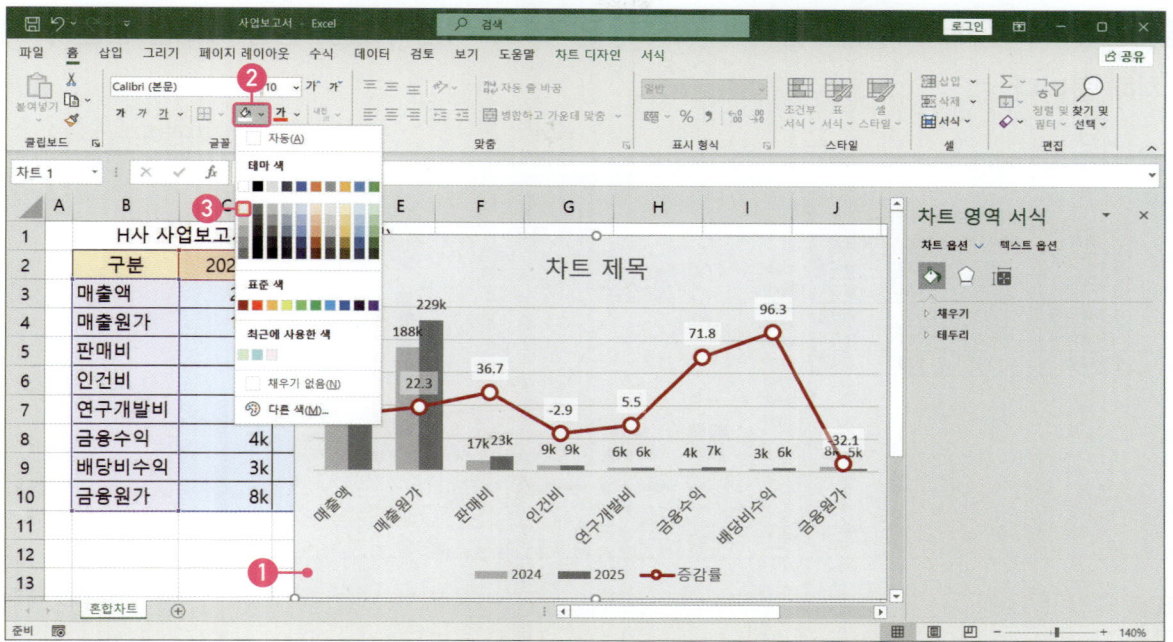

02 차트 영역을 드래그하여 이동하고, 크기 조절점을 드래그하여 [G2:N14] 영역에 배치합니다. 차트 제목에 'H사 사업보고서 분석 (단위:억원)'을 입력한 후 [글꼴]은 '맑은 고딕', [글꼴 크기]는 '14'로 설정합니다. '(단위 : 억원)'의 [글꼴 크기]는 '10'으로 설정합니다.

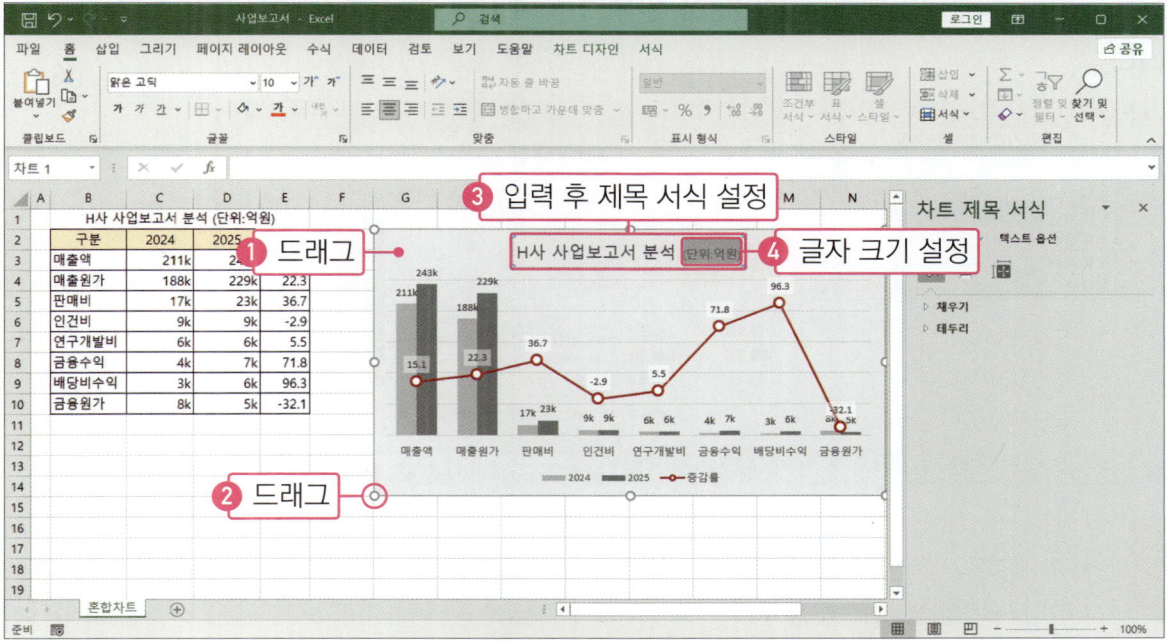

03 빠른 실행 도구 모음에서 (저장)을 클릭하여 파일을 저장합니다.

응용력 키우기

01 '금융기관여수신.xlsx' 파일을 불러와 [B2:E7] 영역으로 다음과 같은 혼합 차트를 만들어 배치해 봅니다.

준비파일 금융기관여수신.xlsx

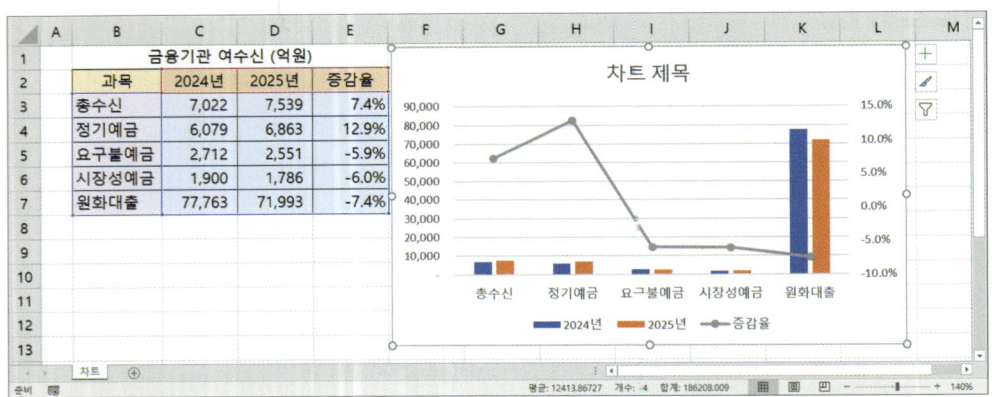

- [B2:E7] 영역을 선택 → [삽입] 탭–[차트] 그룹–[추천 차트] 클릭 → [차트 삽입] 대화상자에서 [모든 차트] 탭–'혼합' 범주 선택
- [증감률]의 '보조 축' 체크, '표식이 있는 꺾은선형'으로 변경

02 다음과 같이 각 계열의 데이터 레이블을 만들고 세로 (값) 축과 보조 세로 (값) 축을 가려 봅니다.

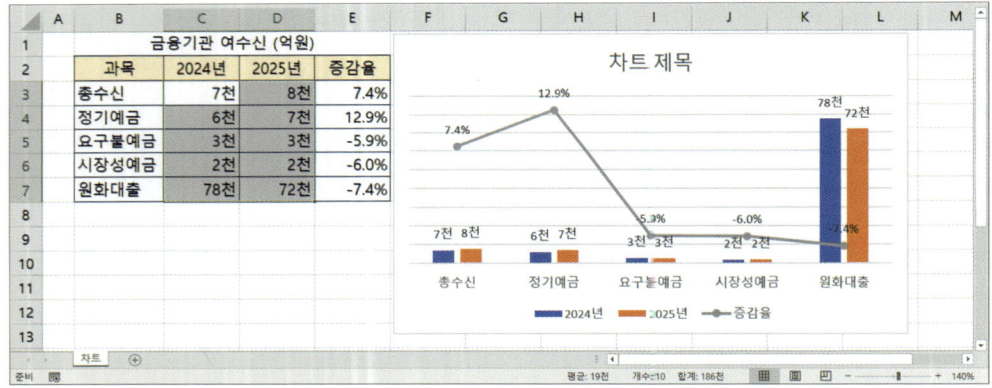

- 각 계열을 선택한 후 [차트 디자인] 탭–[차트 레이아웃] 그룹–[차트 요소 추가]에서 [데이터 레이블]의 위치 설정
- 세로 (값) 축과 보조 세로 (값) 축 : [축 옵션]–[레이블]–[레이블 위치]를 '없음'으로 설정
- [C3:D7] 영역 : [셀 서식] 대화상자에서 '사용자 지정' 범주의 [형식] 입력란에 '#,천'을 입력

03 다음과 같이 각 요소를 변경해 봅니다.

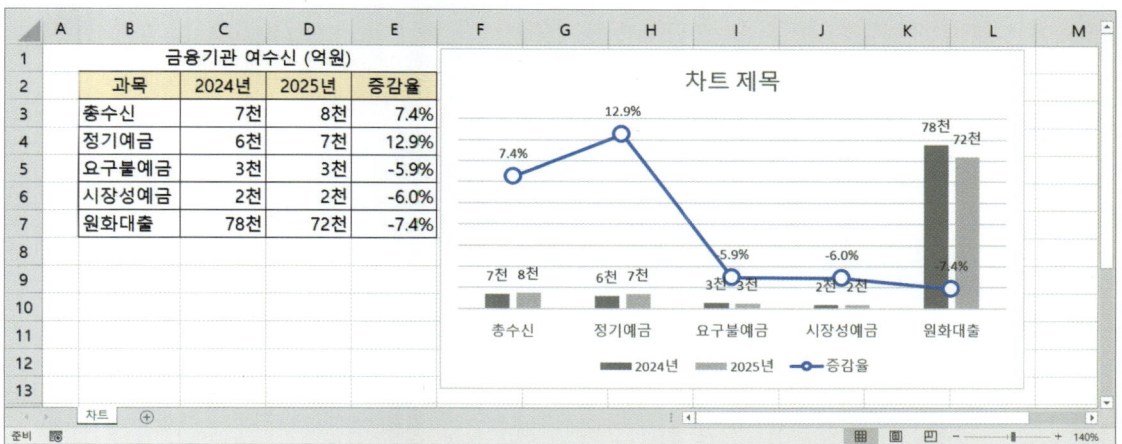

- '2024년' 계열 : [채우기 색]은 '검정, 텍스트1, 50% 더 밝게'
- '2025년' 계열 : [채우기 색]은 '흰색, 배경 1, 25% 더 어둡게'
- '증감률' 계열 : [채우기 및 선]-[선]-[윤곽선 색]은 '파랑', [채우기 및 선]-[표식]-[표식 옵션]은 '기본 제공', [크기]는 '10', 표식의 [채우기 색]은 '흰색, 배경 1', 표식의 [윤곽선 색]은 '파랑', [너비]는 '2pt'

04 다음과 같이 차트 제목을 입력하고 차트 영역에 색상을 변경해 봅니다.

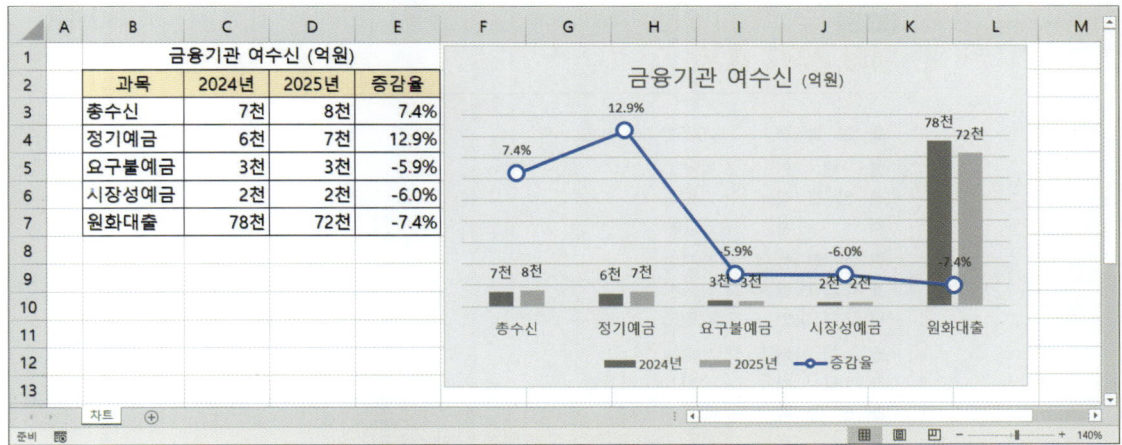

- 차트 제목 : 금융기관 여수신 → [글꼴]은 '맑은 고딕', [글꼴 크기]는 '14'
  (억원) → [글꼴]은 '맑은 고딕', [글꼴 크기]는 '10'
- 차트 영역 : [채우기 색]은 '흰색, 배경 1, 5% 더 어둡게'

할 수 있다! 엑셀 2021 활용

초 판 발 행	2025년 12월 11일
발 행 인	박영일
책 임 편 집	이해욱
저 자	장경숙
편 집 진 행	정민아
표 지 디 자 인	김도연
편 집 디 자 인	김세연
발 행 처	시대인
공 급 처	(주)시대고시기획
출 판 등 록	제 10-1521호
주 소	서울시 마포구 큰우물로 75 [도화동 538 성지 B/D] 9F
전 화	1600-3600
홈 페 이 지	www.sdedu.co.kr
I S B N	979-11-434-0476-3(13000)
정 가	12,000원

※이 책은 저작권법에 의해 보호를 받는 저작물이므로, 동영상 제작 및 무단전재와 복제, 상업적 이용을 금합니다.
※이 책의 전부 또는 일부 내용을 이용하려면 반드시 저작권자와 (주)시대고시기획·시대인의 동의를 받아야 합니다.
※잘못된 책은 구입하신 서점에서 바꾸어 드립니다.

시대인은 종합교육그룹 (주)시대고시기획·시대교육의 단행본 브랜드입니다.